Histoire Religieuse
by Jacques Crétineau-Joly

Histoire religieuse

Jacques Crétineau-Joly

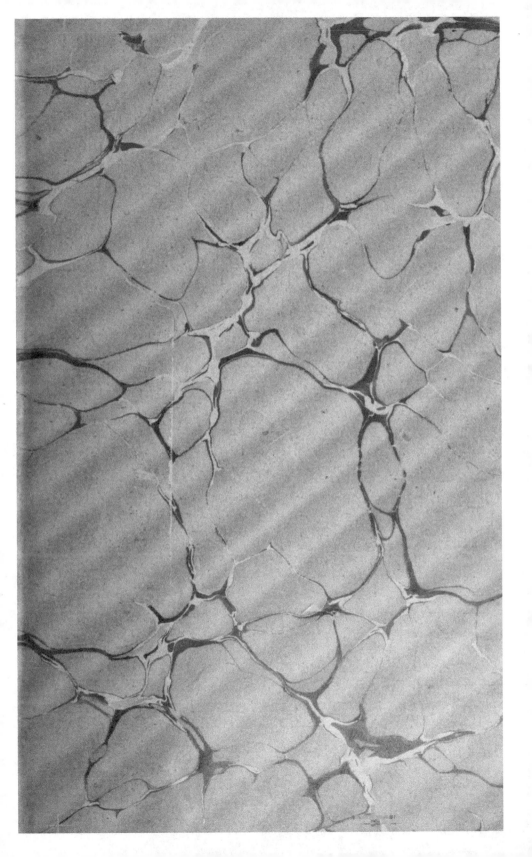

HISTOIRE

RELIGIEUSE, POLITIQUE ET LITTÉRAIRE

DE LA

COMPAGNIE DE JÉSUS.

III.

IMPRIMERIE DE BEAU, A SAINT-GERMAIN-EN-LAYE.

LE BIENHEUREUX PIERRE CLAVER,

Missionnaire de la Compagnie de Jésus.

HISTOIRE

RELIGIEUSE, POLITIQUE ET LITTÉRAIRE

DE LA

COMPAGNIE DE JÉSUS

COMPOSÉE

SUR LES DOCUMENTS INÉDITS ET AUTHENTIQUES

PAR J. CRÉTINEAU-JOLY

Ouvrage orné de portraits et de fac-simile.

TROISIÈME ÉDITION,

REVUE, AUGMENTÉE ET ENRICHIE D'UNE TABLE ALPHABÉTIQUE DES MATIÈRES.

TOME TROISIÈME.

PARIS,

Mme Ve POUSSIELGUE-RUSAND, ÉDITEUR,

RUE DU PETIT-BOURBON SAINT-SULPICE, 3.

LYON,

J.-B. PÉLAGAUD, LIBRAIRE,

GRANDE RUE MERCIÈRE, 39.

1851

avait organisée avec eux. Les alliés de la Ligue s'étaient transformés en ennemis, et le bannissement fulminé par le Parlement contre l'Ordre de Jésus était une expiation des décrets régicides rendus par l'Université. Le calme régnait en Allemagne; mais dans la Péninsule, mais à Rome, ce n'était point par des proscriptions que l'on agitait la Compagnie. Des dissensions intestines y avaient éclaté depuis longtemps; la fermeté d'Aquaviva put les comprimer dans le principe; dès 1591, elles offrirent plus de dangers que les arrêts d'exil et que la persécution. Le Protestantisme, en essayant de renverser la Société de Jésus, la consolidait : le vaisseau était construit de telle sorte qu'il résistait aisément à la fureur des flots. Il avait assez de pilotes expérimentés pour ne pas se jeter sur les récifs; mais ce que ses adversaires n'auraient pas osé tenter, ses amis, ses enfants allaient l'accomplir. Elle était menacée de dissolution, elle pouvait périr, parce que la discorde germait dans son sein.

L'avénement du cardinal Hippolyte Aldobrandini au Pontificat compliqua la situation; le 30 janvier 1592, il fut élu Pape et prit le nom de Clément VIII. Les Jésuites espagnols lui soupçonnaient des préventions contre Aquaviva; ils avaient un protecteur dans Henri de Gusman, comte d'Olivarès, ambassadeur d'Espagne à Rome, et Philippe II leur était favorable. Les Inquisiteurs affectaient d'être jaloux des priviléges de l'Institut; et, pour achever de les rendre hostiles, Clément VIII, à la demande d'Aquaviva, fit une déclaration concernant le Sacrement de Pénitence, déclaration qui fut, aux yeux du Saint-Office, un empiétement sur ses droits.

Les novateurs, que le Général avait vaincus une première fois, formèrent un faisceau de tous ces incidents, ils se mirent en guerre ouverte. Les quatre chefs de cette opposition étaient les Pères Jérôme Acosta et Carillo, Espagnols; Gaspard Coëlho et Louis Carvalho, Portugais. Ils n'avaient ni assez de talent ni assez de consistance pour jouer un pareil rôle; derrière eux se cachaient le Père Henri Henriquez et le fameux Jean Mariana, l'historien de l'Espagne, l'écrivain le plus hardi de son siècle. Mariana avait des vertus religieuses; mais turbulent et d'un caractère inquiet, il aimait à semer le trouble afin de se procu-

rer l'occasion de combattre. L'Ordre de Jésus comptait dans
son sein quatre frères du nom d'Acosta : le Père Joseph, le
puîné, était le plus remarquable par l'étendue de ses connaissances et par une aptitude pour les affaires qui lui avait gagné
la confiance du monarque. Joseph Acosta était son favori ; on
le fit entrer dans le complot, on l'en improvisa même l'arc-
boutant, afin de s'assurer par lui la bonne volonté de Philippe II. Joseph Acosta exerçait de l'influence sur le roi d'Espagne ; à Rome, le Père Tolet était l'ami de Clément VIII ; les
Jésuites espagnols cherchèrent à s'entourer de la bienveillance
ou tout au moins de la neutralité de leur compatriote. Lorsque
leurs batteries furent dressées, on ne songea plus qu'à détruire
l'autorité suprême du Général. Pour arriver à ce point il fallait
briser Aquaviva ; car, appuyé sur l'immense majorité des membres de l'Institut, il se proposait de maintenir les Constitutions
telles qu'Ignace de Loyola et ses successeurs lui en avaient
légué le dépôt. Son caractère inflexible dans le devoir ne se déguisait point ; on savait que jamais il ne transigerait avec l'insubordination. Les Pères espagnols commencèrent par des attaques souterraines ; on réveilla les anciennes prétentions du Père
Denis Vasquez ; Jérôme Acosta remit au roi un mémoire accusateur contre l'Institut et contre le Général. Ce mémoire con-
cluait à demander qu'au moins les Jésuites espagnols fussent
gouvernés par un commissaire spécial. A la prière d'Aquaviva,
Philippe II chargea un des hommes les plus doctes de sa cour
d'examiner l'affaire ; le choix du prince tomba sur don Garcias
Loaysa, précepteur de l'infant. Don Garcias interroge Jérôme
Acosta, qui veut lui prouver que la Compagnie sera plus florissante et mieux gouvernée, lorsqu'elle aura modifié quelques-
unes de ses Constitutions. « Je ne partage pas votre avis, répond Loaysa, et je tiens pour certain qu'Ignace, aussi bien que
saint Dominique et saint François, fut inspiré dans la fondation
de son Ordre. Un seul Vicaire de Jésus-Christ suffit pour diriger l'église universelle ; pourquoi un seul Général ne suffirait-
il pas au gouvernement de la Compagnie ? »
Jérôme Acosta, Carillo, Coëlho et Carvalho se voyaient depuis quelques années sous le coup d'une désobéissance qui ne

prenait plus la peine de se cacher. Carillo, chassé de la Compagnie, était interdit par l'Evêque de Ségovie comme prédicateur séditieux. Coëlho et Carvalho avaient trouvé un appui
auprès du cardinal Albert d'Autriche, grand Inquisiteur ; mais
cet appui leur manqua bientôt, le Père Fonseca, visiteur des
provinces d'Espagne, lui ayant fait connaître leurs projets. Ces
quatre Pères avaient cependant si bien su, à force d'intrigues,
brouiller les affaires et échauffer les susceptibilités nationales,
que tout en les blâmant on s'attachait au plan qu'ils traçaient.

Aquaviva avait ajourné la Congrégation générale ; ses adversaires, le Père Joseph Acosta à leur tête, persuadèrent à Philippe II que le moyen le plus propre à paralyser les déchire-
ments intérieurs était de soumettre toutes les difficultés au
jugement d'une assemblée. Le roi avait peu de penchant pour
une pareille mesure ; il savait que du choc des oppositions et
des ambitions la vérité ne sort guère que meurtrie ou défigu-
rée ; mais, comptant sur l'expérience de Joseph Acosta, il résolut de forcer la main au Général. Afin de l'amener à convo-
quer les Profès, il était indispensable de mettre le Pape dans
l'intérêt des Espagnols. Joseph Acosta fut dépêché à Rome
pour gagner Clément VIII, et pour obtenir de lui l'éloignement
d'Aquaviva pendant que les Pères se réuniraient au Gesù. »

Un différend assez grave s'était manifesté entre les ducs de
Parme et de Mantoue ; le Pape, conseillé, dit—on, par Tolet,
profite du prétexte : il commande au Général de la Société de
partir, toute affaire cessante, et de se porter médiateur au
nom du Saint-Siége. Aquaviva obéit, mais la réconciliation
qu'il allait tenter sous d'aussi tristes auspices ne put s'opérer ;
il sollicite l'autorisation de revenir à Rome, où, par la correspondance du Père Jacques Sirmond, qu'il a choisi pour secrétaire, il sait que sa présence est plus nécessaire que jamais.
Clément VIII la refuse. Trois mois s'écoulent dans cette espèce
d'exil pour le Père Claude ; une fièvre intense s'empare de lui,
il est rappelé par ses frères ; alors il apprend de la bouche
d'Acosta tout ce qui a été tramé en son absence. Le Pape,
Philippe II et une partie des Profès exigent une Congrégation
générale ; elle doit mettre un terme aux divisions.

En dehors de son neveu le cardinal Octave Aquaviva, le Père Claude avait de nombreux soutiens dans le Sacré-Collége et dans l'Ordre dont il était le chef. Ces appuis ne contrebalançaient point l'omnipotence pontificale et l'influence que, par Philippe II, exerçaient le comte d'Olivarès et le Père Acosta. Le Provincial d'Espagne, Alphonse Sanchez, plaidait bien auprès du roi la cause de l'autorité compromise ; mais ce n'était déjà plus à Madrid que l'on pouvait agir avec succès. Clément VIII avait tellement pris à cœur cette affaire que, sans écouter les raisons alléguées par Aquaviva, il chargea le Père Tolet de lui intimer sa volonté. Le Pape souhaitait que la Congrégation fût indiquée dans le plus bref délai. L'ordre était positif, le Général s'y soumit. « Nous sommes des enfants d'obéissance, dit-il à Tolet ; le Souverain-Pontife sera satisfait. » Le jour même, il fixa le 4 novembre 1593 pour la Congrégation, et il déclara dans sa lettre de convocation « qu'outre le bon plaisir du Saint-Père, l'Assemblée était réunie pour affermir le corps de la Compagnie et réduire certaines Provinces à la tranquillité. »

Ce fut dans ce moment que Clément VIII revêtit de la pourpre romaine le Père Tolet ; il ne songeait sans doute point à donner un rival à Aquaviva, et à couvrir le Jésuite d'une dignité qui allait compliquer les embarras, en faisant naître au cœur des Espagnols mille pensées ambitieuses. Cette promotion rendait cependant la position plus difficile que jamais ; à peine fut-elle connue que les conjurés supplièrent le Pontife d'autoriser Acosta et quelques Jésuites à prendre part à la Congrégation sans autre droit que celui dont le Saint-Siége les investirait. Leurs vœux s'étendaient plus loin : ils désiraient que la Congrégation fût présidée par un cardinal : c'était désigner Tolet et exclure Aquaviva.

La cinquième Congrégation générale s'ouvrit au jour annoncé ; soixante-trois Profès y assistèrent. C'est la première qui se soit tenue du vivant d'un Général, et Claude Aquaviva la dirigea. Laurent Maggio en fut élu secrétaire, et on lui adjoignit les Pères Bellarmin et Fabio de Fabiis. Le Général était en face de ses subordonnés, et, par un singulier concours de circonstances, il se voyait en même temps inculpé devant cette assemblée dont il était le président né. Une commission de cinq membres fut nommée pour préparer les discussions ; elle se composa des Pères Hoffée, Palmio, Tyrius, Gil Gonzalès et Pierre de Fonseca.

A· peine ces travaux préliminaires étaient–ils tracés qu'Aquaviva demande qu'on fasse des informations sur sa conduite. Paul Hoffée peut lui être contraire, il le met le premier au nombre de ses juges ; et , malgré les réclamations de la plupart des Profès, Aquaviva s'obstine à ce que toutes les plaintes soient entendues librement, et qu'ensuite on les expose au Souverain-Pontife. Ces plaintes s'appuyaient plutôt sur de secrètes répugnances que sur des motifs avouables. Ainsi que cela arrive partout, il s'était ren — contré des hommes crédules ou prévenus parmi les Jésuites, et de loin ils avaient grossi outre mesure le fait le moins accusateur. Ils s'étaient créé une arme d'un roseau qui se brisait entre leurs mains quand il fallait le diriger sur la cuirasse de l'ennemi. Les Pères français, allemands et italiens ne comprenaient pas que l'on pût échafauder tout un système d'imputations sur des actes aussi futiles, et lorsque, encore indignés de voir la paix compromise par tant de petitesses, ils se présentèrent devant le Souverain-Pontife, Clément VIII s'écria : « On a voulu chercher un coupable, on a fait apparaître un saint. »

Selon la décision de ses inférieurs devenus, par sa volonté, magistrats temporaires et chargés de prononcer sur la manière dont il exerçait le pouvoir, Aquaviva était innocent ; il avait gouverné la Compagnie avec autant de maturité que de courage. Il ne restait plus qu'à discuter les changements que les Espagnols proposaient. Ces changements ne tendaient à rien moins qu'à détruire l'Institut ; on rêvait d'abolir ou de corriger le mode et le temps de la Profession, la diversité des degrés et la manière de renvoyer les sujets de la Société ; on sollicitait un nouveau choix de cas réservés et l'usage libre de la bulle *Cruciatæ* [1]. Les Espagnols ne s'arrêtaient pas là ; ils exigeaient un supérieur pour la Péninsule , et des assemblées auxquelles eux seuls auraient le droit d'assister. Pour affaiblir l'autorité du Général, ils désiraient

[1] La *Cruciatæ* ou la *Cruciada* était une bulle accordée par le Saint-Siége aux rois d'Espagne et de Portugal, en faveur de ceux qui contribuaient aux croisades contre les Maures. Elle concédait plusieurs priviléges, la dispense de l'abstinence ecclésiastique, la permission de se confesser à tout prêtre approuvé, etc.

qu'il ne fût pas nommé à perpétuité, et que le choix des Provinciaux et autres supérieurs ne lui appartînt plus.

La Congrégation générale avait donc à statuer pour ou contre
l'Institut ; elle répondit en blâmant sévèrement les détracteurs
des Constitutions d'Ignace[1]. Elle les maintint dans leur intégrité,
et elle déclara qu'aucune innovation ne serait admise. Aquaviva
avait longtemps combattu pour obtenir ce résultat ; ce fut sa
persévérance qui défendit l'œuvre et qui conserva l'héritage d'I-
gnace. Le roi d'Espagne et l'Inquisition avaient pris fait et cause
contre la Société, parce que certains de ses priviléges étaient
hostiles aux droits du Saint-Office espagnol ; à la demande de
Philippe II, la Congrégation renonça à ces priviléges par son
21me décret. Le Pape voulait que les Assistants fussent changés ;
on s'empressa d'obéir.

Des accusations de plus d'une sorte étaient adressées à quelques membres de l'Ordre qui, au milieu des conflits politiques,
s'immisçaient dans les négociations séculières, et qui parfois
même les dirigeaient. Le décret 47me fut rédigé pour prévenir de
semblables infractions à la loi, et approuvé sous le titre du 79me.

[1] Quelques Pères Espagnols, isolés, avaient adressé un mémoire et une supplique
à Clément VIII, où ils exposaient leurs griefs et leurs demandes. A leur exemple, ou
plutôt, contre leurs réclamations injustes, toutes les Provinces de la Société de Jésus
réunies dans leurs assemblées particulières, s'étaient empressées de présenter au
même Pape les vœux unanimes des Profès et des supérieurs de l'Ordre. Nous avons
sous les yeux les mémoires envoyés au Souverain-Pontife par les Provinces du Rhin
inférieur et de la Haute-Allemagne, d'Autriche, de Pologne et de Belgique ; de
France et de Guyenne ; de Naples, de Sicile, de Venise et de Milan. Nous empruntons une citation à la supplique de la Province du Rhin ; elle comprend en substance
les réclamations de toutes les autres Provinces : « Très-Saint-Père, nous, prêtres de
la Province Rhénane, de la Compagnie de Jésus, étant réunis ici (à Mayence), dans
le but de préparer les matières à traiter dans la Congrégation générale convoquée à
Rome par le R. P. Général, nous avons appris avec douleur, et par le bruit public,
et par des renseignements dignes de foi, que des hommes inquiets, peu affectionnés
à notre Compagnie et à son Institut, soutenus par la faveur de princes temporels,
faisaient tous leurs efforts pour que la Congrégation générale qui doit s'assembler,
cette année, à Rome, n'y jouisse pas de sa liberté accoutumée, et pour que l'Institut
de la Compagnie de Jésus, composé et arrêté définitivement par saint Ignace son
fondateur, Institut confirmé jusqu'à ce jour par un grand nombre de bulles des
Pontifes romains, défendu par eux avec force contre les attaques de ses détracteurs,
sanctionné de plus par l'expérience et par une louable pratique d'un grand nombre
d'années, fût enfin aboli dans quelques-uns de ses points fondamentaux, ou du
moins subît de graves et essentielles modifications. Pour détourner de si grands
maux, les Pères de la Congrégation, représentant la Province du Rhin, supplient
humblement Sa Sainteté, que la Compagnie de Jésus continue à se gouverner par
ses sages lois, lois examinées sérieusement et plus d'une fois approuvées par plusieurs de ses prédécesseurs, les plus renommés par leur sainteté et leurs lumières. »

« En vertu de la sainte obéissance, y est-il dit, et sous peine
d'inhabilité à toutes les charges, dignités ou supériorités, de
privation de voix active ou passive, l'observation du 47me décret, dont voici la teneur, est enjointe à tous les nôtres : que
personne, pour quelque raison que ce soit, ne se mêle des affaires publiques ou séculières des princes qui ont rapport au
gouvernement de l'Etat. Quels que soient ceux qui voudraient
les en prier et les y engager, qu'ils ne prennent jamais la liberté
de s'occuper des intérêts ou choses politiques. On recommande
instamment aux supérieurs de ne pas permettre qu'aucun des
nôtres soit engagé dans ces sortes d'affaires; et, s'ils s'apercevaient que quelques-uns y fussent trop enclins, ils devraient
en avertir le Provincial, afin qu'il les éloignât du lieu où ils se
trouvent, s'il y avait pour eux occasion ou danger. »

La tranquillité était rétablie par la Congrégation même que
les perturbateurs appelaient à leur secours; il restait à punir
les coupables. Le Père Henri Henriquez fut cité devant les Profès. Henriquez, né à Porto en 1536, était versé dans la théologie; il avait composé un ouvrage dont les doctrines, soumises
à la révision de trois Jésuites, ne furent pas approuvées. Les
troubles survenus dans la Société, et auxquels il prit une part
active en Portugal, l'enhardirent; malgré la défense d'Aquaviva,
il fit paraître le premier volume de sa Théologie morale, et continua l'œuvre sans se préoccuper de l'autorisation nécessaire.
Le Conseil du roi et l'Inquisition favorisaient sa désobéissance.
Henriquez cependant se vit forcé de partir, et il comparut devant
les Pères assemblés. On mania avec douceur cet esprit indocile
et léger, on chercha à le faire renoncer à des erreurs dont la
responsabilité ne tombait que sur lui. Henriquez persista dans
son insubordination; puis il réclama la liberté d'entrer dans
l'Institut de Saint-Dominique : cette faculté lui fut accordée;
et le 18 janvier 1594 la Congrégation termina ses séances.

Elle aurait dû mettre un terme aux troubles; mais les agita-
teurs, se sentant appuyés à Rome et à l'Escurial, revinrent à
leur premier dessein d'éloigner Aquaviva du centre de la Catholicité, puis de le dépouiller de ses fonctions de Général. Le
cardinal de Capoue, Archevêque de Naples, étant mort sur ces

entrefaites, ils circonviennent Clément VIII, ils le contraignent moralement à nommer le Père Claude à ce siége. Le duc de Sussa, ambassadeur de Philippe II, fait la même demande au nom de son roi. Aquaviva déjoue ce complot, dans lequel on avait espéré que son ambition ou son amour-propre allait se mettre en tiers. On ne pouvait en faire un archevêque malgré lui, le Jésuite Ferdinand de Mendoza forme le projet de le livrer à Philippe III d'Espagne, qui succédait à son père [1]. Le Général de la Compagnie de Jésus était pour l'Espagne un adversaire indirect; l'Espagne le croyait opposé à sa politique, et le duc de Lerme conseillait au jeune roi, dont il était le ministre et le favori, d'entrer dans cette conjuration. Philippe III s'y prêta : il écrivit, il fit écrire au Pape que, pour remédier aux abus signalés par quelques Jésuites et rétablir la concorde entre les diverses Sociétés religieuses, il fallait qu'Aquaviva entreprît un voyage dans la Péninsule.

Le but réel de cette visite était trop bien marqué pour que le Général et les Assistants pussent prendre le change. Clément VIII cependant se laissa tromper; il avait, le 3 mars 1599, décoré de la pourpre romaine le Père Bellarmin, son ami, et, en le nommant cardinal, il avait dit : « J'ai choisi celui-ci parce que l'Eglise de Dieu n'a pas son pareil en doctrine [2]. » Aquaviva et Bellarmin s'étaient jetés aux pieds du Souverain-Pontife pour le supplier de détourner de la Compagnie une dignité à laquelle tous ses membres renonçaient solennellement. Ces éloquentes protestations, les paroles même de Bellarmin qui, les larmes aux yeux, s'écriait en regrettant sa cellule du Gesù : « Ne m'ap-

---

[1] Philippe II mourut le 13 septembre 1598, âgé de soixante-douze ans. Sa maladie eut quelque chose d'extraordinaire, mais qui fit éclater toute la force de caractère dont ce prince était doué. Un écrivain anglican, le docteur Robert Watson, dans son *Histoire du Règne de Philippe II*, s'est fait l'ennemi le plus acharné du roi espagnol, et il rend cependant justice à ses derniers moments · « On lui procurait, dit-il, quelque soulagement en tenant ses abcès ouverts; mais d'un autre côté, il en résultait un mal plus insupportable; il découlait des plaies une matière purulente dans laquelle s'engendra une quantité étonnante de vermine qui, malgré tous les soins, ne put être détruite. Philippe resta dans cet état déplorable plus de cinquante jours, ayant sans cesse les yeux fixés vers le ciel. Pendant cette affreuse maladie, il fit paraître la plus grande patience, une vigueur d'esprit admirable, et surtout une résignation peu ordinaire à la volonté de Dieu. Tout ce qu'il fit durant ce temps, prouva combien étaient sincères et vrais ses sentiments de religion. »

[2] Hunc elegimus, quia non habet parem Ecclesia Dei, quoad doctrinam. (*Cardinalis Bandini in sua depositione.*)

pelez plus Noémi; ce nom, que j'ai porté dans mes jours de bonheur, ne me convient plus dans les temps de ma disgrâce; donnez-moi celui de Mara, fidèle expression de l'amertume dans laquelle je me vois plongé [1]. » Rien ne put faire changer Clément VIII de pensée. Bellarmin était la gloire de la Compagnie de Jésus et le bouclier de la Catholicité; il voulut qu'il devînt l'honneur du sacré-collége, espérant, par cette élévation, présenter le voyage du Père Aquaviva sous un jour plus favorable.

Personne ne se dissimulait la gravité d'une pareille exigence : le Général des Jésuites semblait abandonné par le Pape; Henri IV, Sigismond, roi de Pologne, les archiducs Mathias et Ferdinand, de concert avec la plupart des princes catholiques, ne l'abandonnèrent pas. La politique espagnole se faisait un triomphe de la captivité future d'Aquaviva; les autres souverains s'y opposèrent par un sentiment de justice et par un calcul. Il ne fallut pas moins que la mort de Clément VIII, arrivée en 1605, pour réduire à néant tous ces projets.

Les Jésuites sortaient d'une crise intérieure dans la Péninsule et à Rome. Vers le même temps, leurs docteurs espagnols commençaient contre les Frères-Prêcheurs le célèbre duel théologique, auquel purent seules mettre fin les Congrégations, *De auxiliis*.

Il n'entre pas dans notre plan de ressusciter ces grandes controverses de la science scolastique; nous n'avons point à descendre dans l'arène où Thomistes et Molinistes, enfants de Dominique et de Loyola, déployèrent tant d'érudition. Les tournois théologiques ne vont pas à l'historien; il doit se contenter d'exposer le fond de la querelle et les motifs que firent valoir les deux antagonistes. Ce fut l'ouvrage intitulé, *De Concordia gratiæ et liberi arbitrii,* qui la provoqua. Le Père Louis Molina, Jésuite espagnol, né en 1535 à Cuença, en était l'auteur. Son livre trouva presque autant d'admirateurs que de critiques; les juges les plus compétents furent partagés d'avis : il y eut désaccord parce que, des deux côtés, c'était plutôt une théorie qu'un principe de foi. Il ne nous appartient donc que de récapituler ces savants débats qui, pendant onze années, tin-

[1] *Ruth*, l. 20.

rent attentifs tous les esprits d'élite, et qui se réveillent encore parfois, car la question ne sera jamais épuisée. Pour mieux la faire comprendre, nous résumerons dans toute sa force la doctrine des Thomistes ; ensuite nous analyserons celle des Molinistes.

A peine les membres de la Compagnie de Jésus eurent-ils mis le pied dans les écoles théologiques, disaient les Thomistes, qu'ils excitèrent des dissensions par la témérité de leur enseignement, par la nouveauté de leurs systèmes. La perte d'un temps précieux ne fut que le moindre danger de ces innovations ; elles compromirent en même temps et les mystères les plus redoutables de la Foi, et les maximes les plus incontestées de la morale évangélique. Les Jésuites semblaient avoir pris le parti de tout sacrifier à leur ambition ; ils s'attachèrent à montrer la Religion moins inaccessible à l'intelligence humaine, moins majestueuse dans ses dogmes, moins austère dans ses préceptes ; ils en firent un culte plus approprié à la faiblesse de l'homme et aux exigences du monde. Dans le but de capter les faveurs de la multitude, des riches de la terre et des femmes surtout, ils inventèrent une morale relâchée [1]. Cette marche vers les accommodements et les capitulations de conscience parut d'autant plus étonnante qu'Ignace de Loyola avait prescrit de suivre la doctrine de saint Thomas et d'adopter toujours les opinions les plus communes et les moins hasardées.

Ce fut vers 1580, disent-ils, que ce changement s'opéra parmi les théologiens de la Compagnie. A la même époque, le Père Montemajor à Salamanque, le Père Lessius à Louvain, le Père Molina à Coïmbre, entreprirent de mieux expliquer l'action de Dieu sur la liberté de l'homme, c'est-à-dire l'accord du libre arbitre avec la grâce et la prédestination. Molina eut plus d'audace encore, et, dans son fameux traité *de la Con-*

---

[1] Ceux des Thomistes qui prétendaient que la morale relâchée, les accommodements et les capitulations de conscience avaient été inventés par des Jésuites, n'auraient pas dû oublier une chose : c'est que les maximes professées en morale par les Pères de la Compagnie furent enseignées avant eux, et l'étaient encore de leur temps par le plus grand nombre des autres théologiens réguliers, et même séculiers. En suivant en ce point la doctrine établie, les Jésuites ne firent qu'adopter, selon les prescriptions de leur fondateur, les opinions les plus communes dans l'école.

corde, il soumit à une nouvelle analyse la nature et les attributs de la Divinité. Il y découvrit la Science moyenne ou la connaissance des choses conditionnelles ; il l'appela ainsi parce qu'elle tient le milieu entre la science des objets purement possibles et celle des objets réellement existants ou devant avoir, n'importe quand, une existence réelle. A l'aide de ce principe nouveau, Molina prétendait répondre aux erreurs des anciens fatalistes et à celles des hérétiques qui niaient la liberté. A l'entendre, rien de plus aisé que de concilier l'action omnipotente de la volonté divine avec l'action parfaitement libre de la volonté humaine. Molina parle comme s'il eût été admis aux conseils du Très-Haut ; il ne place pas la raison de l'infaillible effet de la grâce dans sa force intrinsèque, de sorte que l'homme ne puisse pas y résister, mais dans la connaissance possédée par Dieu que l'homme ne résistera pas à telle grâce.

De son côté, le Père Lessius ne déploya pas moins d'activité pour faire triompher son système sur la prédestination. Sous prétexte de fortifier contre le désespoir, il poussait à la présomption ; il abandonnait l'enseignement de la prédestination gratuite, universellement adopté, pour la faire dépendre de la prévision des œuvres méritoires de l'homme. Jusqu'alors on avait toujours cru que c'est Dieu qui sépare les élus de la masse de perdition ; selon les Molinistes, c'est l'homme qui s'en sépare en voulant bien se rendre à la Grâce. *Si non es prædestinatus, fac ut prædestineris* devint leur maxime, ils l'attribuèrent à saint Augustin.

Les Universités de Louvain et de Douai censurèrent la doctrine de Lessius ; la grande école de saint Thomas d'Aquin, cette sauvegarde de l'orthodoxie, prit fait et cause en faveur des vieux principes, et, sous le drapeau du Père Bannès, de l'Ordre de Saint-Dominique, elle marcha contre les Jésuites novateurs. La *Concorde* de Molina enfantait la guerre ; le livre fut dénoncé à Rome. Une commission spéciale est nommée par Clément VIII ; elle décide en faveur des Thomistes ; mais les Molinistes refusent de se soumettre, et ils demandent à exposer leurs théories devant le Souverain-Pontife en personne. Le Pape condescend à leur vœu. Sous Paul V la discussion est reprise, et, après dix séances, la Congrégation formule enfin une décision.

Les Thomistes conviennent que le système de Molina décèle un rare génie, et que la Compagnie de Jésus a fait preuve d'un vaste savoir dans les ouvrages publiés sur ce sujet ; mais, ajoutent-ils, tant de vaines subtilités, tant d'inutiles disputes sont une bien faible compensation pour deux siècles de guerre intestine entre les prêtres d'une même Eglise.

Tels sont les motifs théologiques et pour ainsi dire politiques sur lesquels s'appuyaient les Thomistes. On attaquait la droiture des intentions de la Compagnie de Jésus, on suspectait la pureté de ses doctrines, on l'accusait d'avoir mis en oubli les préceptes de son fondateur. Elle répondit de vive voix dans les Congrégations *De auxiliis*, elle publia sa pensée dans de volumineux ouvrages : c'est cette pensée dont nous allons produire le sommaire.

Le Concile de Trente ayant décidé que l'homme n'a pas perdu la liberté par le péché originel, et qu'il reste en son pouvoir de consentir ou de ne pas consentir à la Grâce, ce principe devint l'objet des études de tous les savants qui s'occupaient de ces matières. Prouver la foi constante de l'Eglise n'était pas difficile, l'Ecriture-Sainte et la Tradition se chargeaient de la démonstration ; mais, pour réduire au silence le Luthéranisme et le Calvinisme, il fallait montrer l'accord parfait des dogmes entre eux. L'éternelle question de la liberté humaine se conciliant avec la toute-puissante volonté de Dieu se renouvelait ; on devait conserver à la Divinité le pouvoir absolu sur le cœur de l'homme, et en même temps laisser à l'homme son libre arbitre sous l'action de la Grâce.

Deux écrivains doués des plus hautes facultés intellectuelles conçurent en même temps deux systèmes propres, ils le croyaient du moins, à résoudre ces insolubles problèmes : c'étaient Louis Molina et Dominique Bannès. Molina ne plaça point l'infaillible connexion du consentement humain à la Grâce dans sa force intrinsèque ; en assurant ainsi l'irrésistible pouvoir de Dieu il parut craindre avec raison de sacrifier la liberté et de ne pas assez s'éloigner de la grâce nécessitante de Calvin. Il pensa qu'il rencontrerait dans la science de Dieu le moyen de concilier des dogmes si opposés en apparence ; car la science ou la connaissance n'influe pas sur la nature de son objet, mais le suppose tel qu'elle l'aperçoit.

La Science divine est de sa nature une et indivisible comme la divine Essence elle-même ; néanmoins, afin d'établir plus d'ordre et de jeter plus de clarté dans la discussion, les maîtres de l'École l'ont distinguée selon les objets. De là est née la division de la Science divine en celle des choses simplement possibles et celle des choses existantes ou devant exister. Cette division ne sembla point assez logique à Molina, puisqu'il reste une troisième espèce de choses très-distincte des deux premières, mais qui participe de l'une et de l'autre : ce sont les choses qui existeront sous telle ou telle condition donnée. Le Jésuite l'appela science des choses conditionnelles ou *Science moyenne*. On ne peut nier que, de même que Dieu voit tout ce qui peut exister ou arriver, tout ce qui existe ou existera, tout ce qui arrive ou arrivera, il connaît aussi parfaitement ce qui existerait ou arriverait dans une hypothèse quelconque. C'est là le fondement de la Science moyenne, traitée d'abord par les Thomistes de Semi-Pélagianisme, et ensuite adoptée par les théologiens augustiniens.

Dieu, dans sa sagesse infinie, continue Molina, possède une infinité de grâces, de lumières, d'inspirations propres à toute sorte de caractères, de dispositions, de circonstances possibles. Dieu sait d'une manière à ne pas pouvoir s'abuser quelle est, parmi toutes ces grâces, celle à laquelle un homme consentirait de bon gré et sans aucune contrainte : il est donc évident dans ce système que, sous quelque grâce que ce soit, la liberté humaine demeure intacte, parce qu'elle n'y consent que lorsqu'elle veut y consentir. Il est également évident que la toute-puissante et invincible volonté de Dieu peut infailliblement atteindre à ses fins de miséricorde, parce qu'il est impossible qu'elle erre dans ses prévisions. Il n'y a rien ici de commun avec le Semi-Pélagianisme, car Molina n'attribue rien à la volonté humaine dans l'ordre du salut, pas même le premier pas, sans une grâce prévenante.

Bannès, de son côté, préoccupé par la crainte de détruire la toute puissante et invincible volonté de Dieu en essayant de sauver la liberté humaine, chercha dans la force intrinsèque de la Grâce la raison de son immanquable connexion avec le consentement de l'homme. Il enseigna que quand Dieu veut efficacement porter l'homme à faire des actes salutaires, il donne à cet homme une grâce, ou il imprime à cette grâce une force qui le détermine physiquement et infailliblement à y consentir. Cette force, il la nomme *Prémotion* ou *Prédétermination physique* [1]. Avec cette prémotion, dit Bannès, toute grâce est infailliblement et effectivement efficace ; sans elle, toute grâce quelconque demeure nécessairement sans effet. Dans ce système, la toute-puissante volonté et le domaine absolu de Dieu sur le cœur humain est assurément hors d'atteinte ; mais il est bien malaisé de comprendre comment la volonté de l'homme peut être appelée libre sous l'action d'une grâce dont la force intrinsèque emporte infailliblement son consentement.

Les deux systèmes diffèrent l'un de l'autre en ce que Molina fonde l'infaillible effet de la Grâce sur la prévision divine qui ne peut se tromper, tandis que Bannès déduit l'infaillibilité de cet effet de la nature même de la grâce prédéterminante.

Le système de la Prédétermination physique est nécessairement lié à celui de la prédestination gratuite ou antécédente à toute prévision de mérites. Il n'en est pas ainsi du système de la Science moyenne : on s'en sert pour concilier la liberté avec le don de la prédestination, mais elle est indépendante de la question si elle est antécédente ou conséquente à la prévision des mérites : en effet, plusieurs Molinistes ont adopté la prédestination gratuite.

Bannès et ses disciples soutiennent que saint Thomas a enseigné la Prémotion physique ; non-seulement les Molinistes, mais encore toutes les autres écoles affirment le contraire. Il en est de même pour les systèmes de la prédestination ; chacun prétend avoir le Docteur-Angélique de son côté.

---

[1] On lit dans l'*Histoire de l'Église*, par Bérault-Bercastel, t. xx, p. 14 (édition de 1785) : « Il est certain que Du Perron donna un jour fortement à penser à Clément VIII, en lui disant que, si l'on faisait un décret en faveur de la prédétermination physique, il se faisait fort d'y faire souscrire tous les Protestants de l'Europe. » — Le cardinal Jacques Du Perron avait été Calviniste.

Etre Thomiste ou disciple de saint Thomas n'est donc pas la même chose, et de ce que les Jésuites ont rejeté la Prédétermination physique, il ne s'ensuit pas qu'ils aient abandonné saint Thomas.

Voilà les deux systèmes en parallèle ; il reste à dire ce que décidèrent les Congrégations, *De auxiliis*. A peine le Dominicain Bannès eut-il connaissance de l'ouvrage du Jésuite Molina [1] qu'il le déféra au Saint-Office. La *Concorde* avait été publiée avec les plus amples approbations du cardinal Albert d'Autriche, Grand-Inquisiteur, et du Père Barthélemy Ferreira, de l'Ordre de Saint-Dominique. Ces approbations n'arrêtèrent point Bannès, qui connaissait les dissensions dont la Société de Jésus était travaillée. L'Université d'Avila se joignit au Grand-Inquisiteur pour proclamer l'ouvrage de Molina exempt de toute erreur ; mais Bannès le dénonce à Rome. Clément VIII nomme une commission de théologiens afin de procéder à l'examen du Molinisme. Après trois mois de travail il fut déclaré contraire à la doctrine de saint Augustin et de saint Thomas, et offert comme une nouveauté dangereuse. Dans cette commission figuraient deux cardinaux de l'Ordre de Saint-Dominique. Au dire des Thomistes, les Jésuites refusèrent d'accepter la sentence. Selon les Jésuites, le Pape, se défiant de la précipitation apportée dans cet examen, résolut d'évoquer l'affaire ; il ordonna aux Généraux des deux Sociétés religieuses de choisir des théologiens qui soutiendraient en sa présence les deux systèmes controversés, et la discussion dura quatre ans sous Clément VIII, qui se montrait favorable aux Thomistes, ainsi que la cour d'Espagne. Les questions ecclésiastiques étaient dans ce temps-là des questions politiques : l'Espagne avait embrassé le parti des Dominicains, la France se rangea du côté des Jésuites.

La mort de Clément VIII fit suspendre ces savantes congrégations, auxquelles s'associaient toutes les Universités de l'Europe. Paul V, qui, sous le nom de Cardinal Borghèse, y avait pris part, désira de mettre un terme à la discussion ; mais alors les choses changèrent de face. Les Molinistes se placèrent sur

---

[1] Ce livre parut à Coïmbre en 1588.

l'offensive, et ils forcèrent les Thomistes d'expliquer leur enseignement. Le cardinal Du Perron assista à ces dernières luttes, et, dans sa correspondance avec Henri IV, on trouve la trace des affections ou des répugnances que montraient les cours de Paris et de Madrid. Le 7 février 1605, Du Perron écrivait au roi de France [1] : « Je finirai cette lettre après avoir dit à Votre Majesté que le Pape m'a colloqué en trois congrégations, de deux desquelles j'ai estimé de mon devoir de rendre compte à Votre Majesté. L'une est celle, *De auxiliis*, en laquelle se traite la dispute d'entre les Pères Jésuites et les Jacobins ; sur quoi, outre l'intérest du différend de la Religion, Votre Majesté pourra juger par les avis qu'elle aura d'Espagne s'il n'y aura point quelque raison d'Estat qui fasse qu'on sollicite de delà si vivement contre lesdits Pères Jésuites. »

Le 23 janvier 1606, le même négociateur mandait à Henri IV [2] : « Et pour le regard de la dispute des Pères Jacobins et Jésuites, j'asseurerai Vostre dite Majesté que si tost que le Pape en aura fait quelque décision, je ne failliray à lui en donner conte. Les Espagnols font profession ouverte de protéger les Jacobins, en haine, comme je croy, de l'affection que le Père Général des Jésuites, et presque tous ceux de son Ordre (excepté ceux qui dépendent des Pères Mendozze et Personius, comme particulièrement les Jésuites anglois), ont montrée de porter à Vostre Majesté ; et semble que d'une dispute de Religion ils en veuillent faire une querelle d'Estat ; mais Sa Saincteté saura bien discerner l'un intérest d'avec l'autre, et adjuger la vérité à qui elle appartiendra. »

Les prévisions du cardinal français ne se réalisèrent qu'en partie. Le Souverain-Pontife proclama, le 26 août 1606, qu'il était libre à chacune des deux écoles de professer son système, et il enjoignit de s'abstenir de toute censure jusqu'à ce que le Saint-Siége en eût autrement statué. Les choses restèrent dans la même position ; mais quand les Jansénistes eurent paru, il n'en fut plus ainsi. Pour accuser les Pères de la Compagnie de Jésus,

[1] *Les Ambassades et Négociations du cardinal Du Perron,* p 283 (*Paris,* 1623).
[2] *Ibidem,* page 450.

III.   2

ils inventèrent une bulle de Paul V, et ils falsifièrent l'histoire au profit de leurs opinions [1].

La prédestination conséquente à la prévision des mérites, enseignée par le Père Lessius, n'était pas un système nouveau : plusieurs Universités le soutenaient avec saint Bonaventure ; mais Lessius et les théologiens de la Compagnie le popularisèrent, comme plus conforme à la tradition des Saints-Pères, plus en harmonie avec les autres dogmes, et résolvant plus facilement des difficultés qui paraissent insolubles dans celui de la prédestination antécédente. On ne peut, en effet, admettre la prédestination antécédente sans accepter la réprobation négative, et alors comment accorder cette non-destination avec la volonté sincère de Dieu de sauver tous les hommes, sans exception, avec le sang du Christ offert pour tous, avec le précepte de l'espérance obligatoire pour tous ?

L'Université de Louvain censura la thèse des Jésuites : Sixte-Quint blâma ces censures ; et saint François de Sales, qui avait professé la même doctrine dans son traité de l'*Amour de Dieu*, écrivit à Lessius, le 26 août 1613. Dans cette lettre, il le félicite, il le remercie d'avoir si éloquemment défendu ses principes.

Mais, dit-on, les Jésuites ont compromis et même détruit les mystères. Nous croyons qu'une école, quelle qu'elle soit, n'a pas le droit d'imposer des mystères à l'intelligence humaine ; c'est l'Eglise seule qui jouit de ce privilége. Tout ce qui est mystère et reconnu tel par l'Eglise reste également mystère dans les systèmes de Lessius et de Molina ; l'inégalité de la

[1] Ce furent l'abbé de Saint-Amour et autres députés jansénistes à Rome, qui affirmèrent avoir une copie de cette bulle projetée. Mais en 1654 Innocent X déclara qu'on ne devait ajouter aucune foi à une prétendue bulle de Paul V en cette affaire, ni aux actes des Congrégations *de auxiliis*, publiés sur les mémoires et sous les noms de Pegna, de Coronelli, de Lemos, etc. Ce furent encore les Jansénistes, et principalement le Père Quesnel, qui se chargèrent d'imprimer l'*Histoire des Congrégations de auxiliis*, par le Père Serry, sous le nom d'Augustin Le Blanc. Il y a de très-curieux et très-importants détails sur cette affaire dans les papiers saisis chez le Père Quesnel lors de son arrestation à Bruxelles. Voyez *Causa Quesnelliana* (*Bruxellis*, 1706, page 486, au 22ᵉ chef d'accusation). On y trouvera les efforts des Jansénistes pour se cacher sous le manteau des Thomistes, afin d'engager ceux-ci à faire cause commune contre les Molinistes, qu'ils appellent leur ennemi commun. On y trouvera aussi les énergiques réclamations des docteurs thomistes contre toute idée de communauté d'opinions avec ces sectaires.

distribution des dons de la Grâce y apparaît toujours comme un impénétrable secret.

Ces subtilités de la Scolastique, devenues arides pour nos esprits qui se passionnent en faveur des subtilités plus dangereuses et moins instructives, ces imposantes controverses n'entravaient point la marche de la Compagnie. Ce fut dans les Pays-Bas qu'à cette époque elle prit, sous la protection d'Alexandre Farnèse, duc de Parme, un accroissement que les guerres elles-mêmes ne purent arrêter. Baïus était mort, mais ses théories lui survivaient. Jean Veudeville, évêque de Tournai, et Matthieu Moullart, évêque d'Arras, accourent à Douai, où une double querelle s'élevait sur le dogme et la discipline. Ils s'offrent pour médiateurs entre les deux partis; leur médiation était intéressée; car, en secret, ils soutenaient plusieurs propositions que Baïus lui-même n'aurait pas désavouées. Une lutte s'engage entre les deux prélats et l'Université d'un côté, l'Eglise et les Jésuites de l'autre. Pendant plus d'une année on combattit à coups d'arguments, on évoqua des usages locaux pour s'opposer aux décrets du Saint-Siége. L'intrigue politique fut mise au service de la science; mais, quand le Pape eut décidé que « la coutume d'un ou de deux diocèses ne pouvait point prescrire contre le droit pontifical et contre la coutume de l'Eglise universelle, » l'Evêque d'Arras adhéra au jugement.

En 1591, le Nonce Octave Frangipani et le jurisconsulte Jean de Gouda fondaient aux Jésuites un collége à Groningue. La même année, Maximilien de Bergues, archevêque de Cambrai, le comte de Lalain, gouverneur de Hainaut, et le Conseil de la ville en établissaient un à Valenciennes. En 1592, Balthasar Bauters, riche marchand de Lille, réalisait à lui tout seul, dans sa patrie, ce que plusieurs princes se coalisaient pour entreprendre : il dotait la cité de Lille d'un collége de la Compagnie. A Luxembourg et à Mons, les Jésuites étaient appelés pour réparer par l'éducation les désastres moraux de la guerre. Tandis que ces événements s'accomplissaient, d'autres Pères pénétraient en Hollande.

La mort du Taciturne ne changea rien à la position que ces provinces s'étaient faite. Guillaume de Nassau avait su s'emparer de ces esprits si froids et si aventureux, qui avaient deviné le

rôle que le commerce maritime leur destinait. Pour rester libres,
ils s'étaient résignés à tous les sacrifices. Protestants par calcul,
après avoir adopté le Luthéranisme par entraînement, ils avaient
porté les lois les plus sévères contre tout missionnaire qui mettrait
en défaut leur surveillance aux frontières. Les Hollandais s'ap-
prêtaient à faire du prosélytisme marchand sur les mers ; ils ne
voulaient pas que les prédicateurs catholiques vinssent les troubler dans leurs rêves de puissance. La guerre des Gueux avait
incendié ou renversé les temples, aboli le culte, chassé les prêtres, et intronisé l'hérésie dans les villes. Jean de Smet, ecclésiastique hollandais, était le témoin de tant de calamités. Il brûle
d'y apporter un remède, c'est à Rome qu'il va le demander. Clément VIII écoute avec douleur son récit ; il l'interroge sur les
moyens à employer pour conjurer ces pertes ; Smet répond qu'il
n'y a point de meilleurs ouvriers que les Jésuites. Aquaviva est
consulté : les Pères Guillaume Leeuven de Dordrecht et Cornelius Duyst de Delft reçoivent ordre de passer en Hollande.

Telle fut l'origine de cette mission. Leeuven et Duyst avaient
mille périls à braver, car les Anglais occupaient militairement
une partie de ces provinces. Ils établissaient une espèce de
cordon sanitaire contre les envoyés de Rome ; ils punissaient de
mort tous ceux qui, trompant leur vigilance, s'introduisaient
dans un pays façonné par eux à l'hérésie. Les Jésuites déguisés
mettent le pied sur le territoire hollandais ; leur apostolat commence au milieu des difficultés que font naître la corruption
des mœurs et les utopies de liberté. L'année suivante, le Père
Jean Bargius d'Amsterdam partage leurs périls ; ce fut dans la
Frise principalement qu'il sut déployer son ardeur, mais il
succomba bientôt à l'excès des fatigues. Sa mort enfanta de
nouveaux missionnaires aux Provinces-Unies ; Duyst et Leeuven
reçurent de nombreux auxiliaires ; alors ils réalisèrent au sein
des cités ce qu'ils avaient commencé au fond des campagnes.
La Haye, Harlem, Leyde, Amsterdam et Rotterdam entendirent
leurs voix.

Les Jésuites étaient parvenus, même en Hollande, à se créer
une espèce de camp retranché de chaque maison où le Catholicisme se glissait à leur suite ; de là, ils tenaient en échec l'hérésie

et les Anglais. On ne pouvait les atteindre dans leur enseignement, on essaya de les perdre en leur imputant un crime.

Le comte de Nassau, fils du Taciturne, joignait aux talents
de son père toutes les qualités d'un grand capitaine; il deve-
loppait si admirablement les plans de Guillaume d'Orange que
la Hollande pesait déjà dans la balance européenne. Le Taciturne était mort sous les coups d'un fanatique ; pour entraver
les progrès de la Foi, on accusa les Jésuites et l'archiduc Ernest
d'Autriche d'avoir comploté la mort de Maurice.

Au milieu de tous les attentats contre les personnes qui
surabondent dans ce siècle, attentats commençant à François
de Guise pour finir à Maurice de Nassau, il y a sans doute plus
d'une exagération. Les Calvinistes avaient donné un funeste
exemple en assassinant le chef des Catholiques par la main de
Poltrot; cet exemple ne fut pas perdu ; mais, il faut bien le dire,
les partis se calomnièrent afin de se donner le droit d'injustice.
La reine Elisabeth fut accusée à tort d'avoir empoisonné don
Juan d'Autriche ; on rendit cette accusation aux Catholiques, et
on leur prêta une conspiration contre Maurice de Nassau. Les
Jésuites étaient en guerre avec le principe religieux qu'il faisait triompher par les armes; les Jésuites, alors proscrits de
France, se virent attaqués pour un nouveau crime, où tout
est hypothèse et impossibilité.

Le président de Thou s'exprime ainsi [1] : « On arrêta à Leyde
un homme suborné pour tuer le comte Maurice, ou qui peut-
être se porta de lui-même à commettre ce crime. » L'homme
dont parle de Thou se nommait Pierre Panne ; il était né à
Ypres, et afin de rattacher aux Jésuites son forfait, qui n'eut
jamais un commencement d'exécution, on découvrit qu'il avait
un cousin domestique à Douai dans la maison des Jésuites. Ce
fut sur cette parenté que l'on échafauda l'accusation. Ce Pierre
Panne n'appartenait à aucun culte, il n'avait que des passions
de bas étage. Dans les premiers jours de juin 1598, il arrive
à Leyde en état d'ivresse, — et c'est aux informations juridiques, aux actes des magistrats d'Ypres, d'Anvers, de Mons,
de Douai et de Bruxelles que nous empruntons ces détails — ;

_____

[1] _Histoire universelle_, t. XIII, p. 267, année 1598.

Il se présente aux gardes du comte de Nassau, il leur demande où est le prince. La physionomie de Panne fait naître des soupçons; il est emprisonné. A l'instant il avoue que deux des principaux habitants de Bruxelles lui ont donné mission d'assassiner le capitaine-général des Provinces-Unies. Cet aveu, inspiré par la peur, par l'ivresse ou par la subornation, éveille les susceptibilités protestantes.

En France et en Angleterre, les hérétiques se faisaient une arme contre les Jésuites de tous les crimes vrais ou supposés qui menaçaient la vie de Henri IV et d'Elisabeth. La Hollande, elle aussi, veut avoir ses tyrannicides. La déclaration de Panne est non avenue, et, à la place des deux Bruxellois dont le nom n'était pas même connu, on juge qu'il est plus opportun de substituer les Jésuites : on promet à Panne sa liberté s'il accuse les Pères. Panne connaissait l'intérieur du collége de Douai, il accepte le marché qui lui est proposé. Il révèle tout ce qu'on dicte à ses frayeurs; mais lorsqu'il s'aperçoit qu'il ne pourra pas sauver sa vie, Panne rétracte ses premiers dires. Le 22 juin 1598, il fut écartelé.

Les Protestants hollandais n'en demandaient pas davantage; un de leurs ministres, Gaspar Grevinchove, de Rotterdam, rédige l'acte d'accusation contre la Compagnie. Pour donner plus de poids à ses récits, il accumule avec tant de légèreté les noms propres et les circonstances les plus contradictoires, que le Père Coster [1] n'eut pas de peine à démontrer la fausseté de toutes ses allégations. Les Calvinistes français s'emparèrent de cet événement; mais comme la version du pasteur de Rotterdam leur parut offrir trop de prises à la critique, ils la modifièrent avec tant d'art que, de ce roman mal combiné, ils furent assez habiles pour fabriquer une histoire à peu près vraisemblable.

Ces imputations ne ralentissaient point l'ardeur des Jésuites : ils fondèrent en 1599 un collège à Bergues-Saint-Vinoc. Dans la même année, un autre est créé à Arras sous les yeux mêmes

---

[1] L'ouvrage du Père Coster, écrit en allemand, fut traduit en latin par le Père Schondonck, sous le titre de : *Sica tragica comiti Mauritio a Jesuitis, ut aiunt Calvinistæ, Leydæ intentata.*

de l'Evêque Matthieu Moullart. Le conseil et les citoyens de cette ville ne partageaient pas l'irritation de leur premier pasteur ; ils demandent qu'une maison de l'Ordre s'élève parmi eux, puisqu'en mourant un de leurs compatriotes a fait à la ville un legs dans cette intention. L'Evêque s'y oppose ; le peuple murmure, et bientôt il triomphe.

En 1600, l'armée catholique va mettre le siége devant Ostende ; les Hollandais forcent ses retranchements. Trois Jésuites, Laurent Evrard, Buzelin et Othon de Camp, étaient restés pour soigner les blessés ; ils sont surpris dans l'exercice de leur ministère, les Protestants les égorgent. Ils empoisonnent le Père Michel Brilmocher à Mayence. En 1598, le Père Martin Laterna, prédicateur du roi de Pologne, tombe entre les mains des corsaires luthériens à la solde de Charles, duc de Sudermanie ; Laterna est précipité par eux dans les flots. Cette mort a donné aux hérétiques l'idée de se peindre comme plus cruels qu'ils n'avaient été réellement. Henri, duc de Rohan, chef des Calvinistes français sous Louis XIII, raconte, dans son ouvrage *Des intérêts des princes* [1], qu'il vint à l'esprit de Sigismond, roi de Pologne et de Suède, d'ériger un sénat de Jésuites en ce dernier royaume. Les Pères désignés par le Général de la Compagnie mirent à la voile ; avant d'arriver à destination, ils furent capturés en mer, puis massacrés ou noyés par ordre du duc de Sudermanie, qui usurpait sur son neveu la couronne de Suède.

Tel est le récit de Henri de Rohan ; beaucoup de recherches ont été faites par nous afin de savoir ce que pouvait être le sénat dont parle le grand capitaine protestant, et de connaître les noms des Jésuites qui avaient péri. Dans les archives de la Société il n'a jamais été question de ce sénat improvisé et du trépas de tous ces Pères. Il devient donc impossible d'apprécier dans quel but les Calvinistes et les Luthériens s'imputaient des meurtres imaginaires, lorsqu'on les voit pallier avec tant de soin et nier avec tant de force ceux qu'ils commettaient en réalité. C'est une fable inventée à plaisir, et les Dévoyés de l'Eglise nous

[1] *Des intérêts des princes*, par le duc de Rohan, p. 124. (*Cologne*, 1676.)

semblent assez riches en attentats de ce genre, pour que leurs
coreligionnaires ne leur prêtent pas des crimes chimériques.

Toutes les souffrances endurées par les Jésuites ne furent
pas stériles ; dans la pensée des Catholiques, c'était aux Jésuites que la vengeance des sectaires s'adressait ; ce fut sur
eux que les villes fidèles à la Religion voulurent s'appuyer. De
1604 à 1613, elles fondèrent neuf maisons pour la Compagnie,
à Cambrai, à Tournai, à Waten, à Dinant, à Bois-le-Duc, à Namur, à Malines, à Hesdin et à Aire en Artois ; on vit se former
des colléges et des noviciats comme une protestation de la
Flandre. En présence de ce mouvement, dont les résultats
étaient incalculables pour l'Eglise, car à Douai, dans la seule
classe de logique, on comptait plus de quatre cents élèves,
Aquaviva se détermine à partager ce pays en deux Provinces ;
la Province flandro-belge renferma quatorze maisons, la Province gallo-belge en eut quinze.

Dans le même temps, la Compagnie de Jésus menait à bonne
fin une affaire plus épineuse : elle rentrait en France sous l'égide
de Henri IV.

Le Parlement de Paris ne s'était pas contenté, à l'instigation
de l'Université, de les flétrir une fois ; il avait pour chef Achille
de Harlay, majestueuse figure de magistrat, homme de bien qui,
dans l'entraînement des partis, ne s'inspirait que de la justice et
n'assujettissait sa raison qu'à la loi. Achille de Harlay était le
beau-frère du président de Thou, et les Jésuites le comptaient
parmi leurs adversaires : il ne cachait pas ses répugnances, il
avouait que la Compagnie de Jésus lui paraissait encore plus
dangereuse qu'utile. Cette opinion se basait plutôt sur des répulsions secrètes que sur des faits sagement discutés ; mais Achille
de Harlay, comme tous les caractères de granit, possédait au
suprême degré les défauts de ses qualités. Esprit judicieux et te-
nace, il épousait avec ferveur les passions parlementaires ; il se
montrait inflexible parce que le Parlement colorait ses hostilités
d'un vernis de bien public. Près de lui, et se servant de sa vertu
comme d'un bouclier, on distinguait deux avocats-généraux
dont les titres et la science font encore autorité : ils se nommaient
Marion et Servin. Sentinelles vigilantes, ils étaient chargés de

faire exécuter l'arrêt de bannissement ; ils remplissaient cet office avec un zèle qui participait autant du devoir que de la satisfaction d'une inimitié.

Néanmoins, les Jésuites, proscrits par le Parlement de Paris,
n'avaient pas trouvé dans les autres cours judiciaires du royaume des ennemis aussi implacables. Le Parlement de Toulouse
les maintenait ; ils conservaient leurs colléges du Languedoc, et
les villes de Limoges, de Tulle, de Brives et de Saint-Flour demandaient des maisons. Dans le Dauphiné, à Grenoble surtout,
où Lesdiguières, encore huguenot, était presque roi, le Père
Coton commençait sa réputation d'orateur, et Lesdiguières,
séduit par le charme de sa parole, devenait son ami. A Bordeaux, le Père Richeome était rappelé, et à Lyon le Corps de
ville faisait des remontrances au Parlement pour obtenir la liberté de donner son collége au Père Porsan, Jésuite sécularisé.
Ces remontrances des Lyonnais proclamant l'aptitude de la
Compagnie de Jésus pour l'éducation émurent l'Université. Elle
jugea que le coup porté n'était pas mortel, et l'avocat-général
Marion repoussa la demande du Corps de ville de Lyon, parce
que, disait-il, « les Pères conservent un désir de vengeance ardent et furieux de la honte et opprobre : de sorte qu'à présent
tout leur soin, étude et industrie, toutes leurs ruses, cautèles
et finesses, — et quelles gens au monde en ont de plus subtiles?
— bref tout leur souhait et auquel ils réfèrent tous leurs
artifices, est de rentrer en France pour y faire pis que par le
passé. »

Marion était l'homme de la justice, l'organe de la loi, et il
s'improvisait l'avocat des passions universitaires. Comme la voix
publique se prononçait en faveur de la Compagnie, Marion mettait en suspicion ce même peuple dont chacun, selon les besoins
de sa cause, flatte les instincts ou blâme les sentiments. « Il est
vrai, ajoutait-il, que le peuple s'est imaginé que les Jésuites
sont propres à élever la jeunesse ; mais le public juge-t-il
sainement des choses? En effet, sur quel fondement ce préjugé
s'appuie-t-il? »

De nouveaux arrêts, en date du 21 août et du 16 octobre
1597, confirmèrent celui du 29 décembre 1594 ; mais les fa-

milles ne s'accommodaient pas aussi facilement que l'Université
de l'interdit lancé contre les Jésuites. A Tournon, au Puy, à
Dôle, à Besançon, à Auch, à Rhodez et dans plusieurs autres
villes, ils avaient, sous la protection des magistrats, continué
d'ouvrir leurs maisons ; elles se remplirent d'enfants partis de
tous les points du royaume. Les Colléges ne suffisant pas pour
recevoir ceux qui désiraient y entrer, on fit émigrer la jeunesse ;
elle alla en Suisse, en Allemagne, en Flandre et en Lorraine
chercher les maîtres qui avaient son amour et la confiance des
parents. Alors, comme toujours, la persécution préparait la
réaction : l'Université mit ordre à cet état de choses qui ruinait
son crédit. Le 18 août 1598, sur les réquisitoires de Marion et
de Servin, le Parlement « inhiba et défendit, inhibe et défend à
toutes personnes d'envoyer écoliers aux colléges de la dite prétendue Société, en quelques lieux et endroits qu'ils soient, pour
y être instruits ; et dès à présent a ordonné et ordonne que tous
les sujets du roi instruits et enseignés aux colléges des dits prétendus de la dite Société, dedans ou dehors ce royaume, ne
jouiront des priviléges de l'Université comme incapables des degrés d'icelle. »

A cette atteinte portée à la liberté et aux droits les plus sacrés de la famille, les Etats du Languedoc s'indignèrent, et,
par leur syndic, ils sollicitèrent, ils obtinrent du Parlement de
Toulouse un arrêt du 23 septembre 1598 qui défendait « de
troubler dans leur ministère et dans la jouissance de leurs
biens les prêtres et écoliers de la Compagnie de Jésus. » Partout
où il n'y avait pas d'Université aussi envahissante que celle de
Paris, à Bordeaux comme à Toulouse, à Limoges ainsi qu'à Lyon,
à Rouen et à Dijon, la Compagnie de Jésus n'était pas jugée avec
autant de sévérité. Loin du foyer de l'action universitaire, et
n'appréciant que les effets sans remonter aux causes, les provinces ne consentaient pas à sacrifier l'avenir de leurs enfants
et de la France à de jalouses colères. Les Parlements protestaient en maintenant les Jésuites malgré le Parlement de Paris ;
leurs protestations, que le Clergé et la Noblesse catholique
appuyaient à la cour, firent un vive impression sur l'esprit de
Henri IV.

Dans le même temps, le cardinal d'Ossat écrivait à Villeroi une lettre qui accrut cette impression.

« Si, dès son enfance, il (Henri IV) eût été Catholique, disait d'Ossat à la date du 5 mars 1598 [1], on ne seroit pas si prompt à soupçonner et mal interpréter ses actions en matière de Religion ; mais, pour ce qu'il est venu tard, on prend l'alarme de toutes choses qui puissent faire souvenir du passé ; encore qu'elles ne soient faites à mauvaise intention, et principalement d'entendre qu'on veut chasser du royaume pour la seconde fois indifféremment ceux qui sont tenus pour les plus éminents qui soient aujourd'hui en doctrine et en instruction de la jeunesse, et confession et administration des sacrements, en la prédication et défense de la Religion catholique et de l'autorité du Saint-Siége, et qu'on les veut chasser de sang-froid, sans qu'ils en aient donné aucune nouvelle occasion.

» Tant y a, continue le cardinal-ambassadeur, que quoi que ils (les Jésuites) aient fait et dit par le passé, ils l'ont fait parce que le Roi n'étoit pas encore catholique ou n'avoit point été absous par le Pape ; or, ces occasions sont cessées, longtemps y a, par la conversion et l'absolution de Sa Majesté. Cet Ordre fait profession particulière d'obéir au Pape et dépendre de ses commandements ; ils n'ont garde de faire contre celui que le Pape reconnoît pour Roi ; d'ailleurs, ils sont prudents et accorts, aimant leur sûreté et profit, et sachant très-bien connoître où il gît, et se garderont de faire une escapade ou extravagance, ou chose hasardeuse, beaucoup mieux que ne feroient d'autres qui ont moins de sens et de prudence et de politique qu'eux ; et de fait Jacques Clément n'étoit pas Jésuite.

» Chasser aujourd'hui tout ce qui reste de ces gens en France ne seroit pas ôter les ennemis du Roi, mais faire infinis ennemis au Roi, et hors et dedans son royaume, comme il a été montré ci-dessus ; et non-seulement on ne feroit point de déplaisir ou dommage au Roi d'Espagne, mais au contraire on lui feroit choses agréables ou profitables, en ce que le Roi seroit, par ce moyen, affoibli, demeurant privé de la bonne opinion et

[1] *Lettres du cardinal d'Ossat*, liv. IV, n. 119.

affection des plus grands Catholiques, et qui lui pourroient plus profiter et nuire. Et seroit bien plus utile au Roi et plus convenable à la clémence et généreuse procédure dont Sa Majesté a usé ci-devant envers tous autres, de laisser en paix ces gens-ci qui sont échappés à la fortune et à l'orage de l'arrêt du mois de décembre 1594 et se les gagner et acquérir. Aussi ont-ils bien eux seuls plus d'industrie et dextérité et de moyen pour contenir les peuples en obéissance et dévotion que les sujets doivent à leur Roi, que n'ont possible tous les autres Ordres et Religions ensemble; et si on savoit bien user par delà, ils le feroient tant par devoir que pour effacer la note du passé, et pour l'espérance qu'ils auroient d'obtenir un jour par ce moyen la restitution de ceux qui furent chassés du ressort du Parlement de Paris; outre que Sa Majesté, en ne passant outre à l'exécution dudit arrêt, retiendra la bonne opinion et affection du Pape, de toute cette cour, et de tous les Catholique hors et dedans la France : ce qui ne peut tourner sinon à déplaisir et dommage des Espagnols et de tous autres ennemis du Roi et de la France. »

L'expulsion des Jésuites, ces nouveaux arrêts rendus coup sur coup et l'attitude impartiale du roi dans ces conflits de juridiction firent comprendre à Aquaviva que l'heure d'agir avait sonné. Clément VIII venait de ménager la paix de Vervins entre Henri IV et Philippe II ; et le cardinal de Médicis, son légat, faisait connaître au roi de France le vœu du Souverain-Pontife pour le rétablissement de la Compagnie. Le Béarnais était trop sagace pour ne pas apprécier l'importance que cet Ordre religieux avait acquise en Europe, importance que son ministre à Rome, le cardinal d'Ossat, lui signalait en termes si pleins de finesse diplomatique. Il était trop véritablement roi pour ne pas s'en emparer au profit de son pays; mais il avait des satisfactions à accorder à la turbulence des Dévoyés.

L'édit de Nantes, rendu le 30 avril 1598, et qui, par ses quatre-vingt-onze articles publics et ses cinquante-six autres secrets, leur accordait l'indépendance et la sécurité, ne les empêchait pas de faire entendre des plaintes, et quelquefois même des menaces. Amis de Henri IV jusqu'au jour où il avait ab-

juré, les Huguenots se révélaient si exigeants qu'ils effrayaient
la reconnaissance royale. Les Jésuites étaient leurs ennemis de
toutes les heures; quoique proscrits, ils luttaient encore contre
eux : à Nîmes, à Montélimart, à Grenoble, ils avaient vu le
Père Coton tenir tête à leurs docteurs, et, soit en présence du
cardinal de Sourdis, soit devant le Parlement dauphinois,
vaincre leur fameux ministre Chamier. Ces souvenirs vivaient
dans leurs cœurs, et lorsque le cardinal de Médicis fut de
retour à Rome, il expliqua si nettement les difficultés de la
situation, que le Pape et Aquaviva sentirent qu'il ne fallait
rien précipiter. Le Père Jean de Bordes, envoyé auprès du
Général par les Jésuites de France, confirma les rapports du
légat.

Après un mûr examen, le Saint-Siége, du consentement des
deux parties, cassait le mariage de Henri IV et de Marguerite
de Valois; Aquaviva crut le moment opportun pour obtenir du
roi la faculté de faire plaider au tribunal de sa justice le procès
de la Compagnie, procès qui avait été jugé, mais qui n'avait
jamais été examiné. Horatio del Monte, archevêque nommé
d'Arles, et le Père Maggio furent chargés de cette négociation.
Laurent Maggio était un homme versé dans la connaissance des
affaires; souple, ferme et insinuant, son esprit fécond en ressources avoit plus d'un point de ressemblance avec celui de
Henri IV. Aquaviva espérait que les reparties spirituelles du
Jésuite vénitien ne seraient pas sans attrait pour le monarque
dont l'Europe admirait la verve béarnaise [1]; Maggio avait déjà
paru à la cour de Henri III. et plus d'une fois le jeune roi de
Navarre s'était montré charmé de la conversation du Père. Maggio plut au monarque « autant habile qu'homme de son royaume,
dit l'historien Dupleix, pour juger de l'humeur et du mérite

---

[1] Le Père Maggio avait presque autant d'esprit vénitien que Henri IV de reparties gasconnes. Dans la *Seconde Apologie de l'Université de Paris*, chap. xviii,
page 189, on lit que Maggio disait un jour au roi, en riant : « Sire, les Jésuites vous
seront aussi fidèles qu'à Philippe d'Espagne, lorsqu'ils auront reçu autant de bienfaits de l'un que de l'autre. » A son retour de Guienne, le Père Maggio, voyant les
choses dans le même état, malgré les promesses de Henri IV, lui dit encore, et c'est
le président de Thou qui raconte cette anecdote au 132e livre de son histoire : « Sire,
vous êtes plus lent que les femmes, qui ne portent leurs fruits que pendant neuf
mois. — C'est vrai, reprend le prince sur le même ton de plaisanterie ; mais, Père
Maggio, les rois n'accouchent pas si aisément que les femmes. »

des personnes. » Dans le courant de septembre 1599, il fit commencer devant lui à Blois l'instruction de cette affaire. Le Nonce du Pape et l'Archevêque d'Arles représentaient le Saint-Siége ; Maggio parlait au nom de sa Compagnie. Rien ne pouvait s'y décider ; mais pour les Jésuites, dont le Père Richeome publiait l'apologie à Bordeaux et à Limoges, c'était un acheminement. Dans ces conférences d'Etat, Henri écouta les raisons pour et contre, et se contenta de témoigner qu'il savait gré à Claude Aquaviva de n'avoir point accepté sans son agrément les colléges de Béziers et de Limoges. Le 1er janvier 1600, il fit réunir chez le chancelier de Bellièvre les présidents du Parlement, le ministre d'Etat Villeroi, le procureur-général de La Guesle et les avocats-généraux Marion et Servin. Le chancelier et Villeroi déclarèrent que les Archevêques de Modène et d'Arles, venus en France pour négocier l'union du roi avec Marie de Médicis, avaient encore mission de solliciter le rétablissement de la Société de Jésus ; le Pape, ajoutaient-ils, se porte caution pour elle, et le Père Maggio réglera tout dans ce sens.

Servin ne put se contenir ; comme au Palais, il fulmina un long réquisitoire, qu'interrompit l'austère parole du président Séguier. Ce n'était plus en magistrat qu'il envisageait la cause, mais en homme politique ; et, afin de ne pas irriter les esprits, Séguier adopta un moyen terme. Il savait par cœur son Parlement ; il demanda que le roi fît connaître sa volonté par lettres patentes. A peine cette orageuse séance fut-elle levée que Séguier, s'approchant de Bellièvre et de Villeroi, leur conseilla de traiter directement l'affaire avec le monarque, et de ne pas s'en rapporter au Parlement.

Henri IV traînait la chose en longueur, ne voulant user de son autorité royale qu'à la dernière extrémité ; cependant, comme pour habituer le Parlement à l'idée de la réintégration des Pères, il accordait à Maggio, visiteur des provinces de France, la permission de se rendre avec son titre en Guienne et en Languedoc. Maggio obtint plusieurs audiences du prince, et, dans une de ses lettres à Aquaviva, le Jésuite raconte que Henri IV lui recommande beaucoup de douceur et d'égards pour la conversion des hérétiques. « Evitez, lui dit-il, les dis-

cussions longues et pénibles , et démontrez bien surtout où est
la véritable Eglise. Je vous promets de veiller à la sûreté de vos
Pères et de faire revenir insensiblement tous les autres. »

Trois années s'écoulèrent ainsi ; mais au Synode de Gap, les
Dévoyés de l'Église ayant proclamé que le Pape était véritablement l'Antechrist , « en même temps , ajoute l'historiographe
Dupleix, que les Calvinistes françois bandoient tous leurs nerfs
pour faire un dernier effort contre le Saint-Siége , la providence
divine leur opposa de rechef cette leste Compagnie de Jésuites
qui avoient souvent terrassé les troupes mises sus par Sathan [1]. »
Au mois d'avril 1603, le Provincial Ignace Armand, accompagné
des Pères Du Chatellier, Brossart et de La Tour, alla à Metz , où
le duc d'Epernon, Fouquet de la Varenne et les secrétaires
d'Etat Villeroi et de Gesvres leur avaient , de concert avec la
reine , ménagé une audience du prince. Armand justifia sa
Compagnie des griefs accumulés contre elle ; Henri IV répondit : « Je ne veux point de mal aux Jésuites, et le mal que je
désire à homme qui vive m'advienne. Ma Cour du Parlement
a fait quelque chose contre vous, ce n'a point été sans y bien
songer. »

Armand n'ignorait pas les bonnes dispositions du roi ; il lui
proposa de se rendre au Louvre avec les deux autres Provinciaux de France pour recevoir ses ordres à son retour dans la
capitale. « Il n'en faut pas tant , dit le Monarque , il suffit que
vous et le Père Coton y veniez. »

Pierre Coton naquit le 7 mars 1564 à Néronde dans le Forez;
il n'était connu de Henri IV que par son éloquence et par l'estime que lui témoignait un des plus vaillants compagnons d'armes du Béarnais. Lesdiguières, calviniste, avait si souvent fait
au roi l'éloge du Jésuite que ce monarque voulut juger par
lui-même un homme dont la réputation était si grande; il le
reçut à Fontainebleau , il l'embrassa comme on embrasserait
un ami longtemps attendu. « Il le prit en telle affection, selon
Cayet [2], aussitôt qu'il l'eut vu , qu'incontinent il ne se faisoit
rien qu'il n'y fût appelé. » Quelques jours après , cette affec-

[1] *Histoire de Henri-le-Grand*, page 345.
[2] *Chronique septénaire*, année 1604, p. 4, 37.

tion du roi pour le Jésuite fut si éclatante que le rétablissement
de la Compagnie ne fît plus doute à la cour. L'archevêché d'Arles vaqua sur ces entrefaites ; dans la ferveur de son amitié
nouvelle , Henri l'offre au Père Coton : le Jésuite déclare qu'il
a , par ses vœux , renoncé à toutes les dignités ecclésiastiques.
Ce refus étonne le roi ; il lui fait comprendre ce qu'il y a de
force dans une Compagnie qui professe un pareil désintéressement. Ordre est donné au conseil de s'assembler et de délibérer sur le rétablissement des Jésuites. Ce conseil était composé
du connétable Henri de Montmorency , du chancelier, de Sully ,
de Villeroi , de Châteauneuf , de Pontcarré , et des présidents
de Silleri , de Vic, Calignon , Caumartin , Jeannin et de Thou.
Sully était protestant , et , au nom de ses coréligionnaires , il
s'opposait sans merci à la Société de Jésus. Avec des motifs différents de ceux qu'Achille de Harlay faisait valoir, ce grand
homme d'Etat, dominé par des préjugés de secte, n'envisageait
le rappel des Jésuites qu'au point de vue du Calvinisme.

Le lendemain, il développa devant Henri IV ses répugnances ;
il lui exposa que le retour de ces Religieux serait un signal de
guerre contre les Huguenots, et peut-être une cause de mort
pour le roi. Dans ses *Mémoires*, dont Schœll, écrivain protestant lui-même, a dit [1] : « Sully ne manquait pas de préventions; l'esprit de parti l'entraînait souvent; nous lui reprochons
une haine aveugle pour les Jésuites ; » dans ses Mémoires, le
ministre de Henri IV prête au roi la réponse suivante [2] :

« Par nécessité il me faut faire à présent de deux choses
l'une, à savoir : d'admettre les Jésuites purement et simplement,
les décharger des diffames et opprobres desquels ils ont été
flétris, et les mettre à l'épreuve de leurs tant beaux serments
et promesses excellentes; ou bien de les rejeter plus absolument que jamais, et leur user de toutes les rigueurs et dure-
tés dont l'on se pourra aviser, afin qu'ils n'approchent jamais
ni de moi ni de mes Etats; auquel cas il n'y a point de doute
que ce ne soit les jeter dans le dernier désespoir, et, par ice-
lui, dans les desseins d'attenter à ma vie; ce qui la rendroit si

[1] *Cours d'histoire des États européens*, t. xvii, p. 272.
[2] *Mémoires de Sully*, t. ii, ch. iii.

misérable et langoureuse, demeurant ainsi toujours dans les défiances d'être empoisonné ou bien assassiné (car ces gens-là ont des intelligences et des correspondances partout, et grande dextérité à disposer les esprits ainsi qu'il leur plaît), qu'il me vaudroit mieux être déjà mort, étant en cela de l'opinion de César, que la plus douce mort est la moins prévue et attendue. »

Ces paroles sont graves; mais, après le jugement que Schœll vient de porter sur la haine aveugle de Sully contre les Jésuites, il est au moins permis de douter que Henri IV les ait proférées. Elles sont indignes, en effet, de son caractère et de son courage. Quoi qu'il en soit, Sully fut convaincu par les raisons que le roi lui allégua, raisons puissantes, car elles touchaient aux plus chers intérêts de l'Etat, à l'éducation surtout. Henri fit part au Père Coton de la conversion qu'il avait opérée, et, par ses ordres, le Jésuite se rendit auprès du ministre, comme naguère le roi l'avait envoyé visiter le premier-président.

Au mois de septembre 1603, Henri IV, voyant que l'obstination du Parlement de Paris ne pourrait être vaincue que par un acte d'autorité, signa à Rouen un édit qui rétablissait légalement les Jésuites dans le ressort des Parlements de Guienne, de Bourgogne et de Languedoc. Les villes de Toulouse, d'Auch, d'Agen, de Rhodez, de Bordeaux, de Périgueux, de Limoges, de Tournon, d'Aubenas et de Béziers sont spécialement désignées; « et, dit le roi, outre les ditz lieux, nous leur avons, en faveur de Sa Sainteté et pour la singulière affection que nous lui portons, accordé et permis de se remettre et établir en nos villes de Lyon, Dijon, et particulièrement de se loger en notre maison de La Flèche en Anjou, pour y continuer et établir leurs collèges et résidences, aux charges, toutefois, et conditions qui s'ensuivent. »

Ces charges et conditions étaient que les supérieurs seraient tous Français, et que, sans la permission du roi, il ne pourrait jamais y avoir un étranger dans aucune des maisons de l'Ordre; un Père devait séjourner à la cour en qualité de prédicateur du roi; et « pour, ajoute l'édit, nous répondre des actions de leurs compagnons aux occasions qui se présenteront. » Les Jésuites

étaient privés du droit de posséder leurs biens ou d'hériter jusqu'à la Profession des vœux solennels, droit dont ils jouissaient
en Allemagne, en Italie, en Espagne, en Pologne et dans
les Pays-Bas ; mais, s'ils sortaient de la Compagnie avant d'a-
voir fait ces vœux, ils rentraient dans leur fortune privée. Ils
étaient remis en jouissance des biens et maisons à eux appartenant avant leur bannissement.

Aquaviva écrivit à Henri IV pour le remercier d'abord, pour
lui soumettre ensuite quelques réflexions ; le roi lui adressa la
réponse suivante :

« Monsieur le Général, j'ai embrassé avec affection le restablissement en mon royaume de vostre religion, meu de considérations dignes d'un prince très-chrétien qui désire l'advan-
cement de la gloire de Dieu et de la prospérité de son Estat. J'ai
en suite de cela pris en très-bonne part ce que vous avez représenté à mon cousin le cardinal d'Ossat et à mon ambassadeur
sur aulcuns articles des conditions apposées à ladite restitution,
ensemble la lettre que vous m'avez escripte sur ce subjet le
21⁰ du mois passé ; et d'autant que l'un et l'autre vous feront
entendre mon intention sur cela, je m'en remettrai à eulx, vous
priant leur ajouter foy comme à moi-mesme, et croire que j'ay
si à cœur leur rétablissement que je ne seray content que je
ne l'aye conduit à sa perfection. Partant je désire que vous vous
en reposiez sur moy, qui ay, avec la bonne volonté, meilleure
cognoissance que personne de ce qu'il convient faire pour cet
effect. Je prie Dieu, monsieur le Général, qu'il vous ayt en sa
sainte et digne garde.

» Escript à Fontainebleau, le 19 novembre 1603.

» Henry. »

Un semblable édit était une concession aussi bien faite à la
Compagnie de Jésus qu'au Parlement et à l'Université de Paris.
Chacun y trouvait son compte ; mais l'Université vit sans peine
que, puisque Henri IV franchissait les premiers obstacles, le
rappel dans la capitale du royaume ne serait plus qu'une affaire
de forme ou de temps. Il lui restait un moyen de s'opposer à
la détermination du prince : il fallait jeter le Parlement à la tra-

verse. Le Parlement accepta le rôle qu'on lui destinait, et le 18 décembre 1603, la Grand'Chambre, la Tournelle et la Chambre de l'Edit assemblées, « il fut ordonné que très-humbles remontrances seroient faites au Roi et mises par écrit [1]. » Cette précaution inusitée offensa le roi ; le 20 décembre il fit signifier au Parlement par son conseiller d'Etat, André Hurault de Maisse, « que le porteur des remontrances pourroit recevoir une honte et un affront dont la cour pourroit avoir regret. »

Le Parlement annula sa résolution, et, la veille de Noël, Achille de Harlay, à la tête des magistrats, prononça devant le roi et la reine ce discours :

» Sire, vostre Cour du Parlement ayant délibéré sur vos lettres patentes du restablissement des prestres et escholiers du collège de Clermont en aucuns lieus de son ressort, prenant le nom de Jésuites, a ordonné que très-humbles remonstrances seroient faictes à Vostre Majesté, et nous a chargés de vous représenter quelques points que nous avons jugé importer au bien de vos affaires et au salut public qui despend de vostre conservation, lesquels nous ont retenus de procéder à la vérification.

» Et avant que les particulariser, vous rendre grâces très-humbles de l'honneur qu'il vous a pleu nous faire, d'avoir agréable que ces remonstrances vous soient faictes de vive voix, faisant paroistre vostre indulgence et bénignité envers nous ; d'autant plus digne de louange qu'elle est esloignée de l'austérité des premiers empereurs romains, qui ne donnoient point d'accez à leurs subjects vers eus, mais vouloient que toutes demandes et supplications leur fussent présentées par escrit.

» L'establissement de ceus de cest Ordre soy-disans Jésuites en ce royaume, fut jugé si pernicieus à cest Estat que tous les Ordres ecclésiastiques s'opposèrent à leur réception, et le décret de la Sorbonne fut que ceste Société estoit introduite pour destruction et non pour édification ; et depuis, en l'assemblée du Clergé, en septembre 1561, où estoient les Archevesques et Evesques, et y présidoit monsieur le Cardinal de Tournon, elle fut approuvée, mais avec tant de clauses et restrictions que s'ils

[1] *Registre du Parlement.*

eussent été pressés de les observer, il est vray-semblable qu'ils eussent bientost changé de demeure.

» Ils n'ont été receus que par provision, et par arrest de l'an 1564 défenses leur furent faictes de prendre le nom de Jésuites ni de société de Jésus ; nonobstant ce, ils n'ont pas laissé de prendre ce nom illicite, et s'exempter de toutes puissances tant séculières qu'ecclésiastiques ; les restablissant, vous les auctorisez davantage, et rendez leur condition meilleure qu'elle ne fut oncques. Ce jugement fut d'autant plus digne de vostre Cour de Parlement que vos gens et tous les Ordres estimèrent nécessaire de les retenir avec des cautions pour empêcher la licence dèslors trop grande en leurs actions, et dont ils prévoyoient l'accroissement fort dommageable au public ; la prédiction est fort expresse au plaidoyer de vos gens, qui ne leur assistoient pas, qu'il estoit besoing d'y pourveoir, afin qu'il n'advînt pas pis que ce qu'ils voyoient dès-lors.

» Et comme le nom et le vœu de leur Société est universel, aussi les propositions en leur doctrine sont uniformes, qu'ils ne recognoissent pour supérieur que Nostre Saint-Père le Pape, auquel ils font serment de fidélité et d'obéyssance en toutes choses, et tiennent pour maxime indubitable qu'il a puissance d'excommunier les Roys, et qu'un Roy excommunié n'est qu'un tyran, que son peuple se peut eslever contre luy, que tous demeurants en leur royaume ayant quelque Ordre, pour petit qu'il soit en l'Eglise, quelque crime qu'il commette, ne peut estre jugé crime de leze-majesté, parce qu'ils ne sont leurs subjects ; ne justiciables tellement que tous ecclésiastiques sont exempts de la puissance séculière, et peuvent impunément jetter les mains sanglantes sur les personnes sacrées : c'est ce qu'ils escrivent, et impugnent l'opinion de ceus qui tiennent les propositions contraires.

» Deus docteurs en droict espagnols ayans escrit que les clercs estoient subjects à la puissance des Rois et des Princes, l'un des premiers de la Société a escrit contre eus, disant, entre autres raisons, que, comme les Lévites, au Vieil Testament, estoient exempts de toutes puissances seculières, aussi les Clercs, par le Nouveau Testament, estoient exempts de la mesme puissance, et que les Roys et les monarques n'ont aucune jurisdiction sur eus.

» Vostre Majesté n'approuvera pas ces maximes, elles sont trop faulses et trop erronnées. Il faut donc que ceus qui les tiennent et veulent demeurer en vostre royaume les abjurent publiquement en leurs Colléges; s'ils ne le font, permettrez-vous qu'ils y demeurent? Ils veulent subvertir les fondements de vostre puissance et autorité royale; s'ils le font, croirez-vous qu'ils puissent avoir une doctrine faisant part de leur religion bonne pour Rome et pour l'Espagne, et toute autre pour la France, qui rejette ce que les autres reçoivent, et que, allants et retournants d'un lieu à un autre, ils le puissent déposer et reprendre? S'ils disent le pouvoir faire par quelque dispence secrette, quelle asseurance prendrez-vous en des âmes nourries en une profession qui, par la diversité et changement de lieu, se rend bonne et mauvaise?

» Ceste doctrine est commune à tous en quelque lieu qu'ils soient, et prend tels progrez en vostre royaume qu'elle se coulera enfin aux Compagnies les plus retenuës.

» Lors de leur establissement, ils n'avoient point de plus grands adversaires que la Sorbonne; à présent elle leur est favorable, parce qu'un monde de jeunes théologiens ont fait leurs estudes en leurs colleges. Les autres escholiers feront le semblable, s'advanceront et pourront estre admis aus premières charges dedans vos Parlements, et, tenant la mesme doctrine, se soustrairont de votre obéyssance, laissant perdre tous les droicts de vostre couronne et libertez de l'Eglise de France, et ne jugeront aucun crime de leze-majesté punissable commis par un ecclésiastique.

» Nous avons esté si malheureus en nos jours d'avoir veu les détestables effects de leurs instructions en votre personne sacrée. Barrière (je tremble, Sire, en prononçant ce mot) avoit esté instruit par Varade, et confessa avoir receu la communion sur le serment faict entre ses mains de vous assassiner. Ayant failly son entreprise, d'autres esleverent le courage au petit serpent qui acheva en partie ce qu'il avoit conjuré.

» Guignard avoit fait les livres escrits de sa main, soustenant le parricide du feu Roy justement commis et confirmant la proposition condamnée au Concile de Constance.

» Que n'avons-nous point à craindre, nous souvenant de ces meschants et déloyaus actes, qui se peuvent facilement renouveller !

» S'il nous faut passer nos jours sous une crainte perpétuelle de voir vostre vie en hasard, quel repos trouverrons-nous aus vostres?

» Seroit-ce pas impiété preuvoir le danger et le mal, et l'approcher si près de vous? Seroit-ce pas se plonger en une profonde misère que desirer survivre la ruine de cest Estat, lequel, comme nous vous avons autres fois dict, n'en est esloigné que de la longueur de vostre vie?

» Loüange à Dieu, Sire, de la mutuelle bienveillance entre vous et nostre Sainct Père! Dieu vous maintienne longuement en vostre couronne et lui au Sainct Siege! Mais, si l'aage ou l'indisposition retranchoit ses jours, et si son successeur, mal animé, desployoit son glaive spirituel sur vous, comme ses prédecesseurs sur les autres Roys de France et de Navarre, quel regret à vos subjects de veoir entre nous tant d'ennemis de cest Estat et de conjurateurs contre Vostre Majesté, comme contre celle du feu Roy d'heureuse mémoire, ayants esté, de son règne, les autheurs et principaux ministres de la rebellion, et non innocents de son parricide!

» Ils disent leurs fautes passées ne devoir plus estre relevées, non plus que celles de tous les autres Ordres et Compagnies qui n'ont moins failly qu'eus. Il peut estre dict, à leur préjudice, qu'encores qu'il se trouve de la faute en tous les Ordres et Compagnies, toutes fois elle n'a pas esté universelle.

» Les Compagnies estoient diverses. Tous ceus qui en font part ne sont pas distraits de l'obeyssance deuë à Vostre Majesté; mais ceus de leur Société sont demeurez fort unis et resserrez en leurs rebellions; et non-seulement aucun ne vous a suivi, mais eus seuls se sont rendus les plus partiaus pour les anciens ennemis de vostre couronne qui fussent en ce royaume comme tels. Odo, l'un de leur Société, fut choisi par les seize conjurez pour leur chef.

» Et, s'il nous est loisible entre-jetter quelque chose des af-

faires estrangères dans les nostres, nous vous en dirons une pitoyable qui se voit en l'histoire de Portugal. Quand le Roy d'Espagne entreprit l'usurpation de ce royaume, tous les Ordres de
Religieux furent fermes en la fidélité deuë à leur Roy, eus seuls
en furent déserteurs pour advancer la domination d'Espagne, et
furent cause de la mort de deus mil, tant de Religieux qu'autres
Ecclésiastiques, dont il y a eu bulle d'absolution......

» Ils se plaignent par leurs escrits que toute la Compagnie ne
devoit pas porter la faute de trois ou quatre ; mais quand ils
eussent esté réduits à la condition des Frères Humiliez, ils n'eussent point eu d'occasion de se plaindre. L'assassinat du Cardinal
Borromée ayant esté machiné par un seul Religieux de cet Ordre
des Frères Humiliez, y a environ trente ans, tout l'Ordre fut aboly
par le Pape Pie Quint, suivant la résolution de l'assemblée des
Cardinaux, quelque instance que le Roy d'Espagne fist au contraire. Nostre jugement n'est pas si sévère. S'ils disent qu'il n'y
a point de comparaison avec leur Ordre de l'Ordre des Humiliez,
le leur estant beaucoup plus grand, nous leur dirons qu'il y a
moins de comparaison d'un Cardinal avec le plus grand Roy du
monde, plus hault eslevé au-dessus d'un Cardinal que leur Ordre
au-dessus du plus petit ;

« Que les Humiliez avoient moins failli qu'eus, car un seul
estoit autheur de l'assassinat d'un Cardinal ; eus tous sont coupables de vostre parricide pour le moyen de leur instruction.

» Nous vous supplions très-humblement que, comme vous
avez eu agréable l'arrest justement donné, et lors nécessaire
pour destourner tant de traistres de conspirer contre vous, aussi
il vous plaise conserver et vous redonner la souvenance du danger
auquel nous fusmes lors de voir perdre la vie à nostre père commun, la vie duquel nous est plus chère que la nostre, et penserions
encourir ce honteux reproche d'infidélité et ingratitude de n'en
avoir point un soin perpétuel, puisque vous nous avez rendu la nostre, nostre repos et nos biens. La mémoire du passé nous doit servir de précaution pour donner ordre que ne demeurions, faute de
prévoyance, ensevelis dans l'abysme d'un second naufrage. Nous
ne pouvons obmettre quelque supplication particulière d'avoir
compassion de l'Université.

« Les Roys vos prédecesseurs ont eu soin de laisser cet orne-
ment à vostre bonne ville de Paris, dont, ceste partie dedans peu
de jours déserte, il ne se pourra faire que ne ressentiez la douleur
de voir une quatriesme partie de la ville inhabitée de tant de familles de libraires et d'autres qui vivent avec les escholiers, re-
duites à l'aumosne, pour gratifier un petit nombre de nouveaux
docteurs qui devroient estudier, lire, enseigner et servir au public avec les autres, sans faire un corps particulier composé d'un
Ordre et Religion nouvelle.

» Nous sçavons qu'elle a besoin d'estre réformée; mais la réformation ne sera point par sa ruine, qui sera inévitable, non
par l'absence de ceus de la Société, mais par la multitude des
colléges que vous permettez en diverses provinces, lesquelles,
ayant la commodité près d'eus, n'envoyront plus leurs enfants
en ceste ville; ce que vous jugerez de conséquence, considérant
que ceus qui y sont nourris s'accoustument en leur jeunesse à
voir recognoistre les Roys et les marques de souveraineté.

» Ceus qui sont eslevez es petites villes ne recevront ceste
instruction, et n'auront le ressentiment semblable; et, en ce
faisant, l'Université, autres fois si florissante, sera du tout ruinée
par l'establissement de dix ou douze colleges de ceus dont la
Société sera toujours suspecte à l'instruction de la jeunesse et
très-dangereuse.

» Ce sont les très-humbles remontrances et raisons sommaires
qui nous ont retenu de faire publier les lettres, craignants qu'il
ne nous fust justement reproché d'avoir trop facilement procédé
à la vérification......

» Nous prions Dieu de cœur et d'affection accroistre vos
jours en tout heur et félicité, vous conserver, la Royne et monsieur le Dauphin, et pour vous et pour vos subjects, et nous
faire la grace de pouvoir, par la fidélité de nostre très-humble
service, vous faire paroistre que ne désirons plus grand heur ne
contentement plus honorable que d'estre tenus de vous tels que
nous sommes,

» Vos très-humbles, et très-obéyssants, et très-fidéles subjects et serviteurs. »

A ces paroles sorties d'une bouche austère, et qui emprun-

taient quelque chose de majestueusement accusateur à la vertu
même d'Achille de Harlay, le roi répliqua [1] :

« Je vous sçay bon gré du soing que vous avez et de ma
personne et de mon Estat; j'ai toutes vos conceptions en la
mienne, mais vous n'avez pas la mienne en la vostre. Vous
m'avez proposé des difficultés qui vous semblent grandes et fort
considérables, et n'avez sceu considérer que tout ce que vous
dictes a esté pesé et considéré par moy il y a huict ou neuf ans.
Vous faictes les entendus en matière d'Estat, et vous n'y entendez toutesfois non plus que moi à rapporter un procez. Je veux
donc que vous sachiez touchant Poissy que si tous y eussent aussi
bien fait comme un ou deux Jésuites qui s'y trouvèrent fort à
propos, les choses y fussent mieux allées pour les Catholiques.
On recogneut dès-lors non leur ambition, mais leur suffisance,
et m'étonne sur quoi vous fondez l'opinion d'ambition en des
personnes qui refusent les dignités et prélatures quand elles leur
sont offertes, qui font vœu à Dieu de n'y aspirer jamais, et qui
ne prétendent autre chose en ce monde que de servir sans récompense tous ceux qui veulent bien service d'eux. Que si ce
mot de Jésuite vous desplaist, pourquoy ne reprenez-vous ceux
qui se disent religieux de la Trinité? et si vous estimez d'estre
aussi bien qu'eux de la Compagnie de Jésus, pourquoi ne dittes-
vous que vos filles sont aussi bien religieuses que les Filles-Dieu
à Paris, et que vous estes autant de l'Ordre du Saint-Esprit que

[1] Ce discours d'Henri IV a été contesté par les Protestants et par les Universitaires, qui adoptaient avec passion les remontrances du premier président de Harlay.
Il se trouve cependant en termes à peu près identiques dans Pierre Mathieu, à qui
Henri IV fournissait lui-même les matériaux de son Histoire. D'autres contemporains le citent encore, et le président de Thou, qui l'a entendu prononcer, bien
loin d'en affaiblir l'authenticité, la confirme au contraire par l'analyse qu'il en
donne.

Schœll, avec son esprit de judicieuse critique, s'est bien donné de garde de mettre
en doute la réponse du roi à Achille de Harlay. Il la publie dans son Cours d'Histoire des États européens, t. XVII, page 189, ainsi que la rapporte Mathieu, et le
diplomate prussien ajoute : « Tel est le discours prononcé par Henri IV, ou plutôt
le sommaire de ce discours; car il est évident qu'il n'a pas été écrit d'avance, mais
que le bon roi a plutôt causé avec le Parlement. » Dans une addition à ce chapitre,
page 205, le même historien publie une autre relation du même discours, conforme
à la première pour le fond et pour la suite des idées, mais qui conserve mieux tout
l'esprit de causerie de Henri IV. Cette seconde version que donne Schœll nous
semble d'autant plus exacte qu'elle est conforme à celle de deux anciens manuscrits
de ce même discours déposés dans les archives des Jésuites, et sur lesquels nous
avons collationné la version de l'écrivain protestant.

mes chevalliers ? Pour moy, j'aymerois mieux estre appelé Jésuite que Jacobin ou Augustin.

» La Sorbonne, dont vous parlez, les a condamnez; mais ça esté comme vous, avant que de les cognoistre; et si l'ancienne Sorbonne n'en a point voulu par jalousie, la nouvelle y a faict ses études et s'en loue. S'ils n'ont esté jusques à présent en France que par tolérance, Dieu me réservoit cette gloire que je tiens à grace de les y establir; et s'ils n'y estoient que par manière de provision, ils y seront désormais et par édict et par arrest; la volonté de mes prédecesseurs les y retenoit, ma volonté est de les y establir. L'Université les a contrepointés voirement, mais ça esté ou pour ce qu'ils faisoient mieux que les autres, tesmoin l'affluence des escholiers en leurs colléges, ou parce qu'ils n'étoient incorporés en l'Université, dont ils ne feront maintenant refus quand je le leur commanderay, et quand, pour les remettre, vous serez contraincts de me le demander.

» Vous dictes qu'en vostre Parlement les plus doctes n'ont rien appris chez eux : si les plus doctes sont les plus vieulx, il est vray, car ils avoient estudié avant que les Jésuites fussent cogneus en France; mais j'ay ouy dire que les autres Parlements ne parlent pas ainsi, ni mesme tout le vostre; et si on n'y apprenoit mieux qu'ailleurs, d'où vient que, par leur absence, vostre Université s'est rendue déserte, et qu'on les va chercher, nonobstant tous vos arrests, à Douay, à Pont, et hors le royaume ?

» De les appeler compagnie de factieux parce qu'ils ont esté de la Ligue, ça esté l'injure du temps. Ils croioient de bien faire et y ont esté trompés comme plusieurs autres ; mais je veux croire que ç'a esté avec moins de malice que les autres, et tiens que la mesme conscience jointe aux graces que je leur feray me les affectionnera autant ou plus qu'à la Ligue.

» Ils attirent, dites-vous, les enfants qui ont l'esprit bon et choisissent les meilleurs ; et c'est de quoy je les estime : ne fesons-nous pas choix des meilleurs soldats pour la guerre? et si les faveurs n'avoient place entre vous, en recevriez-vous aucun qui ne fût digne de vostre compagnie et de seoir au Parlement? S'ils vous fournissoient des précepteurs ou des prédicateurs ignares, vous les mespriseriez : ils ont de beaux esprits et vous les en reprenez. Quant aux biens que vous dites, c'est une calomnie : ils n'avoient en toute la France que douze ou quinze mille escus de revenu en tout, et sçay que de leurs revenus on n'a pas pu entretenir à Bourges ou à Lyon sept ou huict régens, et ils y estoient en nombre de trente à quarante ; et quand il y auroit de l'inconvénient de ce côté, j'y ay pourveu par mon édict.

» Le vœu qu'ils font au Pape ne les oblige pas plus à suivre l'estranger que le serment de fidélité qu'ils me feront à moi à n'entreprendre rien contre leur prince naturel, mais ce vœu-là n'est pas pour toutes choses. Ils ne le font que d'obéir au Pape quand il voudroit les envoyer à la conversion des infidèles ; et, de faict, c'est par eux que Dieu a converti les Indes, et c'est ce que je dis souvent : Si l'Espagnol s'en est servi, pourquoi ne s'en serviroit le François ? Sommes-nous de pire condition que les autres ? l'Espagne est-elle plus aimable que la France et, si elle l'est aux siens, pourquoy ne le sera la France aux miens ? Vous dites : Ils entrent comme ils peuvent : aussi font bien les autres, et suis moy-mesme entré comme j'ay peu en mon royaume ; mais il faut advouer que leur patience est grande, et pour moy je l'admire, car avec patience et bonne vie ils viennent à bout de toutes choses. Et je ne les estime pas moins en ce que vous dictes qu'ils sont grands observateurs de leur Institut, c'est ce qui les maintiendra : aussi n'ai-je voulu changer en rien leurs règles, ains les y veux maintenir. Que si je leur ay limité quelques conditions qui ne plairont aux estrangers, il vaut mieux que les estrangers prennent la loi de nous que si nous la prenions d'eux, quoy que s'en soit je suis d'accord avec mes subjects. Pour les ecclésiastiques qui se formalisent d'eux, c'est de tout temps que l'ignorance en a voulu à la science, et j'ay cogneu que quand je parlois de les restablir, deux sortes de personnes s'y opposoient particulièrement, ceux de la Religion et les ecclésiastiques mal vivans, et c'est ce qui me les a faict estimer davantage.

» Touchant l'opinion qu'ils ont du pape, je sçay qu'ils le respectent fort : aussi fais-je ; mais vous ne me dictes pas qu'on a voulu censurer à Rome les livres de M. Bellarmin pour ce qu'il ne vouloit donner tant d'autorité au Saint-Père, comme font communément les autres. Vous ne dictes pas aussi que ces jours passés les Jésuites ont soutenu que le Pape ne pouvoit errer, mais que Clément pouvoit faillir. En tout cas je m'asseure qu'ils ne disent rien davantage que les autres de l'autorité du Pape, et croi-je que quand l'on voudroit faire le procès à leurs opinions, il le faudroit faire à celle de l'Eglise Catholique.

» Quant à la doctrine d'émanciper les ecclésiastiques de mon obéissance ou d'enseigner à tuer les Roys, il faut voir d'une part ce qu'ils disent et s'informer s'il est vray qu'ils enseignent ainsi la jeunesse. Une chose me fait croire qu'il n'en est rien : c'est que depuis trente ans en çà qu'ils enseignent la jeunesse en France, cent mille escoliers de toutes conditions sont sortis de leurs colléges, ont vescu entre eux et avec eux, qu'on n'en trouve un seul de ce grand nombre qui soustienne de leur avoir ouy dire tel langage ni autre approchant de ce qu'on leur reproche. De plus il y a des ministres qui ont esté Jésuites longues années ; qu'on s'informe de leur vie, il est à présumer qu'ils en diront le pire qu'ils pourront, ne fût que pour s'excuser d'estre sortis d'avec eux ; or, je sais qu'on l'a faict, et n'a-t-on tiré autre response, sinon que pour les mœurs il n'y a rien à redire, et pour la doctrine chacun la cognoit assez; peu de personnes se voudroient mettre à cette épreuve, et faut bien que la conscience soit asseurée quand elle demeure au dire de son adversaire.

» Touchant Barrière, tant s'en faut qu'un Jésuite l'ait confessé, comme vous dictes, que je fus averti par un Jésuite de son entreprise, et un autre lui dict qu'il seroit damné s'il l'osoit entreprendre. Quant à Chastel, les tormens ne lui peurent arracher aucune accusation à l'encontre de Varade ou autre Jésuite quelconque : et si autrement estoit, pourquoi les auriez-vous épargnés? car celui qui fut exécuté le fut sur un autre subject, que l'on dict s'estre trouvé dans ses escrits. Mais quand ainsi seroit qu'un Jésuite auroit faict le coup, faut-il que tous les apostres patissent pour Judas, ou que je responde de tous les larcins et de toutes les fautes que feront à l'advenir ceux qui auront esté mes soldats? Dieu me voulut alors humilier et sauver, et je luy en rends grâces. Jésus-Christ m'enseigne de pardonner les offenses, et je le fais pour son amour volontiers, voire mesme que tous les jours je prie Dieu pour mes ennemys. Tant s'en faut que je veuille m'en ressouvenir comme vous m'y conviez de faire peu chrestiennement, et ne vous en sçay point de gré.

» Nous avons tous besoing de la grâce de Dieu ; je l'accepterai à si bon prix que de n'estre eschars de la mienne.

» Pour la dispense nécessaire au mariage de ma sœur, Sa Sainteté l'a enfin accordée, et sçay que les Pères Jésuites nous y ont esté favorables ; que si un Espagnol Jésuite et Cardinal m'a aidé à obtenir la bénédiction du Saint-Père quand je me fis catholique, pourquoy voulez-vous mettre en ombrage les François, mes naturels subjects? Je sauray d'eux ce que je jugeray, et ne leur communiqueray que ce que je voudray ; laissez-moi le maniement et la conduite de cette Compagnie ; j'en ay manié et gouverné de bien plus difficiles et mal aisées à conduire : obéissez seulement à ma volonté. »

Henri IV, selon Sully, connaissait « aux gestes seuls et à l'air du visage de ceux qui lui parlaient tout ce qu'ils avaient dans le cœur [1]. » Les paroles tombées de sa bouche en présence de la cour, où les Jésuites comptaient tant d'amis dévoués, et du Parlement, où leur Société avait toujours rencontré des adversaires si implacables, ne furent perdues ni pour les uns ni pour les autres. Le duc d'Epernon, Villeroi, le chancelier de Bellièvre, La Varenne, Sillery et tous ceux qui avaient épousé la querelle de la Compagnie ou qui s'empressaient de saluer le soleil levant entouraient le Père Coton. Le Parlement, retranché dans ses difficultés de greffe, se proposait de livrer bataille sur les modifications qu'il désirait d'apporter à l'édit. Ces modifications furent soumises à l'examen du chancelier, de Villeroi, de Sillery, de Châteauneuf, et des présidents Jeannin et de Maisse. A l'unanimité il fut reconnu qu'elles étaient inadmissibles, et Henri ordonna l'acceptation de l'édit. Le 2 janvier 1604, le Parlement l'enregistra ; l'année suivante, la pyramide construite sur les dé-

____

[1] *Mémoires de Sully*, t. v, liv. xx , page 319.

bris de la maison de Jean Chastel fut abattue, et bientôt les Jésuites virent accroître le nombre de leurs colléges.

Au mois de février 1604, le comte de Saint-Paul, gouverneur de Picardie, les appelait à Amiens. Le 28 du même mois
et de la même année, le Parlement et la Chambre des Comptes
de Grenoble leur accordaient le droit d'enseigner à Vienne en
Dauphiné. Dans le même moment des lettres patentes du roi
leur rendirent le Collége de Rouen, et Henri IV y attacha six
mille livres de revenu. Le 13 juillet 1606, il donnait à la Compagnie le Collége de Rennes. Ce ne fut pas assez pour lui. Au
dire du chroniqueur Cayet [1], le roi augmenta de plus en plus les
faveurs qu'il faisait aux Jésuites : « ainsi leur retour fut aussi
plus heureux et glorieux pour eux que leur bannissement ne leur
avoit apporté d'incommodité en leurs affaires. »

Les Jésuites ne songeaient pas seulement à réparer leurs désastres, ils s'occupaient avec activité à Paris et dans les provinces
de créer et d'encourager toutes les œuvres que la piété ou la
bienfaisance projetaient. A Bordeaux, les Pères de Bordes et
Raymond pressent madame de Lestonnac, veuve du marquis de
Montferrand, d'établir une congrégation religieuse de vierges
pour l'éducation des jeunes filles. Madame de Lestonnac est la
fondatrice du nouvel Ordre. Approuvé le 7 mars 1606 par le
cardinal de Sourdis, Archevêque de Bordeaux, et l'année suivante par le Pape, il prit le nom de Congrégation de la bienheu-
reuse et toujours Vierge Mère de Dieu Notre-Dame [2]. Au mois
de mars 1609, la reine obtint de Henri IV des lettres patentes
pour autoriser cet Institut : c'est le premier qui se soit engagé
par vœu à travailler à l'instruction des filles.

Quelques années auparavant, en 1604, le Père Gonthéri et
le recteur du Noviciat de Paris avaient inspiré à une femme
illustre dans les annales de la Religion d'introduire en France
les disciples d'Angèle de Brescia, connues dans le monde sous

---

[1] *Chronique septénaire*, sous l'année 1604, page 437.
[2] Le peuple appelle ces religieuses *Filles-Notre-Dame.* C'est aussi sous ce nom
que sont connues les religieuses d'un autre institut établi par le bienheureux Pierre
Fourrier. Un Jésuite, son parent et du même nom que lui, fut son conseiller dans
cette œuvre, et travailla activement à la composition des règles de cette pieuse
congrégation.

le nom d'Ursulines. Madeleine Lhuillier, dame de Sainte-Beuve, qui en 1612 fonda à Paris une maison de Novices de la Compagnie de Jésus, seconda les intentions de Gonthéry : elle offrit une maison rue Saint-Jacques à cet Ordre, qui allait populariser dans le royaume l'éducation pour les jeunes filles. C'était toujours à un but utile aux familles que tendaient les efforts des Jésuites. Ils se chargeaient d'élever et d'instruire les jeunes gens ; ils désirèrent que les filles reçussent, elles aussi, le bienfait de l'éducation en commun, dont jusqu'alors personne n'avait songé à les doter.

Dans l'édit de rappel il avait été spécifié que les Jésuites auraient une maison à La Flèche. Henri IV possédait le château de cette ville. Il y érigea un Collège de la Compagnie ; il lui affecta douze mille écus de rente, à la charge d'élever un certain nombre de gentilshommes sans fortune. Afin de laisser aux Jésuites une marque éternelle de sa tendresse, il voulut que l'acte d'érection portât que le cœur de chaque membre de la famille de Bourbon serait déposé dans leur église de La Flèche. L'assemblée générale du Clergé de France se proposa d'aider le roi dans ses largesses : elle vota trois cent mille livres à cette maison [1]. Le 27 juillet 1606 un nouvel édit ne permettait plus le doute sur les intentions d'Henri IV : il installait les Pères à Paris. « A ces causes, dit le prince, les voulant bien et favorablement traiter et de plus leur faire connoître notre bonne volonté, leur permettons et accordons par ces présentes, signées de notre main, qu'ils puissent et leur soit loisible de continuer la résidence et maison de Profès par eux dressée en notre dite ville de Paris et y faire toutes les fonctions ordinaires et accoutumées en leur dit Ordre, ainsi et en la même sorte et manière qu'ils ont fait en vertu de notre dite permission verbale et font encore à présent, soit en leur maison dite de Saint-Louis ou en leur Collége appelé de Clermont, excepté toutes fois la lec-

---

[1] Dès le 20 janvier 1601, Henri IV écrivant au cardinal d'Ossat, son ministre à Rome, lui parlait de cette création royale : « J'ai proposé au cardinal Aldobrandini, disait-il, l'union d'un certain prieuré assis auprès de ma maison de La Flèche à un collége que je désire fonder audit lieu, auquel je fais état de loger les Jésuites, comme les estimant plus propres et capables que les autres pour instruire la jeunesse. » (*Lettre du cardinal d'Ossat*, t. v, page 24.)

ture publique et autres choses scolastiques, desquelles ne voulons ni n'entendons qu'ils s'entremettent en quelque sorte et
manière que ce soit, que nous n'ayons sur ce autrement fait
enterdre notre volonté. »

La Congrégation provinciale était à cette époque (1607) assemblée à Paris, car les Jésuites, depuis les derniers édits,
s'y réunissaient et y prêchaient à l'abri de la protection royale.
Ils saisirent l'occasion pour remercier Henri IV de ses bienfaits. Le roi était alors à Villers-Cotterets. Le Père Armand lui
adressa un discours dont nous ne citons que le fragment le
plus curieux [1] :

« Nous vous devons, Sire, dit le Jésuite, recognoistre comme
fondateur principal de tous les colleges que nous avons quasi
en toutes les meilleures villes de la France, et le faisons aussy
sans faire tort à ceux qui ont employé en l'establissement
d'iceux leur crédit et moiens, car jaçoit qu'en cela ils ayent
faict beaucoup pour nous, et nous ayent tant obligés que nous
n'avons le moien de leur satisfaire qu'en priant nostre commun
Maistre, comme nous faisons, de les recompenser; si toutefoys
Vostre Majesté n'y eut concouru et contribué du sien, malaiseement fussent ils arrivés au bout de leurs pieuses et louables
intentions. Et que diray je du dessein qu'elle faict du college de
La Flesche ? Elle ne se contente pas de nous avoir logés en sa
propre maison, ennoblie de ses berceaux et de son enfance, y
avoir adjoint son parc et ses jardins; mais elle le veult rendre
tel qu'il puisse servir à toute la postérité d'un mémorial et comme
d'un abrégé de ses grandeurs incomparables. Quel devra-t-il
estre pour estre tel, et qu'est devenu cest inflexible et impitoiable marbre qui au milieu du monde de Paris portoit gravée
sur son dos en lettres d'or nostre ignominie, plus formidables
aux siecles à venir qu'au temps présent, auquel la meilleure
partie des hommes sçavoit combien peu cela nous touchoit en
effet ? Ce marbre, dis-je, qui sembloit devoir durer et nous
accuser sans contredict eternellement, qu'est-il devenu ? Par
la prudence, par la bonté, par la constance de Vostre Majesté,

---

[1] La copie originale de ce discours, ainsi que la réponse du roi Henri IV, sont
déposées aux archives du Gesù à Rome.

il n'est plus. Et ç'a esté en ce coup principallement que les nations estrangeres, qui jusques alors à grandissime peine se pouvoient persuader un si merveilleux changement, ont cogneu et ont esté contrainct de confesser que c'estoit à bon escient que Vostre Majesté favorisoit ceste petite Compagnie. Vous avés par ce moien, Sire, abbatu merveilleusement le courage de nos haineux, qui du depuis n'ont point esté si importuns à vos oreilles pour nous charger de quelque nouveau crime ; mais ils y estoient tellement accoustumés et avoient si bien aprins le mestier qu'ils ne l'ont peu si tost du tout oublier. Il leur a eschaspé et eschaspe tous les jours quelque mot contre nous, ores contre le General, ores contre les particuliers, tout tendant aux fins de faire retomber sur nos testes la tempeste de vos disgraces. En toutes telles occurrences, nous n'avons eu meilleur advocat et defenceur que Vostre Majesté, laquelle s'est daignée respondre pour nous avec autant d'affection et amitié que s'il eut esté question de l'interest de ses propres enfants. Ha ! Sire, que nous serons bien protégés si nous sommes tousjours comme cela soubs vostre protection et sauvegarde ! »

Le roi répondit : « Je vous ay aymé et chery depuis que je vous ay cogneu, sçachant bien que ceux qui vont à vous, soit pour leur instruction, soit pour leur conscience, en reçoyvent de grands profits. Aussi ay-je tousjours dict que ceux qui ayment et craignent bien Dieu ne peuvent faire que bien, et sont tousjours les plus fidelles à leur Prince. Gardés seulement bien vos règles, elles sont bonnes. Je vous ay protégés, je le feray encore. Je trouve merveilleusement bon que le Pape ne façe ny Evesque ny Cardinal d'entre vous, et le devés procurer. Car, si l'ambition y entroit, vous seriés incontinent perdus. Nous sommes touts hommes, et avons besoing de resister à nos tentations. Vous le pouvés experimenter chasqu'un en vostre particulier ; mais vous y sçavés résister. J'ay un grand royaume ; et, comme les grands peuvent faire de grands maulx ou de grands biens, pource qu'ils sont grands et puissants, aussy vous autres vous estes grands en doctrine et piété entre les serviteurs de Dieu. Vous pouvés faire de grands biens par vos prédications, confessions, escrits, leçons, disputes, bons advis et instructions. Que, si vous veniés à manquer et vous détraquer de vostre devoir, vous pourriés faire beaucoup de mal par la créance qu'on a en vous.

« J'ay esté bien aise d'entendre que vous advisiés à donner ordre qu'aucun livre ne s'imprime par personne de vous autres qui puisse offencer. Vous faictes bien. Ce qui serait bon en Italie n'est pas bon ailleurs, et ce qui seroit bon en France seroit trouvé mauvais en Italie. Il faut vivre avec les vivants, et vous devés plus fuir toutes occasions, et les plus petites, pour ce qu'on veille plus sur vous et sur vos actions. Mais il vault mieulx qu'on vous porte envie que pitié; et, si, pour les calomnies, on couppoit toutes les langues mesdisantes, il y auroit bien des muets, et on seroit en peine de se faire servir. J'ay esté de deux Religions, et tout ce que je faisois estant huguenot, on disoit que c'estoit pour eux ; et maintenant que je suis catholique, ce que je faicts pour la Religion, on dit que c'est que je suis Jésuite. Je passe par dessus tout cela et m'arreste au bien pour ce qu'il est bien. Faictes ainsi, vous autres. Ceux qui disent que vous laissés, par esprit de vengeance, de remettre vostre college de Paris, ils ne lairroient pas d'ailleurs de parler mal de vous sur autre subject qu'ils prendroient. Ne vous souciés de ce que l'on peut dire. Au demeurant, si quelque particulier fault, je seray celui qui luy courray le premier dessus, et ne m'en prendray pas au corps. Voilà celuy que vous aviés choysis qui dira et tesmoignera, à Rome, à vostre P. Général mon affection. Si de trente mille quelques uns venoient à faillir, ce ne seroit pas merveille. C'est un miracle qu'il ne s'en trouve davantage, veu qu'il s'est trouvé un Judas parmy les douze Apôtres. Pour moy, je vous chériray tousjours comme la prunelle de mes yeulx. Priés pour moy. »

En 1607, Henri IV et les Jésuites se trouvaient à ce point de bonne amitié d'un côté, de reconnaissance de l'autre. Coton était le prédicateur du Monarque, et depuis quelques années il dirigeait sa conscience. Ce fut donc Henri IV qui le premier des rois de France reçut communication de l'ordonnance rendue en 1602, par Aquaviva, concernant les confesseurs des princes.

Cette ordonnance est un monument de l'esprit de la Compagnie dans la direction des consciences royales, et nous croyons, pour l'intérêt de l'histoire, devoir la reproduire intégralement. La voici traduite sur l'original latin :

« 1° La première chose à statuer, c'est que, dans tous les cas où la Compagnie ne pourra décliner cette sorte d'emplois (parce que, à raison des circonstances, la plus grande gloire de Dieu notre Seigneur semblera l'exiger) l'on ait à veiller à ce que le choix de la personne et la manière dont elle s'acquittera de ses fonctions tournent à l'avantage du prince et à l'édification du peuple, sans que la Compagnie en reçoive aucun dommage. Car, en taisant les autres inconvénients, il arrive souvent que les intérêts de la Compagnie, en beaucoup d'endroits, souffrent de ce qui se fait par un seul. C'est pourquoi, après avoir recommandé cette affaire à la divine Majesté dans un grand nombre de saints sacrifices et de prières, et en avoir mûrement délibéré avec les Pères Assistants, nous avons cru dans le Seigneur devoir décréter ce qui suit :

» Si quelque monarque ne s'en trouvait pas pleinement satisfait, il faudrait lui représenter en toute modestie et humilité que c'est à ces conditions seulement, et non pas à d'autres, que nos lois nous permettent d'accepter une semblable charge. Nous espérons toutefois que ces conditions seront telles que, outre l'avantage et la conservation de notre Ordre, il en résultera une grande édification pour le peuple et non moins d'utilité pour le prince.

» 2° D'abord le confesseur doit toujours habiter une maison ou un Collège de la Compagnie. Il doit garder dans sa conduite la même soumission qu'auparavant, observer comme tous les autres la discipline commune, et ne jouir, en faveur de son titre, d'aucune exception ni d'aucun privilège. Différentes affaires qui peuvent survenir aux confesseurs touchant le prince, et demander justement le secret, nous font, il est vrai, un devoir de leur permettre d'écrire, et de recevoir des lettres ou des billets, soit du prince lui-même ou de son secrétaire, soit d'autres personnes que le prince en aurait chargées; mais ils ne doivent nullement en conclure qu'on leur accorde la permission générale de profiter de l'occasion pour écrire aux nôtres ou à ceux qui remplissent quelques fonctions au dehors ou à d'autres personnes. Il faut au contraire qu'ils observent fidèlement la règle; et, si le Provincial découvre quelque abus sur ce point, qu'il en vienne jusqu'au précepte et qu'il ordonne d'observer la règle à la lettre. Beaucoup moins faut-il permettre de recevoir ou de conserver quelque argent, d'en disposer, de donner ou de recevoir des présents. Ces libertés et autres semblables, comme de sortir de la maison sans permission et d'aller à son gré où l'on veut, éteignent toute vie religieuse et toute ferveur dans la personne des confesseurs, sans contribuer ni au service du prince ni à la bonne administration de la charge qui leur est confiée.

» 3° Le confesseur ne pourra ni loger ni passer la nuit à la cour, dans les lieux où il y aura une maison de la Compagnie; et, lors même que le prince voudrait le garder auprès de sa personne dans les voyages ou dans les changements de résidence, après en avoir obtenu la permission du Provincial ou de qui de droit, il sera plus édifiant qu'il fasse en sorte de prendre son logement hors de la cour, dans quelque maison religieuse ou chez quelque honnête Ecclésiastique. Il aura soin aussi, dans ce cas, d'avoir son compagnon toujours présent auprès de lui, tant pour sa consolation particulière que pour être le témoin de ses actions.

» 4° Qu'il se garde de s'immiscer dans les affaires politiques et étrangères à son emploi, et qu'il ait devant les yeux ce que la cinquième Congrégation générale prescrit avec tant de rigueur dans ses douzième et treizième canons. Il ne devra donc s'occuper que de la conscience du prince et de ce qui s'y rapporte, ou d'autres œuvres certainement de piété. Il évitera de se trouver trop fréquemment à la cour ou d'y paraître sans y être appelé, à moins qu'une pieuse nécessité, ou quelque chose de grave qu'il croie devoir suggérer, ne l'oblige à s'y rendre. Il est même de la plus grande importance que le prince lui interdise de son côté toute autre affaire; par ce moyen il s'acquittera de son devoir avec plus de liberté et d'intégrité, et son pénitent sera lui-même heureusement délivré de mille embarras qu'ont coutume de susciter ceux qui prétendent faire servir les confesseurs à leurs intérêts personnels.

» 5° Qu'il ne s'interpose en aucune sorte dans tout ce qui pourrait s'appeler arrangement; qu'il ne se charge jamais d'obtenir quelque faveur ou quelque emploi, et qu'il ne sollicite ni grâce ni justice pour qui que ce puisse être. Dans les cas même où la chose est permise, c'est d'ordinaire un sujet de scandale de voir un confesseur, et surtout un Religieux, prendre en main des intérêts de ce genre.

» 6° Plus il jouira des bonnes grâces du prince et pourra par suite user de quelque autorité, plus il devra se garder de jamais prendre sur lui de recommander aucune affaire aux ministres, ni de vive voix, ni, à plus forte raison, par écrit; mais, si c'était une œuvre de piété jugée nécessaire par le supérieur, il aura soin que le prince en écrive ou en ordonne par lui-même. Beaucoup moins devra-t-il se prêter à lui servir d'intermédiaire pour avertir ou pour reprendre en son nom ses ministres et ses courtisans; mais qu'il s'en excuse ouvertement si jamais le prince voulait l'en charger.

» 7° Qu'il sache et qu'il comprenne bien avec quel soin il doit éviter tout ce qui pourrait le faire passer dans l'opinion pour un homme dont le pouvoir est grand et qui gouverne le prince à son gré; car, outre l'odieux d'une chose dont tout le monde s'offense et le déshonneur qui en rejaillirait sur la personne même du prince, on ne saurait croire quel tort cela ferait à la Compagnie. Telle est en effet la misère humaine que les murmures, justes ou non, ne font jamais défaut, et l'expérience est là pour nous attester que tout l'odieux en retombe infailliblement sur le confesseur. Ainsi, quand bien même il jouirait de quelque crédit, il ne faut pas qu'il passe pour en avoir trop; mais il doit tempérer l'usage de son pouvoir par les règles que nous venons de donner.

» 8° Il est du devoir du prince d'écouter volontiers et avec patience tout ce que le confesseur se croira obligé en conscience de lui suggérer suivant le temps et les circonstances. Car il convient que, dans ses rapports avec l'homme public et le Prince, le Père ait la liberté d'exposer avec une religieuse

franchise tout ce qu'il croira en notre Seigneur devoir contribuer plus efficacement au service de Dieu et du prince lui-
même. Il ne s'agit pas seulement ici de ce que le prince lui
fera connaître en qualité de pénitent, mais aussi des autres
abus dignes de répression dont il entendrait parler. Il empê-
chera par là les oppressions et diminuera les scandales qui se
commettent souvent par la faute des ministres. D'ailleurs, lors
même que ces désordres ont lieu à l'insu et contre le gré du
prince, celui-ci n'en est pas moins responsable en conscience
et obligé d'y pourvoir.

» 9° S'il arrive quelquefois, et la chose est facile, qu'il s'é-
lève une difficulté touchant l'avis du confesseur, le prince en
conférera avec deux ou trois autres théologiens ; et, de même
qu'en cette affaire le confesseur devra se soumettre et former
sa conscience sur l'avis des autres, s'il est contraire au sien,
ainsi le prince voudra bien de son côté consentir à ce qu'il soit
fait selon leur décision.

» 10° A la maison, le confesseur se souviendra toujours de la
modestie religieuse et de l'obéissance qu'il doit aux supérieurs,
sans se distinguer des autres ni pour la chambre, ni pour le
vêtement, ni en rien de ce qui regarde la discipline. Souvent
il suffit d'être en faveur et d'avoir peut-être obtenu quelque
grâce à la Compagnie, pour qu'on devienne tout différent de
soi-même : on agira avec hauteur, on affectera je ne sais quel
air de prééminence sur les autres. C'est là une honte pour un
corps bien constitué, et il n'est pas possible d'exprimer l'aversion qu'une telle conduite fait naître dans les cœurs.

» 11° Et, pour tout dire en un mot, qu'il se souvienne qu'il
n'est que confesseur, et doit, par conséquent, regarder comme
étranger à sa personne tout ce qui l'est à son ministère. La
Compagnie ne doit donc rien lui permettre sur cet article, et
lui-même ne doit pas savoir mauvais gré aux supérieurs s'ils ne
lui laissent en cela aucune latitude. Il remerciera Dieu, au
contraire, de voir ainsi alléger son fardeau ; il s'occupera uni-
quement des fonctions spirituelles qui lui sont confiées, ne ces-
sant de prier Dieu qu'il daigne lui montrer par sa lumière le
but qu'il faut atteindre, et prenant l'avis des supérieurs dans les

cas douteux. C'est l'esprit du Seigneur qui doit l'éclairer et le diriger ; car ni la prudence humaine ni son propre jugement ne suffiraient à lui rendre ce service d'une manière utile.

» 12° Qu'il s'efforce toujours de concilier la bienveillance et l'affection du prince à la Compagnie, et non point à sa personne en particulier ; car ce serait là se perdre lui-même et son Ordre avec lui. Il fera donc en sorte que son pénitent soit tellement disposé à son égard que, dans le cas où la Compagnie jugerait utile de le changer ou de l'employer ailleurs, elle y trouve plus de facilité qu'elle n'en rencontre quelquefois par la faute de certains confesseurs : soit à dessein, soit peut-être par mégarde, ils traitent les affaires de manière à ce qu'eux-mêmes et les séculiers avec lesquels ils ont des rapports soient plutôt détournés de notre Ordre que gagnés à Jésus-Christ.

» 13° Qu'il prenne garde enfin que les occupations et les affaires de la cour ne ralentissent sa ferveur. Il faut, au contraire, qu'il s'applique avec le plus grand soin à devenir, par la prière, par les exercices spirituels et de fréquents retours sur lui-même, un instrument intimement uni à Dieu Notre Seigneur : de sorte que, appuyé sur sa grâce et son secours, non-seulement il ne perde pas au dedans l'esprit de Dieu, mais que, dans les affaires mêmes, ce soit cet esprit qui l'éclaire et le dirige. Il sera donc bon qu'il s'exerce aussi dans le ministère des âmes, à l'exemple des autres ouvriers de la Compagnie.

» 14° Mais, afin que tout se fasse dans la paix et sans offenser en rien les princes, nous croyons nécessaire que le Père demandé nommément par l'un deux pour son confesseur ordinaire (car, si, comme il arrive assez souvent, il ne s'agit que d'une fois ou deux, cela ne sera pas nécessaire) lui réponde qu'il est prêt à accéder à ses désirs, mais que, d'après nos lois, personne ne peut accepter une pareille charge sans l'avis et le consentement du Provincial. Ce consentement accordé, le Provincial en personne, s'il le juge expédient en notre Seigneur, ou par un autre, et même, s'il lui semble bon, par le moyen du Père demandé (sans toutefois lui accorder encore aucun pouvoir, et pourvu qu'il le juge très-propre à cet emploi et doué des qualités et des vertus nécessaires pour le bien remplir), devra montrer à ceux qui font

la demande la présente instruction, afin qu'ils comprennent bien
ce que la Compagnie exige de celui qu'ils se choisissent pour
confesseur. Il devra ensuite, avec modestie, mais clairement et
sans détour, leur faire entendre que, bien que nous permettions
volontiers qu'ils se servent à leur gré du ministère de ce Père
pour leur consolation spirituelle, il n'en sera pas moins au pouvoir des supérieurs de le changer quand bon leur semblera et
d'en disposer librement comme de tous les autres.

» Cette mesure nous est indispensable et salutaire, et nous
avons la confiance que les princes l'approuveront, puisque la
discipline religieuse nous l'impose. D'ailleurs leur bienveillance
pour notre Ordre ne nous permet pas de penser qu'ils aient jamais eu l'intention de rien nous demander qui ne fût honnète et
conforme à nos lois. »

Après en avoir approuvé le contenu, le roi soumit cette ordonnance à son conseil. Sully lui-même y adhéra, car, avec les
sages limites posées par Aquaviva à la puissance que peut exercer un confesseur sur son pénitent et sur la politique, cette puissance ne devenait dangereuse ni pour le royaume ni pour la
Compagnie. Henri IV et Coton ne s'en écartèrent jamais. Le
prince ne déguisait aucun de ses sentiments, et son affection
pour le Père était si vive qu'elle rejaillissait sur la Société tout
entière. Au commencement de l'année 1604, on crut qu'en
tuant le confesseur on tuerait les Jésuites en France ; il fut
frappé d'un coup d'épée au moment où il rentrait à sa maison
dans un voiture de la cour. La blessure n'eut pas de conséquences fatales ; mais, au dire de Henri IV, « ce fut chose arrivée à
souhait pour donner au Père Coton le plaisir de voir combien il
était aimé. » Quelques mois plus tard, le Père Gonthéri [1], qui

---

[1] Dans une note tirée des *Mémoires de l'Estoile*, au 12 mars 1604, on lit une
anecdote qui peint au naturel le monarque et le Jésuite. « Le Père Gonthéri, dit le
chroniqueur, parlait bien, d'une manière naturelle et avec liberté. Un jour qu'il
prêchait à Saint-Gervais, le roi, la marquise de Verneuil et la plus grande partie
des dames de la cour se trouvèrent à son sermon ; ces dames se plaçaient ordinairement près de l'œuvre, parce que le roi s'y mettait presque toujours. Outre
le bruit qu'elles causaient, la marquise surtout faisait des signes au roi pour le
faire rire ; le Père Gonthéri s'arrêta au milieu de sa prédication, et, se tournant
vers le roi : « Sire, lui dit-il, ne vous lasserez-vous jamais de venir avec un sérail
entendre la parole de Dieu, et de donner un si grand scandale dans ce lieu saint ! »
Toutes ces femmes, et la marquise plus que les autres, n'oublièrent rien pour porter

avait figuré dans la Ligue, et dont le roi estimait le caractère et le talent, avait l'honneur de dîner en tiers avec ce prince. Pour les Jésuites Henri IV oubliait les rigueurs de l'étiquette ; au moment où, assis entre les deux Pères, le roi causait avec cette aimable familiarité qui ajoutait à sa grandeur, le duc de Sully pénètre dans l'appartement. Henri ne peut s'empêcher de sourire, au souvenir sans doute des inquiétudes calvinistes que son ministre lui a manifestées sur le compte de ses prétendus régicides ; puis il lui dit [1] : « Et pour surcroît de satisfaction, me voilà à table, environné de ces gens que vous vous voyez, de l'affection desquels je suis très-assuré. » « Il avoit à ses côtés, continue Sully, les Pères Coton et Gonthéri. »

Ce ne fut pas seulement par des marques de confiance, par des témoignages d'intimité que Henri IV prouva en quelle estime il tenait la Compagnie de Jésus. Il la comblait de bienfaits, il la faisait honorer au dedans, il la protégeait au dehors ; mais il lui donna dans la personne de son confesseur une preuve encore plus éclatante de son estime. Coton avait déjà refusé l'archevêché d'Arles ; en 1605, le roi prit la résolution de le faire nommer cardinal. Coton s'effraie, et, pour détourner le prince d'une idée si en désaccord avec son vœu d'humi-

le roi à fair un exemple de ce prédicateur indiscret. Le roi les écouta et n'en fit rien. Le lendemain il retourna pour entendre le même prédicateur ; il le rencontra comme il allait en chaire. Au lieu de se plaindre de ce qu'il avait dit la veille, il l'assura qu'il ne devait rien craindre, et le remercia de ses corrections ; mais en même temps il le pria de ne plus faire publiquement. »

Le Père Coton était si avant dans les bonnes grâces du prince que les sectaires s'en prenaient toujours au Jésuite, lorsque Henri IV repoussait quelques-unes de leurs prières ou qu'il ne se rendait pas aux imputations contre la Société. Pour se consoler de ces refus, les sectaires murmuraient : « Le roi a du Coton dans les oreilles. » Sa Majesté, dit un vieux manuscrit, qui en fut advertie, s'aida de ce proverbe fort à propos, ces jours passez, lorsque M. de Rosni lui demandoit, au nom de ceux de sa religion, qu'il lui plût permettre que le presche se fist au faubourg de Paris, pour éviter l'incommodité des boues et du mauvais chemin qu'il y a d'ici à Albon. « J'ai, de ce côté, répondit le roy, les oreilles bouchées de Coton. »

Le séjour des camps avait fait contracter à Henri IV l'habitude de jurer. Un de ses juremens favoris était de renier ce qu'il y a de plus grand et de plus saint. Jarni Dieu ! s'écriait-il souvent. Le Père Coton lui conseilla, pour se déshabituer de ce blasphème proféré sans mauvaise intention, de remplacer le nom de Dieu par le sien propre, et au lieu de répéter jarni Dieu ! Henri IV se prit à dire, jarni Coton ! locution qui se trouvait presque aussi souvent dans sa bouche que le fameux Ventre-Saint-Gris, et qui est restée dans la langue française.

[1] *Mémoires de Sully*, t. vi, liv. xxxiii, page 308.

lité, il engage Louis Richeome, Provincial de Lyon, à aller à
la cour. Richeome se présente devant Henri IV, il le remercie
de toutes ses faveurs, il en sollicite une dernière. « Volontiers,
reprend le Béarnais, si elle est digne de moi et digne de vous.
— Ce dont nous osons vous prier, Sire, continue Richeome,
c'est de mettre des bornes à vos bienfaits; nous n'implorons
pas quelque nouveau don, nous craignons une nouvelle marque
de votre bienveillance; nous craignons que Votre Majesté n'ait
intention d'élever quelques-uns d'entre nous aux dignités ecclésiastiques. »

La requête parut étrange à l'oreille d'un monarque qui avait
vu de si près les ambitieuses faiblesses des partis. Henri IV
ne put s'empêcher de dire : « Est-ce là de bonne foi l'esprit
de toute la Compagnie? — Oui, répliqua le Jésuite, j'en suis
certain et je puis l'attester. — En ce cas, ajouta le roi, soyez
tranquilles; j'aime votre Institut, je prendrai en main sa défense et ses intérêts. » Le vœu du Père Coton fut accompli; le
Jésuite ne revêtit pas la pourpre romaine; mais le roi sut bien
récompenser son humilité. Les villes de Moulins, de Nevers,
de Troyes, de Reims, de Poitiers, de Chartres, de Vienne,
d'Embrun et de Sisteron étaient en instance pour obtenir des
Colléges de la Société de Jésus; il accéda à leurs désirs [1]. Trois
noviciats furent fondés à Lyon, à Rouen et à Bordeaux, une
Maison-Professe se construisit dans la ville d'Arles. Henri IV
« les avait voulu mettre à La Flèche, en la propre maison de
ses pères, comme il le disait, pour donner ainsi exemple à ses
sujets d'en faire de même; il se décide encore à leur ouvrir
le Béarn, sa patrie. Le Calvinisme y dominait; afin d'éteindre
à petit bruit et par l'éducation l'esprit de secte, le roi estima
que le meilleur moyen était d'y installer des Jésuites. L'Evêque
d'Oloron les demandait, le Parlement de Pau leur était con-

---

[1] Dans une lettre du Père Coton à Louis XIII, en date de Rennes, 13 juillet 1625,
lettre dont la minute originale se trouve aux archives du Gesù, nous voyons que,
du vivant d'Henri IV, les Jésuites avaient déjà en France près de 40,000 élèves.
Coton continuait en ces termes : « Le feu roy vostre père de glorieuse mémoire
nous vouloit mettre en toutes les bonnes villes de son et vostre royaume, disant
que nos colléges estoient les citadelles des âmes, et jugeoit que pour le bien de ses
subjets, il en falloit autant pour le moins qu'il y a d'évêchés en France, et qu'un
collége à chaque diocèse n'estoit pas trop. »

traire; les Protestants de ces contrées ne répugnaient point à recevoir les prêtres catholiques; mais de la liberté qu'ils octroyaient au Clergé ils excluaient les Jésuites, « gens, décrétait le Parlement [1], dévorés d'ambition, auteurs d'une théologie équivoque et captieuse, enfin des perturbateurs du repos public. »

Henri IV se crut plus apte à juger les Pères que son Parlement et ses vieux amis du Béarn; il passa outre, annula l'arrêt et introduisit les Jésuites dans les Pyrénées. A la même époque, il chargeait le baron de Salignac, son ambassadeur à Constantinople, d'obtenir du sultan la permission d'envoyer des Jésuites dans l'empire de Mahomet. Le sultan se rendait au vœu du roi, et cinq Missionnaires partaient sous la conduite du Père de Canillac.

La France, épuisée par les guerres de Religion, n'avait pas songé à marcher sur les traces du Portugal, de l'Espagne et de l'Angleterre révélant leur nom et leur influence à de nouveaux continents.. Henri IV pourvoit à cette satisfaction de l'orgueil national, de la gloire et du commerce français. Samuel de Champlain découvre le Canada; il jette les fondements de la ville de Québec; mais à ces peuplades qui saluent le drapeau blanc, il faut inculquer les principes de la civilisation en les habituant au joug de l'Evangile. Henri IV veut que ces sauvages deviennent des hommes : il lance les Jésuites au milieu de leurs forêts.

[1] *Histoire universelle* du président de Thou, t. xv, p. 19.

CHAPITRE II.

Jacques 1er, roi d'Angleterre, fait concevoir des espérances aux Catholiques. — Leur soumission commandée par le Pape. — Les Puritains forcent Jacques à devenir persécuteur. — Les Anglicans font cause commune avec eux. — Mécontentement des Catholiques. — Les Jésuites cherchent à l'apaiser. — Conspiration des Poudres. — Catesby, Percy et John Wright. — Politique double des ministres anglais. — L'Espagne fait la paix avec l'Angleterre. — Les Catholiques n'y sont pas compris. — Catesby se détermine à prendre des mesures. — Guy Fawkes. — Lettre du Père Garnett sur la situation. — Singulières idées par lesquelles les conspirateurs essaient de s'étourdir sur leur crime. — Ils consultent les Jésuites. — Ils leur font mystère de l'attentat. — Les Jésuites mis en suspicion par les conjurés — Catesby révèle son complot en se confessant au Père Texmund. — Ce dernier consulte Garnett. — Mission de sir Baynham à Rome. — Lettre de Tresham à lord Mounteagle. — Découverte de la conspiration. — Jacques et son conseil. — Édit du roi contre les Catholiques et les Jésuites. — Les conjurés sont vaincus, tués ou faits prisonniers à Holbeach. — Thomas Bates révèle une partie du complot. — Les conjurés disculpent les Jésuites. — Le ministère et les Anglicans produisent de fausses déclarations. — Exécution de huit complices de Catesby. — Arrestation du Père Garnett et des Jésuites. — On l'interroge. — On l'entoure d'espions. — Son entretien avec le Père Oldcorne. — Le secret de la confession et les Anglicans. — Garnett devant ses juges. — L'attorney-général Cooke et l'ambassadeur d'Espagne. — Déclaration de Garnett. — La doctrine de l'*Équivoque*. — Supplice d'Oldcorne. — Garnett sur l'échafaud. — Discussions enfantées par les faux procès-verbaux que l'Angleterre jeta sur le continent. — Le Père Baudouin. — Confiscations et amendes. — Serment exigé par le roi. — L'archiprêtre Blackwell et les Jésuites. — Bellarmin et Jacques Stuart. — Supplice du Père Thomas Garnett. — Le Père Ogilbay en Écosse. — Son interrogatoire et sa mort. — Bellarmin et Baronius au conclave. — Les Jésuites à Venise. — Le doge et Fra-Paolo. — Attaques contre le Saint-Siège. — Interdit pontifical lancé contre la république. — Le prégadi et les Jésuites. — Les Jésuites sont proscrits de Venise. — Fra-Paolo et Fra-Fulgenzio veulent, de concert avec le doge, établir le Calvinisme. — Les Jésuites sortent de Venise. — *Ande in malhora*. — Les Minimes et les Capucins imitent leur résistance aux ordres du sénat. — Politique de Venise. — Le Conseil des Dix et Henri IV qui se porte protecteur des Jésuites. — Henri IV médiateur entre le Saint-Siège et les Vénitiens. — Conditions pour le rétablissement des Jésuites. — Le sénat s'y oppose. — Le cardinal de Joyeuse et le cardinal Du Perron. — Aquaviva prie le Pape de renoncer au rétablissement des Jésuites à Venise. — Causes qui empêchaient quelques sénateurs de vouloir ce rétablissement. — Intrigues des Calvinistes et des Anglicans avec Fra-Paolo et Fra-Fulgenzio. — On veut protestantiser Venise. — Henri IV découvre le complot. — Il envoie ordre à son ambassadeur Champigny de faire connaître au sénat la conspiration protestante. — Réponse de l'ambassadeur de France à Henri IV. — Pour triompher des Catholiques vénitiens, les Calvinistes et Fra-Paolo avaient voulu tenir les Jésuites en exil. — Nouvelle assemblée des Profès à Rome. — Création d'un Assistant pour la France. — Lettre de Henri IV à la Congrégation. — Lettre de Henri IV pour demander la canonisation d'Ignace de Loyola et de François Xavier. — Ravaillac assassine le roi de France. — Le Parlement et l'Université accusent les Jésuites de participation indirecte à ce crime. — Le livre de Mariana condamné au feu. — On prêche dans la plupart des églises de Paris contre les Jésuites. — La reine régente, le chancelier et l'Évêque de Paris démentent ces accusations. — L'*Anti-Coton*. — Réponse des Jésuites. — Bayle et les ennemis de la Compagnie. — L'Université dénonce au

Parlement l'ouvrage de Bellarmin. — Le livre du Père Suarez est brûlé. — Les États-Généraux assemblés se prononcent en faveur des Jésuites. — Armand de Richelieu, Évêque de Luçon, et l'Université. — Le tiers-état propose aux Jésuites d'accepter une formule de serment. — Le Clergé et la noblesse la repoussent. — Le Parlement la soutient. — Le roi l'annule. — Progrès des Jésuites en France. — Causes de ces succès. — Le prince de Condé les protége. — Les Jésuites expulsés d'Aix-la-Chapelle et de Prague par les Luthériens et les Hussites. — Le Père Suarez condamné et approuvé à Rome. — Mort de Claude Aquaviva. — Le Père Alberus, Vicaire-Général, convoque la Congrégation. — Mutio Vitelleschi est élu Général.

Jacques Ier, successeur d'Elisabeth, était un prince n'aimant que les combats scolastiques, ne se plaisant que dans les arguties de ses théologiens. Le trône d'Ecosse n'avait été pour lui qu'une chaire, celui de la Grande-Bretagne se transforma durant son règne en siége de pédagogue. Maître Jacques, ainsi le surnommait Henri IV, n'avait pas dans l'âme les colères et les haineuses passions de la reine–vierge, mais il n'en possédait pas les brillantes qualités. Caractère irrésolu, esprit tracassier, tout à la fois avare et prodigue, il ne savait ni dicter sa volonté ni suivre les bonnes pensées que son cœur lui inspirait. Le ministre ou le courtisan qui flattait avec le plus d'adresse sa manie doctorale, Cécill ou Buckingham, l'astuce ou la frivolité, était toujours le suprême arbitre des affaires; on eût dit que Stuart avait changé de sexe avec la fille de Henri VIII et qu'il s'était fait femme [1]. Cependant, à son avénement à la couronne, les Catholiques espéraient. Jacques conservait pour ministre Robert Cécill, fils du confident d'Elisabeth; mais ils croyaient que le nouveau roi leur tiendrait compte des sacrifices qu'ils s'étaient imposés afin de sauver sa mère, Marie Stuart. En plusieurs circonstances il avait témoigné certain respect pour l'Eglise romaine et pour son Pontife; on l'avait même vu protéger les Jésuites contre les persécutions d'Elisabeth. Le Pape Clément VIII recommandait aux prêtres et aux Catholiques anglais l'obéissance, la fidélité et l'amour envers le monarque; ils se soumirent avec joie à cette triple obligation. Jacques, heureux de les voir accepter sa domination, leur promit la tolérance, et plus tard la liberté. Dans les dernières années d'Elisabeth, il s'était secrètement engagé à faire de larges concessions aux Ca-

---

[1] Les Anglais révélaient par ce vers leur opinion sur les caractères d'Elisabeth et de son héritier :

Rex fuit Elisabeth, nunc est regina Jacobus.

tholiques ; une correspondance même avait été échangée entre
le futur roi d'Angleterre et les cardinaux Aldobrandini et Bellarmin. Thomas Percy, parent du comte de Northumberland,
affirmait à ses compatriotes que Jacques lui avait donné sa parole royale : ils ne seraient pas grevés de plus d'impôts que les
Protestants, et, comme ces derniers, on les admettrait aux emplois publics.

Jacques n'était ni cruel par instinct, ni méchant par calcul.
On lui avait persuadé que la Foi d'aucun Catholique ne résiste-
rait à sa dialectique ; il aurait voulu les gagner tous par la discussion ; mais Cécill et la secte des Puritains ne professaient pas
pour la logique du roi la même confiance. Sans laisser percer
un soupçon qui les aurait perdus dans son esprit, ils essayaient
de montrer les Jésuites et leurs fidèles toujours prêts à la révolte. Jacques avait supprimé verbalement l'amende de vingt
livres sterling par mois que le fisc prélevait sur la conscience
de chacun de ceux qui n'assistaient pas au prêche anglican [1] ;
un décret contraignit à payer cet impôt non-seulement dans
l'avenir, mais encore pour le passé. Elisabeth en avait adouci
la rigueur en faveur de quelques familles : on les força de sol-
der cet arriéré, puis, sans même s'astreindre à compter par
mois, on les abandonna à l'avide indigence des Puritains écossais qui avaient suivi le roi en Angleterre. Ils étaient insatiables : en leur offrant les Catholiques à ruiner, on espérait
délivrer Jacques de cette mendicité qui lui était odieuse. Les
Puritains s'enrichirent par les exactions.

Vingt-trois ans auparavant ils avaient composé à Edimbourg
un formulaire qui déclarait l'Eglise universelle une tyrannie,
sa doctrine un tissu de mensonges, ses décrets des lois oppressives, ses définitions des blasphèmes, ses rites, ses cérémonies,
des superstitions et des sacrilèges ; la messe une invention du
diable, les sept sacrements des bâtards, la pénitence une fureur
d'âmes désespérées, et le Pape l'Antechrist. Cette profession de
foi fut affichée à la porte de toutes les églises ; il fallut y souscrire ou se condamner à n'être plus que des rebelles. Patrick

[1] Casaubon nie ce fait ; mais Barlow, évêque anglican de Lincoln, l'atteste dans
sa *Réponse aux Catholiques anglais*, fol. 131.

Galway, ministre puritain, prêchant devant Jacques Stuart, osa lui dire [1] : « Que le ciel et la terre entendent mes paroles ! Quand vous étiez encore en Ecosse, vous vous êtes obligé par un vœu à ne pas laisser un seul Papiste dans ce royaume d'Angleterre et à ne tolérer aucune de leurs idolâtries ; vous m'en avez fait la promesse à moi-même. Je porte donc ici témoignage de ce vœu et de cette promesse devant tous les hommes qui m'écoutent et vous voient ; au grand jour du jugement, dans la vallée de Josaphat, j'en témoignerai encore à toute la race humaine. »

Les prélats anglicans et Bancroft, évêque de Londres, tinrent le même langage, que confirmèrent les paroles officielles du roi. Dans ses édits et dans ses communications au Parlement, il soutint qu'il n'avait jamais rien promis aux Catholiques, et il proclama que s'ils relevaient la tête, ils les écraserait. Le roi prenait parti contre ses sujets ; Robert Cécill, aidé par les Puritains d'Ecosse, s'occupa de mettre à exécution le plan qu'il avait tramé depuis longtemps. Les Jésuites furent proscrits ; tout catholique se vit par le seul fait de sa croyance, déchu de ses fonctions, rayé des cadres de l'armée et de la marine ; on lui interdit le droit de tester ; il fut inhabile à hériter, à percevoir ses revenus, à exiger la rentrée de ses créances et à se défendre devant les tribunaux. On ne les bannissait pas, on ne les égorgeait pas ; la liberté, telle que les Protestants du seizième siècle la comprenaient, en faisait des esclaves ou des parias. Le roi se laissa associer à ces hontes, et, le jour de l'Ascension 1603, en présence des grands officiers de sa couronne, il résuma ainsi sa politique à l'égard des Catholiques : « Ils ne doivent qu'à eux seuls ce qu'ils ont souffert jusqu'ici et ce qu'ils souffriront encore. Ils sont, disent-ils, réduits à la mendicité ; mais cela provient de l'indigence de celui au service duquel ils se mettent : en se donnant au diable ils ont choisi un bien mauvais maître, tandis que nous, au contraire, nous servons un Dieu juste et tout-puissant à nous récompenser. »

Ces paroles peignent l'homme : elles donnent l'intelligence des événements qui vont se dérouler, elles servent de point de

---

[1] *Relation des troubles de Hereford*, Carlton et Burton.

départ à la Conspiration des Poudres. Ce n'était pas la première
fois qu'un semblable projet naissait dans l'imagination de quelques hommes. Peu d'années auparavant, les hérétiques des
Pays-Bas avaient essayé, au moyen d'un baril plein de matières
inflammables, de faire périr à Anvers le célèbre duc de Parme.
Pour la satisfaction d'une vengeance personnelle, tout le Conseil de Hollande avait été exposé au même péril. Les Catholiques
n'eurent donc pas l'initiative du crime, ils en ont emprunté
l'idée aux sectaires ; mais, dans la cruelle application qu'ils en
voulurent tenter, ils développèrent tellement cette idée qu'ils
firent oublier ceux qui l'avaient mise au jour.

La conspiration dans laquelle le nom des Jésuites retentit si
souvent, eut pour principal auteur sir Robert Catesby, d'une
des meilleures familles d'Angleterre. A peine âgé de trente-trois
ans, ce gentilhomme, qui avait fait une triste expérience des
plaisirs et des ambitions du monde, s'était réfugié dans la Religion comme dans un port après le naufrage. Il avait souffert,
il avait vu beaucoup souffrir pour Dieu. Le souvenir des persécutions endurées, la crainte d'en éprouver encore de plus affreuses, la pensée que Jacques Stuart, ainsi que tous les rois
faibles, se laisserait entraîner aux plus déplorables mesures, lui
firent chercher dans sa fanatique énergie un remède pour conjurer les désastres prévus. Ce remède, il crut l'avoir trouvé. Il
rêva de faire périr d'un seul coup le monarque, le parlement
et les grands de l'Etat ; puis ce rêve, enfant d'une imagination
en délire, fut nourri, caressé, adopté par lui ; il en fit l'occupation de ses nuits et de ses jours, il en combina les chances.
Lorsqu'il les eut discutées, il se mit à chercher des complices,
il en évoqua.

Tom Winter, de la famille de Huddington, Thomas Percy de
Northumberland et John Wright, le cavalier le plus accompli,
le soldat le plus brave des trois-royaumes, s'y associèrent.
Comme de nouveaux Machabées, ces quatre gentilshommes se
résignaient à toutes les tortures, à toute les hontes même, pour
racheter leurs frères dans la Foi. La tentative d'une insurrection
à main armée fut d'abord écartée, comme n'offrant pas assez
de garanties de succès ; ils en appelèrent à l'intervention offi-

cieuse des princes catholiques. Mais, dans ce temps-là à Rome même, Cécill avait su peindre Jacques Stuart sous les traits d'un monarque tolérant et presque ami des Papistes. Leurs réclamations étaient étouffées par les assurances diplomatiques des ambassadeurs anglais. Les princes du continent et le Souverain-Pontife crurent que les Jésuites et les Fidèles d'au-delà des mers chargeaient le tableau de leurs douleurs pour exciter le commisération de l'Europe. Par un sentiment de lassitude dans le bien, qui se manifeste quelquefois chez les esprits les plus éclairés, ils ajoutèrent plus de créance aux mensonges des bourreaux qu'aux plaintes des victimes. Elles revenaient si souvent troubler leur quiétude et leurs plaisirs, que le bonheur égoïste ne daigna pas prêter l'oreille aux souffrances.

Cette insouciante pitié exaspéra quelques Catholiques; des menaces officielles les poussèrent au désespoir. Les hommes qui gouvernaient sous le nom de Jacques Ier, les partis qui le dominaient tout en flattant ses caprices dogmatiques, levaient enfin le masque. Quand Robert Bancroft fut promu au siége archiépiscopal de Cantorbéry, il put dire aux Catholiques qui lui adressaient une supplique : « Du temps d'Elisabeth vos tourments n'étaient qu'un jeu, nous ignorions alors qui succéderait à la reine ; maintenant que le roi, père de plusieurs enfants, est en pleine possession du trône, il faudra voir la fin du dernier Papiste. » Les Puritains envahissaient la Chambre des Communes, ils asservissaient celle des Lords : et, en altérant le texte des saintes Ecritures, ils découvraient dans la menace de Roboam les fouets dont Elisabeth avait frappé les Catholiques ; ils faisaient siffler les scorpions dont Jacques allait les entourer [1].

Le plan qui avait germé dans la tête de Catesby fut reconnu par les conjurés comme le seul praticable, le seul qui, d'un même coup, atteignait leurs ennemis. Par un triste abus de l'intelligence humaine, ces quatre hommes, tous jeunes encore, tous distingués par la naissance, tous incapables de concevoir une pensée de meurtre individuel, se persuadèrent que leur mons-

---

[1] Au 3e *Livre des Rois,* liv. XII. v. 11, Roboam dit : *Pater meus cecidit vos flagellis, ego autem cædam vos scorpionibus.* Les Puritains, arrangeant ce texte à la convenance de leurs passions, répétaient du haut de toutes les chaires : *Elisabeth cecidit vos flagellis, Jacobus autem cædet vos scorpionibus.*

trueux attentat était la conséquence de la situation. Ils se posèrent comme les vengeurs du Catholicisme ; puis, sans communiquer leur dessein à personne, ils s'avouèrent, dans l'horrible
candeur de leurs âmes, qu'il n'était pas besoin de conseil ou de
décision sacerdotale pour porter jugement sur ce qui paraissait à
leurs yeux d'une justice évidente.

Don Vélasco, connétable de Castille, venait d'arriver en Flandre,
envoyé par Philippe III d'Espagne pour négocier un traité avec
Jacques d'Angleterre. Winter avait été chargé de plusieurs missions confidentielles auprès de Philippe II ; Catesby crut qu'il
exercerait plus d'influence que tout autre sur le plénipotentiaire
espagnol : il le dépêcha vers lui, et le conspirateur le rencontra à
Berghem. Il put bientôt, dans leurs entrevues secrètes, s'aperce-
voir que le cabinet de Madrid ne ferait aucune réserve en faveur des Catholiques anglais, et que la paix, conclue sur ces
bases, rendrait leur condition plus mauvaise : il ne restait plus
qu'à évoquer des complices déterminés. A Ostende, parmi les
proscrits que la paix signée, le 18 août 1604, allait laisser sans
ressources, il trouva Guy Fawkes, officier de fortune, homme
d'un courage et d'une discrétion à toute épreuve. Il retourna à
Londres avec lui, et, le 11 décembre, les cinq conjurés mirent la
main à l'œuvre. Percy prit à bail une maison et un jardin contigus au palais de Westminster ; ils élevèrent un mur afin de cacher l'entrée de la mine qu'ils voulaient pratiquer sous la salle
dans laquelle le Parlement se réunissait, et ils suspendirent leurs
travaux le 25 décembre, en apprenant que la convocation des
Chambres était ajournée.

Les Catholiques d'Angleterre pressentaient que leur dernière
espérance leur échappait ; ils avaient longtemps cru que l'heure
où les hostilités cesseraient entre la Grande-Bretagne et les Espagnols deviendrait pour eux une ère de salut, il ne leur était
plus permis de s'aveugler. Philippe III et le duc de Lerme les
sacrifiaient à des exigences politiques. Il y eut un moment où les
plaintes de cette population se firent entendre avec une unanimité
si alarmante qu'on accusa jusqu'en Italie les Jésuites d'avoir calomnié la paix et d'entretenir dans les masses l'esprit de sédition.
Cette imputation retentit aux oreilles du Père Garnett, Provincial

d'Angleterre ; il disculpa ses frères par une lettre dont il importe de citer quelques fragments.

« Il n'est pas besoin, écrivait-il au Général de la Compagnie, de réfuter ce bruit en Angleterre, où tout le monde sait et voit les peines que nos Pères se donnent pour aider à la conclusion du traité ; le comte de Villa–Mediana, ambassadeur d'Espagne, l'ignore moins que personne, lui qui, dans cette affaire, s'est beaucoup servi de nous. Il y a plus : dernièrement, un des principaux personnages d'Angleterre faisait remarquer que les Jésuites étaient des hommes prudents, instruits, d'une conscience droite, et il les louait particulièrement de ce qu'ils avaient beaucoup fait en faveur de la paix. Chacun avoue que Watson aurait eu un bien plus grand nombre de complices dans sa conjuration si nos Pères ne s'y fussent opposés. Quoiqu'il ne soit pas en notre puissance d'empêcher qu'il n'y ait des hommes remuants et téméraires parmi les Catholiques, nous pouvons néanmoins promettre, grâce à Dieu, que la meilleure partie d'entre eux se tiendront tranquilles. Des gens qui ne nous affectionnent pas disent tout haut que nous aimons mieux flatter le Roi en travaillant à la paix que de servir la cause des Catholiques en les poussant à montrer du ressentiment. Qu'ils n'aient pas autre chose à nous reprocher, et nous endurerons facilement cette imputation ; nous nous en glorifierons même. »

Telles étaient les pensées intimes du Père Garnett et ses communications privées avec Aquaviva. Quelques semaines auparavant, le 29 août 1604, Garnett, témoin de l'effervescence des Catholiques, faisait part de ses craintes au chef de son Ordre. « S'il arrive, disait-il, qu'ils n'obtiennent aucun soulagement à l'occasion du traité, je ne sais avec quelle patience quelques-uns supporteront ce dernier coup. Quel parti prendre ? nos Pères ne suffiraient pas pour les contenir dans le devoir. Que le Souverain-Pontife y avise, qu'il mande à ces Catholiques de ne pas oser se soulever. »

Cependant Tom Winter avait conçu des doutes sur la légitimité de leur entreprise ; il les communique à Catesby. Pour mettre leur conscience à l'abri de tout reproche, ils se décident à prendre l'avis des Jésuites les plus éclairés. Catesby et

Winter regardaient la mort du roi et des Protestants comme un acte digne de leur dévouement; ils ne discutaient plus sur cette idée de vengeance, elle était entrée dans leurs convictions; ils ne trouvaient ni au fond de leurs cœurs ni dans les inquiétudes de leur raison aucun remords à lui opposer. Ils s'étaient faits criminels, pour ainsi dire, par inspiration; à leurs yeux, le crime disparaissait sous ses heureux résultats; mais, dans l'exécution de leur plan, ils ne se déguisaient point qu'un grand nombre de Catholiques étaient destinés à périr. Cette certitude tourmentait leur esprit; pour calmer des scrupules aussi étranges, ils employèrent un moyen plus étrange encore. Le traité de paix permettait aux Catholiques de prendre service en Flandre sous les ordres de l'archiduc Albert; les conjurés en firent la demande: elle leur fut accordée. Alors ils commencèrent ostensiblement leurs préparatifs de départ; puis Catesby présenta aux prêtres de sa communion le cas de conscience suivant: « Supposé que, devant une forteresse qu'un officier doit enlever d'assaut, les hérétiques placent des Catholiques au premier rang pour la défendre, quelle conduite lui faudra-t-il tenir? Afin de ne pas massacrer ses frères, épargnera-t-il les coupables? ou bien, la conscience sauve, peut-il donner l'assaut selon l'usage de la guerre?

Catesby cherchait à établir la confusion dans ses théories sanglantes, afin de la provoquer dans la solution des théologiens: entre une forteresse hollandaise régulièrement assiégée et le palais de Westminster où le roi et les grands corps de l'Etat se rassemblaient, il n'y avait aucune similitude. Les docteurs consultés répondirent dans le sens que Catesby désirait; le Père Garnett trancha à son tour, et de la manière la plus affirmative, la question proposée. Cette décision, aussi légale que possible, devint plus tard contre le Jésuite l'argument sur lequel Edouard Cooke et Robert Abbot échafaudèrent leur accusation [1]. Aussi singulièrement rassurés, les cinq conspirateurs se réunissent dans une maison isolée où le Père Gérard les attend. En dehors du Jésuite, ils font entre eux, et sur l'Evangile, serment so-

[1] Cooke, *Actio proditoria*, p. 106. — Abbot. *Antologia*, ch. IV, fol. 59.

lennel d'exécuter leur dessein et de se garder un inviolable secret. Le Jésuite leur dit la messe, leur donne la communion,
qu'ils reçurent en accomplissement de leur vœu homicide ;
mais Winter et Fawkes, qui seuls révélèrent ce fait important,
ajoutèrent que « Gérard ignorait leur projet. » L'accusateur
public Cooke ne put se résigner à enregistrer une déposition
qui écartait un Jésuite du débat ; il écrivit de sa main, — et
c'est l'historien Lingard qui assure avoir vu de ses propres yeux
le document original, — il écrivit ces mots : « *huc usque*, c'est-
à-dire, jusque là. »

S'il n'est pas démontré que cet acte de piété sanctionnait un
crime entre le prêtre et les assistants ; si le Père Gérard n'a
cru donner la communion qu'à des fidèles proscrits comme lui,
personne ne peut incriminer sa conduite. Nous n'ajoutons
qu'une foi relative aux interrogatoires des Catholiques rédigés
par des Anglicans ; nous ne nions pas, nous n'affirmons pas le
fait de cette messe et de cette communion. Les Anglicans en
ont tiré d'inconcevables arguments, ils s'en sont servis pour
étayer leur système ; mais Gérard, libre, et dans les dernières
années de sa vie, a toujours protesté contre un pareil outrage.
Les interrogatoires de Winter et de Fawkes ont été falsifiés, la
défense de Gérard n'a jamais subi d'altération : c'est à la conscience publique qu'il appartient de prononcer dans un débat
tout moral. Le 1er septembre 1630, Gérard répondait ainsi :
« Je prends Dieu à témoin que je n'ai pas eu connaissance de
cette conjuration pas plus que l'enfant qui vient de naître, que
je n'ai jamais entendu parler à personne ni eu le moindre soupçon de cette poudre préparée pour la mine. Les conjurés furent
très-rigoureusement sondés et interrogés à mon sujet ; et, quoique quelques-uns d'entre eux, sous la torture, nommassent
ceux qui avaient su le complot, tous nièrent constamment que
je fusse de ce nombre. Le gentilhomme Everard Digby, qu'on
aurait pu, avec le plus d'apparence de raison, soupçonner de
m'avoir révélé le secret, protesta devant la cour que plusieurs
fois il avait été pressé de dire que je savais quelque chose de
cette conjuration, mais qu'il avait toujours répondu que non ;
ajoutant qu'il n'avait jamais osé me le faire connaître, parce

qu'il craignait que je ne la lui eusse fait abandonner. Aussi la majeure partie des conseillers considérèrent mon innocence comme prouvée par tant de témoignages unanimes. En outre, j'écrivis une lettre dans laquelle je me justifiais complétement ; me trouvant alors, selon toutes les apparences, sur le point de tomber entre les mains des conseillers, je m'offris librement à tous les tourments imaginables et à l'infamie du parjure, si, lorsqu'ils m'auraient en leur pouvoir, ils produisaient une preuve valable que j'eusse eu connaissance de la conjuration. J'avais déjà été leur prisonnier, sous Elisabeth, un peu plus de trois ans ; durant ce laps de temps, ils m'examinèrent plusieurs fois et des diverses manières qu'il leur plut, pour savoir en général si je m'étais mêlé d'affaires d'Etat. Je les défiais d'en apporter en preuve un trait de ma main, une parole de ma bouche : ils ne purent jamais trouver une ombre d'indice. A combien plus forte raison devais-je me refuser à un acte aussi cruel que cette Conjuration des Poudres. Je puis affirmer avec vérité que, du moment où j'ai embrassé mon genre de vie actuel, je n'ai, Dieu merci, désiré la mort ni aucun grave dommage à qui que ce soit au monde, pas même à qui aurait pu être mon ennemi le plus acharné ; bien moins donc ai-je pensé à prendre part à la destruction soudaine, imprévue, effroyable, de tant et de si hauts personnages à qui je portais le plus grand respect. Ma lettre fut montrée au roi par le comte de Northampton (Henri Howard) ; le roi en fut si satisfait qu'il aurait fait cesser les poursuites contre moi, si Cécill, pour son propre intérêt, ne l'eût encore plus indisposé qu'auparavant. Ce ministre s'était persuadé que quelques-uns des conjurés en voulaient particulièrement à sa vie ; il savait qu'ils étaient pour la plupart mes amis, et il espérait que, s'il parvenait à mettre la main sur moi, il me ferait dénoncer ceux qui lui en voulaient. Pour cette seule raison, il ne prit pas de repos qu'il n'eût ramené le roi à croire, comme chose clairement prouvée, que j'avais été à la tête du complot. — Telle est la pure et simple vérité ; j'ai ignoré tous ces préparatifs de poudre, de mine : j'ai été, je suis innocent de cette conjuration comme de toute autre ; je l'affirme, je le jure sur mon âme, et sans la moindre

équivoque possible; tellement que, si la vérité ne correspond
pas à mes paroles, si j'ai eu aucune connaissance de la conjuration dont il s'agit avant sa divulgation, je me confesse devant
Dieu et les hommes coupable de parjure ; je ne demande miséricorde au tribunal de Dieu qu'en tant qu'il est vrai que je n'en
avais rien su ; et il est très-probable que je ne tarderai pas
beaucoup à me présenter à ce tribunal suprême, vu mon grand
âge. »

Entre un prêtre qui se défend ainsi aux portes de la tombe,
et des magistrats qui ont recours à une imposture légale pour
appuyer leur iniquité, le doute au moins doit être permis. Le
doute né d'une procédure si artificieusement travaillée, c'est
la honte jetée à la face des ministres et des légistes de l'Anglicanisme.

Christophe Wright, Robert Winter, frères des deux conjurés, furent dans le même temps affiliés au complot ; et le
travail souterrain recommença. C'était un ouvrage pénible; l'eau
de la Tamise, en suintant dans la mine, les exposait à des périls de toutes sortes. A force de persévérance, ils arrivèrent
néanmoins jusqu'aux fondements de Westminster. La muraille
avait soixante-quatre pouces d'épaisseur : elle fut percée ; mais
aussitôt leur plan se simplifia. Ils découvrirent par la sonde
l'existence d'une cave voûtée conduisant sous la Chambre des
Lords. Fawkes, qui se disait le domestique de Percy, afferma
cette cave : elle se remplit incontinent d'une grande quantité de
charbon et de meubles. Vers la fin d'avril 1605, ils y avaient
entassé trente-sept barils de poudre, plus qu'il n'en faudrait
pour soulever une montagne.

Tout se disposait pour l'exécution ; Catesby s'occupa de
recruter des complices. Après avoir mesuré la portée de son
œuvre, il en saisissait tous les détails, il voulait en régulariser
l'ensemble. Il était indispensable de s'emparer des jeunes princes et de leur sœur Elisabeth, de tenir à Douvres un bâtiment
prêt à faire voile afin d'annoncer sur le continent la révolution
opérée ; plus indispensable encore de se rendre maîtres d'une
forteresse du royaume, comme point de ralliement donné
aux populations. Le nombre des conjurés ne répondait pas

à la grandeur de l'entreprise, Catesby le porta jusqu'à treize
Le treizième les perdit ; la superstition anglicane n'a pas fait
grâce à ce chiffre fatidique. Sir Everard Digby, Thomas Bates,
Ambroise Rookwood, John Grant, Robert Keys et Francis
Tresham, tous, à l'exception de Bates, gentilshommes riches
et considérés, s'engagèrent à seconder Catesby. Il avait l'argent
nécessaire, il se croyait sûr de la discrétion de ses amis ; il
chercha à entretenir les mécontentements que les mesures de
Jacques Ier provoquaient ; il se fit l'instigateur de la révolte, il
la prêcha dans les réunions catholiques. S'apercevant que les
Jésuites ne secondaient pas ses desseins, et que même, sans
les connaître, ils les entravaient en exhortant leur troupeau à
la patience, Catesby leur déclara une de ces guerres sourdes
dont les hommes qui ont participé à quelque trame politique
peuvent seuls avoir la clef. Le 8 mai 1605, le Père Garnett
écrivait à Parsons : « Il y a maintenant ici très-peu de Catholiques qui ne soient désespérés ; il m'est venu par hasard à
l'oreille que plusieurs se plaignent amèrement de ce que les
Jésuites les empêchent de se racheter par la force. Quelles sont
leurs pensées ? que préparent-ils ? Je n'ose l'approfondir, d'a-
près l'ordre que nous a intimé le Père Général de ne jamais
nous immiscer en de pareilles affaires. »

Plus tard, sentant s'amonceler l'orage à mesure que grandis-
sait la persécution, Garnett et les autres Jésuites ne cachaient
plus leurs frayeurs. Catesby s'enveloppait de mystère, il parlait
à mots couverts d'espérances secrètes, du jour de salut qui
allait briller sur l'Eglise britannique. Le Père, afin de préserver
les Catholiques de toute idée de meurtre ou d'agitation, suppliait une dernière fois le Saint-Siége de menacer d'excommunication ceux qui seraient tentés de s'associer à un complot.
Il n'y avait peut-être qu'un moyen de détourner les calamités
qui, au rapport de Garnett, voilaient l'horizon de la Grande-
Bretagne : il aurait fallu que le gouvernement se fît un bouclier
d'une sage tolérance ; mais, comme pour précipiter la catas-
trophe, le gouvernement ne craignait pas de se laisser emporter
par la colère. Les ennemis de la Foi catholique et des Jésuites
étaient au pouvoir ; ils envoyaient à la torture et à la mort les

fidèles dont les édits fiscaux de Jacques Stuart avaient consommé la ruine. Les prélats anglicans s'enrichissaient de ces dépouilles ; la cupidité venait en aide au fanatisme de secte.

Ces deux mobiles soulevaient dans les cœurs attachés à la Communion romaine un ferment d'insubordination que des ministres sages auraient dû étouffer. Il n'en était rien cependant , et le comte de Northampton, feignant de méconnaître l'état des esprits , écrivait au mois de juillet 1605 [1] : « Notre gracieux monarque défend de verser le sang des Catholiques , aucune tendance à des conspirations ou trahisons ne ressortant de leurs doctrines ou de leurs actes ; mais toutes les fois qu'ils ne rempliront pas leur devoir, le roi entend qu'ils soient poursuivis en justice ; qu'en même temps ils paient leurs contributions plus exactement qu'ils ne l'ont fait du temps de la feue reine , non que je pense qu'aucun d'eux ait été oublié ou qu'on l'oublie, avant la Saint-Michel ; qu'ils sachent en outre qu'ils sont passibles des censures et de l'excommunication de l'Eglise, et de toutes les pénalités qu'on n'appliquait pas antérieurement. »

Ainsi Elisabeth était dépassée ; les Jésuites, malgré leur influence sur les Catholiques, ne pouvaient pas , en face de tant de misères , garder sur chaque individu un ascendant que le Pape lui-même n'exerçait plus. Ils parlaient de longanimité à des soldats endurcis aux dangers , de résignation à des âmes ulcérées , de glorieux abaissement à des caractères de fer que les luttes européennes et que les malheurs domestiques façonnaient aux entreprises désespérées. Catesby et ses amis crurent que ces exhortations n'avaient pour but que d'énerver leur courage et de les asservir au Protestantisme. Des explications eurent lieu entre les conjurés et le Père Garnett ; Catesby l'accusa d'apathie et de lâcheté ; il aspirait à exaspérer , et les Jésuites ne tendaient qu'à calmer. La division , ou tout au moins la méfiance , devait donc pénétrer dans tous ces cœurs de proscrits. Le 24 juillet 1605 , Garnett constatait cette irritation ; il faisait part de ses inquiétudes au Général de la Compagnie.

---

[1] *Lettre de Northampton*, Windwood, ii. 95.

« Tous les Catholiques anglais, mandait-il à Aquaviva, ne se
rendent pas aux ordres du Pape ; du vivant même de Clément VIII, il y en eut qui osèrent demander si le Pontife avait
le pouvoir de leur interdire de défendre leur propre vie ; ils
disent ouvertement qu'ils se garderont bien de faire connaître
leurs pensées aux prêtres. Ils se plaignent nommément de nous
parce que nous nous opposons à leurs machinations. »

Catesby n'entrevoyait de périls que dans la perspicacité des
Jésuites ; il crut les diminuer en révélant son complot sous le
sceau de la confession ; Oswald Texmund, appelé en Angleterre,
le Père Greenwell, fut celui auquel il s'adressa. Texmund dut
être frappé de surprise et d'horreur ; il essaya de détourner
Catesby d'un semblable projet, mais ce n'était pas un homme
facile à convaincre. Les insistances du Père Oswald ne le firent
pas changer ; seulement il l'autorisa à en conférer avec Garnett,
mais toujours sous le secret du tribunal de la pénitence. Texmund, — et c'est une faute que les difficultés de la position,
que l'immensité même de l'attentat, lui firent commettre —
Texmund communiqua au Père Garnett le crime dont il était
le confident involontaire, et Garnett, que sa douceur avait fait
surnommer *la Brebis*, sentit que son arrêt de mort dépendait
de cette heure fatale. Catesby avait imaginé le meilleur de tous
les moyens pour le condamner au silence : Garnett s'y résigna.

Sous l'administration d'hommes tels que Cécill, devenu
comte de Salisbury, et de lord Northampton, Garnett, dont
les Catholiques vénéraient le caractère et les talents, n'aurait
pas manqué d'être englobé dans les poursuites. Il y a des hommes
qui savent toujours avec un art perfide mêler aux complots les
innocents dont ils redoutent la probité ou la vertu. En tout
état de cause, Garnett aurait été déclaré complice de Catesby.
Il était dangereux, Cécill et Northampton n'avaient pas besoin
d'autres preuves ; mais la confession de Catesby le plaçait dans
un embarras beaucoup plus inextricable. Ce forfait prémédité
rejaillissait sur tous les Catholiques anglais ; à tort ou à raison,
on en rendrait responsables le Saint-Siège et la Compagnie de
Jésus. Garnett, qui envisageait l'horreur de sa position, ne
se déguisait point que les Anglicans mettraient les apparences

de leur côté ; il savait bien qu'argumenter du secret de la pénitence en face des apostats de la seconde génération, qui, par
eux-mêmes, n'avaient pas pu faire l'expérience de cet éloquent
mystère de la discrétion sacerdotale, serait regardé comme un
subterfuge. Isaac Casaubon, le grand-maître de l'indifférentisme
en matière religieuse, n'a pas reculé devant ce sophisme [1].
Toutes les chances qu'une aussi cruelle révélation devait provoquer s'offrirent tour à tour à son esprit. Texmund reçut ordre de ne rien épargner pour écarter Catesby de ses parricides
desseins ; Garnett lui-même chercha l'occasion de le voir et de
l'entretenir.

Peu de mois auparavant, le Père avait décidé Catesby à
envoyer à Rome sir Edmond Baynham pour informer le Pape
de l'état déplorable des Catholiques. Catesby n'était ni leur
oracle ni leur chef naturel ; mais il se montrait le plus ardent,
mais il apparaissait sans cesse sur la brèche ; c'était donc à lui
qu'il importait de s'adresser pour endormir les désespoirs subalternes. Garnett avait formé cette ambassade de concert avec le
conspirateur ; il pensa qu'en lui rappelant les motifs qui les
avaient inspirés tous deux, Catesby se verrait forcé d'ajourner
l'explosion de sa mine. Il pria, il supplia, il devenait plus obstacle
que jamais. En conspirateur habile, Catesby, pour paralyser les
bonnes intentions du Père, feignit de les adopter ; il promit de ne
rien entreprendre avant de connaître les résultats de la mission
de Baynham. Garnett, rassuré, put écrire alors : « Dieu merci,
l'affaire des Catholiques est en sûreté, ils ne remueront pas jusqu'après la réponse de Rome. »

L'ouverture du Parlement approchait ; les conjurés avaient
pris leurs mesures : ils évitaient les Jésuites, et surtout le Père
Garnett, lorsque Tresham, dont la fortune avait été mise
au service des conspirateurs, demande qu'avis du danger soit
donné à son beau-frère, lord Mounteagle. Catesby conçoit des
soupçons, il hésite ; mais enfin Tresham l'emporte ; il est autorisé à écrire à Mounteagle. Cette version, adoptée par les écrivains protestants, nous paraît peu digne de foi ; car Tresham

[1] *Epistola Is. Casaubon, ad Front. Ducæum*, fol. 105 « *Fabula illa*, dit-il,
Acta est de Greenwelii confessione. »

et ses complices devaient savoir que mille moyens leur étaient
offerts pour empêcher lord Mounteagle d'assister à la séance
royale ; puis, des conspirateurs qui écrivent et qui, par un sentiment d'amitié, compromettent leur avenir, ne sont pas de
véritables conspirateurs. Il est impossible que Tresham ait exigé
que cet avis fût adressé à son beau-frère, plus impossible encore que Catesby y ait adhéré. Exalté à froid, mais si fécond en
méticuleuses précautions qu'il se défiait même, tout catholique
qu'il était, de la retenue des deux Pères ayant son secret, Catesby, à la première parole de Tresham, l'aurait tué, comme
dans les partis extrêmes on sait tuer ceux qui portent ombrage.
Cette version est inadmissible.

Tresham, dont le caractère était réservé et mobile, Tresham,
possesseur d'une grande fortune et ami de plusieurs hauts dignitaires de la Couronne, n'était entré dans le complot qu'à
son corps défendant. Au moment de l'explosion, il eut peur
d'attacher son nom à un forfait qui allait couvrir de sang sa
patrie, et de honte l'Eglise catholique d'Angleterre : il révéla
le complot à Robert Cécill. Cécill avait en partage toutes les
duplicités du courtisan, toutes les ressources de l'homme d'Etat ;
maître du secret des conjurés, il se traça le rôle qu'il devait
jouer dans cette tragédie, dont le dénouement reposait entre ses
mains. Il fit écrire à lord Mounteagle une lettre anonyme :

« Milord, y lisait-on, les rapports affectueux que j'ai avec
quelques-uns de vos amis sont cause que je m'intéresse à vous.
Si votre vie vous est chère, je vous donne avis que vous ayez à
chercher quelque excuse pour vous dispenser d'assister au Parlement ; car Dieu concourt avec les hommes pour punir l'impiété
de ce siècle. Ne méprisez point l'avis qu'on vous donne, mais
retirez-vous au plus tôt dans votre province, où vous pourrez
attendre cet événement sans rien risquer. Quoiqu'il ne pa-
raisse au dehors aucun mouvement, je ne laisse pas de vous
donner ce conseil. Le Parlement sera frappé d'un coup terrible
et ne verra point la main qui le frappera. Gardez-vous de mépriser ce que je vous écris ; l'avis peut vous être utile et ne
peut vous nuire. Le danger passera en aussi peu de temps que
vous en mettrez à brûler cette lettre. J'espère que, par la grâce

de Dieu, que je prie de vous protéger, vous ferez un bon usage de ce que je vous mande. »

Mounteagle était catholique ; il connaissait les dispositions hostiles de quelques-uns de ses coréligionnaires : plus heureux que les Pères Garnett et Texmund, il pouvait, sans manquer à son devoir de conscience, mettre le gouvernement de ses persécuteurs sur la trace d'un complot dirigé contre eux. La lettre était sans signature, un inconnu l'avait remise à la porte de son château; mais elle entrait dans un cercle d'idées que l'exaspération de certains Catholiques rendait dangereuses. Mounteagle se décide à communiquer cet écrit au secrétaire d'État ; c'était le 28 octobre 1605 que ces événements se passaient. La lettre fut déférée au conseil des ministres; les ministres, sous l'inspiration de Cécill, ne voulurent rien comprendre à son sens énigmatique; il fut résolu qu'on la soumettrait au roi. Le 1er novembre, Jacques revint de Risthon, et les comtes de Salisbury, de Worcester, de Northampton et de Nottingham, formant son conseil, lui présentèrent le papier révélateur. Jacques Stuart était doué, disaient ses courtisans, du don de seconde vue ; il possédait une sagacité extraordinaire pour éclaircir les choses les plus obscures [1]. Jacques n'avait pas eu de peine à se persuader qu'il était le protégé de l'Esprit-Saint, et qu'un rayon de lumière prophétique l'illuminait dans les jours de crise. Cécill connaissait toute la trame ; il ignorait le nom de ses fauteurs, que Tresham avait refusé de divulguer; il en savait cependant assez pour déjouer l'attentat. Mais, en courtisan qui veut flatter les vaniteuses faiblesses de son prince, il s'était bien gardé d'instruire ses collègues de la manière dont les choses se passaient; il fallait préparer au roi un triomphe d'amour-propre. La lettre lui fut remise : Jacques la lut, l'étudia, la commenta, et, la clairvoyance de Cécill le guidant dans les ténèbres de la dénonciation, il parvint à conjecturer qu'il s'agissait d'une mine et d'un complot ourdi contre la sûreté de l'État. Casaubon, Robert Abbot, l'archevêque anglican, tous les historiens protestants, qui repoussent du haut de leur raison

---

[1] *Histoire universelle*, par de Thou, liv. cxxxv, t. xiv, p. 521.

l'inspiration accordée par Dieu à quelques natures privilégiées, ne manquèrent pas, du vivant de Jacques Ier, de rehausser cette circonstance. Ils la montrèrent comme un des miracles les plus éclatants du royal thaumaturge. Le 9 novembre, dans son discours à l'ouverture du Parlement [1], et dans ses œuvres publiées par l'évêque Montague, Jacques s'attribue le mérite d'avoir, le premier, découvert le mystère que recélait la lettre adressée à lord Mounteagle ; mais Cécill, dans sa correspondance, est plus franc que dans sa conduite : « Nous deux, dit-il [2] — il parle de lui-même et du comte de Suffolk —, nous conçûmes que cette tentative ne se pouvait effectuer qu'au moyen de la poudre à canon, tandis que le Roi siégerait dans l'assemblée (ce que le lord chambellan conjectura d'autant plus facilement qu'il y avait une vaste cave sous la Chambre). Nous fûmes tous d'avis de n'en point parler au roi, si ce n'est trois ou quatre jours avant la session. »

Jacques était la dupe d'une comédie jouée en l'honneur de sa dignité de prophète ; il ne s'en aperçut pas ; et les Protestants de la Grande-Bretagne, qui avaient intérêt à faire voir le doigt de Dieu préservant l'Eglise anglicane de tout danger, acceptèrent le fait tel que Cécill le racontait officiellement. Tresham pourtant ne se dissimulait pas qu'il avait trahi ses amis, et qu'après avoir sauvé le roi et les deux chambres législatives il lui restait un devoir d'honneur à remplir. Il prévint Catesby et leurs complices que le gouvernement était instruit de tout, et qu'ils n'avaient plus que la fuite pour dernière chance de salut. Ces révélations, auxquelles il leur en coûtait d'ajouter foi, ne les arrêtèrent point dans l'exécution de leur crime ; ils se persuadèrent que Tresham inventait ce qu'il ne faisait que pronostiquer à coup sûr. Il fut décidé que Percy et Winter se placeraient à la tête du mouvement de Londres, et que Catesby et John Wright dirigeraient celui qui devait éclater dans le comté de Warwick. Catesby et Wright partirent, Fawkes resta afin de mettre le feu à la mine.

Le 5 novembre, jour fixé pour la séance royale, sir Thomas

[1] *Journal des Lords*, II, 358.
[2] Windwood, II, 171.

Knevett, bailli de Westminster, descend, dès l'aube du jour, dans la cave que Cécill lui a désignée ; la force armée qui l'accompagne découvre les barils de poudre ; elle s'empare de Fawkes, sur lequel on trouve trois mèches et une lanterne sourde allumée. Le conseil des ministres est convoqué, le roi le préside, et Fawkes est introduit. On l'interroge, il tait son nom et celui de ses complices, mais il avoue leur plan ; il déclare même que la nature et la piété chrétienne lui donnaient le droit de se délivrer d'un prince hérétique qui n'était pas son roi parce qu'il ne pouvait être l'oint du Seigneur [1]. C'était une théologie de soldat, que les Puritains, alors partisans de Jacques Stuart, avaient malheureusement mise à l'ordre de toutes les passions. Fawkes ne s'intimida point des menaces qui retentissaient à ses oreilles ; il ne se laissa point séduire par les promesses. Il y avait en lui du Mutius Scævola, selon la parole de Jacques lui-même [2], et il attendit la mort sans pâlir. Un Ecossais, membre du conseil d'Etat, lui demande dans quel but il a préparé une telle quantité de poudre à canon. « Afin de faire envoler les mendiants d'Ecosse vers les montagnes de leur patrie, » répond brusquement le conspirateur. Jacques avait ordonné de l'appliquer d'abord à la question la moins rude et ainsi d'aller par degrés jusqu'à l'extinction [3]. Fawkes soutint ces différents supplices ; le 7 novembre seulement il révéla son nom et celui des conjurés ; il les révéla, parce qu'il sut qu'ils venaient de prendre les armes.

La découverte d'une pareille trame était un fait immense pour les Anglicans, elle leur donnait le droit de confondre dans la même accusation les innocents et les coupables, les rois de l'Europe et les Jésuites, le Pape et les Catholiques des trois-royaumes. Les Puritains saisirent avidement l'occasion qui leur était offerte ; ils excitèrent le peuple au massacre, ils outragèrent dans leurs chaires et le roi d'Espagne, et le Souverain-Pontife, et l'archiduc Albert, et les Jésuites, et les Irlandais. L'irritation publique prenait un caractère de férocité particulière

[1] *Chronique de Jean Stow*, avec le *Supplément de Howes*, fol. 879, col. 2 (édition de 1631).
[2] *Œuvres de Jacques I*, apud Howel, II, 201.
[3] *Instructions de Jacques*, n° 6, au Bureau des Archives de l'État.

qui pouvait entraîner les plus funestes conséquences : Jacques Ier le comprit, et, le 7 novembre, il publia un décret par lequel il témoignait qu'il était assuré de la fidélité des Catholiques, sauf le petit nombre des conjurés. Les Catholiques, y lit-on, abhorrent cet exécrable complot ; il n'y en a pas qui ne soit prêt à verser son sang-pour la défense du roi. Quant aux princes étrangers, continuait Jacques, les hommes malintentionnés seuls pourraient les soupçonner d'avoir trempé dans un aussi horrible projet. »

Le 7 novembre, l'édit du roi était affiché dans Londres ; le lendemain les conjurés livraient leur premier et dernier combat. Depuis vingt-quatre heures ils erraient dans la campagne, au nombre de cent à peu près, forçant les écuries, enlevant les chevaux et appelant les Catholiques aux armes. Les Catholiques furent sourds à cette provocation, qui devait sanctionner un forfait. De Dunchurch, où sir Everard Digby leur avait assigné rendez-vous, ils se portèrent à Holbeach, où résidait Etienne Littleton, un de leurs nouveaux associés ; mais là, ayant su que les shérifs des comtés de Warwick, de Worcester et de Strafford se mettaient à leur poursuite, ils prirent le parti de faire face à leurs adversaires. Richard Walsh, le vicomte de la province de Worcester, accourait avec de nouvelles troupes et interceptait le seul passage qui leur fût encore ouvert.

La poudre dont ils étaient munis se trouvait humide ; le vendredi 8 novembre, ils s'occupèrent de la faire sécher avant le combat. Une étincelle du foyer vola sur cette poudre, elle fit explosion et brûla les mains et le visage de la plupart des conjurés. Ainsi, par un singulier concours de circonstances, ces hommes subissaient le châtiment qu'ils avaient voulu infliger. Ils étaient couverts de blessures. Les uns s'échappèrent à travers champs ; les autres se résignèrent à vendre chèrement leur vie. Catesby, Percy et les deux Wrigt s'élancèrent l'épée à la main sur les soldats de Walsh ; ils périrent en combattant. Thomas Winter, Rookwood, Bates, Grant et Keys furent faits prisonniers ; Digby, Robert Winter et Littleton se frayèrent un passage ; quelques jours après ils tombaient au pouvoir de Jacques, et on les écrouait à la Tour de Londres.

Nous avons suivi pas à pas les événements qui signalèrent la Conspiration des Poudres ; ses auteurs viennent de périr dans une lutte inégale ou sont livrés à la justice de leur pays ; mais jusqu'à présent nous n'avons encore vu nulle part les Jésuites conseillant l'attentat ou y participant. C'était cependant les Jésuites qu'il importait à Cécill et aux Puritains d'impliquer dans ce complot. En les chargeant d'un forfait inouï on les rendait odieux aux Protestants et même aux Catholiques ; il fallait donc à tout prix créer au moins une complicité morale. Dans la plupart des trames politiques, ce n'est qu'après le triomphe ou la défaite que les insurrections prennent leur véritable nom : glorieuses si le succès a couronné leurs tentatives ; rebelles et coupables si elles ont été vaincues. Ici l'alternative n'était pas possible : il n'y avait qu'un crime à constater, qu'un crime à flétrir ; l'Anglicanisme ne sut pas rester dans l'heureuse position que les événements lui faisaient. Cécill, le haut clergé et les magistrats que le pouvoir choisit pour instruire cette affaire ne s'occupèrent plus qu'à torturer les interrogatoires ou le silence des accusés afin d'en arracher l'aveu qui devait perdre la Compagnie de Jésus.

On fit entrevoir à Bates que le roi lui accorderait la vie sauve s'il mettait la justice sur la voie et si ses déclarations tendaient à compromettre les Pères. Bates, séduit par cette lueur d'espérance brillant à ses yeux dans les ténèbres d'un cachot, avoua tout ce qu'il savait. Il confessa qu'au moins trois des conjurés avaient, pour directeurs de conscience, Garnett, Texmund et Gérard ; que lui, Thomas Bates, avait vu Garnett converser avec Catesby peu de jours avant le 5 novembre ; qu'il avait porté une lettre de l'un à l'autre ; enfin, qu'il soupçonnait Texmund d'avoir eu connaissance de la conspiration, parce qu'il était lié d'amitié avec Winter. Ces détails n'ont pas été ignorés du président de Thou, historien contemporain, et ils parurent de si peu d'importance à ce magistrat qu'il ne les mentionne même pas dans ce récit. De Thou s'exprime ainsi : « Ayant été interrogés sans subir la question, car le seul Fawkes fut appliqué à une torture peu sévère, ils déclarèrent chacun en particulier les faits tels que je viens de les exposer et ne chargèrent presque aucun prêtre ou religieux. Plusieurs ont cru que la raison de leur silence à cet égard était qu'ils avaient tous fait serment de n'incriminer aucun ecclésiastique en cas qu'ils fussent arrêtés. François ˙Tresham nomma néanmoins Henri Garnett ; mais, avant de mourir dans la prison, il écrivit au comte de Salisbury par le conseil de sa femme ; il excusa la déclaration qu'il avait faite inconsidérément, et il assura sous la foi du serment que Garnett n'était point coupable. »

Avec un ministre comme Cécill et des magistrats tels que les haines de parti et de religion en font surgir, les dépositions de Bates et de Tresham suffisaient ; l'innocence ou la culpabilité des Jésuites inquiétait fort peu, on n'avait point à discuter sur le plus ou moins de vraisemblance de l'accusation. Cécill s'adressait aux masses ; les masses, toujours prévenues, toujours disposées à juger sur la parole de ceux qui flattent leurs passions, devaient accepter sans examen la calomnie qu'il allait faire distiller dans les chaires et dans les pamphlets. Le secrétaire d'Etat avait, comme son père, compté sur la crédulité humaine : cette crédulité ne lui fit point défaut. Le 15 janvier 1606, une proclamation parut ; elle ordonnait l'arrestation des Pères Garnett, Texmund et Gérard, et elle disait[1] : « D'après les interrogatoires, il est évident et positif que tous trois ont été les fauteurs particuliers du complot, et que par conséquent ils ne sont pas moins coupables que les auteurs et les conseillers de la trahison. »

Il y a des époques dans l'histoire où la vérité et la justice ne sont que de pompeuses paroles destinées à couvrir le mensonge et l'iniquité. Les conjurés ne dénonçaient personne ; à l'exemple du président de Thou, on les accusa d'un serment de discrétion qui, son existence problématique même admise, ne permettait pas d'inculper la Compagnie de Jésus s'il n'y avait pas de témoignages ou de preuves contre quelques-uns de ses membres. En Angleterre on ne fut point retenu par ces considérations. Aucun des conspirateurs ne chargeait les Jésuites ;

[1] Rymer, xvi, 639.

le ministère, le clergé anglican et la magistrature, qui avaient commencé par falsifier la parole de Dieu et les saintes Ecritures, défigurèrent les interrogatoires, altérèrent le sens des mots et la logique des dates pour tromper l'opinion publique ; on créa de faux procès–verbaux, on fabriqua des confessions qui n'avaient jamais eu lieu. Lorsqu'on lisait aux accusés ces pièces apocryphes, pièces qui, plus tard, devaient servir aux jugements de l'histoire, « les accusés, » raconte Robert Johnston dans son *Histoire d'Angleterre*, « refusaient de reconnaître pour vrai ce qui était écrit [1]. » Fawkes avait été celui dont les interrogatoires se trouvaient le plus audacieusement dénaturés ; quand on lui communiqua l'acte d'accusation : « Je ne nie point, répondit–il, ce qui me concerne ; je nie ce qu'on a intercalé dans une affaire qui, pour la combinaison ou pour l'exécution, a été entièrement la nôtre. Si quelqu'un parmi nous a des faits à révéler contre les Jésuites, qu'il parle, ou bien, vous, dites de qui est la déposition d'après laquelle il est possible d'établir qu'ils sont coupables. Si vous ne le pouvez pas, qu'ont donc les Pères à voir dans notre procès ? et pourquoi essayer d'y insérer, par le moyen de nos aveux, ce qui est si éloigné de la vérité ?

Tel était le langage de Fawkes ; c'est lui néanmoins qui, au dire du docteur Abbot [2], déclara que « le Père Garnett fit tous les efforts possibles pour que la mine ne manquât pas son effet. »

Il n'y avait que neuf prévenus : Digby, les deux Winter, Rookwood, Grant, Keys, Fawkes, Bates et Littleton. Le 27 janvier ils comparurent devant la chambre étoilée ; ils proclamèrent l'innocence des Jésuites, et, le 30 du même mois, Digby, Robert Winter, Grant et Thomas Bates expirèrent sur l'échafaud. Le lendemain, Rookwood, Fawkes, Tom Winter et Keys subirent le même sort. Ils moururent avec un courage et une piété extraordinaires. On demande à Grant s'il n'abhorre pas cette trame comme une impiété. « Je suis ici pour être tué, réplique–t–il, et non pas pour discuter des cas de conscience. Je m'en remets entièrement à la censure de l'E-

---

[1] *Abnuebant vera esse quæ dicerentur. Histor. Britan.*, liv. XII, fol. 440.
[2] *Antologia. — Confession de Fawkes*, par le docteur Abbot.

glise catholique. » Tom Winter parle au nom de tous ; au nom de tous, il disculpe la Société de Jésus, et en particulier le Père Texmund, son confesseur. Mais celui qui attirait les regards et l'admiration de la foule était sir Everard Digby. Jeune, beau, riche, plein de grâce et de sérénité, il parut à la potence, et quand les ministres l'exhortèrent à proclamer le repentir de son attentat : « Il ne me semble pas, dit-il, qu'en cela j'aie voulu offenser Dieu. Je ne me sens point condamné par ma conscience ; j'ai violé les lois du royaume, je l'avoue, et j'accepte la peine qu'elles m'infligent. Il est bien cruel pour moi de mourir en laissant le vieux culte de nos pères dans le même état d'oppression. »

Ces fanatiques avaient cru sauver la Religion par un crime. Ils mouraient avec le regret de l'avoir compromise ; mais ils mouraient sans remords, car ils estimaient que l'énormité du forfait était effacée par la sainteté de la cause. Ils s'étaient abusés avec une bonne foi si entière que Henri IV, le monarque le plus exposé aux poignards des régicides, ne craignit pas de leur ouvrir les portes de France. « Plusieurs, dit le président de Thou [1], furent bannis et obligés de sortir d'eux-mêmes d'Angleterre. Dominique de Vic, gouverneur de Calais, les accueillit honorablement par ordre du Roi. De Vic leur ayant témoigné qu'il plaignait leur sort et celui de leurs associés, et ayant ensuite ajouté, afin de les consoler, que, pour la patrie qu'ils avaient perdue, la bonté du Roi leur en offrait une autre, l'un d'eux répondit : « Nous regrettons peu notre patrie ; les honnêtes gens la voient partout où ils sont heureux. Ce qui cause nos douleurs, c'est de n'avoir pu réussir dans le grand et salutaire projet que nous avions formé. »

Ainsi la mort, l'exil, le dénûment n'étaient rien à leurs yeux ; il fallait donc qu'ils eussent beaucoup souffert pour se montrer aussi persévérants dans le regret de n'avoir pas accompli un forfait. Pareille surexcitation, en des hommes dont la vertu était aussi évidente que l'honneur, incriminait bien haut le système religieux et politique adopté par les ministres de Jac-

---

[1] *Histoire universelle,* par de Thou, liv. CXXXV, t. XIV.

ques Ier. On s'en fera une idée, on le jugera en étudiant les iniquités calculées dont les Jésuites furent les victimes.

Les 30 et 31 janvier 1606, les auteurs de la Conspiration des Poudres périssaient sur l'échafaud ; deux jours auparavant, le Père Henri Garnett avait été arrêté à Hendlip, près de Worcester, dans le château de Thomas Abington, beau-frère du baron de Mounteagle. Promesses, menaces, inquisition, tout avait été mis en jeu pour arriver à ce résultat. Le gouvernement anglais ne pouvait triompher du silence des Catholiques ; il évoqua la diffamation, l'arme la plus dangereuse entre les mains d'un pouvoir qui ne sait pas se respecter, même dans ses adversaires. Il calomnia, et enfin ses agents, qui avaient violé tous les domiciles, s'emparèrent de Garnett, d'Oldcorne, puis d'Owen et de Chambers, les serviteurs des deux Pères. Oswald Texmund et Gérard, après avoir couru des périls de toute sorte, purent se réfugier sur le continent.

Il y avait vingt années que le Père Garnett était de retour dans la Grande-Bretagne, et depuis dix-sept ans il dirigeait cette Province de l'Ordre. Sa réputation était sans tache ; les Catholiques l'aimaient, les Protestants étaient forcés de l'estimer ; mais l'éclat de ses vertus ne devait pas le préserver des outrages que Cécill et les Anglicans lui tenaient en réserve. En frappant sur le chef des Jésuites d'Angleterre, en le montrant instigateur de la conspiration, en faisant voir qu'il avait tout su, tout conduit, tout célé, on n'avait plus besoin de mendier d'autres preuves, d'invoquer d'autres témoignages contre la Société de Jésus. Le Provincial avait agi, tous n'avaient-il pas dû suivre la même impulsion? il avait excité les conjurés, tous ne s'étaient-ils pas vus condamner par l'obéissance à devenir les artisans d'un complot dont leur supérieur s'était constitué l'âme? Les conseillers et les magistrats de Jacques Ier avaient une imagination inventive, leur génie était fertile en expédients ; mais, dans la pénurie de preuves où la sagesse de Garnett les laissait, ils sentaient qu'une base, qu'un point d'appui leur serait indispensable. Ils ne le rencontraient point dans la procédure établie ; les conspirateurs étaient morts sur le champ de bataille ou à Tyburn, et il résultait si peu de charges contre

les Jésuites que, pour expliquer ce mutisme, on avait eu recours à un serment imposé et convenu d'avance. On espéra
être plus heureux avec le serviteur du Père Garnett qu'avec
ces huit gentilshommes, qui, en subissant une juste sentence,
proclamaient encore l'innocence des prêtres de la Compagnie
de Jésus. John Owen, dont la santé était délabrée, mais qui,
dans un corps malade, sentait battre un cœur toujours gé-
néreux, fut mis à la question. L'attorney-général, Edouard
Cooke, et Wade, lieutenant de la Tour de Londres, essayèrent
à force de supplices, de lui extorquer quelques paroles ou un
aveu qu'il leur eût été si aisé de tourner contre Garnett ; on
lui arracha les entrailles, on le mutila de toutes les façons, puis
il expira sous le regard courroucé de ses bourreaux.

Jacques — et c'est un éloge dû à sa mémoire — Jacques avait
enjoint de ne soumettre aux tourments de l'inquisition anglicane que Guy Fawkes. On outre-passait ses ordres, on s'efforça
de pallier cette désobéissance en calomniant John Owen, jusque
dans la mort qu'il avait soufferte. Cooke, Wade et Abbot [1] répandirent le bruit que le serviteur de Garnett s'était suicidé
afin de ne pas confesser ce qu'il savait du complot. Ces hommes
parlaient au nom de la Religion et de la justice ; on ajouta foi à
leurs dires, mais leurs dires reposaient sur une impossibilité
matérielle. Le président de Thou, dans son *Histoire*, a suivi
pas à pas leur version ; il raconte [2] : « L'infortuné domestique,
pour ne pas être obligé de déposer contre ses maîtres, ou poussé
par le désespoir, se tua lui-même dans sa prison ; il se servit
d'un couteau sans pointe — car il ne lui était pas permis d'en
avoir d'une autre sorte — ; il se coupa le ventre et en fit sortir
les intestins. On tâcha de le guérir ; mais, avant qu'il pût répondre à l'interrogatoire, il mourut. »

Les Anglicans du dix-septième siècle furent des geôliers trop
expérimentés pour qu'on puisse les soupçonner d'avoir laissé
à un captif d'une haute importance des armes dont il lui était
possible de faire un criminel usage. Ils ont inventé le suicide
d'Owen pour cacher leur barbarie et pour souiller le cadavre

---

[1] Abbot, *Autol.*, cap. vii, fol. 114.
[2] De Thou, *Histoire universelle*, t. xiv, liv. cxxxv.

du torturé d'une honte qui accordait aux esprits prévenus le droit d'expliquer cette mort volontaire par le désespoir. Owen, en se tuant, jetait de la défaveur sur son maître : il fut avéré, chez les anglicans, qu'il s'était lui-même déchiré les entrailles.

Rien cependant ne secondait l'accusation ; l'accusation ne se découragea point. Le Père Garnett avait subi plus de vingt interrogatoires en présence des ministres ; on l'avait tourmenté de mille manières, et toutes ces violences échouaient. Cooke et Popham eurent recours à la ruse : on répandit à Londres et sur le continent que le Jésuite confessait son attentat. D'après une lettre du Père Baudouin, le secrétaire du roi écrivit au ministre anglais à Bruxelles [1] que Garnett avouait être le premier instigateur de la conspiration. Les ambassadeurs auprès de Jacques Ier mandèrent à leurs cours les mêmes détails. On les trompait sur les lieux, afin que dans leurs correspondances ils pussent propager partout l'erreur que le mensonge leur inspirait ; mais cette affirmation de culpabilité devait avoir un terme. Le jugement solennel approchait, et il importait de ne pas donner un contre-coup à l'opinion si savamment dirigée : on tendit un piége aux Jésuites. Le président de Thou explique ainsi cette trahison, qui, si elle est autorisée par la loi, doit au moins être flétrie par la conscience publique : « On suborna, dit l'historien parlementaire [2], un homme qui par ses plaintes au sujet du roi et de ses ministres, et par ses gémissements sur l'état déplorable de la Religion romaine en Angleterre, vint à bout de persuader à Garnett qu'il était un catholique fervent ; par ce moyen il gagna entièrement sa confiance et son amitié. »

Garnett avait une candeur d'enfant ; l'hypocrisie légale épiait ses discours, veillait sur son sommeil, s'insinuait dans ses secrets, lui facilitait les moyens de correspondre avec ses frères et avec ses amis. Les lettres qu'il écrivait devaient, de la main de son compagnon, passer immédiatement sous les yeux des personnes auxquelles elles étaient adressées. Garnett croyait cela, et il parlait en conscience ; il dilatait son cœur avec l'abandon d'un prisonnier qui recouvre un moment de liberté

---

[1] *Lettre du Père Baudouin*, 13 avril 1606.
[2] De Thou, *ibidem*.

pour entretenir sans témoins les dépositaires de son affection. Ces lettres, remises à l'instant même au ministère, ne fournissaient aucun nouvel indice ; elles sont encore conservées à la Tour de Londres comme un témoignage d'innocence. Le Jésuite échappait à toutes les embûches ; il rendait plus difficile que jamais la situation des adversaires de la Compagnie : on tenta, en désespoir de cause, de le mettre face à face avec le Père Oldcorne.

Oldcorne, dénoncé par Littleton, avait été traduit devant la cour de Worcester. Littleton était un des complices de Catesby, et, pour sauver sa vie, il se faisait révélateur. Ses aveux ne roulaient sur aucun point directement relatif à la conception ou à la perpétration du crime. Oldcorne n'avait à se défendre que contre trois faits postérieurs à l'attentat. On l'accusait d'avoir invité le Père Garnett à se réfugier chez M. Abington, d'avoir prié le Père Robert Jones d'aider deux conspirateurs à se cacher, et d'avoir donné son approbation au complot. Le Jésuite déclara : « J'ai offert un asile à Garnett ; j'ai refusé de procurer aux deux conjurés le moyen de se sauver, » et sur le troisième chef, le plus grave de tous, il fournit l'explication suivante [1] :

« Un jour Littleton racontait au Père que Catesby, voyant sa provision de poudre prendre feu au moment du combat, était rentré en lui-même, et qu'il exprimait la crainte d'avoir offensé Dieu, puisque son entreprise ne réussissait pas. A cette manifestation d'un remords tardif, Oldcorne répliqua par une théorie qui, vraie en principe, n'aurait pas dû, dans un pareil moment, se couvrir d'une aussi froide indifférence. « Les faits, dit-il, n'attestent point la moralité d'une entreprise ; son succès ne prouve pas qu'elle soit juste ; si elle échoue il ne s'ensuit pas qu'elle soit injuste : c'est d'après l'objet en vue et les moyens employés qu'il faut prononcer. » Oldcorne ajoutait : « J'alléguai en preuve la tribu de Benjamin deux fois victorieuse, quoique les autres tribus l'attaquassent par ordre de Dieu ; la fin malheureuse de saint Louis, les efforts infructueux des Chrétiens pour défendre l'île de Rhodes. Je dis qu'il en était de même re-

---

[1] *Confession du Père Oldcorne, du 12 mars. Actio* de Cooke, fol. 86 et 131. Abbot, *Antol.*, cap. x, fol. 150.

lativement à la conspiration de Catesby : qu'on ne devait ni l'approuver ni la blâmer d'après les résultats ; qu'il fallait la juger en étudiant son but et les moyens dont on avait fait usage , et que, n'en étant point informé, je ne voulais rien décider. J'en laissais le jugement à la conscience des conjurés et à Dieu. Je répondis à Littleton avec cette circonspection, parce que je soupçonnais qu'il me tendait un piége, et je ne voulais pas qu'il pût se prévaloir de ma réponse pour quelque mauvaise fin. »

La position d'un accusé en face de magistrats hostiles par esprit de parti est si désavantageuse que la réserve de ces paroles devait évidemment être tournée contre celui qui les prononçait. Il ne décidait pas la question ; à force de tourmenter sa pensée, on le montra proclamant ce complot licite et juste selon la conscience [1].

L'espion que Cécill avait donné au Père Garnett lui parlait souvent d'Oldcorne ; il lui apprit enfin que le Jésuite venait d'être transféré à la Tour. Garnett exprima le désir de le voir ; l'espion promit d'exaucer son vœu. C'était la dernière planche de salut des ministres. « Il les conduisit l'un et l'autre, dit le président de Thou [2], dans un endroit où ils pouvaient s'entendre aisément, et où, de peur qu'ils ne se doutassent de la trahison, ils se voyaient l'un l'autre ; il avait caché dans ce même lieu deux personnes dont le témoignage pût faire foi. »

Ces Jésuites, qu'on peint si astucieux, ne se doutèrent même pas de la perfidie dont ils allaient être les victimes. Un inconnu facilitait à deux criminels d'Etat le moyen de converser ensemble , et l'idée de suspecter un homme qui avait tant de ressources à sa disposition ne leur vint pas à l'esprit. Ils parlèrent de leur situation, de leurs souffrances et des charges que l'on accumulait sur eux ; puis, à une demande d'Oldcorne au sujet de la conspiration, Garnett fit une fatale réponse [3] : « Il n'existe, dit-il, aucune preuve que l'on m'en ait rendu compte, et il n'y a qu'un seul être vivant qui puisse *me nuire sur ce point.* »

[1] Lancelot, *Tortura torti*, fol. 328.
[2] *Histoire universelle*, liv. cxxxv, t. xiv.
[3] Lingard (3ᵉ édition de son *Hist. d'Angleterre*) remarque que ces paroles ne se trouvent pas dans les rapports de la procédure.

Cette allusion indirecte à la confession de Catesby, que le Père Oswald Texmund avait reçue et qu'à la prière du conspirateur il transmit sous le même secret au Père Garnett, renfermait en germe toute une accusation ; elle ouvrait aux Anglicans une voie inespérée pour attaquer le Dogme catholique et la Compagnie de Jésus. Les Anglicans entrèrent avec ardeur dans cette voie. Les conseillers d'Etat font comparaître Garnett devant leur tribunal ; ils l'interrogent après avoir appris le fait de la bouche même d'Oldcorne. Garnett se tait ; on le presse, il nie ; on le soumet à la question, on lui répète une à une les paroles sorties de sa bouche, on lui en demande l'explication. Garnett alors avoue ce qui s'est passé, et il ajoute : « Je n'ai pas dénoncé Catesby : l'inviolable secret dû au sacrement de pénitence m'en faisait un devoir. »

Le Jésuite avait raison ; il s'était trouvé inévitablement dans l'alternative d'encourir la mort temporelle comme traître en ne révélant pas le mystère du tribunal sacré, ou la mort éternelle en commettant le sacrilége de l'indiscrétion. La loi anglaise, basée sur les principes de Calvin, ne reconnaît pas la Pénitence pour un sacrement ; le secret de la confession n'est point obligatoire à ses yeux. Garnett s'était donc condamné lui-même, on avait des preuves de sa participation au moins silencieuse au complot ; Cooke se chargea de les faire valoir. On pouvait traîner sur la sellette de l'accusé la Religion catholique avec tous ses dogmes ; elle entrait en cause par le sacrement le plus disputé : les évêques de l'Anglicanisme et le roi lui-même se lancèrent dans l'arène pour la combattre.

Pendant ce temps, Oldcorne, ramené à Worcester, paraissait devant ses juges. Il fallait qu'il fût reconnu coupable de lèse-majesté ; à Londres l'injustice de cette sentence aurait frappé les regards : on livra le Père à des magistrats de province. Il n'y avait à sa charge aucun délit, aucun crime ; mais il était Jésuite : la peine de mort fut prononcée.

John Winter, le plus jeune des trois gentilshommes de ce nom, Rodolphe Ashley, Abington et Littleton partagèrent le même sort. Oldcorne périt le 17 avril 1606 parce qu'il plut aux Anglicans de croire qu'il avait approuvé la Conspiration des

Poudres lorsqu'elle était avortée. Il serait difficile de rencontrer dans l'histoire une complicité morale plus insensée ; il faudrait pour cela fouiller dans les hontes des époques les plus absurdement révolutionnaires.

Garnett, aux termes de la loi anglicane, était criminel de lèse-majesté sur plusieurs chefs. Né sujet de la Grande-Bretagne, il s'était fait ordonner prêtre sur le continent par autorité du Pontife romain ; à son retour en Angleterre, il avait rempli les devoirs du sacerdoce et converti au Catholicisme un grand nombre d'hérétiques, qui désobéissaient au roi en ne le reconnaissant plus pour suprême arbitre de la conscience religieuse. Il avait, en outre, composé et publié quelques ouvrages dans lesquels il était enseigné qu'on ne pouvait sans parjure assister aux cérémonies et au prêche des sectaires. La peine de mort était prononcée contre ces actes : Garnett s'en faisait gloire ; mais l'Anglicanisme avait mis la main sur un nouveau filon, et il l'exploitait.

Traîné devant ses juges, tourmenté par les ministres d'État et par l'attorney-général, qui prenaient tour à tour la parole ; outragé sous le regard patient du jury, calomnié au dehors, accablé sous la masse de pièces tronquées qu'on lui opposait et auxquelles on l'empêchait de répondre, qu'on ne lui permettait même pas d'examiner, sous prétexte qu'elles étaient authentiques, le Père trouva dans sa conscience le plus foudroyant des reproches à jeter aux Anglicans. Cooke tenait à la main les procès-verbaux qu'il avait inventés. et il essayait par des captations de tout genre d'amener le Jésuite à les reconnaître comme son œuvre. Garnett se contenta de dire : « Ceux qui ont falsifié le texte des Livres-Saints ne peuvent-ils donc pas altérer la pensée d'un homme? » Cet argument, qui aurait dû faire bondir d'indignation des magistrats intègres, laissa ces hommes indifférents à la flétrissure. Ils ne cherchaient plus un coupable à tuer, ils l'avaient sous le couteau : il leur fallait un prêtre catholique, un Jésuite mêlé par le sacrement de pénitence au complot des Poudres : une inexplicable fatalité fit que Garnett lui-même les plaça sur ce terrain.

La cause se résumait en termes bien simples : le Père Garnett avait-il eu connaissance autrement que par la confession du projet régicide de Catesby? En posant ainsi la question, en faisant pour la résoudre contre la Société de Jésus tout ce que les lois du pays autorisaient, tout ce qui était exigé dans l'intérêt du prince, et, allons plus loin, tout ce que les haines d'hérésie à Religion enfantent nécessairement d'injuste et d'arbitraire, on s'évitait l'odieux des blasphèmes. Mais les théologiens et les magistrats anglicans avaient rencontré une occasion de calomnier l'Eglise universelle et de flatter la passion dominante de leur souverain : ils transformèrent cette procédure en un champ clos dans lequel il leur fut loisible de jeter leur lourde science, leur captieuse argumentation et leur insolente phraséologie [1]. L'attorney-général et les ministres d'Etat, qui dissertaient presque sous les yeux du roi, puisqu'un rideau de velours séparait Jacques Stuart du tribunal, firent assaut d'ambiguités pour étreindre le Jésuite. Cécill, et Northampton qui, catholique de la veille, s'était improvisé anglican pour obtenir le titre de comte, s'acharnèrent sur leur proie avec voracité. Northampton posa le paralogisme suivant, et, pendant plus de neuf heures, ces trois orateurs roulaient dans le cercle qu'ils traçaient. » Celui qui a pu entendre et ne l'a pas voulu, prétendait l'anglican, aurait pu remédier au mal ; en s'abstenant il a donc encouragé le mal qui s'est fait, selon la règle des jurisconsultes : *Qui non prohibet cum potest. jubet.* » On eût dit que cette tête de Jésuite leur était dévolue comme un piédestal pour élever plus haut leur fortune politique. Ils parlèrent avec tant de véhémence, ils se révélèrent si arrogants, si cauteleusement injustes que Jacques Stuart, qui aimait la controverse et peut-être l'équité, fut contraint de leur

---

[1] Cooke, cet attorney-général dont les Anglicans ont fait une des lumières de leur Eglise et dont les réquisitoires sont toujours pour eux un document irréfragable dans la Conspiration des Poudres , comme si un réquisitoire, en matière politique, prouvait habituellement autre chose que la colère, la partialité ou l'ambition de son auteur ; Cooke, en parlant des Pères du Concile de Trente, les appelle *inductum gregem porcorum.* La croix, les rosaires , les médailles sont pour lui *stercora pontificia :* le cardinal Bellarmin, *vetus et obsoletus impostor ;* saint Thomas, saint Bonaventure et les docteurs de la Catholicité deviennent à ses yeux *ridicula auctorum turba quorum tantum ad latrinas usus est ; hominum pecus sordes religionis et ecclesiæ, quorum insania enthusiasmis spurcissime coinquinata fides et venenata quadam lue, turbidata atque infecta est* Le Pape est encore *homo peccati, Satana parente natus.* (Cooke, *Actio proditoria,* ch. IV et V.)

intimer l'ordre de laisser quelque peu de liberté au Père Garnett. Les circonstances les plus futiles, les détails les moins offensifs, les démarches, les paroles, les lettres les plus innocentes, tout cela fut accumulé avec un de ces arts grossiers qui indignent à la lecture, mais qui, devant un jury prévenu, établissent autant de preuves de culpabilité. On n'avait pas épargné à Garnett la torture des bottines de fer et du chevalet; pour son jugement on lui en réserva une autre. Il ne pouvait apparaître conspirateur qu'en forçant le sens des mots, qu'en dénaturant les faits, qu'en prêtant à la pensée ou à l'expression une valeur qu'elle n'avait jamais eue; l'attorney-général et les ministres se chargèrent de cette tâche, triste héritage judiciaire légué à tout homme qui accuse par métier. Mais on ne s'arrêta pas à des hypothèses religieuses et politiques; on fouilla dans la vie privée de ce Jésuite; on désespérait de le convaincre d'attentat, on incrimina ses relations avec Anne de Waux, une de ces saintes femmes comme l'Eglise catholique en sait faire naître pour mourir d'une calomnie ou d'une persécution sur la brèche de tous les dévouements.

Garnett écouta d'interminables réquisitoires; il contint dans son cœur les flots de généreuse colère qui auraient dû en déborder. A ces honteuses imputations dont l'Anglicanisme n'avait pas besoin pour l'assassiner, il répondit de sang-froid, comme un homme qui sait la destinée dont il est menacé et qui méprise assez ses ennemis pour ne les confondre que par leurs propres arguments. Cooke s'était écrié [1] : Il est plus clair que le jour que Garnett a été l'instigateur et l'architecte du complot, et cela ressort de ses aveux que nous possédons. » Don Zuniga, ambassadeur d'Espagne, et les autres ministres des princes catholiques avaient été invités à entendre la lecture de ces pièces en présence même du Jésuite; il fut le premier à en solliciter la communication; Zuniga la demanda à son tour [2]. Sous un prétexte quelconque on l'ajourna. Garnett alors s'occupa de sa défense : il ne s'inquiéta point de combattre des jurés qui condamnaient de parti pris; mais il y avait autour de lui les pléni-

---

[1] « Meridiano sole clarius est Garnetum fuisse authorem et architectam conjurationis, idque ex ipsius confessione quam præ manibus habemus. » (*Actio proditoria*)
[2] Richard Blunt, *Lettres de Londres, du 23 avril 1606.*

potentiaires de l'Europe ; il était indispensable de leur dévoiler
sur quelle base fragile on peut, dans les pays d'examen et de
liberté, étayer une accusation capitale. Le Père fut condamné
à mort. Il aurait dû subir immédiatement sa peine : Cécill et
Northampton ne purent consentir à se priver sitôt de leur proie ;
Garnett leur appartenait par droit de jugement, ils résolurent
de le laisser vivre trente-six jours afin de préparer l'opinion
publique à cette exécution. On l'interrogea de nouveau ; on fabriqua des lettres par lesquelles il s'avouait coupable de tous
les faits niés à son procès ; on écrivit des centaines de libelles
afin de prouver qu'il était criminel ; on inventa, pour déshonorer ce Jésuite captif, tout ce qu'il était possible à la malice humaine d'inventer. On le pressa enfin, sous promesse de la vie,
de signer des actes qui avaient figuré dans la cause. Garnett ne
se laissa ni tromper ni intimider. On perdait l'espoir de lui
faire confesser un mensonge ; on le somma d'expliquer la doctrine de l'équivoque. Tout en déclarant qu'il n'avait su la Conjuration des Poudres que sous le sceau de la Pénitence, Garnett répondit, car le théologien perçait encore sous les chaînes
du condamné : « La coutume de forcer les hommes à se dénoncer eux-mêmes est barbare et inique : en pareil cas il est légitime d'employer l'équivoque. » Puis il ajouta de sa main cette
déclaration, qui existe aux archives de la chancellerie anglaise :

« J'avoue que ceci est conforme à mon opinion et à celle des
docteurs : notre raison est que, dans le cas où l'équivoque est
légitime, le discours que l'on tiendrait ainsi ne renferme aucun
mensonge : donc, ce discours peut sans parjure être confirmé
par serment ou par tout autre moyen, fût-ce même en recevant le sacrement, si une juste nécessité l'exige.

« Henri Garnett. »

« L'homme qui professait de telles opinions, ainsi s'exprime
le docteur Lingard dans son *Histoire,* ne pouvait raisonnable-
ment se plaindre si le roi refusait de croire à ses protestations
d'innocence et s'il laissait agir les lois. » Ces paroles de l'historien anglais ont de la gravité ; tout en chargeant le Père Garnett, elles n'empêchent pas de dire que la doctrine du Jésuite est

celle des docteurs catholiques[1], et qu'elle fait même partie intégrante de la jurisprudence. Personne, en effet, n'est tenu en matière criminelle de s'accuser soi-même, premièrement, ni contre les formes de la justice : la preuve des faits qu'on lui reproche est administrée par d'autres, elle doit être cherchée ailleurs que dans ses témoignages, hors le cas exprès du bien public.

Le 3 mai 1606, le Jésuite parut enfin au pied de la potence. Dans une lettre adressée au duc d'Arcos, le 13 mai, par don Pierre de Zuniga, ambassadeur d'Espagne, on lit tous les détails de l'exécution. Cette dépêche n'était pas destinée à la publicité, mais elle rend compte de l'événement avec des circonstances si opposées à la relation du gouvernement britannique que nous croyons devoir ajouter plus de foi aux paroles d'un témoin désintéressé dans la question qu'au récit des ministres anglicans, juges et parties au procès. Quand le Père fut monté sur la plate-forme de l'échafaud, Henri Montague, recorder de Londres, lui dit : « Je suis ici par commission expresse du roi pour vous faire renoncer à cette obstination à l'aide de laquelle vous vous prétendez innocent du complot, et pour rapporter à Sa Majesté que vous lui en demandez pardon. » Garnett reprit avec calme . « Je n'ai jamais offensé le roi, je n'ai donc aucun sujet de solliciter mon pardon. J'ai fait tout ce qui était humainement possible pour dissuader de tout complot, et particulièrement de ce dernier. Je ne puis être mis à mort pour avoir gardé avec la fidélité requise le secret de la confession ; mon silence sur ce point n'est pas un crime, car je ne pouvais m'en abstenir que sous peine de damnation. Si cependant le roi et le gouvernement britannique, selon leur pensée, se croient offensés de cette discrétion à laquelle ma conscience m'obligeait, je leur en demande volontiers pardon. » A ces mots, Montague se tournant vers les spectateurs : « Vous l'entendez, s'écrie-t-il, le Jésuite désire que Sa Majesté lui pardonne la scélératesse de sa conjuration. — Vous êtes injuste, reprend Garnett. — Vous nierez donc maintenant des aveux que nous possédons écrits de votre main ? Dans ces aveux vous

1 S. Liguori. *Theol.*, liv. III, n° 152, 154. — *Confér. d'Angers*, t. V, p. 225 (Besançon, 1829).

dites que Catesby et le Père Texmund vous ont révélé le complot clairement, ouvertement ; et nullement en confession. — Je n'ai jamais dicté ou écrit de pareilles choses, » continue le Jésuite.

Réduit à cette extrémité, Montague demande à ses assesseurs la pièce originale, et, dans cet intervalle, Garnett ajoute : « Jamais, jamais, jamais on ne me présentera un écrit de ma main attestant le contraire de ce que j'ai toujours affirmé, de ce que je proclame encore au moment de mourir. » Les assistants étaient dans l'anxiété, ils s'écriaient : « Voyons les documents. » Le document avait été oublié ; Montague, rouge de honte, osa dire : « Cette pièce officielle se retrouvera, et elle sera imprimée. »

Elle l'a été en effet, mais lorsque le Père ne pouvait plus en démontrer l'origine apocryphe ou être accablé sous son authenticité.

Il fallait en finir ; le diacre de Saint-Paul de Londres s'approche du patient : « Reconnaissez-vous au moins, lui dit-il, que vous mourez justement ? — Oui, répond Garnett, justement selon vos lois, qui n'admettent point l'obligation du secret de la Pénitence ; mais injustement selon les équitables lois du sacerdoce. » Quelques minutes après, le Jésuite rendait le dernier soupir et était écartelé par le bourreau.

La Conspiration des Poudres devait avoir, elle a eu dans l'histoire un profond retentissement. Le parti des Dévoyés se fit une arme contre l'Eglise catholique du crime de quelques-uns ; on essaya d'établir une savante confusion entre le mensonge et la vérité ; on lança l'esprit public dans le champ des hypothèses, qu'il accepte toujours comme des réalités lorsqu'elles lui sont offertes avec audace. Les coupables ne suffirent pas à ce besoin éternel que les hommes éprouvent de se maudire et de se calomnier. Il y avait de vivaces inimitiés à satisfaire ; l'Anglicanisme s'était créé une religion à part, il trouvait moyen de la consolider en mettant en suspicion la cour de Rome, la Compagnie de Jésus et la Catholicité : l'Anglicanisme abusa de ce privilège. Il était en droit de sévir contre Catesby et ses complices ; ce droit, restreint dans les limites de la raison, ne put convenir à ses colères intéressées : après avoir fait parler la loi, il osa y substituer la haine. C'est toujours la marche que suivent les partis ; mais un gouvernement qui veut être respecté ne doit pas céder à de pareilles suggestions..

Garnett, que les Protestants et les Catholiques nommaient le grand Jésuite, était mort en proclamant son innocence : on fit de ces aveux une espèce de drapeau contre l'Eglise romaine, et, à la tête de cette croisade de théologiens et de légistes calomniateurs, ce n'est pas sans étonnement que l'on vit marcher Jacques Ier lui-même. Le roi se prit corps à corps avec le Saint-Siége et les disciples de l'Institut ; il accusa[1]. A sa suite, une nuée de docteurs et de jurisconsultes descendirent dans l'arène ; le cardinal Bellarmin, les Pères Fronton-du-Duc et Eudémon Joannès répondirent aux attaques : une polémique aussi ardente d'un côté que de l'autre s'engagea. A la prière de Jacques Ier, Isaac Casaubon s'y mêla en 1611 ; mais, ainsi qu'il arrive ordinairement, la polémique ne convainquit personne, chacun resta dans l'opinion que ses croyances ou ses préjugés lui imposaient.

En preuve de l'innocence de leurs frères, les Jésuites citaient des lettres autographes dont ils offraient le dépôt ; ils s'appuyaient sur la correspondance de Garnett, de Gérard et de Texmund ; ils démontraient que ces trois Pères avaient fait tous leurs efforts pour calmer l'irritation de quelques catholiques turbulents et malheureux. Les Anglicans répliquèrent que ces lettres étaient ou fausses ou préparées par les Jésuites conspirateurs dans l'intention de donner le change à l'opinion. Ce n'était pas, il nous semble, le meilleur moyen de faire ajouter foi aux documents qu'ils produisaient eux-mêmes et qu'ils affirmaient émanés de ces Jésuites. Après un attentat aussi étrange et dont les conséquences devaient être encore plus funestes à la Religion catholique qu'au roi Jacques et à la Grande-Bretagne, beaucoup de suppositions, appuyées sur des pièces apocryphes, ont dû nécessairement être jetées à la curiosité publique ; mais il reste à

---

[1] On lit ces paroles dans le *Triplici nodo cuneus triplex, sive apologia pro juramento*, ouvrage de Jacques Ier : « Ut omni ratione se purgare laboret (Pontifex) quominus ejus adminiculis fulta illa conjuratio videatur, tamen negare non potest, primarios ejus in hoc regno administros et præcipua mancipia, Jesuitas, ipsissimos illius authores designatoresque fuisse. Quo etiam crimine is qui princeps fuit cohortis (Garnett) mortuus est in confessione facinoris ; alios conscientia egit in fugam. »

décider quels en sont les auteurs. Faut-il flétrir les Jésuites
offrant à l'histoire ces autographes, dont plusieurs sont entre nos
mains ; ou les Anglais, n'ayant jamais pu apporter d'autres témoignages que ceux dont les inculpés niaient l'existence ou
qu'ils arguaient de faux [1] ? Faut-il, après avoir vu les iniquités
de la justice de parti, après l'avoir suivie dans les honteuses
misères de ses passions, baser la croyance des siècles sur l'affirmation d'un ennemi ou sur la parole d'un délateur à gages?
Une trop triste expérience a conduit au scepticisme en matière
de jugements politiques ; on a passé par ce creuset de mensonges,
et toutes les opinions, chacune à son tour, ont protesté contre
l'acharnement dont elles avaient été victimes. Pour saisir un
coin de la vérité, ce n'est donc pas à cette source que l'on
peut demander la lumière. Cette source a été empoisonnée par
calcul, et, tout bien pesé, la correspondance intime des condamnés a encore plus de poids que les impostures délayées en
réquisitoires, ou que la haine rangeant en acte d'accusation
mille circonstances indifférentes qu'on essaie d'élever à des
proportions gigantesques.

La Conspiration des Poudres avait pris naissance à Londres ;
elle avait, selon les Anglicans, grandi à Rome et en Flandre.
Le Père Baudouin surtout, Provincial de Belgique, s'y trouvait
impliqué, et Lancelot, évêque de Chichester, écrivait alors
que « si ce Jésuite paraissait en Angleterre, il ne pourrait jamais
résister à la masse de dépositions et de preuves qu'on produirait
contre lui. » Son extradition avait été sollicitée par Jacques Ier,
puis refusée par l'archiduc Albert ; mais en 1610, Baudouin,
se rendant à Rome, fut pris sur les terres de l'Electeur Palatin
et transféré à Londres. L'archiduc le réclama ; Jacques donna
sa parole que, si le Père était innocent, il ne lui serait fait
aucun mal. Le roi assista à plusieurs des interrogatoires qu'on
fit subir au Jésuite, et l'homme qui, dans le réquisitoire de
l'attorney-général, comme dans les pièces de la procédure, est
désigné un des architectes du complot, vit s'évanouir devant

[1] Cassebohm a écrit que le Père Garnett avait confessé son crime de sa propre
bouche, de sa propre main. Ore proprio, manu propria confessum. (Epist. ad
Frontonem Ducæum, fol. 115.)

sa réponse toutes les impostures des magistrats. Quatre ans après la mort de Père Garnett, Baudouin, son complice aux yeux de l'Anglicanisme, était proclamé non coupable. Le roi lui-même avoua que ce Jésuite n'avait jamais eu connaissance indirecte de la conspiration, et il le renvoya en Belgique [1].

Ces faits n'échappèrent point à la sagacité d'Antoine Arnauld. Les Jansénistes, dont il était l'oracle, voulaient bien faire tomber la Compagnie de Jésus sous leurs coups ; mais il leur répugnait de voir cette illustre antagoniste se débattre entre les serres de la calomnie britannique. Arnauld étudia les trames reprochées aux enfants de Loyola, et, dans son *Apologie pour les Catholiques*, il se fit un devoir de montrer le néant des imputations. Il examine un livre officiel qui parut à Londres avec le titre de *Conspirations d'Angleterre*, et il dit [2] : « Jamais un catholique n'aurait parlé de la sorte, quand il serait du nombre de ceux qui ne sont pas amis des Jésuites ; mais il faut même que le zèle pour la religion protestante ait bien aveuglé cet auteur. » Amené par son sujet à passer en revue les divers attentats dont Elisabeth et Jacques Stuart ont fait les Jésuites les instigateurs ou les fauteurs, Arnauld prouve que ces complots sont presque toujours l'œuvre des Anglicans ; puis il ajoute : « Il n'y a donc, à proprement parler, que la Conspiration des Poudres qu'on puisse imputer, non aux Catholiques en général, mais seulement à quelques-uns d'entre eux. » C'est là qu'éclatait la vérité ; cette vérité ne permettait pas de calomnier les Jésuites, de les faire mourir et de confisquer les propriétés ; on eut recours au mensonge. Il ne restait plus aux ministres qu'à indemniser le zèle dont ils avaient fait preuve. On ne pouvait rien extorquer aux Pères, ne possédant pas en Angleterre ; on s'adressa aux Catholiques. Sous prétexte que le comte de Northumberland, le vicomte Montague, les lords Stourton et Mordaunt n'auraient point assisté à l'ouverture du Parlement, si le complot n'eût pas été découvert ; la chambre étoilée les condamna, le 1er juin 1606, à des amendes excessives. Stourton paya six mille livres

[1] Winkwood, II, 183.
[2] *Apologie pour les Catholiques*, [par Antoine Arnauld ; 1re partie, pag. 444. (Liège, 1680.)

sterling; Mordaunt, dix mille; Northumberland, onze mille.
Montague était le rival de Cécill; en le priva de ses charges,
on le déclara incapable d'en occuper à l'avenir; il fut enfermé
à la Tour; on le ruina, parce qu'il était grand homme d'Etat
et catholique.

Les Puritains n'aimaient pas, ils n'estimaient pas le roi.
Jacques les avait fait servir au triomphe de sa cauteleuse ambition, et après le succès il dédaignait ces instruments, dont il
redoutait l'empire sur les masses. Quand ce prince voulait jeter
un os à ronger à tant de besogneux révolutionnaires, il leur
livrait quelques membres de la Compagnie. Les Puritains le
détestaient, mais ils abhorraient le Papisme; la haine de parti
l'emportait dans leurs cœurs sur l'ingratitude de la royauté. Il
y avait des Jésuites à persécuter : les Puritains s'improvisèrent
les exécuteurs des basses œuvres de Jacques et de ses théologiens. Ils ne s'astreignaient à aucun serment, ou ils se faisaient
un principe de les violer tous, selon l'intérêt de leurs passions ;
ils crurent qu'en contraignant les Catholiques à en prêter un,
il leur serait permis de glaner dans le champ des confiscations,
où le roi et ses courtisans ne cessaient de moissonner. Une
formule fut proposée en 1607. Elle cachait l'apostasie de sa
Religion sous des engagements de fidélité à son roi. On disait
aux Catholiques qu'ils étaient libres de prêter ce serment ; cette
liberté se résumait pour ceux qui le refusaient en la perte des
deux tiers de leurs propriétés. Le reste tombait entre les mains
du clergé anglican. Le Père Richard Holtbey, supérieur de la
Mission après Henri Garnett, comprit tout le mal que produirait
cet acte à double entente. Il ne croyait pas qu'il fût possible de
s'y associer; mais en attendant la décision du Saint-Siége, il
enjoignit aux quarante-deux Pères de la Société dispersés dans
la Grande-Bretagne de ne donner aucune déclaration publique
à ce sujet. Georges Blackwell gouvernait cette église en qualité
d'archiprêtre; c'était un vieillard dont les souffrances morales
et les travaux avaient usé l'énergie. Il s'effraya des calamités
nouvelles qui allaient fondre sur son troupeau; il se laissa entraîner à des concessions dont il ne sentait pas l'importance, et
il autorisa les Catholiques à soumettre leur foi au joug imposé.

Mais le Pontife avait été consulté, et le 22 septembre, il inter-
disait l'entrée des temples hérétiques. Le bref décidait que le
serment ne pouvait être prêté sans préjudice du salut.

L'exemple de Blackwell qui, cédant aux subtilités de Bancroft, archevêque de Cantorbéry, avait adhéré aux désirs de
l'Anglicanisme, n'était pas assez contagieux ; les docteurs de
Jacques Iᵉʳ et le roi lui-même essayèrent d'expliquer la lettre
de ce serment, et d'en torturer le sens, afin de démontrer aux
Catholiques que c'était plutôt un acte de condescendance que
d'apostasie qu'on exigeait d'eux. Ils entassèrent sophismes sur
sophismes pour convaincre les Jésuites; et ces hommes, que
l'on s'est efforcé de peindre comme ayant toujours une équivoque à leur service, comme toujours prêts à justifier les péchés profitables par la direction d'intention, restèrent sourds
au pacte conciliateur que la perversité puritaine proposait aux
défections catholiques. Le fils de l'archevêque d'York , Tobie
Matthews, avait renoncé à l'hérésie pour rentrer dans la Communion romaine. Avec trois de ses amis de la famille Gages,
il se prononce contre le serment demandé; il est jeté dans les
fers. Le Jésuite William Wright fait entendre de nouvelles
protestations contre la doctrine de l'Anglicanisme, en défendant le parjure mental pour arriver au parjure matériel; il
subit le même sort. Jacques s'acharnait sur les Catholiques
avec la persistance qui formait le fond de son caractère dogmatique; Bellarmin en appela du roi d'Angleterre au roi d'Angleterre lui-même. Dans un écrit en réponse au *Triplici nodo*
que Jacques Stuart adressait à toutes les têtes couronnées,
Bellarmin prouva que ce prince avait négocié avec Rome pour
rentrer dans le giron de l'Eglise. Il fit plus, il déclara que, par
le cardinal Aldobrandini, que par lui-même Jésuite, Jacques
avait sollicité un chapeau de cardinal pour un Ecossais, afin de
traiter avec le Pape plus facilement et plus sûrement [1].

---

[1] Le passage de Bellarmin auquel nous faisons allusion est ainsi conçu : « Præ-
sertim enim Rex ipse ad Pontificem ipsum nec non ad Cardinales Aldobrandinum
et Bellarminum litteras scripsisset plenas humanitatis, quibus , præter cætera ,
petebat ut aliquis e gente Scotorum Cardinalis sanctæ Romanæ Ecclesiæ crearetur,
ut haberet Romæ per quem facilius et tutius cum Pontifice negotia sua tractaret. »
In respons. ad lib. inscriptum Triplici nodo, etc., fol. 152.

Jacques était pris en flagrant délit de duplicité ; pour apaiser
la colère que ces révélations faisaient fermenter dans le cœur
des Puritains, il ne trouva qu'un expédient : il leur donna les
Jésuites à persécuter. Thomas Garnett, neveu d'Henri Garnett,
allait être déporté. Cécill lui-même n'avait découvert aucun
fait, aucun indice pour le rattacher à la Conspiration des Poudres ; mais il était prêtre de la Société de Jésus, ce seul titre
suffit pour le condamner à l'exil [1]. La veille de son départ,
Bancroft descend dans son cachot ; il lui propose de souscrire
au serment déféré à tout Catholique anglais. Le Père Thomas
refuse son adhésion ; il offre d'en prêter un ainsi conçu : « Je
professe de bouche, devant la cour céleste, et c'est l'expression sincère du véritable sentiment de mon cœur, que j'aurai
envers mon roi légitime, Jacques, toute la fidélité et l'obéissance dues à Sa Majesté, selon les lois de la nature, de Dieu
et de la véritable Église de Jésus-Christ. Si l'on croit insuf-
fisant ce gage de ma loyauté, je m'en remets au jugement de
Dieu et du monde entier. Aucun roi ne peut demander une
plus grande fidélité que celle que la loi de Dieu prescrit, et
aucun sujet ne peut promettre et jurer au roi une obéissance plus grande que celle approuvée par l'Église de Jésus-
Christ. »

Aussitôt la proscription se métamorphose pour lui en peine
capitale ; on le charge d'une quadruple prévention. Il était,
selon l'attorney-général, prêtre romain, Jésuite, séducteur des
Catholiques et récusant. Il se gloritia des trois chefs d'accusation ; mais il démontra qu'il n'avait jamais séduit les fidèles,
jamais donné de conseils en opposition avec l'obéissance due au
souverain. Il n'en fut pas moins condamné. « Le 23 juin, l'an
1608, sixième du règne de Jacques, dit la *Chronique Protestante* de John Stow, Thomas Garnett fut supplicié à Tyburn.
On lui avait offert la vie à condition qu'il consentirait à prêter le
serment ; il refusa l'un et l'autre. « Le Père Thomas, au dire
même des Anglicans, mourait pour la défense de sa foi ; néanmoins le roi Jacques écrivait dans le même temps [2] : « J'affirme

[1] Lettre de Michel Walpole à Parsons, du 25 juillet 1608.
[2] ...

toujours, et j'ai établi dans mon *apologie* que, sous mon règne comme sous celui de la défunte reine, personne n'a été tué pour cause de conscience et de religion. »

Cette solidarité, invoquée par l'héritier d'Elisabeth, était aussi dérisoire que cruelle. Elle devenait un mensonge à la face de l'Europe, et quand les rois mentent les pieds dans le sang de leurs sujets, ce sang doit crier vengeance. Le Père Thomas Garnett, traîné sur la claie, arrive enfin au pied de l'échafaud. Le comte d'Exeter, conseiller d'Etat, l'y attendait. De concert avec le prédicant, il l'engage à faire ce que le roi ordonne ; il peut même user d'équivoque et de restriction mentale. « L'existence et la liberté, répond le Jésuite, sont peu de chose pour moi ; dans ces matières il n'y a rien à dissimuler. » Puis, après avoir raconté sa vie et avoir dit, avec des paroles que l'échafaud rend encore plus éloquentes, tout le bonheur dont son âme était inondée, il ajoute : « Seigneur, mon Dieu, que votre colère contre ce royaume s'apaise ; ne demandez point vengeance de mon sang à la patrie ou au roi. *Domine, ne statuas illis hoc peccatum.* Pardonnez au prêtre apostat Rowse, qui m'a trahi ; à Cross, qui m'a arrêté ; à l'évèque de Londres, qui m'a chargé de fers ; à Wade, qui a voulu ma mort ; à Montague et aux témoins. Puissé-je les voir tous sauvés, tous avec moi dans le ciel. » Et il expira à l'âge de trente-quatre ans.

Ce ne fut pas le dernier Jésuite mis à mort sous Jacques Ier pour cause de religion. Les Catholiques d'Ecosse et d'Irlande cherchaient à se protéger contre les envahissements du Protestantisme. Leur sang coulait ; et quand l'hérésie n'en trouvait plus à verser, elle appelait à son aide les lois draconiennes promulguées par la liberté de conscience. Ces deux royaumes, devenus provinces anglaises, l'Irlande principalement, avaient à endurer des douleurs de toute espèce. Les Jésuites les soutenaient au péril de leurs jours ; les Jésuites mouraient en Angleterre pour rendre témoignage de leur foi ; le Père John Ogilbay, en Ecosse, se vit destiné au même sacrifice. Des Puritains le prient de se rendre auprès d'eux à Glascow pour les guider dans le dessein qu'ils ont formé d'abjurer le Calvinisme. Ogilbay a confiance en leur parole ; il accourt. Ces protestants le livrent aux officiers du roi. Dans la correspondance du Jésuite écossais avec le Général de la Compagnie, on lit, relatés heure par heure, les souffrances et les interrogatoires d'Ogilbay. Nous en traduisons quelques passages. On le conduisit de Glascow à Edimbourg ; on tenta de l'effrayer par des menaces, de le séduire par les offres les plus brillantes. Quand on s'aperçut qu'il était insensible aux unes et aux autres, on lui dit, — c'est le Jésuite lui-même qui raconte : « — Vous ne consentez donc pas à obéir au roi ? — Je rendrai au roi tout ce qui lui est dû. — Le roi prohibe la messe, et vous ne craignez pas de la célébrer. — Faut-il obéir au roi plutôt qu'à Dieu ? prononcez vous-même. Jésus-Christ, au chapitre 22 de saint Luc, l'a instituée. Si le roi la condamne comme un crime, pourquoi veut-il qu'on ne le prenne pas pour un persécuteur ? — Vous n'auriez pas dû pénétrer dans le royaume contre la volonté du souverain. — Le souverain, sans motifs légitimes, ne peut m'interdire l'air de ma patrie ; j'en suis aussi bien citoyen que Jacques Stuart lui-même.— Pour lui et pour son royaume, il a lieu de se défier des Jésuites. — Qu'il fasse ce qu'a fait sa mère, et les monarques d'Ecosse avant lui, il n'aura rien à redouter de nous. Que lui devons-nous de plus que nos aïeux ne devaient aux siens ? S'il tient de ses ancêtres un droit incontestable à la couronne, pourquoi exiger plus qu'ils ne lui ont transmis par héritage ? Ses ancêtres n'eurent point et n'usurpèrent pas la juridiction spirituelle ; ils ne professèrent que la Foi catholique romaine. »

Ogilbay continue ainsi : « Ils m'interrogèrent sur la Conspiration des Poudres ; je répondis : « Je n'en loue point les parricides auteurs, je les ai en abomination. — Ce sont pourtant des Jésuites qui ont été leurs maîtres ! — Lisez les actes du Concile de Constance, et vous verrez que précisément des excès de ce genre sont enseignés par les sectaires et flétris par les Catholiques. La doctrine de l'anglais Wiclef prétend que les sujets peuvent mettre à mort leurs souverains. La Conspiration des Poudres est le fait d'un petit nombre de gentilshommes. Il n'en fut pas ainsi de votre 17 septembre, lorsque vous cherchâtes à tuer le roi Jacques dans son palais. Le plus éminent de vos prédicateurs, votre

Achille, votre Robert Bruce, qui vit encore et n'est pas loin d'ici, écrivait au père du marquis d'Hamilton de venir arracher la couronne à cet indigne roi, fauteur des Papistes, et que lui et les siens lui seraient en aide. »

Cet interrogatoire et ces réponses plaçaient la question sur un mauvais terrain pour le Protestantisme. Le Père Ogilbay fut d'abord condamné au supplice de l'insomnie. Pendant huit jours et neuf nuits, des bourreaux se placèrent à ses côtés, et, tantôt avec des poinçons, tantôt à coups de stylets ou d'aiguilles qu'ils lui enfonçaient dans les chairs, ils parvinrent à le priver de tout sommeil. Ce tourment l'abattit au point que, dans une de ses lettres, il avoue qu'il savait à peine ce qu'il disait ou ce qu'il faisait. Ramené à Glascow, il est traduit devant un jury composé de Puritains. « Si on vous exilait, lui demandent les magistrats, reviendriez-vous en Ecosse? — Si j'étais proscrit pour un crime, non, je ne reviendrais pas ; mais banni à cause de ma Religion, je rentrerais dans mon pays. Je voudrais que chacun des cheveux de ma tête pût convertir mille hérétiques au culte de nos pères. » Le jury n'eut pas besoin d'autres preuves ; il condamna, et, le 10 mars 1615, Ogilbay mourut au même âge que Thomas Garnett et avec le même courage.

La vie des Jésuites était un combat. A peine sont-ils rétablis en France, que la Conspiration des Poudres les jette en Angleterre dans toutes les horreurs d'un attentat, et qu'un orage éclate sur les bords de l'Adriatique. Cet orage qui les emportera est destiné à frapper plus haut ; il sert de prélude à la séparation de la République de Venise et du Saint-Siége. Le Protestantisme a de secrets appuis dans le Sénat, dans la noblesse et dans les citoyens de la Seigneurie. Le servite Fra-Paolo a capté la confiance du Doge et du Conseil des Dix ; il est le théologien du pouvoir, l'historien populaire ; et Fra-Paolo, écrivain faisant passer dans ses livres cette originalité primesautière qui se rencontre au Rialto ou sur les lagunes, a formé le projet de livrer à l'hérésie sa patrie catholique. Pour préparer cette révolution, il est indispensable de brouiller Venise avec Rome, et de forcer Saint-Marc à commencer les hostilités contre Saint-Pierre. Fra-Paolo était en mesure pour cela. A l'exemple de Fra-Fulgenzio, son

complice, il n'attaquait pas sans ménagements le Saint-Siége.
Plus dissimulé, Paolo Sarpi laissait la fougue de Fulgenzio s'u-
ser en déclamations; lui, il semait dans l'esprit des Vénitiens
certains doutes sur leur indépendance religieuse, il excitait des
défiances contre les empiétements de la cour romaine; il pei-
gnait les Jésuites comme l'expression la plus audacieuse de l'ambition pontificale. Fra-Paolo savait que chacune de ces paroles
tombait sur des cœurs patriciens, disposés à tout entreprendre
pour être libres seuls contre la liberté de tous. Dans l'ombre, il
arrivait pas à pas à la réalisation de ses vœux calvinistes.

Cet état de choses durait depuis longtemps. Fra-Paolo ne
démasquait point ses batteries, mais il flattait l'orgueil de Venise pour l'entraîner dans un conflit avec le Saint-Siége. Le
Prégadi [1] avait par trois décrets violé les immunités ecclésiastiques, il livra même au bras séculier deux prêtres accusés de
magie et de crimes horribles. « Clément VIII, dit le président
de Thou [2], ce pape si recommandable par sa modération et
par sa sagesse, avait toujours cru devoir regarder comme non
avenus ces actes de juridiction que le sénat faisait cependant
sous ses yeux. Paul V, son successeur, pensa autrement. »

Le conclave qui suivit la mort de Clément VIII éleva d'abord
sur le trône de saint Pierre le cardinal Alexandre de Médicis;
mais il ne régna pas un mois, et le sacré-collége fut de nouveau
convoqué. C'était la première fois qu'un Jésuite prenait part à
l'élection du chef de l'Eglise. Bellarmin fut désigné comme le
Souverain-Pontife futur [3]. Deux cardinaux étaient alors hors de

[1] Trois conseils principaux existaient dans la république de Venise : le *Grand
Conseil*, qui renfermait tout le corps de la noblesse : le *Prégadi* ou sénat, et le
Collége, où les ambassadeurs étaient reçus en audience. Le Conseil des Dix, tribunal institué pour connaître des crimes d'État, ne comptait pas au nombre des
principaux conseils.
La Seigneurie, septemvirat formé du Doge et de six conseillers, présidait tous
ces conseils. On donnait, en diplomatie, le nom de Seigneurie au gouvernement
vénitien.
Le Prégadi ou sénat était composé de trois classes : les sénateurs ordinaires, les
sénateurs adjoints et les simples assistants. Leur nombre montait à trois cents. On
appelait le sénat Prégadi ou *Assemblée de priés*, parce que, anciennement, il n'y
avait pas de jours déterminés pour les convocations, et l'on invitait les principaux
citoyens lorsqu'une affaire se présentait. C'étaient les priés, *prégadi*; le nom en
est resté au sénat de Venise.
[2] *Histoire universelle*, liv. CXXXVII.
[3] Pendant les conclaves, les Romains, qui se trouvent sans chef, se livrent à

ligne par la vertu et par la science ; tous deux liés d'une étroite amitié, tous deux célèbres dans le monde catholique, semblaient repousser la dignité que la voix du peuple leur imposait. Baronius et Bellarmin faisaient assaut d'humilité, ainsi que dans leurs ouvrages ils faisaient assaut d'érudition et de talent. Bellarmin avait l'appui de la France, Baronius celui de l'Allemagne ; mais le grand annaliste ecclésiastique, qui possédait l'affection du Jésuite, n'eut cependant pas son suffrage. Bellarmin en trouva un plus digne à ses yeux, et, toutes les fois qu'il siégea au Conclave, ce fut pour donner son vote au cardinal de La Rochefoucauld. Quand les collègues du jésuite lui demandaient les motifs de cette persistance, Bellarmin répondait : « Nous avons tous juré de choisir le plus méritant, je n'en connais pas qui le soit à un pareil degré que le Français ; en lui accordant mon suffrage je satisfais à nos serments et à ma conscience. » Ainsi qu'il arrive presque toujours dans les Conclaves, celui qui y entra pape n'en sortit que cardinal. Baronius et Bellarmin, longtemps ballottés ensemble, ne se virent point appelés au pontificat suprême : le 15 mai 1605, Camille Borghèse ceignit la tiare.

A peine assis sur la chaire apostolique, Paul V s'occupa de faire révoquer les décrets du sénat vénitien ; il ordonna de traduire au Saint-Office les prêtres prisonniers. Le sénat résiste à l'injonction ; le 17 avril 1606 la Seigneurie est excommuniée. Elle s'attendait à cet acte d'autorité ; elle avait pris ses mesures en conséquence et défendu, sous les peines les plus sévères, à tout clerc séculier ou régulier de recevoir et de publier aucun rescrit papal. Le bref d'excommunication fut néanmoins affiché aux portes de cinq églises dans la nuit du 2 au 3 mai.

Le 6 du même mois, la République répondit à l'interdiction

---

leur causticité naturelle et lancent sur tous les cardinaux les traits les plus acérés Pasquino et Marforio aiguisent leurs épigrammes quotidiennes. Bellarmin ne pouvait échapper à cette fabrique de bons mots, que l'on accepte plus tard comme de l'histoire, et le fameux *dignus sed Jesuita* lui fut appliqué.

On a prétendu que ces paroles avaient été proférées dans un conclave et qu'elles servirent même de bulletin à un cardinal. Elles ne sont citées dans aucun des annalistes contemporains, et, si elles sont vraies, elles ont dû plutôt être prononcées dans le consistoire où le Pape consulte le sacré-collège sur les promotions a faire. Quoi qu'il en soit, ce bon mot nous semble peu authentique.

par un manifeste qui, après avoir déclaré injuste, illégale et sans effet la sentence du Pape, enjoignait à tout ecclésiastique résidant sur les terres de la Seigneurie de n'en tenir aucun compte. Il devait, pour se conformer aux prescriptions du sénat, ne jamais interrompre le service divin et continuer l'exercice du ministère pastoral.

Ceux qui avaient, à force de sourdes manœuvres, amené cette situation, s'empressaient de l'exploiter. La peine du bannissement, la confiscation des biens étaient appliquées à tout prêtre, à tout Ordre qui n'obéirait pas au décret. Le 10 mai les Jésuites sont mandés au sénat. Ils n'avaient qu'un tort à se reprocher, c'était d'avoir péché par paroles imprudentes et de soutenir les censures pontificales avec une rigidité que tous étaient bien éloignés d'approuver. Mais cette rigidité, excessive dans la circonstance, tenait à des ramifications dont les Jésuites perçaient le mystère et qu'il importait de dévoiler, au risque d'être engloutis par la tempête calvinienne, dont ils pressentaient l'approche. Le doge Léonard Donato, qui vient de succéder à Marino Grimani, les interroge sur ce qu'ils comptent faire. Les Jésuites, au dire de Canaye de Fresne [1], ambassadeur de Henri IV à Venise, « possédaient douze ou quinze mille escus de rente sur cet estat. » Mais avant de songer à leurs intérêts personnels ils ont un devoir de conscience à remplir : ils notifient que, pendant l'interdit, ils ne célébreront pas la messe, qu'ils ne prêcheront pas, et que, si le Conseil de la République veut les y contraindre, ils aiment mieux prendre la route de l'exil.

Les exaltés du sénat, complices de Fra-Paolo, ne demandaient pas mieux ; et, dit l'historien servite [2] dans un ouvrage qui fut imprimé à Genève, afin de mieux lui donner le cachet du sectaire, » Les Jésuites partirent le soir, à deux heures de nuit, ayant chacun leur crucifix au cou, pour indiquer que le Christ partait avec eux. Une grande multitude assista à ce spectacle : elle remplit tous les environs de leur demeure sur terre comme sur

[1] Lettres et ambassade de messire Canaye de Fresne, t. III, p. 17.
[2] Storia particolare delle cose passate tra il sommo pontifice, etc., t. II, p. 67 (édit. de Genève, 1624).

eau. Quand leur supérieur, qui entrait le dernier dans la barque, implora la bénédiction du vicaire patriarcal désigné pour prendre possession de leur église, il s'éleva une clameur de tout le peuple, qui cria en vénitien : *Ande in mal'hora!* malheur à vous ! »

Cet anathème de Fra-Paolo, espèce de mot d'ordre inspiré par l'hérésie secrètement implantée à Venise, ne retentit pas bien vivement à l'oreille ou au cœur des bannis, puisque, dans le récit adressé par eux au Général de la Compagnie, il n'est pas même parlé de la malédiction. « Vers le temps de l'Angelus, disent les *Lettres annuelles* [1], arrivèrent les gondoles, nous y déposâmes le peu d'objets qu'on nous permit d'emporter, étant toujours sous l'œil des officiers envoyés pour épier tous nos mouvements. Le vicaire vint ensuite avec les économes. Alors ayant récité dans notre église les litanies et les prières de l'itinéraire pour obtenir un heureux voyage, nous nous dirigeâmes vers les gondoles. Là tout était plein de nos amis tristes et déplorant notre départ : cependant personne n'eut la permission de nous aborder. Ainsi distribués sur quatre bateaux, et mêlés aux soldats qui nous gardaient, nous quittâmes Venise. »

Cependant ce cri : « Ande in mal'hora! » enregistré par Fra-Paolo, a souvent été jeté aux Jésuites comme l'anathème de tout un peuple catholique. Quoique sans preuves, nous le tenons pour vrai, et l'on verra le sens que le Servite y attachait.

Les Jésuites, préférant l'exil à la désobéissance envers le Saint-Siège, donnaient un funeste exemple. Les Théatins, les Minimes et les Capucins s'empressèrent de le suivre. Vendrumino, patriarche de Venise, s'était retiré à Padoue ; le patriarche proclamait les droits du Saint-Siège ; d'autres ecclésiastiques sacrifiaient de la même manière leur patrie et leur fortune à un devoir de conscience. Il fallait arrêter cet élan que les Pères de l'Institut avaient communiqué. Dans la Venise de ce temps-là, une calomnie ne périssait jamais ; les années, qui auraient dû en effacer jusqu'au souvenir, lui prêtaient une.

---

[1] *Litteræ annuæ Societatis Jesu, annis 1606, 1607 et 1608, datæ more ex Provinciis ad R. P. Generalem Præpositum, ejusdemque auctoritate typis expressæ. (Moguntiæ 1618.)*

nouvelle vie aussitôt que la République en avait besoin pour
étayer ses soupçons ou pour colorer ses injustices gouvernementales. L'exil était accepté par les Jésuites ; le sénat tâcha de rendre odieux leur dévouement à l'Eglise en faisant publier que
c'était la Compagnie qui avait irrité Paul V contre le Prégadi.
On avait proscrit les disciples de Loyola, on les outrageait dans
leur sacerdoce. De Thou raconte [1] : « Après leur retraite, le
sénat fit procéder juridiquement. Le Conseil des Dix déclara
que plusieurs pères et maris s'étaient plaints de ne plus trouver
dans leurs enfants et leurs femmes le respect et la tendresse
qu'ils avaient droit d'en attendre, parce que les Jésuites avaient
insinué à ces esprits faibles que leurs pères et leurs maris étaient
excommuniés ; qu'on avait intercepté les lettres d'un Jésuite
au Pape pour l'informer qu'il y avait dans la seule ville de Venise plus de trois cents jeunes gens de la première noblesse prêts
à obéir à ce que le Pape exigerait d'eux. Enfin le sénat avait découvert que ces religieux se servaient du tribunal de la pénitence
pour savoir les secrets des familles, les facultés et les dispositions
des particuliers ; qu'ils apprenaient par les mêmes voies les forces, les ressources et les secrets de l'État, et qu'ils envoyaient
tous les six mois un mémoire à leur Général par les Provinciaux
ou visiteurs ; qu'après leur retraite de Bergame et de Padoue,
on avait trouvé dans leurs chambres plusieurs lettres qu'ils n'a-
vaient pas eu le temps de brûler, et qui ne justifiaient que trop
les reproches qu'on leur faisait. »

Pour dépopulariser le meilleur citoyen ou l'Ordre religieux
le plus aimé, il n'y avait que cet expédient à mettre en avant.
Fra-Paolo connaissait ses compatriotes : il les prit par leur passion du secret, par cette inquiétude éternelle qui faisait le fond
de leur politique. Sous le coup de ces révélations que rien ne
confirme et qui se détruisent même l'une par l'autre, le sénat,
dont d'habiles meneurs dirigeaient les colères, s'acharne à poursuivre les Jésuites. Le 14 juin 1606, il rend un décret qui les
bannit à perpétuité des terres de la République, et qui ordonne
qu'ils ne seront jamais rétablis que du consentement de tout le

---

[1] *Histoire universelle*, par de Thou, liv. cxxxvii.

sénat ; en outre, il est arrêté qu'avant de délibérer sur leur rappel on lira au Conseil des Dix, en présence de deux cent trente sénateurs, les griefs et les pièces citées en preuve, et il faut que sur six sénateurs il y en ait cinq d'avis de rétablir la Société.

Le 18 août, le Conseil des Dix défendait, sous peine des galères, de l'exil ou de l'amende, à toutes les personnes, de quelque condition et de quelque état qu'elles fussent, de recevoir des lettres d'aucun Jésuite ; il enjoignait aux habitants de la ville de communiquer au sénat celles qui pourraient leur être adressées. Ces précautions ne parurent pas suffisantes pour rassurer les hommes qui rêvaient de détacher Venise de la Communion romaine. Le sénat avait décidé que les biens des proscrits seraient distribués en œuvres pies ; mais Henri IV s'était porté tuteur de la Compagnie, et il veillait à ce que ses propriétés fussent conservées intactes. Fra-Fulgenzio n'attendit pas le partage annoncé par la Seigneurie ; il était l'irréconciliable ennemi de l'Institut ; il trancha la question à la manière des Protestants et des Universitaires de France. De sa propre autorité, il s'empara de la maison des Jésuites, et fit asseoir le vainqueur sur les dépouilles du vaincu. Le cardinal de Joyeuse, médiateur au nom de Henri IV entre Rome et Venise, s'indigna de ce trait de rapacité ; il écrivit au roi de France le 3 mai 1607 [1] : « Je représentai aux sénateurs en collège (où je fus pour prendre congé de la République) que cela pourroit grandement offenser le Pape, qui imputeroit à un esprit de vengeance qu'en une maison de laquelle avoit esté chassé un Ordre de si grand mérite ils logeassent un qui est tenu pour hérétique, et que cela pourroit estre cause de nouvelles aigreurs. Sur quoi ils m'ont dit que non-seulement il y avait esté mis sans leur commandement, mais encore contre leur intention, comme de fait ils l'en avoient fait déloger. »

Si le Saint-Siège eût soupçonné la conspiration qui se tramait en Angleterre et à Genève afin de protestantiser la République, il n'aurait pas, à coup sûr, fourni un prétexte d'irritation ; il

---

[1] *Manuscrits de la Bibliothèque royale, fonds Harlay*, 1013. — Voir *des Jésuites par un Jésuite* (le Père Cahour), 2ᵉ partie, p. 11 et suiv.

n'aurait pas toléré l'expulsion des Jésuites, expulsion qui laissait
le champ libre aux sectaires. Les Jésuites avaient été chassés le
10 mai 1606, et le 11 juillet de la même année l'ambassadeur de
France signalait à Villeroi, ministre de Henri IV, les dispositions
hostiles qu'il remarquait dans la foule. « Desjà, lui mandait-
il [1], les nullités et abus de l'excommunication sont preschés toutes les fêtes par tous les quartiers de la ville : desjà ceste populace tient le Pape pour ennemi de son salut, qui aime mieux
arracher la Foi chrétienne de leurs âmes que de borner ses richesses ou son ambition ; desjà les confessions des Jésuites sont
l'entretien des tavernes et des cabarets ; desjà l'authorité des Inquisiteurs est par terre, et la liberté donnée aux imprimeurs de
faire venir toute sorte de livres qui impugnent le Pontificat.
Dieu sait comme les esprits italiens en feront leur profit. »

Le Doge, séduit par Fra-Paolo qui le dirigeait laissait pénétrer sous le couvert de la liberté les calomnies des hérétiques
et les ouvrages dans lesquels le Protestantisme mettait ses doctrines au service de la République. Ce n'était pas encore assez :
les Vénitiens n'avaient dans le cœur aucun penchant pour Luther et Calvin ; il leur fallait la Religion catholique avec ses so-
lennités : ils se prêtaient bien à outrager le Pape comme souverain temporel ; mais, dès qu'on attaquait le chef de l'Eglise
universelle, leur imagination pieuse se révoltait. Autour de la
chaire où les théologiens partisans de Fra-Paolo et de Fra-Fulgenzio proclamaient leurs blasphèmes contre le Saint-Siége, les
Vénitiens épouvantés s'écriaient : « *Ande in mal'hora!* » puis
ils se retiraient dans une indignation que tout le peuple partageait. Afin d'envenimer davantage la querelle, l'on crut devoir
chercher, dans une guerre contre Rome, une occasion de rup-
ture. L'on arma des deux côtés, et, en attendant l'heure des
combats, l'on disserta à perte de vue. Le Prégadi eut pour partisans les deux Servites, les Franciscains Bonicelli, Giordano,
Capello et l'éloquent Cordelier Jean Marsilio, qui, en révolte
contre le Saint-Siége, devaient nécessairement trouver appui
chez tous ceux que fatiguait le joug de l'autorité. Les Jésuites

---

[1] Lettres et Ambassade de messire Canaye de Fresne.

n'étaient plus là pour défendre le Pape ; mais de Rome un Jésuite devenu cardinal, le Père Bellarmin, suppléa au nombre par le talent. Dans des écrits aujourd'hui presque aussi ignorés que ceux de Marsilio, il vengea la Chaire de saint Pierre des outrages et des mensonges. Ces discussions, moitié théologiques, moitié politiques, retentissaient au loin ; l'Europe s'en préoccupait ; car, au fond de tant de questions agitées, il surnageait un principe d'indépendance. La guerre allait éclater : Henri IV s'émut de la querelle et il se proposa de pacifier. Mais les Protestants avaient d'autres projets. « L'ambassadeur du roi d'Angleterre, mandait de Fresne le 18 août 1606 [1], fait tout ce qu'il peut pour fomenter le différend que nostre maistre tasche d'accommoder, et on croit qu'il fait de grandes offres à ceste République au cas qu'elle veuille se rendre irréconciliable avec Sa Sainteté et lui faire la guerre guerroyable ; il montre que les forces de son maistre et des princes protestants ses amis sont plus que suffisantes pour ruiner le Pape et tous ses amis. »

En offrant sa médiation, Henri IV avait désiré de prouver au Souverain-Pontife la sincérité de son retour à la Foi catholique ; il avait aussi espéré donner un témoignage public de son affection pour la Société de Jésus. Ses ambassadeurs à Rome et à Venise, le cardinal de Joyeuse, spécialement chargé par lui de cette négociation, et le cardinal Du Perron, devaient obtenir à tout prix le rappel de la Compagnie sur les terres de la République. Aux yeux de Henri IV c'était une réparation et une garantie contre les empiétements de l'hérésie. Le sénat et le Doge se montraient favorablement disposés à conclure la paix ; mais, par des raisons secrètes, ils refusaient obstinément de souscrire à la demande de Henri IV et à celle de Paul V. Le Conseil des Dix passait condamnation sur tous les articles ; il n'était inflexible que lorsque les négociateurs évoquaient l'affaire de la Société de Jésus.

Henri IV et Paul V ne composaient pas avec la pensée de son rétablissement. Le Doge résistait : Henri fait exiger par son ambassadeur communication des charges qui pèsent sur l'Ordre.

---

[1] *Lettres et ambassade,* t. III, p. 170.

Le 23 août 1606, de Fresne écrit à Villeroi [1] : « Il m'a été impossible de voir les informations faites contre les Jésuites ; mais un Sénateur m'a baillé la copie, que vous trouverez en ce paquet, d'une lettre d'une femme de cette ville à son mari, et en a retenu l'original, prétendant qu'elle monstre qu'ils ont tâché de mutiner ce peuple en lui persuadant qu'il ne devoit plus aller à l'église, et qu'il seroit damné s'il obéissoit au Sénat [2]. »

Pour un prince qui venait de traverser la Ligue, une pareille imputation faite en termes si vagues dut paraître fort peu concluante. Henri ordonna de plus pressantes démarches auprès du Doge, et, le 4 novembre, de Fresne rend compte de sa négociation : « Le prince m'a dit que si en la généralité des religieux (dont le Pape demande le rétablissement) on entendoit comprendre les Jésuites, ceux-là étoient bannis de cet estat à perpétuité par un décret du Sénat, fondé sur si grandes et fortes raisons qu'il ne croit pas qu'il peut jamais être révoqué. Sur quoi je repartis avec toutes les raisons que l'affection dont Sa Majesté honore l'Ordre des Jésuites, et les grands services qu'il a rendus et rend journellement à l'Eglise, m'ont pu suggérer ; concluant qu'il valoit mieux chastier ceux qui seront convaincus d'avoir faict, dit ou escript chose dont la République se puisse douloir, que de flestrir tout un Ordre desjà reçu par toute la Chrestienneté, voire par tout le monde, et auquel le nombre des innocents est sans comparaison plus grand que ne peut être celui des coupables ; adjoustant qu'encores que je n'eusse présentement lettres de Sa Majesté pour faire instance en faveur desdits Jésuites, si pouvais-je asseurer qu'elle a une si particulière dévotion audit Ordre, que difficilement pourroit-elle souffrir qu'il demeurast seul exclus du bénéfice de ceste réconciliation, et, au lieu de s'en resjouir avec tout le reste de la Chrestienneté, eust subject d'en gémir, et se douloir de sentir seul la sévérité d'un Sénat si équitable ; pouvant maintenir ne l'avoir point méritée, tandis que les causes sur lesquelles on l'a fondée sont incogneues. »

[1] *Lettres et ambassade*, t. III, p. 186.
[2] *Ibidem*, p. 265.

La Seigneurie de Venise persistait dans son refus ; le Pape exigeait comme condition première le rétablissement des Jésuites, puisque c'était à cause et par ordre du Saint-Siége qu'ils s'étaient compromis ; mais le Général de la Compagnie, qui jusqu'alors est resté neutre, juge à propos d'intervenir. De grandes difficultés sont levées ; Aquaviva ne veut pas rendre le triomphe de son Institut un éternel obstacle à la réconciliation. Par l'intermédiaire du cardinal de Joyeuse, il fait prier le Pape de renoncer à cet article. Paul V aimait la justice, il ne consent à adhérer au vœu d'Aquaviva que lorsque les Vénitiens auront de nouveau été pressés de s'expliquer sur les causes cachées de leur obstination. Le cardinal de Joyeuse, qui doit les réconcilier avec l'Eglise en annulant l'interdit, fait les derniers efforts pour arriver à ce résultat, et, dans un mémoire inédit, voici de quelle manière le plénipotentiaire de Henri IV lui raconte son entretien avec le Sénat et le Doge [1] :

« En leur parlant sur ce qui restoit à résoudre, ce fut premièrement avec une grande véhémence sur le fait des Jésuites. Je les asseurai que le Pape m'avoit dit plus de quatre fois qu'il étoit contraint de rompre tout avant que de se relascher sur ce point, non pour la considération des Jésuites, mais pour avoir de quoi répondre à ceux qui lui disoient qu'abandonnant ce point il abandonnoit l'autorité du Saint-Siége.

« Quand je répondois à Sa Sainteté (leur dis-je) que les Jésuites n'avoient point esté chassés à cause de l'interdit (mais pour d'autres causes), elle me répliquoit que tout le monde voyoit et savoit que le motif de leur bannissement avoit été l'observation de l'interdit ; que peu de gens savoient ces prétendues causes particulières, et que ceux qui les sçauroient ne les croiroient pas.

» J'ajoutai que, rompant le traité sur ce point-là, ils auroient contre eux le jugement de tous les princes de la Chrestienté, qui leur en donneroient le tort et le blasme ; que la paix faite sans cela seroit paix en apparence, mais en effect plus grande guerre, et avec plus d'aigreur dans les esprits qu'auparavant ;

---

[1] *Manuscrits de la Bibliothèque royale, fonds Harlay*, vol. 1013, pièce 59.

que leurs ambassadeurs ne trouveroient à Rome que tristesse
et aversion à leur arrivée, et l'esprit du Pape troublé des sanglants reproches qu'il recevroit tous les jours ; que, s'ils pen-
soient estre toujours à temps de le gratifier en ce point-là, ils
s'abusoient ; car ce qui leur seroit maintenant d'or ne leur seroit
point même alors du plomb. »

Le lendemain, Mocenigo et Badoreo eurent une entrevue avec
le cardinal de Joyeuse, et, au nom du sénat, ils lui dirent « que
ses raisons avoient fait grand effet envers le Collége et l'avoient
plié, mais qu'il n'étoit non plus en leur pouvoir d'amener
le Pregadi à leurs opinions que de transporter le clocher de
Saint-Marc avec les deux mains ; et qu'ils s'estoient liés avec
des lois si rigoureuses pour la seule forme de délibérer sur ceste
matière qu'ils avoient jeté une pierre dans un puits, laquelle il
leur étoit impossible de recouvrer. »

Cette pierre, Henri IV la trouva. Nous allons voir maintenant
le véritable but des hostilités si persévérantes du Doge et des
partisans de Fra-Paolo. Le 21 avril 1607, la République de
Venise se réconciliait avec le Saint-Siége ; le peuple se pressait
autour du légat pour obtenir l'absolution pontificale, il éclatait
en transports de joie. Pendant ce temps, les suppôts du Protestantisme dans la Seigneurie renouaient les trames que la paix
conclue venait de rompre. Ces trames donnent la clef de l'a-
charnement de quelques membres du sénat contre les Jésuites ;
elles servent à démontrer que la conversion de Henri IV fut
sérieuse. Jusqu'à présent il s'est rencontré des historiens qui
ont mis en doute la sincérité de ce retour à la Foi, et qui,
s'appuyant sur de vagues assertions ou sur des bons mots douteux, ont pensé que le vainqueur de la Ligue était resté calviniste au fond de l'âme. Il y en a même qui ont affirmé que, s'il
n'eût pas été prévenu par la mort, il aurait légué au monde le
scandale d'une apostasie. Des Catholiques ont soutenu cette opinion, qui sent encore un peu le vieux levain de la Ligue ; mais
les Protestants ont été plus équitables, et Schœll rend au Béarnais un témoignage qui honore les deux religions : « Quels que
fussent, dit-il [1], les motifs qui, dans l'origine, ont porté Henri IV

[1] Schœll, *Cours d'Histoire des États européens*, t. XVII, p. 152.

à laisser le culte réformé, auquel il avait paru si attaché, toute sa conduite suivante prouve qu'il fut convaincu de la sainteté de celui auquel il retourna, et qu'il fut Catholique de cœur et d'âme jusqu'à sa mort. »

Henri IV était si éloigné du Calvinisme, il en connaissait si bien par expérience les dangers pour la Chrétienté et pour la Monarchie, qu'il s'opposait à ses progrès avec toute la vigueur de sa politique : il n'avait jamais pu comprendre l'obstination de Venise dans l'exil des Jésuites ; cette obstination lui fut révélée, et il l'expliquait à la Seigneurie.

Les projets de Fra-Paolo et de Fra-Fulgenzio avaient échoué ; les hérétiques, cachés sur les bords de l'Adriatique, s'étaient flattés qu'en refusant d'accéder au vœu du Pape et du roi de France concernant les Jésuites ils entretiendraient les querelles ; et qu'en échauffant chaque jour les esprits ils arriveraient à la séparation tant désirée. La prudence d'Aquaviva fit avorter ce complot, mais elle n'abattit pas l'ardeur de ceux qui l'avaient formé. Les Jésuites n'étaient plus sur les terres de Venise pour combattre l'hérésie ; l'hérésie, propagée par Fra-Paolo et par Fra-Fulgenzio, toujours en communication avec les Calvinistes de Genève et les Anglicans, releva la tête. Après avoir gagné à sa cause le doge Donato et plusieurs sénateurs, elle attendit l'heure propice [1]. En 1609 cette heure allait sonner, lorsque

---

[1] Le comte Daru, dans son *Histoire de la République de Venise,* parle de ces faits ; mais il en doute, parce que, dit-il, une telle profession de foi, faite par un homme revêtu de l'habit monastique comme Fra-Paolo, lui semble extraordinaire.

Ce sont cependant des hommes revêtus de l'habit monastique ou sacerdotal, Luther, Zwingle, Calvin, Cranmer, Viret, Pierre Martyr, et beaucoup d'autres, qui ont créé le Protestantisme. L'historien doute du récit qu'il fait : ce récit devient authentique par les dépêches diplomatiques de Champigny que nous citons en cette histoire. « En 1609, dit le comte Daru, un agent de l'électeur palatin ayant été envoyé à Venise pour y négocier en faveur des princes protestants, y fit d'étranges découvertes, dont il rendit compte dans son rapport. Cet envoyé, qui se nommait J.-B. Linckh, fit connaissance avec un avocat vénitien nommé Pessenti, et remarqua, dans leurs entretiens confidentiels, que celui-ci vantait beaucoup les règlements des princes allemands, ceux des princes protestants surtout. Pessenti lui confia qu'il existait à Venise une association secrète de plus de mille personnes disposées à se détacher de la cour de Rome ; que ce nombre augmentait tous les jours ; qu'on y comptait environ trois cents patriciens des familles les plus distinguées, et que cette société était dirigée par le Père Paul Sarpi et le Père Fulgence, tous deux servites.

» Linckh s'adressa à l'envoyé d'Angleterre pour savoir si la chose était vraie, et, celui-ci la lui ayant confirmée, ils allèrent ensemble faire une visite à ces deux

Henri IV prévint le coup porté à la Religion çatholique. Il suivait d'un regard attentif les démarches des Huguenots; sa surveillance lui fit intercepter leur correspondance; par elle il apprit tout ce que le Protestantisme espérait dérober à sa perspicacité, et, en zélé Catholique, il s'empressa d'adresser ces documents à Champigny, son ambassadeur à Venise. Le 15 septembre 1609, Champigny lui transmettait les résultats de sa mission.

« Sire, écrit-il [1], ces secrètes pratiques que je recongnoissois il y a jà long-temps, se sont découvertes plus clairement par la lettre dont il plust à Votre Majesté me faire envoyer la copie. Elle m'arriva fort à propos en un temps calme que les parties n'ayant rien à démesler ensemble, commençoient à se voir un peu de meilleur œil, et pouvoient aussi avec plus de tranquillité considérer le péril dont elles sont presque échappées, et auquel toutefois elles pourroient aisément retomber, si l'on ne donne aux remèdes la vertu de pénétrer jusqu'au fond du mal.

» Mais avant que donner lumière à personne de ces lettres, il m'a semblé nécessaire d'enlever une clause trop corrosive qui touchoit particulièrement la personne du Doge, pour n'irriter irréconciliablement un si puissant adversaire, ne donner prise aux autres de se couvrir de ce manteau ducal, et appréhension

religieux. Après avoir fait un compliment à Sarpi sur ce que sa renommée avait passé les Alpes, ils lui dirent qu'ils souhaitaient que Dieu bénît ses efforts, à quoi Sarpi répondit qu'il était flatté que son nom fût parvenu chez les hommes qui les premiers avaient vu la lumière. Ensuite il s'expliqua sur le peu d'accord des théologiens, notamment au sujet des paroles *Hoc est corpus meum*, et Linckh lui ayant demandé par quel moyen il espérait amener le succès de l'œuvre commencée, le Servite ajouta que ce serait l'ouvrage de Dieu; qu'il était à désirer que la réformation s'établît dans les provinces allemandes qui confinent au territoire de Venise, notamment dans la Carinthie et la Carniole, parce qu'elles sont placées entre l'Istrie et le Frioul véuitien; qu'il importait que les princes protestants entretinssent des rapports plus intimes avec la république; qu'ils eussent constamment des agents à Venise, et que ces agents y exerçassent leur culte, parce que les prédications des ministres produiraient un bon effet et ouvriraient les yeux du peuple, qui ne faisait point de différence entre les Luthériens et les Mahométans. « Autrefois, disait-il, on ne regardait pas ici les Anglais comme Chrétiens; depuis qu'ils y entretiennent un ambassadeur, on a pris une tout autre idée de leur religion. Les différends entre la cour de Rome et la république ne sont pas tellement apaisés qu'il ne reste bien des ressentiments dont il serait facile de profiter. » Il ajoutait qu'on s'étonnait beaucoup de la grande faveur que le roi de France témoignait aux Jésuites. »

[1] *Manuscrits de la Bibliothèque royale, fonds Harlay*, vol. 1013, pièce 158.

à tous de quelque rumeur de conséquence qui rendroit notre bon office moins agréable à la République.

» Comme il étoit aussi parlé deux fois des Jésuites en ces lettres, pour lever tout ombrage que ceci ne fust un commencement de pratique pour les faire valoir, j'ai osté encore la première clause, qui en faisoit mention et n'estoit pas fort nécessaire.

» Cela fait, et ayant traduit les lettres en italien, je commençai, par le moyen d'un ancien serviteur de Votre Majesté, de les faire voir à un procurateur de Saint-Marc, que je savois bien affectionné en cette cause, lequel demeura merveilleusement éperdu d'une telle nouvelle... Il me laissa entendre que dans le caresme deux Capucins lui avoient donné advis de ce ministre de Genève qui estoit en la ville, et s'étoient présenté à Fra-Paolo avec un billet de l'ambassadeur d'Angleterre. Il ne l'avoit cru pour lors, et en voyoit à présent la vérité. Il ajouta qu'il falloit que les inquisiteurs d'Estat sçussent cette affaire; qu'il y en avoit trois à présent bons Catholiques auxquels il se falloit adresser. Il s'enquit aussi fort instamment si je ne montrerois pas ces pièces au Collége, ce qui seroit le plus grand bien que Votre Majesté pust jamais procurer à la République.

» Dès le lendemain, après avoir communiqué avec un autre procurateur de Saint-Marc, il dit qu'il n'avoit plus de repos, qu'il falloit que ceste affaire se publiast et fust portée au Collége; qu'il savoit bien que quelques Sénateurs ne recevroient pas bien ceste nouvelle, mais que la plus grande partie en feroit fort bien son profit.

» Le douziesme de ce mois je fus donc en audience. Le duc ne s'y trouva pas à cause de son indisposition. Je commençai à discourir entre autres choses que Votre Majesté, comptant sur la bonne intention de la Seigneurie, s'étoit toujours promis que jamais chose quelconque ne viendroit ici en cognoissance qui pust intéresser le bien de son royaume, qu'aussitôt elle n'en fût advertie avec toute candeur; qu'elle estimoit une telle communication entre tous les offices d'amitié; qu'un prince, non-seulement avec sa propre prévoyance, mais avec les sages et diligents advis de ses amis, comme avec mille yeux toujours veillants, descouvroit toute sorte de secrets et remédioit à temps et heure à toute sorte d'inconvénients. Ce qui estoit d'autant plus nécessaire entre amis que, comme l'on essayoit tousjours de déguiser avec plus de finesse les affaires à ceux à qui elles touchoient le plus, aussi souvent celui-là en découvroit le dernier la vérité, qui devoit le premier porter la perte.

» Que Votre Majesté donc, pour ne manquer de sa part à ce qu'elle s'estoit promis de la Seigneurie, ayant découvert, par le moyen de certaines lettres escrites de Genève par un ministre à un autre ministre françois, quelque secrete pratique qui se tramoit à Venise au dommage de la Religion catholique et de l'heureux repos de cette république, m'en avoit envoyé copie, que leur lecture déclareroit mieux que mes paroles ce qui s'y traitoit; que Votre Majesté, bien qu'elle ne pust croire ce qu'on y disoit de la noblesse vénitienne, les transmettoit escrites en ces termes; que sachant par qui et à qui, elle les assuroit sur sa parole de leur authenticité; que je les avois moi-mesme mis en italien mot pour mot.

» Je les remis tout-à-l'heure entre les mains d'un pronotaire du Collége, qui en fit lecture tout haut, pendant laquelle je recongnus une grande émotion au visage de la plupart de ces seigneurs.

» Après que j'eus été ouï très-attentivement, le vice-Doge, prenant la parole, s'estendit fort au long sur les grands témoignages que Vostre Majesté avoit toujours donnés à la République de sa très-loyale et cordiale amitié; ajoutant que ce noble et signalé service que je venois de leur rendre en son nom les obligeoit par-dessus tout à en avoir à jamais mémoire et eulx et leur postérité; qu'ils en remercioient donc Vostre Majesté de tout leur cœur, espérant que Dieu leur fairoit la grâce de se conserver en leur première Religion. Il finit par m'asseurer que l'affaire seroit présentée au Sénat au premier jour.

» Jamais bon office ne fut mieulx reçu du Pregadi. Il y fut dit avec un consentement, voire quasi acclamation universelle du Sénat, que Vostre Majesté, Sire, avoit surpassé le comble de toutes les obligations qui lui avoient jamais esté acquises sur la République; qu'ils recongnoissoient qu'elle leur avoit procuré le repos et donné la paix par le traité, mais qu'ils n'estimoient point ce dernier service moindre. Trois sénateurs me l'ont rapporté concurremment en ces propres termes, disant que l'on n'entendoit par tout le Sénat que bénédictions du nom de Vostre Majesté, avec une ferme résolution de pourvoir à telles pratiques et bien asseurer la Religion ; que si quelques-uns étoient intéressés au contraire, la meilleure part y sçauroit bien pourvoir. Ils prirent en outre une mesure secrète et firent jurer à tous les assistants de ne pas la révéler. Je crois qu'ils veulent découvrir ceux qui ont pratiqué avec ce ministre lorsqu'il estoit ici. Car le chef du Conseil des Dix a renvoyé vers moi pour me conjurer fort instamment de leur déclarer s'il n'y avoit point quelques noms dans ces lettres.

» En somme je puis dire à Vostre Majesté que cette action lui a acquis plus de gloire, a fait plus de bien à la Religion et au repos de cet Estat que personne n'eust osé se promettre. Quand le Pape en saura l'entière vérité, il aura sujet de recongnoître qu'il doit à Vostre Majesté, après Dieu, le restablissement de l'authorité du Saint-Siége en un lieu si important. »

La cause du bannissement de la Société des Jésuites est tout entière dans ce complot : le Calvinisme les redoutait ; avant de lever la tête sur le rivage de l'Adriatique, il voulut anéantir d'aussi formidables antagonistes ; il y parvint. L'hérésie avait triomphé des Pères, mais elle comptait sans Henri IV ; le Béarnais lui prouva qu'il savait déjouer ses piéges. Cependant, comme les proscriptions à perpétuité sont toujours revisées par les générations suivantes, cinquante-un ans après le décret d'exil de 1606, les Jésuites furent réintégrés à Venise. Les souvenirs du Calvinisme étaient effacés, Fra-Paolo et Fra-Fulgenzio avaient disparu dans la tombe ; il ne restait plus que des Catholiques sur les terres de la République : le Sénat rétablit la Compagnie.

Henri IV ne se contentait pas de protéger les Jésuites dans son royaume ; il les soutenait hors de France, il cherchait à propager leur Société. Avec cette active prudence qu'il a toujours déployée sur le trône, on le voyait incessamment occupé de les grandir ; car, à ses yeux, c'était accorder à l'éducation une prééminence indispensable. Il avait beaucoup fait pour cette Compagnie ; il entrait dans ses intentions de faire encore davantage. La sixième Congrégation générale, qui se tint à Rome pendant ces événements, prouva que le roi de France n'était ni injuste ni ingrat envers l'Ordre de Jésus.

Le 21 février 1608, une nouvelle assemblée de Profès s'ouvrit par ordre de Claude Aquaviva. Les procureurs réunis en 1607 avaient décidé qu'elle seule pourrait mettre fin aux contestations intestines ; le Général s'empressait de se rendre à ce conseil. Les Pères présents furent au nombre de soixante–quatre et ils portèrent quarante-sept décrets. Le premier concerne la France : c'est une dette de gratitude que l'Ordre acquitte et une espérance qu'il développe. Aquaviva lut aux Jésuites assemblés la lettre que Henri IV adressait à la Congrégation [1], et on décida à l'unanimité qu'un cinquième Assistant, chargé de représenter les Provinces françaises, serait nommé ; le Père Louis Richeome fut élu. Le Pape Paul V avait exigé que les Assistants seraient soumis à une élection extraordinaire ; quand la Congrégation eut pris les mesures que commandaient la turbulence de quelques esprits et les mécontements individuels nés au contact de tant de divisions, elle désira donner au Souverain–Pontife un nouveau gage de son obéissance. Les Pères Mutio Vitelleschi, Ferdinand Alberus, Nicolas d'Almazan et Antoine de Mascarenhas se virent désignés pour l'Italie, l'Allemagne, l'Espagne et le Portugal ; puis, le 23 mars 1608, elle se sépara.

Aquaviva était parvenu à consolider son pouvoir ; il ne lui restait plus qu'à jouir en paix de ses efforts, lorsque de nouveaux troubles agitèrent à Paris la Société de Jésus. Au milieu des difficultés sans cesse renaissantes qui avaient occupé son généralat, il n'oubliait point la reconnaissance que les Jésuites devaient aux fondateurs de l'Ordre ; le Saint–Siége s'associait à une pareille pensée, il procédait à la canonisation d'Ignace de Loyola et de François Xavier. Il n'y avait pas encore soixante ans que ces deux hommes étaient morts : la grandeur de leurs

---

[1] On trouve dans cette lettre une phrase digne d'être remarquée. « Nous vous prions ensuite, écrit Henri IV, et nous vous exhortons de veiller maintenant autant que faire se pourra à la conservation de vos règles et de votre Institut, afin qu'ils gardent leur ancien éclat et pureté. » Voir cette lettre au t. IV de cette histoire, ch. 6.

œuvres, la multiplicité de leurs miracles étaient si bien avérées, que l'Église, renonçant à sa lenteur habituelle, ne demandait pas mieux que d'offrir à la piété le culte de deux Saints qui lui avaient rendu de si éminents services. Les princes de l'Europe joignaient leurs prières aux supplications de leur Compagnie, tous sollicitaient la canonisation d'Ignace et de Xavier. Henri IV intervint à son tour, et au mois de juillet 1609 il adressa au Souverain-Pontife une dépêche où ses sentiments se révèlent ; elle est ainsi conçue :

« Très-Sainct-Père, comme nous avons toujours estimé d'estre du debvoir d'un Roy Très-Chrétien, premier et plus affectionné fils de l'Eglise, d'avoir soing de la mémoire des ministres d'icelle qui, par bonnes œuvres, exemplarité de vie et une singulière dévotion, non-seulement durant leur vie se sont emploiez de tout leur possible à promouvoir la gloire de Dieu, mais aussi depuis leur décez ont reçeu les grâces et rétribution de la divine bonté qu'ils ont desservie par sainctes et religieuses actions durant le cours de cette mortelle pérégrination ; meuz d'un sainct dessein de piété, nous avons ci-devant escrit à Votre Saincteté en faveur de la canonization des bienheureux Péres Ignace de Loyola et François Xavier, l'un fondateur de l'Ordre des Jésuites, et l'autre appelé second apôtre des Indes. Maintenant que nous sommes advertis que le procès-verbal accoustumé d'estre faict en pareil cas est prest d'estre achevé, nous n'avons pu dénier à la cognoissance que nous a donnée des mérites desdits Loyola et Xavier la recommandation que nous en faisons par cette lettre à Vostre Saincteté, en la priant de donner la dernière main à cette canonization, et, si d'adventure il défailloit encore quelque chose pour la perfection d'un si bon œuvre, y vouloir suppléer par sa prudence et bonté, considérant la consolation qu'en recevront les âmes pieuses et l'ùtilité qu'ont apportée et apportent journellement à la Chrestienté ceux qui font profession de l'Ordre dont ils ont esté les fondateurs. De quoy ayant commandé au sieur de Brèves, nostre ambassadeur, de faire toutes instances à Vostre Saincteté, nous nous en remettons en lui et prions Dieu qu'il vous ait en sa saincte et digne garde. »

Le Béarnais n'était pas destiné à voir l'accomplissement de l'œuvre qu'il recommandait avec tant d'instance : le 14 mai 1610 il tombait sous le poignard d'un fanatique. Ravaillac tuait par esprit de religion un des princes les plus religieux de son temps, le roi dont les vertus et les faiblesses avaient quelque chose de si français et dont les vastes projets allaient donner à son pays la prépondérance en Europe. Ce crime devait, pour l'honneur de l'humanité, n'être attribué qu'à une imagination en délire : le Parlement et l'Université s'en emparèrent comme d'une arme pour frapper les Pères, objet constant de leur haine et de leur jalousie. Henri IV avait aimé les Jésuites à tort et à travers, selon une de ses expressions, comme il aimait Sully, Crillon, Jeannin, d'Ossat, Lesdiguières, Du Perron, Villeroy et Mornay, ses compagnons d'armes ou ses ministres, tous ceux enfin qui, par leur bravoure, leur diplomatie ou une sage administration, coopéraient à la gloire et la prospérité de la France. Le roi se sentait puissant, il voulait être respecté : de 1603 au jour de sa mort les Parlements et l'Université forcèrent leur inimitié au silence ; mais à peine eurent-ils versé quelques larmes sur ce tombeau fatalement ouvert qu'ils essayèrent de faire tourner l'attentat de Ravaillac au profit de leur vengeance longtemps contenue.

Tandis que le Provincial Ignace Armand et Coton, accompagnés de quelques autres Jésuites, allaient, suivant le désir d'Henri IV, déposer à La Flèche le cœur royal que le prince de Conti venait de leur remettre, on commença à répandre le bruit que Ravaillac était d'intelligence avec eux [1]. Le Père d'Au-

---

[1] Sans mettre ici en question la non-participation des Jésuites au crime de Ravaillac, discussion inutile dont l'historien s'est sagement abstenu, il est bon de signaler un fait qui ressort de toute cette histoire, fait que ceux qui ont accusé les Pères de complicité dans l'assassinat du bon roi, ont ignoré, ou dont ils ont cherché à méconnaître les conséquences : c'est la position de Henri IV vis-à-vis de la Compagnie de Jésus, et de la Compagnie de Jésus vis-à-vis de Henri IV, pendant les dernières années du règne de ce prince. L'on ne peut ignorer le zèle que témoignèrent pour le roi le cardinal Tolet, Possevin, le Général Aquaviva et d'autres Jésuites à Rome, surtout dans l'affaire de son absolution, au point que toute la Compagnie en devint suspecte aux yeux des princes de la maison d'Autriche ; et d'un autre côté, tandis que les rois d'Espagne Philippe II et Philippe III soutenaient les Jésuites révoltés de la Péninsule, qu'ils s'alliaient aux Dominicains, adversaires théologiques de la Compagnie de Jésus, Henri IV, parmi les Souverains de l'Europe, se montrait le plus zélé à maintenir l'Institut dans sa vigueur et dans sa pu-

bigny l'avait entretenu dans l'église de la Maison-Professe une seule fois six mois auparavant, et Ravaillac déclarait au milieu des tortures qu'il n'avait jamais parlé à qui que ce fût au monde de son projet régicide; il n'en fallut pas davantage au Parlement pour alimenter ses soupçons. Ravaillac connaissait le Père d'Aubigny, Ravaillac devait donc avoir lu l'ouvrage de Mariana, *De rege et regis institutione*. Dans ce livre, composé sous les yeux de Philippe II, et mis entre les mains de Philippe III par son père lui-même, il y a sans doute de funestes paroles contre les tyrans; la théorie du régicide y est préconisée avec un cruel enthousiasme, et, en parcourant ces pages républicaines, on se prend à déplorer l'abus d'une haute intelligence et d'un profond savoir. Mais, comme pour renverser l'accusation jusqu'en ses fondements, Ravaillac, interrogé sur l'ouvrage de Mariana, soutint qu'il ne connaissait ni le livre ni l'auteur. Cela était de toute évidence; dix exemplaires peut-être n'avaient pas encore pénétré dans le royaume. Ce traité était écrit en latin, dans une langue que Ravaillac ignorait, et, afin de s'exciter à l'assassinat, il n'avait pas besoin de chercher des modèles dans l'histoire. Les arrêts du Parlement, les décrets de la Sorbonne, les imprécations des orateurs de la Ligue, les discours des Jésuites eux-mêmes ne retentissaient-ils pas encore à ses oreilles? Henri III et Henri IV avaient été mis au ban des Catholiques par le Parlement, par l'Université et par les prédicateurs; fallait-il donc mendier si loin des preuves de complicité morale? Ravaillac n'avait jamais lu Mariana; mais, sombre fanatique, visionnaire ignorant, il s'était préparé de longue main à son forfait.

Le Parlement et l'Université ne s'avouaient pas qu'à leur insu ils avaient disposé cet homme au meurtre; ils incriminèrent l'œuvre de Mariana et les Jésuites. Le livre du Père espagnol n'était pas connu en France; le Parlement se hâta de le déférer aux docteurs de la Faculté de théologie; ils le condamnèrent

reté, et favorisait par ses ministres à Rome les champions Jésuites dans la controverse *De auxiliis*; en France, il les comblait tous les jours de nouvelles faveurs; et ces Religieux, les Jésuites français surtout, auraient de sang-froid et contre leurs propres intérêts médité et exécuté le meurtre de ce prince! La crédulité, même contre les Jésuites, doit avoir des bornes. (*Note de l'éditeur.*)

avec justice et renouvelèrent leur ancien décret contre maître Jean Petit, docteur de la même Faculté. Le 8 juin 1610, la Cour ordonna que le traité, *De rege et regis institutione* serait brûlé devant Notre-Dame de Paris : la sentence fut exécutée le même jour ; mais, par vénération pour la mémoire du grand roi ou par un reste d'équité, le Parlement, dans son arrêt, ne donna point au Père Mariana le titre de prêtre de la Compagnie de Jésus. Il ne rendit point solidaire de cette doctrine l'Institut auquel il appartenait, Institut qui avait déjà désapprouvé l'ouvrage et qui, plus tard en réprouva les enseignements par une condamnation solennelle [1].

La perte de Henri IV devait être pour la France un éternel sujet de douleur ; elle privait le royaume d'un souverain vigilant, audacieux et économe ; elle laissait la couronne sur la tête d'un enfant, et le pays dans tous les embarras d'une régence, embarras que les passions mal calmées de la Ligue et que les animosités de Religion ne pouvaient qu'accroître. Dans ces sinistres moments, les Parlementaires, les Universitaires et quelques membres du Clergé ne craignirent pas de lier leur cause à celle du Calvinisme. Des éloges funèbres étaient prononcés dans chaque église de Paris : le peuple s'y portait en foule pour entendre célébrer le roi qui l'avait tant aimé : on saisit cette occasion de mettre les Jésuites en suspicion. Philippe Cospéan, Evêque d'Aire, Jacques Miron, Evêque d'Angers, les Dominicains Coëffeteau et Deslandes protestèrent à Notre-Dame, dans la basilique de Saint-Denis et dans d'autres chaires, contre ces imputations ; ils firent l'éloge de la Compagnie en face du cercueil de Henri IV. Mais la majorité des orateurs sacrés ne suivit pas cet exemple ; elle tenta même de déchaîner le peuple sur les Jésuites, et, le 6 juin, un ancien Célestin, nommé Dubois, ne craignit pas de dire : « Il y a des sçavants en France et dans Paris lesquels, bien qu'ils connoissent Dieu, enseignent des choses abominables et exécrables et du tout contraires à la loi : j'entends ceux qui, portant le nom de Jésus, enseignent en leurs escripts qu'il est loyssible de massacrer les roys. »

___

[1] Au second volume de cette histoire, page 343, on trouve le décret du Général qui condamne la doctrine de Mariana.

Plus loin, le prédicateur ne gardait plus de mesure ; il s'écriait : « Ah ! second Alexandre ! Henry IV, grand Roy, la terreur du monde ! si vous aviez cru vos fidèles médecins, messieurs du Parlement, vous seriez plein de vie. Henry, notre bon Roy, est mort, je le sçay bien ; qui l'a tué ? Je n'en sçay rien. Qui en a été la cause ? Lisez-le, Messieurs : le tygre est si ennemi de l'homme que, voyant seulement son image, entre en telle fureur qu'il la déchire avec les dents en morceaux. Ces gens, plus fiers que les tygres ennemis de Dieu, n'ont pu veoir son image, le bon Roy, et lui ont causé la mort par la main d'un coquin d'assassin. Messieurs de Paris, ouvrez les yeux ; ils nous ont ôté le Roy ; conservons celui que nous avons et le reste de sa postérité. Prions Dieu pour le Roy, pour la Royne et pour tout le conseil ; faisons pénitence, car Dieu nous a punis, et prenons garde à nous ; ouvrons les yeux, car ils nous veulent encore priver de celui-ci ; et ne vous laissez pas piper par belles apparences, par ces confessions, ces communions, ces discours et conférences spirituelles, car ce sont appas et ruses du diable. »

La lutte ne s'engageait pas encore devant la Cour du Parlement ; l'Université la faisait porter dans le temple ; on préparait la multitude au désordre, on s'emparait de son deuil pour exciter ses colères. La reine-régente, le chancelier et l'Evêque de Paris crurent qu'il importait de mettre un terme à de pareilles violences ; le prélat publia une lettre testimoniale dont l'original est entre nos mains.

« Henri de Gondy, évesque de Paris, conseiller du roi en son conseil d'Estat privé, etc. :

» Comme ainsi soit que depuis le cruel parricide commis en la personne du feu Roi, que Dieu absolve, plusieurs bruits aient couru par cette ville de Paris au préjudice remarquable des Pères Jésuites ; nous, désireux de pourvoir à l'honneur et réputation de cet Ordre, ayant bien recognu que tels bruits ne sont provenus que de mauvaise affection fondée en animosité contre les dits Pères, déclarons par ces présentes à tous ceulx qu'il appartiendra, lesdits bruits estre impostures et calomnies controuvées malicieusement contre eulx au détriment de la Religion Catholique,

Apostolique et Romaine ; et que non-seulement les dits Pères
sont entièrement nets de tels blasmes, mais encore que leur
Ordre est, tant pour sa doctrine que par sa bonne vie, grandement utile à l'Eglise de Dieu et profitable à cet Estat. En foi de
quoi nous avons expédié ces présentes, que nous avons voulu signer de notre main et fait contresigner par notre secrétaire, et
fait mettre et apposer notre scel.

» Paris, ce vingt-sixième jour de juing mil six cens dix. »

L'affection que Henri IV marquait au Père Coton, la confiance
qu'il mettait en lui lorsqu'il le chargea de l'éducation religieuse
du dauphin, éducation à laquelle le Jésuite avait désiré que le
grand Pierre de Bérulle, son ami, présidât[1], persuadèrent aux
ennemis de la Compagnie que Coton était l'homme le plus dangereux à leurs projets. Le roi mort, il fallait le perdre dans
l'esprit de la régente, afin d'arriver plus facilement à la ruine de
l'Ordre entier. A son retour de La Flèche, il put lire le pamphlet intitulé l'*Anti-Coton* [2]. Alors, comme aujourd'hui, la calomnie avait toujours droit d'asile chez les ignorants et chez les
hommes qui ne prennent pas la peine de discuter un fait flattant
leurs préjugés ou leurs passions. La calomnie frappait à chaque
porte, bien assurée d'évoquer partout des esprits crédules. La vanité des uns, la haine des autres étaient intéressées à propager le
libelle ; car le Père Coton venait d'être déclaré confesseur du
jeune roi. L'accusation était grave, elle affirmait qu'une sentence
avait été prononcée contre lui à Avignon à cause d'un crime
dont il s'était rendu coupable : il ne s'agissait pas moins que d'un
commerce sacrilége qui aurait existé entre le Jésuite et une Religieuse. Parti de ce point, l'auteur de l'*Anti-Coton* renouvelait
les attaques déjà anciennes auxquelles la Société de Jésus s'était

---

[1] Le cardinal Pierre de Bérulle fonda en France la Congrégation de l'Oratoire.
Le Père Coton et la Mère Marie de l'Incarnation avaient d'abord conçu ce projet,
que leur ami commun réalisa plus tard. C'était, quant au fond, le même institut
que celui de saint Philippe de Néri ; mais il y a, dans la forme, plusieurs différences qui en font une congrégation particulière. Les Oratoriens, nés pour ainsi
dire d'une pensée jésuitique, se vouaient à l'éducation comme les enfants de
saint Ignace, qui ne paraissaient pas redouter la concurrence, puisqu'ils l'encourageaient.

[2] On croit que ce libelle est l'œuvre de Pierre Dumoulin, ministre protestant
de Charenton. Il est aussi attribué à Pierre du Coignet et à César de Plaix, avocat
d'Orléans. Il fut imprimé par les Calvinistes.

vue en butte. Coton se défendit ; il produisit mille attestations privées et publiques, ecclésiastiques et civiles, démontrant l'évidence du mensonge. « Cependant, dit Bayle le sceptique [1], il y a une infinité de gens qui n'ont pas laissé de le croire ; ils ont ajouté plus de foi à *l'Anti-Coton*, qui n'alléguait aucune preuve ni aucune attestation authentique, qu'au Père Coton, qui alléguait tout ce que les procédures juridiques les plus exactes pouvaient demander : cela ne peut être que l'effet d'une prévention outrée. »

Bayle ne s'occupe pas de justifier le confesseur du roi ; en habile adversaire de la Religion et de la Compagnie, il offre un plan d'attaque à ses imitateurs, et il ajoute : « Il est certain que les ennemis des Jésuites leur feraient beaucoup plus de mal s'ils mesuraient mieux les coups qu'ils leur portent ; car, dès qu'on entasse pêle-mêle les accusations bien fondées avec celles qui ne le sont pas, on favorise l'accusé, on lui donne lieu de rendre suspectes de faux celles qui sont véritables. Il faut être bien aveugle pour ne pas prévoir que plusieurs libelles qui paraissent tous les jours contre la Société lui fourniraient de bonnes armes ; si elle payait les auteurs pour publier de telles histoires, on pourrait dire qu'elle emploierait bien son argent. »

Le conseil de cet écrivain, qui a usé sa vie et un rare talent à protester contre tous les cultes, était sage ; mais il n'allait pas à des colères qui se transmettaient de génération en génération : il ne fut pas, il ne sera jamais suivi. En présence de charges matérielles se détruisant d'elles-mêmes, les Jésuites firent comme le Père Coton, ils se défendirent avec véhémence. Plusieurs docteurs de Sorbonne s'associèrent à leur justification ; Forgemoult, de Garil, Fortin et Du Val [2] publièrent, le 2 janvier 1611, une approbation de la *Réponse apologétique à l'Anti-Coton ;* on y lit : « Nous soubsignés, docteurs, certifions à tous et un chacun avoir veu et leu diligemment le présent livre intitulé *Réponse apologétique*, etc., et composé par un des Pères de la Compagnie de Jésus, et n'y

---

[1] *Dictionnaire historique et critique*, article *Loyola*.
[2] Du Val est un des personnages les plus savants du dix-septième siècle. Ce fut lui qui introduisit en France l'Ordre des Carmélites réformé par sainte Thérèse.

avoir rien trouvé qui ne fût conforme à la doctrine de l'Eglise
Catholique, Apostolique et Romaine, des Universités de la
Chrestienté, et en particulier de la Faculté de théologie de Paris ; au contraire, testifions y avoir remarqué plusieurs points
fort notables pour découvrir les ruses et calomnies des Hérétiques, qui, sous le nom de Jésuites, attaquent furieusement le
corps universel de l'Eglise. »

L'Eglise catholique, par la voix de ses pontifes, s'avouait
bien la vérité que proclamaient avec tant d'énergie les quatre
docteurs de Sorbonne ; elle couvrait de son bouclier l'Ordre
des Jésuites, que Henri IV n'était plus là pour venger ; mais
alors les passions que le Béarnais avait assoupies se réveillèrent
sur son tombeau, elles exigeaient une victime. Le 26 novembre 1610, Granger, recteur de l'Université, restitue au Parlement ce que le Parlement lui a offert. La cour judiciaire a déféré à l'Université l'ouvrage de Mariana ; le corps universitaire
lui dénonce le traité du cardinal Bellarmin *De Potestate summi
pontificis*. C'est un ouvrage de longue haleine et qui a besoin
d'être médité. Le Parlement le condamne dans la même ma-
tinée, comme renfermant des doctrines séditieuses et erronées.
Le Nonce du Saint-Siége porte plainte au conseil du roi ; le
conseil juge « l'arrêt de la cour trop hasté, » et il enjoint
qu'il soit sursis.

Par lettres patentes du 12 octobre 1609, Henri IV avait rendu
aux Jésuites le droit d'enseigner à Paris ; le 20 août 1610,
Louis XIII confirme l'autorisation accordée par son glorieux
père. Trois jours après, ces nouvelles lettres patentes sont
présentées à la cour judiciaire. Dans le même moment la Faculté de théologie s'assemblait ; elle s'opposait à leur vérification tant que les Jésuites ne se soumettraient pas aux statuts
universitaires. Un second procès s'engage, et La Martelière
pour l'Université, Montholon en faveur de la Compagnie, re-
commencent cette interminable guerre d'arguties dont Etienne
Pasquier et Versoris ont donné le signal. Il ne s'agissait pas de
justice contre les Jésuites ; c'était la rivalité qui plaidait, et
qui cherchait à tuer un concurrent plutôt par l'astuce que par
le droit. Après que La Martelière eut parlé contre l'Institut,

Pierre Hardivilliers, recteur de l'Université, harangua le Parlement, et, dans un latin d'une pureté cicéronienne, il lui fit entendre les doléances du docte corps [1] : « Cependant, Messieurs, disait-il, si vous jugiez devoir abandonner l'existence de l'Université à l'entraînement des Jésuites, commencez auparavant par déployer vos toges, recevez entre vos bras l'Université expirante, recueillez les derniers soupirs de celle qui vous a enfantés. Alors ce qui suivra la chute et la ruine de l'Université annoncera non-seulement par nous et par les regrets éternels des lettres, mais encore par vous, à la postérité, aux peuples, aux nations répandues sur tout le globe, que ce n'est pas nous qui avons manqué à l'Etat, mais que c'est l'Etat qui nous a manqué. » Le Parlement se laissa attendrir par ces images d'une éloquente douleur ; il n'avait pu condamner au feu un ouvrage de Bellarmin, il se rejeta sur celui du Père Suarez, qui, le 27 juin 1613, fut brûlé par la main du bourreau [2].

Il faut l'avouer, car l'histoire n'est que l'expression de l'opinion publique des siècles dont elle retrace les événements, alors l'Université ne trouvait d'écho que dans le Parlement. Les Jésuites étaient proclamés les plus aptes à élever la jeunesse, et la France ne voulait pas être plus déshéritée que les Dévoyés de l'Église de cette éducation dont les Pères savaient faire aimer le frein. En Allemagne, les Protestants modérés demandaient, par tendresse pour leurs enfants, des colléges de Jésuites, ils les dotaient ; les Catholiques français ne consentirent pas à rester en arrière. Lorsque le Parlement de Paris se constituait l'aveugle instrument d'une inimitié intéressée, les États-Généraux du royaume, assemblés à Paris au mois d'octobre 1614, ne crurent pas devoir s'astreindre à une semblable dépendance ; ils rencontraient dans les cahiers de deux ordres la demande qu'on va lire : « Il a été ordonné que l'article ci-devant, fait en faveur des Pères Jésuites et de leur établissement pour l'instruction et la lecture publiques en cette ville de Paris et pour l'érection d'autres nouveaux colléges ès autres villes du

1 *Recueil de Discours (Paris, 1612).*
2 Le livre du Père Suarez, écrit par ordre du Pape, avait pour titre : *De defensione fidei adversus Anglos.*

Royaume, sera mis et inséré dans les principaux et plus importants articles du cahier, et que messeigneurs, qui auront soin de la sollicitation des réponses, seront suppliés d'avoir en particulière recommandation à ce qu'une réponse favorable à l'effet dudit article soit au plus tôt accordée. »

Ces Etats-Généraux mettaient la nation face à face avec elle-même ; de profondes dissensions, des ambitions, des calamités de plus d'une sorte avaient travaillé les esprits. Le Clergé et la noblesse se montrèrent unanimes pour solliciter le rétablissement intégral de l'Ordre de Jésus. Par la sagesse de son gouvernement, Henri IV avait calmé les colères, chacun sentait le besoin de continuer son œuvre : le Clergé et la noblesse ne trouvèrent pas de moyen plus efficace que de livrer les générations naissantes à la Compagnie de Jésus. Le Clergé présenta au roi le vœu suivant, celui de la noblesse n'en est que la reproduction.

« Les grands fruits et notables services, dit le premier corps de l'Etat, que ceux de la Société des Jésuites ont faits et font journellement en l'Eglise catholique, et particulièrement en vostre Royaume, nous obligent de prier très-humblement Vostre Majesté qu'en considération des bonnes lettres et de la piété dont ils font profession, il lui plaise leur vouloir permettre d'enseigner et faire leurs autres fonctions dans leur collège de Clermont de cette ville de Paris comme ils faisoient autrefois, et, pour terminer toutes les oppositions et différends de l'Université et autres, mais pour ce regard, et pendant en vostre cour de Parlement, les évoquer à vous et à vostre Conseil, et en interdire la cognoissance à tous autres juges. Plaira aussi à Vostre Majesté, en les conservant ès lieux et endroits de vostre Royaume où ils sont maintenant, les accorder encore à ceux qui les demanderont à l'advenir, et prendre toute leur Compagnie en sa protection et sauvegarde comme il avoit plu au feu roi de faire. »

Armand de Richelieu, évêque de Luçon, qui sera bientôt le ministre-cardinal, fut choisi par les trois Ordres pour haranguer le roi après la tenue des États-Généraux. En termes qui faisaient pressentir le grand politique, il rappela au prince, dont il allait glorifier la couronne, les services que les Jésuites pouvaient rendre à la France. Louis XIII se conforma aux vœux exprimés, et il évoqua la cause de la réintégration de la Compagnie. Le 15 février 1618, il signa un arrêt qui la rétablissait; on lit dans les considérants :

« Sur le rapport fait au roi, étant en son Conseil, des cahiers des derniers États-Généraux tenus à Paris, par lesquels, en remontrant la nécessité de rétablir les Universités de ce Royaume en leur ancienne splendeur, et principalement celle de ladite ville, comme capitale et séjour ordinaire des rois, et en laquelle les plus grandes et célèbres compagnies de ce Royaume sont établies, à fin que son Université soit à l'avenir, comme autrefois elle a été, un séminaire de toutes charges et dignités ecclésiastiques et séculières, où les esprits des sujets de sa dite Majesté soient formés au culte divin, au zèle de la vraie Religion, en l'obéissance due aux rois, et au respect et révérence des lois et magistrats, lesdits Etats ont entre autres choses requis et supplié Sa Majesté, en considération des bonnes lettres et piété dont les Pères Jésuites font profession, leur permettre d'enseigner dans leur collège de Clermont et faire leurs fonctions ordinaires dans leurs autres maisons de Paris, comme ils ont fait autrefois, et évoquer à soi et à son Conseil les oppositions faites ou à faire au contraire ; et Sa Majesté, bien informée qu'autant que ledit exercice eût cessé audit collège, non-seulement la jeunesse de sa dite ville de Paris, mais aussi de toutes les parts du Royaume et de plusieurs provinces étrangères, étoit instruite en ladite Université aux bonnes lettres, et que maintenant au lieu de cette affluence, ladite Université se trouve quasi déserte, étant privée de la plus grande partie de toute ladite jeunesse que les parents envoyoient étudier en autres villes et hors du Royaume, faute d'exercices suffisants en ladite Université pour les sciences, dont sadite Majesté reçoit et le public un notable préjudice. »

L'Université se prétendait la fille aînée des rois très-chrétiens, elle les vénérait tant qu'ils obéissaient à ses caprices ; c'était une fille qui aspirait à gouverner son père. L'édit de Louis XIII la blessait dans ses intérêts et dans sa vanité ; elle s'y opposa. Le 1er mars 1618, elle décréta que nul ne jouirait du privilége de scolarité s'il n'avait étudié pendant trois ans sous les professeurs de l'Université. Ce monopole déplut au roi et à son conseil, car alors la liberté d'enseignement n'était pas un vain mot. Elle ne s'égarait pas dans la loi ; elle se trouvait gravée dans le cœur du monarque et dans la conscience publique. Louis XIII annula les dispositions prises par l'Université.

Cependant, au sein même des Etats–Généraux de 1614, la minorité du Tiers, ressentant déjà la pernicieuse influence du barreau, avait proposé un article dont la teneur devait être acceptée par tous les hommes chargés de l'instruction publique, par les prédicateurs et les bénéficiers : l'avocat–général Servin passa pour être l'auteur de cet article, astucieux résumé des libertés de l'Eglise gallicane. Rédigé en forme obligatoire, ce serment, sous prétexte de fidélité au roi, portait atteinte au pouvoir du Saint–Siége ; il mettait le Clergé en suspicion, et Servin avait bien calculé que les Jésuites refuseraient d'y souscrire. C'était un nouveau système d'hostilité dont un jour ou l'autre on espérait recueillir les fruits. L'Eglise gallicane, par la bouche du cardinal du Perron, l'ami et le conseiller de Henri IV, repoussa cet article, ainsi conçu :

« Pour arrêter le cours de la pernicieuse doctrine qui s'introduit depuis quelques années contre les Rois et puissances souveraines établies de Dieu, par esprits séditieux qui ne tendent qu'à les troubler et subvertir, le Roi sera supplié de faire arrêter en l'Assemblée de ses Etats, pour loi fondamentale du Royaume, qui soit inviolable ou notoire à tous, que, comme il est reconnu Souverain en son Etat, ne tenant sa couronne que de Dieu seul, il n'y a Puissance, quelle qu'elle soit, spirituelle ou temporelle, qui ait aucun droit sur son Royaume, pour en priver les personnes sacrées de nos Rois, ni dispenser ou absoudre leurs sujets de la fidélité et obéissance qu'ils lui doivent, pour quelque cause ou prétexte que ce soit ; que tous les sujets, de quelque qualité ou condition qu'ils soient, tiendront cette loi pour sainte et véritable, comme conforme à la parole de Dieu, sans distinction, équivoque ou limitation quelconque, laquelle sera jurée et signée par tous les Députés-des Etats, et dorénavant par tous les Bénéficiers et Officiers du Royaume, avant que d'entrer en possession de leurs Bénéfices et d'être reçus en leurs Offices ; tous Précepteurs, Régents, Docteurs et Prédicateurs tenus de l'enseigner et publier ; que l'opinion contraire, même qu'il soit loisible de tuer ou déposer nos Rois, s'élever ou rébeller contre eux, ni se soustraire de leur obéissance pour quelque occasion que ce soit, est impie, détestable, contre vérité et contre l'établissement de l'Etat et de la France, qui ne dépend immédiatement que de Dieu ; que tous Livres qui enseignent telle fausse et perverse opinion seront tenus pour séditieux et damnables ; tous étrangers qui l'écriront et publieront, pour ennemis jurés de la couronne; tous sujets de Sa Majesté qui y adhéreront, de quelque qualité ou condition qu'ils soient, pour rebelles, infracteurs des lois fondamentales du Royaume, et criminels de lèse-Majesté au premier chef ; et s'il se trouve aucun livre ou discours écrit par étranger, ecclésiastique ou d'autre qualité, qui contienne proposition contraire à ladite loi, directement ou indirectement, seront condamnés, et les Ecclésiastiques du même ordre établis en France obligés d'y répondre, les impugner et contredire incessamment, sans respect, ambiguïté ni équivocation, sur peine d'être punis des mêmes peines que dessus, comme fauteurs des ennemis de cet Etat. Et sera ce premier article lu par chacun an tant aux Cours souveraines qu'ès Bailliages et Sénéchaussées dudit Royaume, à l'ouverture des audiences, pour être gardé et observé avec toute sévérité et rigueur. »

Le 2 janvier 1615, du Perron parut à la chambre du Tiers-Etat, et il dit [1] :

« L'article a été dressé et proposé par mauvaises gens, ennemis de la Religion et de l'Etat, pour introduire Calvin et sa doctrine. Ces mauvaises gens veulent, sous l'autorité du Roi, combattre l'Eglise et ce qui est la vérité d'icelle, et apportent une doctrine qu'ils n'oseroient soutenir devant moi. »

Le cardinal-diplomate était un rude jouteur. Né Calviniste,

---

[1] *Harangue du Cardinal du Perron au Tiers Etat*, janvier 1615.

il avait été nourri dans la Réforme ; mais, en voyant ses inconséquences, il ne tarda point à l'abandonner. Son implacable
logique avait, en présence d'Henri IV, terrassé Mornay,
le *pape des Huguenots*, et en face du Tiers–Etat il jetait le
gant du défi aux auteurs ou aux partisans de cet article. Personne ne se leva pour répondre. Quelques jours après, le
Tiers le retrancha des cahiers que les Etats–Généraux avaient
mission de remettre au roi : le Tiers répudiait ce formulaire.
Sur la requête de l'avocat-général Servin, le Parlement s'en
empara ; il l'autorisa. Comme trois ans auparavant, il essaya de
contraindre les Jésuites à accepter cette doctrine, qu'il réduisit
en quatre articles. Les Pères de la Compagnie répondirent
par écrit :

« Nous supplions très-humblement la Cour d'avoir pour
agréable que nous ne tenions ni signions autre chose touchant
ces quatre articles que ce que tiendront et signeront les Prélats, les Universités et les autres Ordres religieux antérieurs au
nostre. »

Cette fin de non-recevoir, cachée sous une habile modestie,
jetait le Parlement dans une étrange perplexité ; le conseil de
régence l'en tira. Le roi, partie au moins aussi intéressée dans
la question que Servin et sa cour judiciaire, annula le décret
qu'elle avait rendu.

Ces discussions, dont la cour et Paris seuls étaient le théâtre,
n'arrêtaient point l'essor que Henri IV avait fait prendre aux
Jésuites. Il fallait réparer les maux de la guerre civile, ramener
la paix dans les familles, encourager les Catholiques, convertir
les Protestants, et former enfin une génération qui ne placerait
pas sa gloire et sa prospérité dans les discordes intestines.
Henri-le-Grand et Richelieu comprirent que l'éducation était
le frein le plus salutaire à opposer aux ambitions se couvrant du
zèle de la Foi ou de l'amour de la patrie. Ce fut afin d'amor-
tir ces effervescences, tantôt justes, tantôt coupables, mais toujours nuisibles, que les Jésuites se virent investis de la confiance
illimitée du monarque et de son conseil.

L'éducation donnée par l'Université ne réalisait point le plan
d'union qu'on se traçait ; l'Université produisait des savants,

elle ne créait pas des citoyens. Elle développait l'amour des belles-lettres, elle enseignait les sciences ; mais, gangrénée par le mélange des systèmes qui se glissaient au centre même de la corporation, ayant tour à tour pour chefs le protestant Ramus et le catholique Hardivilliers, le royaliste Jacques d'Amboise et Edmond Richer à la parole républicaine, elle ne proposait jamais une doctrine uniforme, elle n'avait pas de plan suivi. Elle errait dans le bien comme dans le mal, un jour favorisant l'anglais vainqueur et livrant Jeanne d'Arc à ses bûchers [1] ; le lendemain, exaltant la victorieuse Pucelle, et se mettant, en religion comme en politique, toujours du côté de celui qui triomphait. Ces soubresauts perpétuels, cette alliance adultère de principes, devenaient un sujet d'inquiétudes pour les esprits réfléchis.

L'Institut de Jésus avec sa surbordination offrait un parfait contraste : il était si constant dans ses maximes et dans ses règles que les diverses races de Jésuites se transmettaient les traditions de l'enseignement comme un père lègue son nom à ses enfants. L'hésitation n'était même plus permise : les uns, en effet, semblaient faire vœu de fortune et d'orgueil ; les autres se consacraient à l'indigence et à l'humilité. Henri IV se montra roi en acceptant les Jésuites comme les maîtres propres à gouverner la jeunesse ; la France tout entière se fit gloire de recueillir l'héritage que lui offrait le Béarnais. Il y eut émulation pour fonder des collèges de la Compagnie et pour lui laisser le droit d'exercer son apostolat.

Le Père Jean de Suffren, prédicateur célèbre de son temps, était choisi comme confesseur de la reine-régente ; le Père Marguestaud dirigeait la conscience de la princesse Elisabeth.

---

[1] Au moment où Jeanne d'Arc allait être vendue à l'anglais, l'Université écrivait au duc de Bourgogne et à Jean de Luxembourg : « Vous avez employé votre noble puissance à appréhender icelle femme qui se dit *la Pucelle*, au moyen de laquelle l'honneur de Dieu a été sans mesure offensé, la foi excessivement blessée et l'Eglise trop fort déshonorée ; car, par son occasion, idolâtrie, erreurs, mauvaise doctrine et autres maux inestimables se sont ensuivis en ce royaume. Mais peu de chose seroit avoir fait telle prinse, si ne s'ensuivoit ce qu'il appartient pour satisfaire l'offense par elle perpétrée contre notre doux Créateur et sa Foi et sa sainte Eglise avec les autres méfaits innumérables. Et si seroit intolérable offense contre la majesté divine, s'il arrivoit que cette femme fût délivrée. » (*Essai sur les Mœurs*, OEuvres de Voltaire, x^e vol., p. 565, édit. de *Genève*.)

Le prince de Condé, revenu à la foi de ses ancêtres, et le maréchal de la Châtre couvraient les Jésuites de leur protection dans le Berry. En Picardie, le duc de Longueville favorisait leur extension ; le cardinal de Joyeuse, archevêque de Rouen, leur fondait une résidence à Pontoise et un séminaire dans sa ville archiépiscopale. Ils réunissent à leur Collège de Paris ceux du Trésorier, des Cholets, de Bayeux, de Laon, de Narbonne, de Dormans-Beauvais, du Plessis, de Marmoutiers, de **Reims**, de Séez et du Mans ; ils créent de nouvelles maisons à **Lyon**, à Amiens, à Vendôme, à Sens, à Blois, à Angoulême, à **Poitiers** et dans d'autres villes. Quelques années plus tard, en **1621**, Julie de Clèves, duchesse de Guise, les établit à **Eu**. Leurs collèges ne sont pas assez vastes pour contenir les étudiants qui se pressent à tous les cours. Pendant ce temps, les provinces auxquelles ils ne peuvent encore fournir des maîtres dans les sciences humaines reçoivent comme avant-coureurs des Missionnaires qui les préparent par la Foi au bienfait de l'éducation. Les Jésuites se portent sur les points où la Réforme a causé les ravages les plus intenses. Ils sont à Caen, ils sont à Rennes ; la Saintonge entend leur voix, ainsi que la Gascogne. A Lectoure, le Père Regourd ouvre des conférences avec Daniel Chamier, pasteur protestant ; et les Catholiques et les Dévoyés y assistent : Fontrailles, gouverneur de la ville, et son épouse sont présents à ces entretiens, qui durèrent cinq jours. Chamier, vaincu, prend la fuite ; le comte et la comtesse de Fontrailles, qui professaient le Calvinisme, rentrent dans le giron de l'Église ; leur exemple entraîne un grand nombre de sectaires. Le **25** août **1618** fut un beau jour pour la France : la fête du saint roi Louis IX se célébra solennellement, elle était enfin de précepte pour le monde catholique. Le roi, son petit-fils, alla honorer dans l'église de Saint-Louis des Jésuites le nouvel élu que le Souverain-Pontife proposait à la vénération des fidèles.

« Quand l'hérétique, lit-on dans une ancienne chronique [1], se trouve le plus faible en quelque lieu, il fait le marmiteux, ne prêche que paix et douceur ; mais quand il se sent avoir l'ad-

---

[1] *Histoire véritable de ce qui s'est passé à Aix en Allemagne* (Paris, 1611).

vantage, alors il léve le masque de son hypocrisie, et, par voye de fait (tout droit soubs les pieds), tasche de se rendre le maistre : car, portant gravé dans son cœur ce principe de leur Religion enseigné par Calvin, au sermon IX sur Daniel, que la liberté de l'Eglise se gagne et se conserve par les armes, il feroit conscience de ne le mettre en pratique. » Ce n'est pas seulement aux Protestants que s'appliquent ces naïves paroles. Tous les partis qui aspirent au pouvoir ou qui en sont écartés subissent cette éternelle condition ; ils se condamnent à la modération et à la paix jusqu'au jour où la force leur donnera la faculté de se venger, et où la liberté conquise pour eux leur permettra de réduire les autres à l'esclavage. Mais, dans ce temps-là, les Dévoyés d'Allemagne étaient seuls en mesure de s'insurger contre l'autorité ; ils en profitaient pour mettre à sac les colléges des Jésuites. Les Catholiques étaient les adversaires de l'hérésie, l'hérésie les combattait ; les Jésuites étaient ses ennemis les plus redoutables, l'hérésie cherchait à les rendre les premières victimes de ses massacres : aussitôt après elle répandait en Europe le bruit que les peuples avaient fait justice de ces hommes avides, intrigants et cruels. Les villes d'Aix-la-Chapelle et de Prague retentirent d'accusations nées à la suite de semblables événements.

Le 5 juillet 1611, les Anabaptistes, les Luthériens et les Calvinistes, qui habitaient la vieille cité de Charlemagne, projettent d'enlever des prisons quelques-uns de leurs coreligionnaires ; ils s'emparent de l'hôtel-de-ville et des magistrats. Une fois maîtres de la place, ils dirigent leurs coups contre les Pères : trois Jésuites, Jean Fladius, Nicolas Smith et Barthélemy Jacquinot, supérieur de la Maison-Professe de Paris, sont rencontrés dans les rues par cette émeute de Protestants ; elle les poursuit, elle s'acharne sur eux, elle a soif de leur sang. Les citoyens paisibles les arrachent à la fureur des Huguenots qui, au milieu de la nuit, vont assiéger la maison de la Compagnie : le Père Philippe Bebius veut haranguer la foule, il est percé de coups, et l'insurrection pénètre dans le Collége. Les Jésuites sont ses captifs, elle les entraîne à l'hôtel-de-ville pour les immoler ; mais là on apprend qu'il y a parmi eux un Français. Le nom de la France était grand et respecté ; elle ne laissait pas impunément outrager et massacrer ses enfants, même lorsqu'ils appartenaient à l'Ordre des Jésuites. Les hérétiques allemands veulent séparer sa cause de celle de ses frères, ils lui rendent la liberté ; mais Jacquinot déclare qu'il ne l'acceptera que pour en faire jouir les autres prêtres de la Compagnie, aussi innocents que lui : ils seront tous libres ou ils mourront tous ensemble. Cette fermeté intimida les rebelles : pendant ce temps, les Catholiques se réunissaient, des troupes arrivent pour prêter main-forte à l'autorité, et les Pères purent rentrer le 4 décembre dans leur maison dévastée, et dans leur église, où les Protestants s'étaient livrés à de sacrilèges orgies.

Le souvenir de la France, évoqué dans une sédition allemande, avait sauvé les Jésuites. La même année, ils ne furent pas aussi heureux à Prague : il était impossible d'articuler un fait à la charge des Pères d'Aix-la-Chapelle, les sectaires de Prague montrèrent un esprit plus fertile en inventions.

Jean-Guillaume, duc de Juliers et de Clèves, étant mort, une guerre s'alluma entre ses héritiers de Neubourg et de Brandebourg. Léopold d'Autriche, évêque de Passau, reçoit mandement de l'Empereur de se rendre à Juliers à la tête d'une armée. Les deux prétendants se liguent contre le pacificateur qu'on leur impose ; ils le repoussent, et ses troupes se concentrent autour de Prague. Les Hussites et les Luthériens, toujours prêts à tirer parti des discordes civiles, s'arment aussitôt. Sous prétexte de chasser les Impériaux, ils se portent à tous les excès ; le célèbre couvent des Bénédictins, ceux des Frères-Prêcheurs et des Chanoines-réguliers sont saccagés ; ils élèvent un bûcher avec les statues des saints qu'ils ont brisées, et ils y précipitent quatorze Franciscains qu'après toute sorte d'outrages ils viennent de dépouiller de leurs vêtements.

On avait brûlé des Religieux sans aucun motif plausible, on dévastait leurs couvents : le Collège des Jésuites se vit exposé aux mêmes désastres. La cité était soulevée ; les Protestants annoncent que trois cents soldats et un dépôt d'armes se trouvent cachés dans cet établissement : la populace accourt, elle brise, elle détruit tout. Dans ce sac d'un collége, personne ne songea aux armes et aux trois cents soldats qui servaient de prétexte aux fureurs des uns, à l'avidité des autres. Les Catholiques avaient pu arracher les Pères au sort dont ils étaient menacés, l'hérésie se contenta de les ruiner ; mais quand sa colère fut apaisée, elle s'occupa de la légitimer en propageant la fable qu'elle avait inventée à Prague. La fable était absurde ; les magistrats le constataient, le bon sens l'indiquait ; mais c'était une calomnie des Protestants, elle a été acceptée par tous les esprits crédules. Schiller ne s'est pas senti ce triste courage, et dans son *Histoire de la guerre de trente ans*, il se montre plus équitable que ses coreligionnaires. Il dit[1] : « Les Jésuites, que la haine publique désignait comme les auteurs de toutes les mesures oppressives du gouvernement, furent entièrement bannis du royaume, et les Etats de Bohême jugèrent nécessaire de se justifier de cet acte rigoureux par un manifeste. Ils prétendaient n'avoir eu pour but en tout cela que le maintien de l'autorité royale et des lois : langage ordinaire des rebelles, tant que la fortune ne s'est pas prononcée en leur faveur. »

Les Dévoyés ne s'acharnaient pas seuls sur la Compagnie de Jésus ou sur les doctrines de ses membres. Bellarmin, pour le même ouvrage, avait été condamné par Sixte-Quint, comme n'accordant pas au Souverain-Pontife la plénitude de ses droits, et par la cour judiciaire de Paris, comme attribuant au Saint-Siége un pouvoir excessif. D'autres livres de théologie et de morale, composés par les Jésuites, remuaient le monde savant, parce qu'ils jetaient dans la circulation des idées nouvelles ou des principes plus appropriés aux circonstances. Le Père François Suarez, « en qui, comme l'on sait, on entend toute l'école moderne, » selon la parole de Bossuet ; et qui, au dire de Grotius, « était si profond philosophe et théologien qu'à peine était-il possible de trouver son égal, » avait traité les matières les plus ardues. On le condamnait en France comme fanatique soutien de Rome ; en Espagne et à Rome il était dans le même temps accusé de révolte intellectuelle. La controverse qu'il avait fait naître

1 *Histoire de la Guerre de trente ans*, par Schiller, p. 64 (Munich, 1831.)

eut trop de retentissement, elle a toujours été exposée avec trop
de mauvaise foi pour que nous ne cherchions pas à la mettre
sous son véritable jour : c'est une question de théologie, mais
une question qui intéresse la Chrétienté.

Plusieurs docteurs enseignaient qu'un prêtre peut absoudre
une personne absente. Clément VIII, par un décret du 20 août
1602, déclara qu'il n'était pas permis de se confesser par lettre,
par interprète ou par d'autres intermédiaires, à un prêtre qui
n'est pas présent. Le Jésuite Emmanuel Sa était le seul de la Société qui eût donné cette opinion comme non dénuée de proba-
bilité. Suarez combattit le système émis ; mais lorsque le décret
pontifical eut paru, le Jésuite chercha à l'expliquer. Il prétendit
qu'un ecclésiastique présent pouvait absoudre un chrétien qui se
serait confessé, de quelque manière que ce fût en son absence,
par un signe de foi ou de repentir.

Cette doctrine, qui expliquait un décret pontifical et qui lui
attribuait un sens qu'il n'avait peut-être pas, parut étrange ;
les Universités d'Espagne, les chaires des professeurs d'Italie en
retentirent. La décision de Clément VIII semblait attaquée : Clément VIII nomma une commission de théologiens pour examiner
le livre de Suarez. La proposition du Jésuite fut censurée comme
équivoque. Suarez n'avait pas cru qu'elle pourrait faire un
pareil bruit ; mais, en apprenant que le Pasteur suprême repoussait le principe posé dans son ouvrage, Suarez s'empressa
d'adhérer à la sentence ; il effaça la théorie qu'il avait combinée
avec la puissance de sa raison. Dominique Grimaldi, Nonce
apostolique à Madrid, avait approuvé Suarez ; il lui conseille
d'aller se justifier auprès du Pape. A son arrivée, le Jésuite ne
trouva plus sur la Chaire de saint Pierre le Pontife qui l'avait
blâmé : Paul V avait succédé à Clément VIII. Paul V écouta les
motifs que Suarez faisait valoir : il les adopta, et, dans le
Rituel romain qu'en 1614 le Saint-Siége fit publier, il consacra
l'idée du Jésuite. On autorisa les prêtres à absoudre ceux qui,
par suite de maladie ou d'accident ayant perdu l'usage de la
parole, auraient donné des signes de Christianisme, signes dont
des témoins attesteraient à l'Ecclésiastique la manifestation.

Tandis que la Compagnie, après tant d'assauts, recouvrait

dans le royaume des Bourbons et en Allemagne l'influence que des causes si diverses lui avaient momentanément ravie, celui à qui, après Dieu et Henri IV, elle était redevable de cette réaction, expirait à Rome.

Le poids des années et des travaux épuisait les forces d'Aquaviva; mais son esprit toujours lucide, sa vigoureuse constitution faisaient espérer qu'il pourrait jouir du bonheur préparé par tant de tribulations, acheté au prix de tant de fatigues. Aquaviva venait, pour ainsi dire, de traverser l'âge de fer de la Compagnie; son successeur était destiné à gouverner sous l'âge d'or. Le 24 janvier, le Père Claude se sentit atteint d'une violente douleur; il reçut cet avertissement de la mort sans crainte et sans tristesse. Après avoir béni toute la Compagnie de Jésus dans la personne des Pères qui l'assistaient à sa dernière heure, il s'endormit doucement dans le Seigneur, le 31 janvier 1615.

Il n'y eut qu'une voix à Rome et partout pour proclamer, après le Souverain-Pontife, que l'Eglise et la Société de Jésus perdaient un grand homme. Dans la sphère d'où il ne consentit jamais à sortir, Claude Aquaviva se vit mêlé aux événements les plus extraordinaires; il lutta avec Sixte-Quint, il tint tête à Philippe II d'Espagne, il combattit Elisabeth d'Angleterre, il fut l'ami d'Henri IV de France. Sous son généralat, qui a duré trente-quatre années, il entendit gronder au-dessus et au-dessous de lui beaucoup d'orages qui menaçaient d'emporter la Société de Jésus. Il résista à ces tempêtes de la puissance, de l'orgueil et de l'insubordination; il y résista soit avec respect, soit avec énergie, mais toujours avec cette modération, le plus éclatant caractère de la force. Il fut doux et sévère, et, si l'Ordre de Jésus doit sa naissance à Ignace de Loyola, c'est incontestablement à Aquaviva qu'il est redevable de son éducation. Au milieu des difficultés qui assiégèrent l'administration du Père Claude, il sut donner à la Compagnie la plus habile extension. « Elle est redevable à Aquaviva plus qu'à tout autre, dit le philosophe d'Alembert [1], de ce régime si bien conçu et

---

[1] *Destruction des Jésuites,* par d'Alembert, p. 28 (édition de 1765).

si sage qu'on peut appeler le chef-d'œuvre de l'industrie humaine en fait de politique, et qui a contribué pendant deux cents ans à l'agrandissement et à la gloire de cet Ordre. » En effet, à la mort du Général, les Pères s'étaient tellement multipliés que l'on comptait treize mille Jésuites répandus dans le monde ; ils possédaient cinq cent cinquante maisons réparties en trente-trois provinces.

Le Père Ferdinand Alberus, assistant d'Allemagne, avait été désigné par Aquaviva mourant pour exercer les fonctions de Vicaire-Général ; son premier soin fut d'indiquer la convocation de la septième assemblée des Profès pour le 5 novembre 1615. Soixante-quinze membres s'y trouvèrent. Aquaviva, comme tous les hommes qui vivent longtemps à la tête des affaires, avait fini par dompter les rébellions et les mauvais vouloirs ; à peine eut-il disparu que le levain comprimé par une main vigoureuse essaya de fermenter. Les Espagnols croyaient que l'autorité allait faire retour à leur nation ; mais, s'étant convaincus que le Père Mutio Vitelleschi réunirait la majorité des suffrages, ils sollicitèrent l'intervention des ambassadeurs de France et d'Espagne. Le duc d'Estrées refusa son concours. Ferdinand de Castro les écouta d'abord avec faveur : quand il s'aperçut de l'irrégularité d'une pareille brigue, il n'osa pas la seconder. Les appuis diplomatiques leur manquaient, ils s'adressèrent au Saint-Siége ; ils lui firent entendre des plaintes amères contre Vitelleschi.

Paul V était un pontife dont la perspicacité se laissait rarement mettre en défaut ; il répondit à ces griefs : « Si Vitelleschi est tel que vous le dépeignez, rassurez-vous, il ne sera pas élu Général ; je n'ai donc pas besoin de m'occuper de cette nomination. »

Le 15 novembre, le Père Mutio, né à Rome le 11 décembre 1563, fut choisi par trente-neuf suffrages sur soixante-quinze pour succéder à Claude Aquaviva. Il était Provincial d'Italie, et il avait exercé avec succès les principales fonctions de l'Ordre.

Le 26 janvier 1616, la Congrégation, où l'on remarquait les Pères Confalonieri, Théodore Busée, Christophe Balthasar, Ca-

rillo, Mascarenhas, Jacques de la Croix, Spinelli, Bernard de Angelis, Nicolas Trigault et Laurent de Paulis, termina ses travaux;
elle avait rendu cent un décrets : le 13e et le 84e ont seuls une
importance historique. Par le premier, il est défendu aux Jésuites de se charger des affaires de leurs parents ni d'aucun
étranger ; ils ne peuvent travailler à leur procurer des dignités, soit ecclésiastiques, soit séculières, sans une permission
expresse du Général. La Congrégation, cherchant à lier les
mains du Général lui-même, recommande au chef de l'Institut de n'accorder cette permission que dans des cas rares et
graves.

La teneur de ce décret a quelque chose d'absolu ; il semble
vouloir frapper les familles d'ostracisme, ou réduire les Jésuites
à n'être que le moins possible bons parents. Il tue en germe
ces affections domestiques qui, au seizième siècle, avaient compromis l'ascendant que les Souverains-Pontifes et le Clergé
méritaient à tant de titres. Les Jésuites ne censurent pas la conduite des autres ; ils n'ont point d'acerbes paroles pour déplorer
les résultats du népotisme, ils s'efforcent de l'extirper. Au moment où plus d'un Père était appelé à diriger la conscience des
princes et des grands, une semblable mesure ne manquait ni de
sagesse ni de prévision.

Dans le second, la Congrégation énumère toutes les opérations qui ont une apparence de commerce : par ce seul motif,
elle en interdit l'usage aux membres de la Société de Jésus.
C'est répondre d'avance aux censeurs partiaux et aux injustices
calculées qui essaieront d'expliquer la grande œuvre des Missions par un âpre désir de lucre.

Quand l'assemblée des Profès eut pris ses mesures contre le
présent et contre l'avenir, elle se retira, laissant à un nouveau
Général la tâche facile de régulariser le bonheur. La Compagnie
de Jésus allait, pendant plus d'un demi-siècle, tout voir sourire
à ses vœux. Elle devenait la favorite des papes et des rois, la
confidente de leurs ministres, la directrice en quelque sorte de
l'esprit public. Nous l'avons vue aux prises avec des préventions, avec des périls, avec des hostilités de toute espèce ; elle
a vaincu pour un temps ses antagonistes, ses rivaux et ses en-

nemis : il lui en reste un plus difficile à dompter, c'est la prospérité.

CHAPITRE III.

Xogun II empereur du Japon. — Sa politique à l'égard des Chrétiens et des Jésuites. — Supplice du Père Machado. — Le Père Spinola est arrêté. — Son interrogatoire. — Horrible prison dans laquelle il est renfermé avec d'autres Religieux. — Leurs chants de joie. — Les Jésuites Japonais aussi courageux que les Européens. — Cruautés des ministres de Xogun. — Mort des Pères Barretto et Fonseca. — Arrivée du Père Borgès. — Les Hollandais et les Anglais protestants s'unissent aux idolâtres dans un intérêt de négoce et de prosélytisme luthérien. — Martyre du Père Spinola et des Chrétiens. — Le petit Ignace et sa mere. — Bref d'Urbain VIII aux Japonais. — Martyre du Père de Angelis. — Persécution générale sous Xogun. — Diégo Carvalho et ses Chrétiens meurent dans un étang glacé. — Les Protestants conseillent à Xogun d'inventer de nouveaux supplices. — Martyre des Pères de Couros, Borgès d'Acosta et de plusieurs autres. — Le Père Sébastien Vieira. — Ses travaux. — Le Père Christophe Ferreira renonçant au Christ à la vue des supplices. — Le Père Mastrilli part de Rome pour l'arracher à l'apostasie. — Sa mort. — Le Père Rubini se dévoue comme Mastrilli; il périt comme lui. — Ferreira reconnaît sa lâcheté. — Il meurt dans les supplices. — Les Hollandais et les Anglicans font fermer à tous les Catholiques l'entrée du Japon. — Les Jésuites en Chine. — Le Père Ricci élevé par le Père Valignani. — Il pénètre en Chine. — Croyances des Chinois. — Commencements de la Mission. — Ses difficultés. — C'est par la science que les Jésuites conduisent les Chinois à la Foi. — Ferveur des néophytes. — Le Père Ricci la modère. — Il prend le costume des lettrés. — Il s'efforce d'aller à Pékin. — Soupçons des mandarins. — Ricci fonde la chrétienté de Nankin. — Progrès de la Religion. — Le Jésuite est bien accueilli par l'empereur Van-Lié. — Son nom acquiert de la popularité. — Il convertit des mandarins célèbres. — Le peuple veut à son tour connaître la nouvelle loi. — Les Pères Cataneo, Pantoya, Diaz et Longobardi répandent la foi dans les provinces. — Les lettrés sont jaloux de voir le peuple appelé comme eux à l'Évangile. — Ricci leur fait comprendre l'égalité chrétienne. — Martinez tué à Canton. — Ricci établit un noviciat à Pékin. — Ses travaux et sa mort. — Persécution à Nankin contre les Jésuites. — Edit de bannissement rendu contre les Pères, et mort de Van-Lié. — Invasion des Tartares. — Le Père Adam Schall. — L'empereur le charge du calendrier. — Schall fait révoquer l'édit de bannissement. — Les Dominicains pénètrent en Chine. — Différends religieux. — Leurs causes et leurs effets. — Les Tartares appelés au secours de l'empereur s'emparent du trône. — Le Père Le Faure. — Guerre civile à la Chine. — Les Jésuites dans les deux camps. — Le Père Coffler et le Père Schall. — L'impératrice se fait chrétienne. — Sa lettre au Pape et le Père Boym. — Yun-Lié est vaincu. — La dynastie de Tsing. — L'empereur Chun-Tchi témoigne de l'amitié au Père Schall. — Le Père Schall devient son confident et son favori. — Il est créé mandarin et président des mathématiques. — Mort de Chun-Tchi. — Persécution contre les Missionnaires. — Mort du Père Schall. — Les Missionnaires prisonniers à Canton.

En Europe, la Société de Jésus entrait dans son ère de félicité ; au Japon, c'était par les tortures que cette félicité s'annonçait. Xogun, le nouvel Empereur, se vit, à son avénement, sur-

chargé de tant de soins qu'il oublia les Chrétiens et les Jésuites.
Ce fut un temps d'arrêt pour les persécuteurs, un jour de repos
pour les néophytes, quelques mois de consolation pour les
Pères. On ne tourmentait plus les fidèles : sous divers dégui-
sements trente-trois Jésuites rentrèrent dans le pays. Avec cette
persistance de toutes les heures qui a quelque chose de plus
admirable que l'intrépidité, et qui triomphe à la longue des
obstacles les plus invincibles, ils reprenaient dans l'ombre
l'œuvre que Daifusama avait entravée. Ils évitaient l'éclat, mais
les coups portés par eux à l'idolâtrie n'en retentissaient pas
moins au cœur des Bonzes. Les Jésuites demandaient aux Instituts qui se disaient leurs rivaux de suivre la même marche.
Emportés par un zèle que la prudence n'autorise que dans les
cas désespérés, les Missionnaires des autres Ordres pensaient
que la lumière évangélique ne devait pas rester sous le bois-
seau, ils proclamaient qu'il fallait ouvertement prêcher le Christ
ou mourir pour confesser sa divinité.

Sur ces entrefaites, le bruit se répand au Mexique qu'un
traité de commerce est conclu entre les Espagnols et Xogun-
Sama. Les Japonais sont prêts, assure-t-on, à recevoir les Missionnaires catholiques qui se présenteront, à l'exception des
seuls Jésuites. Vingt-quatre Franciscains, confiants dans cette
rumeur, débarquent dans l'île de Niphon vers la fin de 1616. La
colère assoupie du fils de Daifusama se réveille ; Xogun croit
que ces Franciscains sont les émissaires de l'Espagne et les
précurseurs d'une expédition européenne. Il fulmine un décret
plus menaçant que ceux mêmes rendus par son père ; il prononce peine capitale contre chaque Japonais qui offrira asile à
un Missionnaire, et la mort atteindra les habitants des dix
maisons les plus voisines du lieu où sera caché un prêtre. Les
Jésuites n'avaient pas besoin de faire leurs preuves, il y avait
longtemps qu'au Japon ils souffraient de toutes les privations.
Ce martyre, qui exige peut-être plus de force morale que le
courage affrontant des tortures de quelques heures, ce martyre
continu fut accusé de lâcheté. Afin d'entretenir la Foi chez leurs
néophytes et de calmer la colère de Xogun, les Jésuites se
résignaient à une misérable existence, qui souvent s'achevait

dans les supplices. Ils fuyaient, ils se cachaient. Les Franciscains,
ne voulant pas s'astreindre à une vie passée dans les forêts, dans
les cavernes, dans les marais, ou plutôt obéissant à cet entraînement qui pousse certaines âmes privilégiées vers l'éclat,
osèrent braver les édits de l'Empereur. Les pasteurs étaient hé-
roïquement imprudents, le troupeau ne sauva même pas les
apparences. Les injonctions de Xogun furent publiquement
méprisées : Xogun en tira vengeance.

Ce monarque ne croyait pas encore pouvoir priver ses Etats
du commerce des Portugais. Nangasaki était une ville neutre où
les Chrétiens professaient librement leur culte ; mais, en face
de cette ferveur qui ne s'arrête pas devant ses menaces, Xogun
comprend que les demi-mesures ne seront qu'un palliatif inutile.
Il mande à Sancho, prince d'Omura, de faire saisir tous les
Missionnaires résidant à Nangasaki. Sancho, fils de Sumitanda,
s'était montré jadis aussi pieux que son père ; la crainte de
perdre sa couronne l'avait rendu apostat presque malgré lui :
Sancho obéit. Les Jésuites se dispersent, mais le Père Jean
Machado tombe entre les mains des soldats, on le jette dans un
cachot avec le Franciscain Pierre de l'Ascension ; le 21 mai 1617,
leurs têtes roulent sous le glaive. Trois jours après, la faiblesse
du prince d'Omura est acculée dans ses derniers retranchements
par l'ardeur de deux Religieux. Un Dominicain et un Augustin,
à la vue même de Sancho, élèvent une chapelle, ils y célèbrent
la messe. Cette provocation devenait inquiétante pour lui ; le
Dominicain et l'Augustin la paient de leur vie. D'autres Missionnaires, coupables de la même énergie, subissent le même sort.

Vers le Bungo, le Père Navarro, caché au fond d'une caverne, n'en sortait que pour confirmer les catéchumènes dans
la Foi. Plus loin, le Père Porro leur enseignait à souffrir ; il
contenait leur impétuosité en leur apprenant qu'il ne faut dévouer
sa vie au supplice que lorsque la persécution en fait un devoir.
L'île de Niphon, la plus riche de l'empire, abritait les Pères Bal-
thazar Torrès, Emmanuel Barreto, Benoît Fernandez et Diégo
Yuqui, Jésuite japonais. De là ils se répandaient dans les environs de Sacai, d'Ozaca et de Méaco ; Yuqui osa même pénétrer dans le désert où cinq princes chrétiens avaient été exilés.

Le Père Jérôme de Angelis et le Père Carvalho, sous l'habit de marchands, parcouraient les montagnes du Voxuan; ils consolaient les uns, ils fortifiaient les autres, ils multipliaient partout le nombre des Chrétiens; car le mystère a toujours un attrait irrésistible sur les cœurs. Xogun s'avouait ce progrès : pour le comprimer, il fit couler le sang; les capitales du Bungo, du Chicungo et du Naugato en furent inondées.

Un voyageur célèbre, Engelbert Kaempfer, qui, protestant lui-même, a écrit avec tous les préjugés de sa secte, constate cet enthousiasme. « La persécution la plus large dont il soit fait mention dans l'histoire, ainsi s'exprime Kaempfer [1], ne parut pas d'abord avoir l'effet que le gouvernement en attendait; car, quoique selon les lettres des Jésuites 20,570 personnes eussent souffert la mort pour la Religion chrétienne dans la seule année 1590, les années suivantes, lorsque toutes les églises étaient déjà fermées, ils firent 12,000 prosélytes. Les écrivains du Japon ne nient pas que le jeune Empereur Fideyoro, qui, en l'année 1616, fut mis à mort par son tuteur usurpant le trône sur lui, ne fût soupçonné d'être catholique, et que la plus grande partie de la cour, de l'armée et des officiers ne fissent profession du même culte. La joie avec laquelle les nouveaux convertis souffraient tous les tourments imaginables et le trépas le plus cruel plutôt que d'abjurer la Religion de leur Sauveur, excita la curiosité de plusieurs personnes voulant savoir quelle était cette doctrine qui donnait tant de félicité à ses sectateurs dans les transes de la mort. Ils n'en furent pas plus tôt instruits qu'ils parurent enflammés de persuasion et de consolation, et que plusieurs résolurent de l'embrasser. »

Ainsi, de l'aveu même de cet historien qui n'est pas sans autorité parmi les hérétiques, ce n'était pas le fanatisme, mais la conviction née à la vue des tortures, qui enfantait de nouveaux disciples au Christ. On en tuait pour anéantir le Catholicisme : le Catholicisme germait et se fécondait dans le sang.

Le Père Spinola, caché à Nangasaki, était l'âme de ces travaux apostoliques; il est arrêté avec le frère coadjuteur Am-

---

[1] *Histoire du Japon*, par Kaempfer, t. II, p. 166.

broise Fernandez ; on les charge de fers, on les traîne devant
le tribunal du gouverneur. Spinola n'a rien fait pour provoquer
le courroux de Xogun ; la persécution va le frapper. Spinola
sent que la prudence qu'il a tant recommandée cesse à l'aspect
des magistrats ; il parle avec une dignité pleine d'assurance. Le
gouverneur lui dit : « Vous saviez que Xogun–Sama vous défend de résider dans son empire ; pourquoi refusez-vous d'o-
béir ? » Et, se faisant une arme du respect avec lequel les Japonais accueillent les ordres de l'Empereur, Spinola s'écrie :
« Je vous le demande à mon tour, que décideriez-vous si un roi
du Japon vous adressait des instructions, et que Xogun, maître
de tous les rois du Japon, vous donnât des instructions entièrement contraires? auquel des deux obéiriez-vous? Telle est notre
position : le Souverain du ciel et de la terre nous a envoyés ici
pour prêcher l'Evangile; Xogun veut nous l'interdire : auquel
des deux vous semble-t-il nécessaire de se soumettre? »

Raisonner avec la justice se disposant à commettre une iniquité, c'est se condamner soi-même. Spinola le savait, mais ce
n'était pas pour ses juges qu'il prononçait cette défense si modé-
rée dans les expressions, si forte par la pensée. Il y avait là des
Chrétiens qui entendaient ; le Jésuite les rassurait en réduisant
au silence leurs accusateurs. Spinola fut réservé à un supplice
plus cruel que la mort : on le plongea dans une prison affreuse
avec deux Dominicains arrêtés le même jour. Lorsque les trois
Missionnaires aperçurent de loin le lieu destiné à leur servir de
cachot, ils entonnèrent le *Te Deum ;* à ce chant d'actions de
grâces deux voix de prêtres répondirent. Un Dominicain et un
Franciscain languissaient depuis un an dans cette prison ; en en-
tendant les premières strophes de l'hymne ambroisienne, ils
comprirent que de nouveaux frères leur étaient donnés : ils se
mirent à partager la joie de leur triomphe. Le chœur, formé par
ceux qui avançaient vers la captivité et par ceux qui en avaient
déjà subi les douleurs, s'acheva au moment où ils purent tous se
confondre dans un baiser de paix.

Les Jésuites européens n'étaient pas seuls courageux ; ils
avaient si bien su développer la vertu évangélique qu'ils trouvaient dans toutes les classes des imitateurs et souvent des mo-

dèles. **La hache du bourreau tombait sans cesse sur des têtes de néophytes, elle les abattait sans les faire chanceler, lorsqu'en 1619** le Père Léonard Kimura est traduit devant le tribunal de Nangasaki. On ignore s'il a embrassé le Christianisme, on ne sait pas qu'il est Jésuite : on le soupçonne d'avoir recelé le fils de Taïcosama et d'avoir tué un homme en protégeant le prince. Kimura prouve son innocence, il est acquitté. Il allait sortir, lorsque le juge lui demande s'il ne pourrait pas indiquer la retraite de quelque Jésuite. « J'en connais un, dit Kimura, je puis vous le livrer. » A ces mots, le juge embrasse le dénonciateur, il appelle des soldats pour lui prêter main-forte. « Ne prenez pas tant de peine, continue le Jésuite : vous n'avez besoin ni de longues recherches, ni d'armes, ni de soldats : celui que je connais se trouve devant vous, c'est moi. »

Après trois ans de captivité que le Père sanctifia pour lui et pour ses compagnons, il fut brûlé vif avec eux.

Le gouverneur de Nangasaki avait en son pouvoir plusieurs Missionnaires de différents Ordres. Afin de les condamner à de rudes épreuves et d'intimider les autres, ce Phalaris japonais inventa une prison d'un nouveau genre. Il la fit construire sur une colline qui s'avançait dans la mer, et il eut soin de la disposer de telle sorte qu'elle fût exposée à tous les vents. Large de soixante-quatre-pouces sur une hauteur de quatre-vingt-seize, elle formait un ensemble qui n'avait pour murailles qu'une enceinte palissadée, ne préservant ni des feux du soleil ni des rigueurs de l'hiver. Au mois d'août 1619, le Père Charles Spinola et le Frère Fernandez furent jetés, avec quatorze Franciscains ou Dominicains, dans ces cages, où il était impossible de s'asseoir et de se tenir debout. Leur constance dans les tortures ne pouvait que raviver la constance des Chrétiens, que les affermir dans leurs principes. En faisant périr lentement les Missionnaires, en les livrant aux horreurs de la faim, de la nudité et de l'infection, Xogun avait calculé que ces décès sans éclat éteindraient le zèle. Le nombre des prisonniers s'accrut bientôt. Des Japonais s'y virent enfermés. Ils postulaient l'honneur d'être agrégés à la Société de Jésus. Spinola les admit au noviciat, et la cage elle-même fut immédiatement transformée en maison des Novices.

Spinola était une belle proie, mais le gouverneur en convoitait une autre aussi riche : c'était le Père Matthieu de Couros, Provincial du Japon. Il le savait à Nangasaki. Il fait périr ceux qui, de près ou de loin, sont soupçonnés de lui avoir offert asile ; il soumet le quartier des Chrétiens à l'espionnage le plus minutieux. Quand Matthieu de Couros s'aperçoit que les recherches compromettent ses néophytes, il se place dans un palanquin découvert, et en plein jour il traverse les quartiers les plus populeux de la ville, échappant par cet audacieux subterfuge à tous les regards inquisiteurs. Il n'était plus possible de tenir longtemps dans un même lieu. Cette nécessité de chercher sans cesse un abri le force à visiter les points éloignés du centre. On les condamnait à une dévorante activité, les Jésuites la firent servir au triomphe de la Religion. En peu de temps le Père Porro parcourut quinze royaumes. Le Père de Angelis imita cet exemple ; mais d'autres, comme Barretto et Fonseca, expiraient sous le poids des fatigues. Cinq Jésuites étaient morts dans l'année 1619 ; en 1620, six Pères de la Compagnie accoururent de Macao pour les remplacer.

Jérôme de Angelis et Carvalho avaient su conjurer l'orage dans la principauté d'Oxu. Le Père Sotelo franciscain avait même décidé le souverain de ce pays à envoyer une ambassade au Pape et au roi d'Espagne ; à cette nouvelle, Xogun le menace de sa colère. Le prince d'Oxu se résigne à devenir persécuteur.

On n'avait pu effrayer les Jésuites. Malgré les supplices qui les attendaient, ils parvenaient à s'introduire dans l'empire ; Xogun s'en prit aux navires qui les déposaient à la côte. Il prononça peine de mort contre tout capitaine ou pilote qui serait soupçonné d'en avoir débarqué. Cet édit est de 1621 : deux mois après, les Pères Emmanuel Borgès, Camille Costanzo, Antoine de Soza, Michel Carvalho, et Thomas Tzugi, Japonais, arrivent, les uns déguisés en marchands, les autres en soldats.

Dans un intérêt de négoce et de prosélytisme, les Hollandais et les Anglicans s'étaient faits les auxiliaires de l'Empereur. Ils composaient sa police la plus active ; ils épiaient les vaisseaux abordant au Japon ; ils les dénonçaient ; ils les visitaient, afin de s'assurer qu'ils ne recélaient aucun Missionnaire. Lorsque la tâche du protestant était achevée, celle du trafiquant commençait. Il fallait à tout prix fermer cet empire aux Portugais. Les hérétiques ourdirent un complot que les négociants de la Péninsule ibérique devaient tramer contre Xogun ; et ce complot qu'ils avaient inventé, les Protestants le découvrirent. Mais l'iniquité se donna un démenti à elle-même. Au Japon, elle entraîna d'incalculables désastres ; en Europe, les sectaires honnêtes ne daignèrent pas l'accepter. Jean-Baptiste Tavernier, qui parcourait les Indes à cette même époque, et qui a laissé une réputation de narrateur assez consciencieux, affirme [1] « que les Hollandais, au Japon, lui déclarèrent que cette prétendue conspiration n'était qu'une imposture fabriquée pour supplanter les Portugais et s'emparer du commerce. » Ce témoignage du voyageur calviniste est précieux sans doute ; il surabonde cependant, car l'histoire réduit cette accusation à néant. L'histoire ne cite pas un nom de Jésuite ou de Missionnaire qui ait songé à assujettir à l'Espagne ou au Portugal des provinces ou des royaumes ayant un gouvernement régulier. Ils n'ont offert à ces couronnes que des peuplades abandonnées à elles-mêmes ; les peuplades ne demandaient pas mieux, en se civilisant, que de trouver un maître et un appui dans des rois dont la puissance tenait du prestige.

Les Hollandais et les Anglais inventaient ces calomnies. Ils inspectaient les marchandises ; ils les tarifaient au plus bas prix, et s'engageaient à les fournir au même taux si on leur en concédait le monopole. Les Jésuites étaient les objets éternels de leur haine ; mais ceux-ci savaient déjouer de semblables plans, ils échappaient à leur poursuite. Au défaut des Pères, les Protestants s'adressèrent à d'autres religieux. L'Augustin Pierre de Zunica et le Frère-Prêcheur Louis Florez sont livrés à Xogun par ces spéculateurs. Le Père Collado, supérieur des Dominicains au Japon, charge des néophytes d'enlever Louis Florez. Cette audacieuse tentative réussit ; elle évoque de nouveaux désastres sur les Chrétiens. Les bûchers se dressent à Nangasaki,

1 *Recueils de Voyages*, par Tavernier.

ils dévorent les auteurs de l'enlèvement ; puis vingt-quatre religieux, enfermés dans les cages d'Omura, sont enfin condamnés
à être brûlés vifs, le 10 septembre 1622.

Spinola marchait à leur tête avec les sept Novices japonais
qu'il éleva pour le ciel. Ils se nommaient Pierre Sampo, Gon-
zales Fusai, Michel Xumpo, Antoine Kiuni, Thomas Acafoxi,
Jean Chungoquo et Louis Cavora. Le lieu du supplice était un
promontoire que le sang des Missionnaires avait déjà plus d'une
fois rougi et que les fidèles surnommaient le Mont-Sacré. Une
multitude compacte entourait les bûchers destinés aux prêtres européens. Les trente-un Chrétiens indigènes qui allaient
périr le même jour devaient avoir la tête tranchée. Quand ces
deux bataillons de martyrs furent en présence, le Père Spinola
entonna le *Laudate, pueri, Dominum*. Les prêtres, les Chrétiens que la mort attendait, ceux qui, dans la foule, s'honoraient de leur amitié, de leur parenté ou de leur constance,
tous, d'une voix éclatante, firent retentir le cantique de
louanges.

Lorsqu'on demanda à Maurice de Nassau quel était le premier
capitaine de son siècle, le fondateur de la république batave
répondit : « Le marquis de Spinola est le second. » Au moment où un autre Spinola allait rendre son dernier combat pour
Dieu, si un Hollandais se fût approché des Catholiques chan-
tant leur hymne de mort et s'il leur eût soumis cette question :
Où est le plus grand de tous ces prêtres? l'amour-propre ou
l'ambition n'aurait certainement inspiré à aucun d'eux la célèbre réticence de Maurice de Nassau. Tous, en contemplant ce
vieillard, dont le nom remplissait alors l'Europe, tous auraient
proclamé le Jésuite Spinola le premier en sainteté, en science
et en courage. Pour faire comprendre la respectueuse pensée
qui les animait, ils laissèrent au Père le soin de manifester
leurs sentiments, et Spinola dit : « A la joie que nous cause
la vue du plus cruel supplice, vous pouvez juger si c'est pour
envahir le Japon par les armes que nous sommes venus ici,
bravant les périls de toute sorte qui nous attendaient sur les
flots et sur la terre, ou bien plutôt pour vous montrer la route
du bonheur immortel. La Religion chrétienne n'enseigne point

à chercher un royaume périssable, les richesses et les dignités qui passent; elle apprend, au contraire, à les mépriser. Nous n'ambitionnons pas vos biens, nous qui, volontairement, avons abandonné les nôtres; c'est votre félicité, c'est votre salut que nous désirons. Ces feux qui s'allument sous nos pieds et qui vont nous envelopper sont pour nous l'aurore d'un repos sans fin. »

A ces mots, Spinola, du haut de son bûcher, aperçoit Isabelle Fernandez, l'épouse du portugais dans la maison duquel il a été saisi. Un doux souvenir frappe son cœur; il demande à cette mère où est son petit Ignace. C'était le fils d'Isabelle que, quatre années auparavant, le Jésuite avait baptisé, la veille même de son arrestation. Isabelle soulève l'enfant qui, comme tous les Chrétiens, est couvert de ses plus beaux vêtements, et elle dit : « Le voilà, mon Père, il se réjouit de mourir avec nous. » Puis, s'adressant au petit Ignace : « Regarde, continue-t-elle, celui qui t'a fait enfant du bon Dieu, celui qui t'a révélé une vie mille fois préférable à celle que nous allons laisser. Mon fils, implore sa bénédiction pour toi et pour ta mère. » Ignace se met à genoux, il joint ses petites mains, et, déjà presque entouré de flammes, le confesseur, éprouvé par vingt années de tribulations, bénit ce martyr au berceau. Un cri de pitié s'échappe de toutes les bouches. Pour le comprimer, les juges donnent le signal de l'exécution, et les trente-une têtes de Chrétiens tombent les unes après les autres. A ce moment, le feu éclate autour des vingt-quatre bûchers. L'action des flammes fut si intense, que deux Franciscains maudirent le Christ qu'ils étaient venus prêcher. Ils sollicitaient la vie pour prix de leurs blasphèmes; les bourreaux les précipitèrent dans le feu, et ils périrent avec les martyrs dont leur apostasie attristait les derniers moments.

Le 19 septembre de la même année, le Père Camille Costanzo, Augustin Ota, Jésuite japonais, et le Père Navarro, expiraient dans les flammes. Le 1er novembre, Denis Fugixima et Pierre Onizuka, que la Compagnie de Jésus avait reçus dans son sein, étaient brûlés vifs pour avoir prêché la foi du vrai Dieu, interdite par le souverain. Xogun modifiait le système de ses prédécesseurs. Il attaquait le Christianisme moins dans ses fidèles que dans ses apôtres. En égorgeant les néophytes, il dépeuplait son empire ou provoquait une réaction populaire. Massacrer les Missionnaires et leur rendre impossible l'accès du Japon, c'était réduire les Catholiques à l'apostasie, ou tout au moins laisser au culte nouveau une vie dont le terme était mesuré d'avance. Ce calcul ne manquait pas d'habileté ; les Jésuites comprirent qu'il ne leur restait plus qu'à mourir. Ils se dévouèrent aux tourments avec une fermeté que le Saint-Siége honora lui-même. Urbain VIII adressait aux Japonais un bref dans lequel on lit : « Nous nous réjouissons de la grande consolation que vous apportent les Pères de la Compagnie de Jésus , dont vous devez certainement payer le zèle par toutes sortes de bons offices et par toutes les marques de la reconnaissance. Vous pouvez juger combien vos âmes sont précieuses à l'Eglise romaine, puisque, afin de les racheter, elle vous envoie des prêtres doctes et d'une vertu peu commune, qui échangent leur patrie pour l'exil et qui, bravant les périls d'une mer féconde en naufrages, arrivent à vos ports où ils savent que la rage des idolâtres sévit avec plus de fureur que toutes les tempêtes. »

Quelques mois après , le même Souverain-Pontife écrivait aux Chrétiens d'Ozaca, de Sacai et de Méaco : « Notre bienaimé fils Sébastien Vieira , prêtre de la Société de Jésus , retourne vers vous avec un renfort d'ouvriers, et passant au travers de mille dangers, bien loin d'être intimidé par les persécutions, il se sent attiré par leur fureur même. »

Le spectacle des tortures et des bûchers n'effrayait point les Jésuites ; leurs catéchumènes montrèrent une égale intrépidité. On ne laissait pas un refuge aux Missionnaires ; leur persistance en face des dangers offre à l'Evangile une sanction que les plus éloquents discours ne lui auraient jamais donnée. Le nombre des néophytes s'accrut en proportion des misères de toute nature qui leur étaient réservées. Chaque jour voyait grossir le troupeau chrétien ; chaque année semblait marquée par le martyre de quelque Père. En 1623, vint le tour de Jérôme de Angelis et du Frère Simon Jempo. De Angelis est dénoncé par un traître. Il peut, en fuyant, se dérober aux poursuites ; mais des

Chrétiens seront inquiétés à cause de lui. Le Père se couvre de l'habit de la Compagnie, il va se livrer aux agents de l'Empereur, qui a résigné une partie de l'autorité entre les mains de son fils. Xogun II a besoin de captiver la confiance des Bonzes ; il veut se rendre agréable aux Protestants européens, qu'il sait être les ennemis acharnés de la Religion catholique. Il ordonne qu'on brûle vifs les Jésuites, parce qu'ils ont prêché la loi du Christ ; les Japonais, parce qu'ils l'ont embrassée. Jérôme de Angelis, le Père Galbes, Franciscain ; Jean Fara–Mon, cousin de l'Empereur, dont les pieds et les mains avaient été déjà coupés en témoigage de sa foi, subirent leur condamnation avec soixante-quinze néophytes. Xogun II avait commencé son règne par la persécution, il le continua en s'appuyant sur les délateurs et sur les bourreaux. Des récompenses étaient promises à ceux qui découvriraient la trace d'un prêtre ou d'un catéchumène ; bientôt un nouvel édit força tout japonais à paraître chaque année devant les magistrats et à proclamer son culte. Le feu était destiné aux Jésuites que l'on arrêtait pendant les chaleurs de l'été ; l'hiver eut son supplice de circonstance et de saison.

Le Père Diégo Carvalho, l'un des premiers apôtres de la Cochinchine, avec François Buzomi, était revenu au Japon, où il y avait à souffrir. Retiré dans une forêt, il exerçait ses nombreux catéchumènes à la patience et au courage ; il est saisi avec eux. Le 21 février 1624, on les dépouille de tout vêtement, on les plonge nus dans un étang : ce jour–là, leur supplice ne dura que trois heures. Le 25 février, la glace fut encore rompue ; on précipita les chrétiens dans l'eau, et on les y retint pendant six heures ; la nuit allait amener un froid plus intense, on laisse mourir Carvalho et ses fidèles enveloppés par la glace qui se forme autour d'eux. La même année vit périr le Jésuite Michel Carvalho, le Dominicain Pierre Vasquez, et les Franciscains Sotelo et Sassanda.

Cependant le gouverneur des Philippines et les officiers espagnols essaient, par des ambassades, de conjurer les maux qui fondent sur ces Chrétientés : leurs prières sont aussi rudement repoussées que leurs menaces. Les Anglais et les Hollandais ont conquis ce riche marché, ils font servir le sang des Jésuites à

cimenter leur puissance commerciale; ils ont éloigné leurs rivaux, il faut qu'ils leur rendent impossible toute idée de retour.
Les Portugais seuls furent exceptés de cette proscription, mais
on ne leur ouvrit que Nangasaki : encore furent-ils obligés, sous
peine de la vie, d'assujettir leur cargaison et leur personnel à
la visite des Anglais. Les Anglais et les Hollandais s'étaient
emparés de l'esprit de Xogun II ; ils avaient flatté et stimulé sa
haine pour les Européens : ils régnaient sur lui, ils dénonçaient
les Missionnaires, ils contraignaient les négociants qui débarquaient à fouler aux pieds les signes et les images que tout
Chrétien vénère. La soif du lucre, combinée avec les terreurs
des idolâtres, et les passions protestantes luttant partout contre
l'Église catholique amenèrent bientôt les choses à une situation
désespérée. Xogun, excité par les Anglais, ne mit plus de bornes
à ses cruautés ; les tourments qu'il faisait endurer n'avaient produit que peu d'apostats ; les hérétiques lui conseillèrent d'user
de moyens plus atroces. Le feu, l'eau glacée, les tortures ordinaires étaient inefficaces ; on inventa des supplices qui ne
tuaient qu'à la longue : on fouetta les Missionnaires et les Fidèles
jusqu'à ce que leurs os fussent dépouillés de toute chair; on
leur arracha les ongles, on leur perça les bras, les jambes, les
oreilles et le nez avec des roseaux ou des pointes de fer; on les
plongea dans des fosses remplies de vipères : on disséqua, on
scia leurs membres les uns après les autres; on les étendit nus
sur des brasiers ardents, on les forçait à y rester immobiles et
muets, parce que le plus imperceptible mouvement, le moindre
cri étaient regardés comme un signe d'apostasie; on les condamnait à tenir à la main des vases brûlants : si le vase, agité
par la douleur physique, tombait avant que la main fût consu-
mée, c'était une marque d'obéissance volontaire aux édits de
l'Empereur.

L'imagination des ministres de Xogun, aidée par la haine
mercantile des Anglicans, alla plus loin. On rencontre au Japon
des abîmes d'où s'échappe en miasmes infects un mélange de
flammes, d'eau et de boue dont le seul contact couvre la peau
d'affreux ulcères; ces abîmes s'appellent *Bouches d'enfer*. On
y plongeait, on y replongeait les Jésuites et les Chrétiens ; au

moyen d'un entonnoir on remplissait leur corps d'une eau putréfiée ; on les suspendait par les pieds autour du cloaque béant, leur tête était posée entre des planches au-dessus de l'orifice, et leur main droite s'appuyait sur une cloche que le plus léger mouvement devait mettre en branle ; le premier son qui en sortait de gré ou de force annonçait l'apostasie. Ces tourments, dont les relations des Hollandais nous ont conservé le hideux tableau, auraient promptement laissé sans vie les infortunés que l'on y exposait : les bourreaux veillaient à ce que la mort ne vînt pas leur dérober une proie si précieuse. Des médecins étaient là, mettant leur science et l'efficacité de leurs cordiaux au service de la barbarie ; il ne s'agissait pas seulement de torturer les prêtres et leurs néophytes, il fallait prolonger leur existence pour éterniser leur supplice.

Kaempfer, au récit de tant de douleurs destinées aux Jésuites et à leurs catéchumènes, se sent saisi de pitié ; en ce moment la vérité indignée l'emporte chez lui sur l'esprit de secte, et le protestant dit[1] : « Les nouveaux convertis ne pouvant pas être réfutés avec des raisons, on mit en usage les épées, les gibets, le feu, la croix et d'autres arguments formidables pour les convaincre et leur faire sentir leurs erreurs. Malgré ces cruels traitements et toute l'effroyable diversité des supplices inventés par leurs impitoyables bourreaux, bien loin que leur vertu en fût ébranlée, on peut dire qu'à la honte éternelle du Paganisme les Chrétiens du Japon scellaient avec joie de leur sang les dogmes du Christianisme. Sur les croix où ils étaient attachés ils montrèrent des exemples si rares de confiance que leurs ennemis même en étaient frappés d'étonnement et d'admiration. »

Ce n'est pas le seul témoignage que la force de la vérité arrache aux Protestants. Reyer Gysbertz se trouvait de 1622 à 1629 à Nangasaki, au service de la Compagnie hollandaise ; il fut témoin oculaire de la plupart des martyres ; il les raconte dans les mêmes termes[2]. Le nombre des Chrétiens était incalculable, tous mouraient, et Gysbertz n'avait pas assez d'éloges pour célébrer l'héroïsme de ces hommes, de ces femmes et de

---

[1] *Histoire de l'empire du Japon*, t. III, p. 346 (*La Haye*, 1732).
[2] Thévenot, *Voyages curieux*, 2ᵉ partie.

ces enfants que l'avidité de ses compatriotes et la haine du nom de Jésuite condamnaient aux supplices.

Ainsi périrent encore, à quelques années d'intervalle, les Pères Jésuites Tzugi, Antoine Iscida, le Frère Michel Nagaxima et plusieurs religieux des Ordres des Augustins, des Franciscains et de Saint-Dominique. En 1631, Xogun I mourut, et To-Xogun II, son fils, hérita de sa couronne et de ses cruautés. Le Père Matthieu de Couros, Provincial du Japon, François Buldriuo, le Père Pinéda et le Frère Keyan Succunanga japonais, les Pères Emmanuel Borgès, Giannoni, Jean d'Acosta, Antoine de Soza et Mathieu Adami sont dévoués à ces tourments; ils expirent avec vingt-huit Jésuites japonais dans l'espace de quelques années.

En 1634, il n'en restait plus qu'un très-petit nombre, mais le Père Sébastien Vieira était parmi eux. Homme d'une intrépidité plus grande que le talent, il avait été envoyé vers le Souverain-Pontife pour l'informer de la situation dans laquelle se débattait l'Eglise japonaise. Urbain VIII lui avait répondu :

« Retournez au combat, défendez la Foi au péril de votre vie, et, si vous avez le bonheur de verser votre sang pour le Christ, je placerai solennellement votre nom au rang des saints martyrs. » Vieira ne perdit pas de temps ; trois ans après, en 1632, il pénétrait au Japon déguisé en matelot chinois. Vingt mois se sont écoulés depuis que le Jésuite a revu cette terre inondée du sang de tant de Chrétiens, et qu'il salue comme le lieu de son repos jusqu'à la fin des siècles. Vieira est tout à la fois Visiteur apostolique, Provincial de la Compagnie et Administrateur de l'évêché ; il ne succombe ni à la fatigue, ni à la peur, ni au désespoir. Il sait qu'il tombera en la puissance de To-Xogun ; il est préparé à toutes les morts, mais il doit aux néophytes des leçons de constance avant de leur en donner une dernière de courage ; il attend, dans les privations de toute sorte, dans le travail du jour et de la nuit, l'heure de son trépas. Cette heure sonne enfin : Vieira est fait prisonnier avec cinq Jésuites. On étale sous ses yeux les divers instruments de torture, on le somme d'apostasier ou de mourir ; on lui délie les mains afin qu'il puisse faire lui-même la déclaration que To-Xogun attend. Vieira écrit :

« J'ai soixante-trois ans; depuis ma naissance je suis comblé des bienfaits du Dieu que j'adore ; les divinités du Japon ne peuvent rien pour moi, l'Empereur ne m'a fait que du mal : je serais donc insensé d'abjurer le Christianisme pour offrir mon encens à des idoles de pierre et pour obéir à un homme mortel comme moi. » C'était sa condamnation : Vieira subit la glorieuse ignominie du martyre.

Il n'y avait plus au Japon de Jésuites européens : un seul y vivait encore ; mais, en 1633, chancelant sous le poids des douleurs, il avait renoncé à sa foi et renié son Ordre[1]. Il se nommait Ferreira, et avait longtemps exercé au Japon la charge de Provincial. Au milieu de tous ces prêtres dont en quelques mots nous retraçons l'héroïsme, lui seul avait reculé. Les Catholiques du Japon, émus par cet étrange spectacle, auquel les Jésuites et les autres Religieux ne les avaient pas habitués, ne cessaient de déplorer amèrement un pareil scandale. Le Christianisme allait finir dans cet empire, et la Compagnie de Jésus ne voulait pas couronner son œuvre par une apostasie. Ferreira, livré à ses craintes ou à ses remords, était pour elle une honte toujours vivante ; son souvenir semblait obscurcir aux yeux des générations futures les merveilles que le Catholicisme peut produire. Il importait de relever l'apostat de sa chute : le Père Marcel-François Mastrilli, né à Naples le 4 septembre 1603, se sent inspiré de Dieu pour tenter ce dernier effort.

Il est devenu plus impossible que jamais de s'introduire au Japon ; les Portugais eux-mêmes ne conservent pas leur comptoir de Nangasaki ; car, pour s'assurer qu'il ne rentrera plus de Catholiques dans l'empire, les Protestants ont conseillé à To-Xogun de faire des objets les plus sacrés à la pensée chrétienne un témoignage de honte publique : tous ceux qui désormais aborderont dans un port japonais doivent fouler aux pieds la croix qui sauva le monde. Mastrilli connaît la rigueur des édits : cette rigueur, le récit des supplices auxquels les Jésuites sont appliqués, rien ne l'arrête ; la mort est partout, au rivage, dans

---

1 Cette année 1633, qui vit la chute de Ferreira, avait été illustrée par le martyre de vingt-quatre Jésuites, dont dix-sept Japonais. (*Catalogue des martyrs du Japon jusqu'à l'an 1640, recueilli par le Père Antoine Cardim.*)

chaque ville, dans chaque cabane : Mastrilli part cependant. Quarante Pères s'élancent à sa suite ; ils savent que le temps d'annoncer Jésus-Christ ne leur sera pas laissé, mais ils auront toujours le bonheur de mourir pour lui : le sang versé n'est-il pas la semence la plus abondante en Chrétiens ? A travers les prodiges qui signalent sa marche et les honneurs que toutes les cours lui décernent, Mastrilli parvient au Japon. De là, cet homme, épris de la folie de la croix, mande à son père : « Je ne sais ni par où commencer ni par où finir, mais d'un mot je vous dirai tout. Saint François Xavier a enfin exécuté ce qui est son ouvrage : par un miracle, il m'a rendu la vie ; par un miracle, il m'a conduit aux Philippines ; par un miracle, il m'a fait atteindre ce Japon tant désiré ; j'espère de même que, par un miracle, je me verrai un jour au milieu des bourreaux. Oh ! comme maintenant je comprends la valeur de cette parole sacrée : *Non volentis, neque currentis, sed miserentis Dei.* »

Le Jésuite courait après le martyre qui, pour la Compagnie de Jésus, était une espèce de rachat ou une expiation de l'apostasie de Christophe Ferreira : il ne tarda point à l'obtenir. Au dire des annalistes de l'Institut, sa marche, depuis Rome jusqu'à Nangasaki, n'a été qu'une série non interrompue de faits merveilleux. Nous ne les nions pas, nous ne les discutons pas ; ce n'est point le thaumaturge que nous avons devant nous, c'est l'homme de courage. L'Église seule a le droit d'examiner ses prodiges, l'histoire ne peut qu'apprécier son dévouement, que rendre hommage à la pieuse pensée, à l'audace surhumaine qui le poussa sur ces côtes que les Jésuites croient encore abordables un jour. Mastrilli s'était destiné aux misères de la croix : il est arrêté, soumis à la torture, et, le 14 octobre 1637, promené honteusement dans les rues de Nangasaki. Il portait sa sentence gravée sur son dos, on y lisait : Xogun-Sama, Empereur du Japon, a, par ses gouverneurs, décerné ce supplice contre cet insensé venu pour prêcher ici une loi étrangère et contraire au culte de Xaca, d'Amida et des autres Fotoques. Accourez tous, et regardez-le : il mourra dans la fosse, pour que son exemple serve aux autres de leçon. »

Mastrilli resta soixante heures étendu sur le cratère de cet abîme qui ne vomissait que la putréfaction ; ce temps écoulé, To-Xogun lui fit trancher la tête. Sa mort confirmait les néophytes dans leur foi, mais elle ne modifia en rien la conduite de Christophe Ferreira, qui, le 17 octobre 1637, fut témoin de son supplice. Trois ans après, le Père Cassui, Jésuite japonais, le Père Porro et les Frères Martin Ximi et Mancius Conixi périrent encore sous les yeux de Ferreira, que l'on condamnait à assister à chaque exécution pour le confirmer dans son apostasie par la terreur.

Néanmoins, lorsque To-Xogun-Sama, non content de faire des martyrs, voulut attenter à la liberté des individus, lorsqu'il défendit à tout japonais de sortir de ses États, et qu'il commanda à chacun d'étaler sur sa poitrine un signe visible d'idolâtrie, les Chrétiens de l'Arima se décidèrent à protester les armes à la main : c'était le dernier effort d'un peuple qui ne consent pas à être esclave. L'insurrection vint trop tard, et le peuple succomba : les Chrétiens s'étaient renfermés dans Ximabara ; la ville fut prise après un siége de trois mois, et, le 11 avril 1638, ils furent massacrés au nombre de trente-sept mille.

Quelques années après, en 1643, le Père Antoine Rubini, célèbre en Orient par ses travaux apostoliques, veut, poussé par les mêmes motifs que Mastrilli, forcer l'entrée du Japon. « Ou je pénétrerai librement, écrivait-il alors au Général de la Compagnie, et alors j'appellerai mes frères à mon aide, ou du moins je mourrai à mon poste de Visiteur du Japon, et le monde comprendra que la Compagnie a fait tous ses efforts pour y introduire des ouvriers et pour secourir les Chrétiens qui ont failli. »

L'empire était fermé aux ambassadeurs comme aux Missionnaires; les Protestants avaient décidé To-Xogun à rendre le décret suivant : « Tant que le soleil éclairera le monde, que personne n'ait l'audace de naviguer au Japon, même en qualité d'ambassadeur, excepté ceux à qui le commerce est permis par les lois. » Rubini se met en route avec les Pères Albert Mecinski, Antoine Capecci, François Marquez et Diégo Moralez ; on les jette sur une plage déserte : ils sont surpris et traînés à Nangasaki. Ferreira est leur juge. « Qui êtes-vous ? leur demanda-t-il, pourquoi venez-vous ici ? — Nous sommes prêtres de la Compagnie de Jésus, répond Rubini, et nous venons annoncer le Christ mort pour tous. — Abjurez votre foi, continue le renégat, et vous serez riches et comblés de dignités. — C'est aux lâches seuls que l'on propose de se déshonorer, reprend Rubini, nous espérons avoir assez de courage pour mourir en Chrétiens et en prêtres. »

Ces paroles sont pour Ferreira un opprobre : il se dérobe par la fuite aux accusations, et les cinq Missionnaires meurent de la mort qu'ils ont tant désirée. Il n'était plus possible de s'aveugler : tout espoir de succès était enlevé ; désormais il eût été téméraire d'exposer son existence et sa foi à un péril certain sans aucune chance favorable : la Compagnie de Jésus se vit donc obligée de renoncer à cette grande conquête. Depuis saint François Xavier jusqu'à cette époque, c'est-à-dire dans l'espace de cent ans, elle avait fait pour la léguer au Christianisme des efforts prodigieux : la patience, la vertu, le zèle, l'adresse elle-même, tout avait été mis en jeu; mais les passions idolâtres, exploitées par les calculs anglicans et par les haines des Calvinistes, triomphaient après une lutte inouïe ; elles triomphaient de l'Institut décimé, elles triomphaient même par la désertion de l'un de ses Pères.

Quand la vieillesse eut courbé Ferreira sous le poids des remords, cet homme, que la peur avait fait traître, ne voulut pas mourir dans la honte. Jeune encore, il avait tremblé devant les souffrances ; il les affronta à quatre-vingts ans. Le sang qu'il avait vu couler en holocauste de sa rédemption communiqua enfin une sainte énergie à ses faiblesses. En 1652, Ferreira ne put se résoudre à laisser fermer sur une apostasie la glorieuse histoire de ses frères au Japon. Le repentir se fit jour dans son cœur; il s'échappa de ses lèvres par des gémissements, de ses yeux par des larmes. Traîné devant le gouverneur de Nangasaki, il s'écria : « J'ai péché contre le roi du ciel et de la terre ; je l'ai abandonné par crainte de la mort. Je suis Chrétien, je suis Jésuite. » Sa douloureuse passion fut pleine de fermeté juvénile, et le traître à son Dieu et à son Ordre mourut en confesseur après soixante-huit heures passées dans les supplices.

La Religion catholique succombait dans cet empire, elle y succombait sous les calomnies protestantes et sous l'égoïsme mercantile de l'hérésie ; mais celui-là même qui s'est fait l'apologiste de tant d'horreurs, Engelbert Kaempfer, se voit pourtant forcé de rendre justice à ces Jésuites, qu'il importait tant aux Hollandais et aux Anglicans de représenter comme des perturbateurs toujours avides de pouvoir et d'argent.

Les Pères de la Société de Jésus, dit-il [1], gagnaient les cœurs du peuple par la doctrine consolante et pleine de suavité de l'Évangile, alors nouvelle et entièrement inconnue aux Japonais. Ces Pères s'accréditaient par leur modestie exemplaire, leur vie vertueuse, l'assistance désintéressée qu'ils donnaient aux pauvres et aux malades, et par la pompe et la majesté de leur service divin. »

Selon le témoignage d'un hérétique écrivant au compte des hérétiques, voilà les seuls crimes des Jésuites au Japon ; ils durent sans doute paraître bien grands aux yeux des futurs colporteurs de Bibles, à ces Anglicans qui implantent dans les terres nouvellement découvertes le rebut de leurs manufactures et de leur population pour faire de la contrebande religieuse et du prosélytisme marchand. La Religion périssait avec la civilisation dans l'empire japonais. À la même époque, les Pères de la Compagnie de Jésus, infatigables dans leurs travaux, s'affermissaient au sein du céleste empire. Le Japon se fermait devant eux, ses innombrables Chrétientés étaient proscrites ; mais la Chine s'ouvrait à leurs espérances, la Chine les consolait de leur exil éternel. Elle avait été pour François Xavier la terre de promission ; comme Moïse, il était mort en la saluant du regard et en léguant à ses frères cet héritage, dont ses suprêmes paroles faisaient pressentir la richesse.

Des obstacles insurmontables, nés de la défiance que les Chinois concevaient contre tout étranger, paralysèrent les efforts des Jésuites venus pour marcher sur les traces de leur modèle. En 1552, François Xavier expirait aux frontières de l'empire ; quatre années plus tard, le Dominicain Gaspard de la Cruz mit

---

[1] Engelbert Kaempfer, p. 163.

le pied sur cette terre : il en fut promptement exilé, parce qu'il avait renversé une pagode. Les Jésuites guettaient l'heure propice. Sans la devancer par d'imprudentes démonstrations, ils se tenaient aux portes de la Chine, bien convaincus qu'un jour ce royaume ne saurait leur échapper. En 1581, le Père Michel Ruggieri, en 1582, le Père Pazio s'y introduisent ; ils préparent les voies au Père Matthieu Ricci, qui, un an après, y plante enfin la croix. Il naquit à Macerata, dans la Marche d'Ancône, au moment même où François Xavier rendait le dernier soupir. Le jeune Matthieu fut reçu dans la Compagnie de Jésus et, à l'école du Père Valignani, que les rois de l'Europe surnommaient l'apôtre de l'Orient, il se dévoua, comme son maître, aux fatigues et à la gloire ignorée des missions. Valignani avait acquis une grande expérience de ces peuples, il avait étudié leurs goûts, leurs mœurs et leur docte ignorance ; il s'attacha à former des jeunes gens dont le caractère insinuant et facile se concilierait avec celui des Chinois. Ruggieri, Pazio et Ricci furent ceux qui répondirent le mieux à ses vues. François Xavier entrait en conquérant dans un pays, il s'en emparait par des prodiges, par cet enthousiasme surnaturel qu'il communiquait aux masses. Valignani n'exerçait pas sur les éléments cette puissance dont Xavier avait donné tant de preuves ; il était réduit aux proportions de l'humanité : il chercha dans son énergie et dans sa patience le levier qui ferait tomber les portes inexorables de la Chine. Il s'occupa de créer une espèce de noviciat spécial ; il voulut que Ruggieri, Pazio et Ricci apprissent à vaincre les difficultés de la langue et qu'ils s'initiassent aux mystères de l'histoire du céleste empire. D'autres se préparaient sous eux aux mêmes travaux pour les seconder ou pour les remplacer s'ils tombaient martyrs de la Religion qu'ils se destinaient à annoncer. Leurs premières tentatives furent stériles, car les indigènes gardaient leur patrie comme une citadelle ; il y avait beaucoup de choses à faire, il fallait encore en éviter davantage. Nation délicate et soupçonneuse, instruite et dédaignant tout ce qui n'était pas chinois, elle se croyait la plus civilisée, la plus glorieuse du monde. On ne pouvait procéder avec ce peuple qu'en le gagnant par la flatterie, qu'en l'apprivoisant peu à peu par une circonspection qui aurait étouffé l'ardeur dans d'autres âmes que dans celles des Jésuites.

Ricci avait étudié les mathématiques à Rome sous le Père Clavius. A peine introduit à Tchao-King, où le vice-roi l'a mandé, le Jésuite capte l'estime des lettrés en leur faisant des démonstrations astronomiques. Ils s'imaginaient que la terre était carrée, et que la Chine en occupait la plus grande partie ; le reste du globe n'apparaissait à leurs yeux que comme des points de peu d'importance destinés à faire ressortir la grandeur de leur patrie. Sans blesser un pareil orgueil, Ricci se mit en devoir de modifier leur croyance : il changea le premier méridien et composa une carte géographique qui n'offensa ni leur amour propre ni la vérité. Les sciences de la terre le conduisirent tout naturellement à parler de la science du ciel et à leur expliquer la morale de l'Évangile. Ils étaient intelligents ; ils comprirent ce qu'il y avait de sublime dans ce rapide exposé de la Religion ; mais cette religion n'était point née dans leur pays, elle ne pouvait être comparée à celle dont ils suivaient les préceptes par tradition. Quelques néophytes se formèrent néanmoins, et Ricci qui s'était pourvu d'argent à Macao pour ne pas exciter contre son indigence les dédains fastueux du peuple, fit l'acquisition d'une maison à Tchao-King.

Les commencements de cette mission n'avaient pas l'éclat des précédentes ; le Père n'entraînait point les multitudes sur ses pas, il ne les domptait point par les terreurs de l'enfer, il ne les séduisait pas par les ravissements du ciel. Les Chinois discutaient leur croyance, ils reconnaissaient dans le Jésuite un Bonze aussi savant que poli, mais il leur répugnait d'y trouver un apôtre. Pour aviver la Foi dans ces cœurs, il fallait les convaincre lentement et ne pas chercher à les émouvoir ; Ricci se dévoua à cette tâche ingrate ; il vécut ainsi quelques années. En 1589, un nouveau gouverneur fut chargé d'administrer la province, la demeure que le Père avait achetée plut à ce vice-roi : il en dépouilla Ricci, qui se vit contraint de se réfugier à Tchao-Tcheou. Son renom de lettré l'y avait précédé ; les magistrats l'accueillirent avec empressement. La persécution commençait à s'attacher à ses œuvres, le Jésuite espéra. A peine s'est-il installé dans sa nouvelle résidence que deux frères coadjuteurs, les deux premiers que la Chine ait fournis à la Compagnie, arrivent de Macao pour partager ses fatigues, et qu'un disciple se présente. Ce disciple se nommait Chin-Taiso, il était fils d'un homme que ses talents avaient élevé aux plus hautes dignités. Chin-Taiso professait pour les sciences exactes une passion que le Père Ricci promit de satisfaire : ils étudièrent ensemble, ils vécurent ensemble ; bientôt le savant fut chrétien en théorie. Ricci avait si admirablement développé cette forte nature que les Mandarins des villes voisines, épris de l'amour des mathématiques, accouraient à Tchao-Tcheou pour saluer le Jésuite et recueillir ses enseignements. Les Mandarins de la province de Canton le sollicitent de leur faire entendre sa voix. Ricci se rend à leurs vœux : ils l'entourent, ils l'écoutent avec respect lorsqu'il parle de Dieu, avec admiration lorsqu'il leur fait sonder les abîmes de la science humaine ; ils demandent le baptême. Le Missionnaire s'était imposé la loi de n'accorder le sacrement qu'après de longues épreuves ; il sentait qu'avec des hommes aussi instruits il ne s'agissait pas de se laisser entraîner à un mouvement d'enthousiasme : ce n'était point par le nombre, mais par un heureux choix de néophytes, que la Religion devait se maintenir. Il accorda à quelques-uns la faveur qu'ils réclamaient, il la refusa à d'autres, il la différa pour plusieurs.

La phalange des catéchumènes augmentait peu à peu, et, comme chaque Eglise naissante, elle renfermait des cœurs débordant de zèle. Ce zèle était aveugle : il s'attaquait aux idoles, il les détruisait, il les brûlait, il les arrachait avec violence de leur piédestal. Ricci s'oppose à cette ferveur qui peut compromettre l'avenir, mais elle avait déjà eu du retentissement. La multitude ne partageait pas l'opinion de ces Mandarins, elle ne voyait dans les Jésuites que des étrangers : ce titre était un arrêt de proscription. Elle ne disposait que de la force brutale, pendant une nuit elle en usa. Les magistrats sévirent avec rigueur contre les coupables ; mais Ricci et ses deux compagnons, Antoine d'Alméida et François Petri, prirent au tribunal la défense de leurs assassins, ils implorèrent leur grâce. Ce spectacle inouï frappa vivement l'instinct de vertu des hautes classes ; la populace ne s'en montra que plus courroucée. Quelques jours après, d'Alméida et Petri mouraient entre les bras de Ricci ; ce double trépas le laissait seul à la tête de la Chrétienté dont il avait si bien préparé le succès.

Ricci connaissait à fond les lois et les mœurs de la Chine ; afin d'arriver jusqu'à l'oreille des masses, dont l'ignorance égalait la grossièreté et le fanatisme, il s'avouait que la Religion devait passer par le cœur des grands. C'était le seul moyen de la populariser, et les Mandarins ne l'adopteraient que lorsque le Souverain l'aurait lui-même approuvée : le suffrage du prince est, dans le céleste empire, encore plus que partout ailleurs, la règle des sujets. Ricci avait conçu le projet de paraître à la cour ; il n'ignorait pas que la morale des Chrétiens y serait admirée, et qu'ainsi elle fraierait insensiblement la voie par laquelle les Mandarins se laisseraient conduire jusqu'aux mystères ; mais des obstacles de toute nature s'opposaient à son dessein. Il était seul ; l'arrivée du Père Catanéo et de quelques autres Jésuites leva cette difficulté. Le costume qu'ils portaient les faisait confondre avec les Bonzes ; Ricci sentait le besoin d'en adopter un qui ne fût pas exposé aux railleries des méchants et au mépris des bons. Il consulta le prélat administrateur du Japon et le Père Valignani, alors à Macao. Son idée fut approuvée : Ricci se revêtit de la longue robe des lettrés chinois, il prit leur bonnet, dont la forme haute a quelque ressemblance avec la mitre des Évêques, puis il épia l'occasion favorable pour pénétrer à la cour.

En 1595, on apprend à Pékin que Taicosama, monarque du Japon, va guerroyer en Corée, et qu'il poussera les hostilités vers les frontières de la Chine. L'Empereur Van-Lié réunit un conseil militaire ; le président du tribunal des armes s'y rendait, lorsqu'arrivé à Tchao-Tcheou, il témoigne le désir de consulter Ricci. Le Mandarin était père, et son fils, depuis longtemps malade, se voyait abandonné des médecins. Dans ses anxiétés paternelles, le président des armes avait pensé qu'un homme venu de si loin pour prêcher le culte de son Dieu exercerait sur la nature une puissance que l'art se déniait. Le Jésuite promet de prier en faveur de ce fils, objet de tant d'amour, et, pour toute grâce, il demande d'accompagner le président des armes jusque dans la province de Kiang-Si. Ce voyage à travers la Chine, que marquèrent des contrariétés et des événements de toute sorte, ne devait avoir pour résultat que de révéler au Missionnaire l'industrieuse activité et les immenses richesses que contenait le pays. C'était le premier européen qui foulait le sol de ces villes populeuses, de ces campagnes fertiles, qui descendait ces grands fleuves, dont les rives sont parsemées de châteaux. A Nankin il s'aperçut que la crainte de la guerre stimulait encore les soupçons des Chinois, et que, pour eux, tout étranger était Japonais. La prudence devait plus que jamais être son guide : il arriva à Pékin ; mais, ne voulant rien confier au hasard, il se rembarqua sur le Fleuve Jaune et attendit des circonstances plus favorables : elles ne tardèrent pas à s'offrir.

La face des affaires changea, et avec elles la disposition des cœurs. Taïcosama mourut ; la paix rendit enfin au Jésuite son assurance. A l'aspect de Nankin, Ricci avait conçu le projet de choisir cette ville pour le siège d'un établissement de la Compagnie : il y revint ; il apprécia en détail les ressources de l'Empire et les moyens les plus propres à diriger ses facultés spirituelles vers la connaissance du vrai Dieu. En astrologie, des **systèmes erronés étaient reçus par les Mandarins comme points de doctrine ; Ricci les combattit, il en fit toucher le côté vulnérable. Sa parole avait acquis tant d'ascendant sur les lettrés, qu'elle eut plus de poids dans leur esprit que la honte même d'un aveu, toujours difficile à arracher. Ce prestige, dont ils s'étaient enveloppés durant de longs siècles, s'évanouit peu à peu devant cette raison toujours calme, toujours positive, qui discutait le compas à la main. Ricci les mettait dans le chemin de la vérité, sans leur dire que c'était celui du ciel. Il traçait de nouveaux sentiers à leur besoin de connaître : tous s'y précipitaient ; tous, de l'intelligence des choses physiques, remontaient à l'intelligence des choses morales ; ils lui demandaient de leur expliquer la nature de Dieu et les principes de la véritable Religion.**

Le Jésuite les initiait aux mystères de sa foi ; ils voulurent

l'initier aux secrets de leur culte. Ils le firent assister aux hon-
neurs que, dans le temple royal, on rend à Confucius, leur législateur et leur maître. Ils lui montrèrent leur Observatoire
et leur Académie de mathématiciens [1]. Les autres membres de
la Compagnie de Jésus qu'il avait appelés à Nankin étant arrivés,
Ricci s'occupa de faire des prosélytes ; le premier qu'il convainquit des vérités éternelles fut un des principaux officiers de
l'armée. Il se nommait Sin, et prit au baptême le nom de Paul.
La famille du nouveau catéchumène suivit son exemple ; ce fut
ainsi que s'établit l'Église de Nankin. Mais Ricci n'oubliait pas
qu'avant tout il fallait obtenir une autorisation de l'Empereur ; il
bâtissait sur le sable tant que Van-Lié ne l'aurait pas approuvé,
et c'était la ruine de ses plus chères espérances. Il résolut d'aller une seconde fois à Pékin ; les négociants portugais de Macao
et de Goa mirent à sa disposition les riches étoffes, les instruments d'astronomie qu'il se proposait d'offrir à l'Empereur
comme don de joyeux avènement, et il partit. Les présents destinés à Van-Lié tentèrent la cupidité d'un gouverneur de province, il essaya de les confisquer à son profit ou de s'en faire
lui-même honneur auprès du monarque. Ricci vit encore une
fois sa marche entravée, mais ce gouverneur avait annoncé à
Pékin qu'un étranger, arrêté sur son territoire, possédait une
cloche qui sonnait d'elle-même : le chinois définissait ainsi une
horloge. Le fait parut inexplicable à Van-Lié, il donna des ordres pour que l'étranger fût immédiatement transféré à sa cour :
Ricci y arriva vers la fin de juillet 1600. L'Empereur l'accueillit avec bienveillance, il reçut ses présents, il fit construire une
tour pour placer l'horloge dont chacun admirait le mécanisme ;
il exposa dans ses appartements deux tableaux du Sauveur et
de la Vierge ; puis il accorda au Jésuite la faculté de pénétrer
dans l'intérieur du palais, où les grands officiers de la couronne
avaient seuls le droit d'entrer.

Pour s'attirer la vénération des peuples, Van-Lié, comme

[1] Dans une lettre du Père Mathieu Ricci, on lit avec étonnement que les Chinois possédaient dès le seizième siècle un observatoire magnifique, et que toute la
cour de cet édifice, où veillaient incessamment des astronomes, était pleine de ma-
chines, parmi lesquelles il en remarqua plusieurs qui, toujours exposées au soleil
depuis deux cent cinquante ans, n'avaient rien perdu de leur lustre primitif.

tous les souverains de l'Orient, se dérobait aux regards profanes ; il n'était visible que pour ses femmes et pour quelques courtisans privilégiés. Les grands et les Mandarins n'étaient admis aux jours solennels qu'à saluer son trône. Ricci obtint cette faveur : elle en fit conjecturer de plus importantes. Le bruit se répandit que le Jésuite entretenait souvent l'Empereur dans l'intimité. Le Père Ricci raconte lui-même que ce bruit ne fut jamais fondé, et que pendant toute sa vie il n'approcha point de la personne de Van-Lié ; mais on le croyait si avant dans la familiarité du prince, que cette idée accrut son crédit et lui créa un tel pouvoir que chacun rechercha son amitié. Le Grand-Colao, ou le principal ministre de la Chine, lui accorda la sienne, et le nom de Ricci devint dans la capitale une autorité.

Il y avait dix-sept ans que le Père était entré dans ce royaume, où les difficultés naissaient à chaque pas, où la crainte et l'orgueil tenaient les indigènes éloignés de toute doctrine nouvelle. Durant ces longues années qui auraient épuisé la patience la plus inaltérable, Ricci s'était soumis à toutes les exigences : il s'était fait discret et réservé pour arriver au jour où il lui serait permis d'être enfin Missionnaire. Ce jour se leva sur la Chine ; Ricci recueillit dans la joie la moisson qu'il avait semée dans les larmes. Il pouvait annoncer aux doctes et au peuple les vérités du salut ; les doctes acceptèrent les enseignements qu'il leur révélait. Plusieurs, renonçant à leurs passions, reconnurent la divinité du Christ, et, parmi eux, Lig-Osun, Fumocham et Li, le plus célèbre Mandarin de ce siècle. Ils n'embrassaient pas seulement le Christianisme, ils en pratiquaient les préceptes avec une si parfaite docilité que ce changement de croyance et de mœurs produisit la plus vive impression sur le peuple. Le peuple voulut à son tour connaître une religion que ses Mandarins se faisaient une gloire de professer, et qui était si puissante sur leurs cœurs qu'elle les forçait à devenir chastes. Un des principaux dignitaires de l'État se chargea de prêcher lui-même la foi qu'il avait reçue : c'était Paul Sin, dont le nom est aussi illustre dans les annales de l'Empire que dans celles de l'Église. Sin se fit missionnaire à Nankin ; et, forts de l'appui que le Père Ricci trouvait auprès de Van-Lié, ses compagnons, répandus dans les provinces, virent peu à peu fructifier leur apostolat. Les Pères Catanéo, Pantoya, François Martinez, Emmanuel Diaz et Longobardi jetèrent à Canton et dans d'autres cités les semences de la Foi. La multitude se pressait à leurs discours, elle s'y montrait attentive. Les Mandarins virent d'un œil jaloux cette égalité devant Dieu; par un bizarre caprice de l'orgueil, ils accusèrent les Jésuites de prêcher au peuple une loi que le Seigneur du ciel n'avait réservée qu'aux lettrés et aux chefs du royaume. Les magistrats, se rangeant à l'avis des doctes, prirent parti contre les classes inférieures, qu'il importait, selon eux, de tenir dans une dépendance absolue. Le Christianisme tendait à les émanciper : la politique conseillait de ne jamais les initier à de semblables préceptes. Les Jésuites reçurent ordre d'abandonner le peuple à ses passions et à sa superstitieuse ignorance. Ricci ne cherchait point à briser l'esprit de caste; mais, dans sa pensée, le salut d'un enfant du peuple étant aussi précieux que celui d'un Mandarin, il tenta d'apaiser l'irritation. Il réussit, et put ainsi continuer à distribuer à tous la parole de vie et de liberté.

En 1606 cependant, cette église naissante fut en butte à la persécution; elle ne vint pas des Chinois, mais de l'autorité ecclésiastique. Un différend s'était élevé entre le Vicaire-général de Macao et un Religieux de l'ordre de Saint-François. Le recteur des Jésuites fut choisi pour arbitre, il donna gain de cause au Franciscain. Le Vicaire-général, indigné de voir que ses injustices n'étaient pas sanctionnées, lance l'interdit sur les Franciscains, sur les Jésuites et sur le Gouverneur; la cité elle-même est soumise à cette excommunication. De graves incidents pouvaient naître d'une pareille complication : les Jésuites les prévinrent. Ils avaient concilié tous les intérêts; on se servit du prétexte de leur intervention pour persuader aux Chinois résidant à Macao que les Pères étaient des ambitieux et qu'ils n'aspiraient à rien moins qu'à poser sur la tête d'un des leurs le diadème impérial. Les Jésuites s'étaient construit des habitations sur les points les plus élevés : ces demeures se transforment en citadelles. Une flotte hollandaise était signalée à la côte; cette flotte, à laquelle les Japonais devaient joindre leur armée, louvoie pour leur offrir son concours. Les Chinois de Macao avisent de ces nouvelles les magistrats de Canton : elles sèment la consternation dans les provinces ; les uns s'empressent de répudier le Christianisme, les autres se proposent d'égorger les Pères. François Martinez arrivait ce jour-là à Canton ; un apostat le dénonce, il est saisi et expire dans les tourments.

Le sang qu'ils ont versé, le courage qu'a déployé Martinez, proclamant jusqu'à la mort son innocence et celle de ses frères, réagissent heureusement sur ces esprits toujours timides et qui prennent ombrage de la démonstration la plus inoffensive. Ils déplorent l'erreur dans laquelle ils sont tombés, ils la réparent, et cette tempête est apaisée par ceux mêmes qui étaient destinés à en périr victimes. Ricci fut le conciliateur universel ; son nom avait acquis dans la capitale et au fond des provinces une telle célébrité que les Chinois le comparaient à leur Confucius. La gloire lui venait avec la puissance, mais ce n'était pas pour ces avantages terrestres que le Jésuite avait voué son existence à la propagation de l'Evangile. Il n'ambitionnait qu'une chose, c'était d'affermir l'œuvre si péniblement ébauchée. Un Noviciat fut établi à Pékin, il y reçut les jeunes Chinois, il les forma à la pratique des vertus, à la connaissance des lettres, à l'étude des mathématiques. Comme si tant de travaux n'étaient qu'un jeu pour sa vieillesse, il écrivait la relation des événements qui se passaient sous ses yeux ; il ne cessait de recevoir les Mandarins et les grands que la curiosité ou l'amour de la science conduisaient vers lui. En dehors de ces occupations si diverses, Ricci composait en langue chinoise des ouvrages de morale religieuse, des traités de géométrie ; il expliquait la doctrine de Dieu et les six premiers livres d'Euclide. La mort le surprit au milieu de ces travaux ; le Père expira en 1610, laissant aux Chinois le souvenir d'un homme qu'ils respectent encore, et aux Jésuites un modèle de fermeté et de sagesse. Les funérailles de Ricci, le premier étranger qui obtint cet honneur dans la capitale, furent aussi solennelles que le deuil était général. Les Mandarins et le peuple accoururent dans une douloureuse admiration pour saluer les restes inanimés du Jésuite ; puis, escorté par les Chrétiens que précédait la croix, le corps de Ricci fut déposé, selon l'ordre de l'Empereur, dans un temple que l'on consacra au vrai Dieu.

Les Chinois aimaient la morale de l'Evangile ; elle plaisait à leur ﹍﹍﹍﹍ à leurs cœurs ; mais il répugnait à leurs préjugés d'adorer un Dieu succombant sur le Calvaire. La croix renfermait un mystère d'humilité qui accablait leur intelligence, qui froissait leur orgueil. L'emblème du Christianisme n'avait encore paru que sur l'autel ou dans les réunions privées ; la mort du Père Mathieu le fit sortir de cette obscurité. Placé, pour ainsi dire sous la sauvegarde d'un cadavre vénéré, il lui fut permis de traverser toute la ville.

Ce trépas inattendu exposait à des variations le bien que Ricci avait eu tant de peine à préparer. Les Jésuites cependant ne se découragèrent point. Mais, en 1617, un Mandarin idolâtre, nommé Chin, ne crut pas devoir rester spectateur indifférent des progrès que faisait l'Institut. Il commandait dans la ville de Nankin : il usa de tout son pouvoir pour persécuter les fidèles. Afin de disperser le troupeau, il avait compris qu'il fallait s'attaquer aux pasteurs. Ce fut sur les Pères qu'il fit peser son courroux et sa vengeance. On les battit de verges, on les exila, on les emprisonna, enfin on les rejeta sur le rivage de Macao.

Trois ans après (1620), l'Empereur Van-Lié mourait, et ses derniers regards étaient attristés par un cruel spectacle. Thienmin, roi des Tartares, avait envahi ses Etats, vaincu son armée et tiré les Chinois de cette immobilité traditionnelle qui semblait être pour eux la condition d'existence. Tien-Ki, petit-fils de Van-Lié, était appelé à réparer ces désastres. Il prit des mesures pour s'opposer à l'armée tartare. Les Mandarins chrétiens lui conseillèrent de s'adresser aux Portugais et de leur demander des officiers, afin que le service de l'artillerie fût mieux dirigé ; mais, ajoutèrent-ils, les Portugais n'accorderont leur concours que si les Jésuites ignominieusement expulsés trouvent enfin justice auprès de l'Empereur ; Tien-Ki annula l'édit de bannissement que Van-Lié avait porté, et il rétablit les Pères.

La victoire couronna les efforts de Tien-Ki, comme la Foi couronnait alors ceux des Missionnaires. Ils avaient affaire à un peuple qui paraissait encore plus attaché à ses idées qu'à ses passions, et qui n'acceptait la doctrine chrétienne qu'après l'avoir discutée et approfondie. Tout était difficulté pour les Jésuites, jusqu'à la définition de Dieu. Afin de la présenter claire et précise, une réunion des Pères les plus expérimentés fut indiquée en 1628. Ils étaient disséminés sur l'étendue du royaume ; il y en eut qui, pour se rendre à la voix de leurs chefs, se virent forcés de faire à pied plus de huit cents lieues. Le doute naissait presque à chaque pas ; la crainte de se tromper tourmentait leurs bonnes intentions : il fallait de longues études pour apprécier ce qu'il importait de tolérer ou de défendre.

Ce fut sur ces entrefaites que le Père Adam Schall de Bell, né à Cologne en 1591, arriva à Pékin. Profond mathématicien, grand astronome, il avait déjà conquis dans les provinces de la Chine une réputation d'homme universel, lorsque Xum-Chin, successeur de Tien-Ki, le chargea de corriger le calendrier de l'Empire. Le Jésuite était en faveur, il en profita pour supprimer les jours fastes et néfastes, comme entachés de superstition, et pour donner plus d'extension au Christianisme. A Si-Nang-Fu, il avait décidé les Païens eux-mêmes à construire une église ; à Pékin, il sut obtenir de l'Empereur un décret par lequel il était permis aux Jésuites d'annoncer l'Evangile dans tous ses Etats. Des hommes d'élite, des savants seuls étaient destinés à cette Mission. S'y consacrer, c'était presque de l'héroïsme ; car ces mers lointaines n'avaient pas été encore explorées par les navigateurs, et elles étaient fécondes en naufrages. Aussi le Père Diaz écrivait-il, dans le mois d'avril 1635, au Général de la Compagnie, en demandant vingt Missionnaires par année : « Ce ne serait pas trop, si tous, par une bénédiction spéciale du Ciel, pouvaient arriver vivants à Macao ; mais il n'est pas rare qu'il en meure la moitié en route, plus ou moins. Il convient donc d'en faire partir vingt par an pour compter sur dix. »

Les Jésuites se plaignaient du petit nombre des ouvriers évangéliques ; il s'en offrit qui, depuis un demi-siècle, attendaient aux Philippines le moment favorable pour s'introduire dans le Fo-Kien par l'île Formose; mais ces nouveaux venus n'appartenaient point à la Compagnie. A peine eurent-ils pris pied en Chine qu'ils ne regardèrent qu'avec leurs yeux européens les pratiques que Ricci et ses compagnons avaient été contraints de souffrir. Les disciples de Confucius se montraient très-attachés aux usages, aux cérémonies de leur patrie : il fallait concilier ces coutumes avec la Religion chrétienne ou renoncer à la Mission. L'Église avait autorisé les Pères à ne modifier que ce qui serait contraire à la Foi et aux bonnes mœurs ; en étudiant les croyances nationales, les Jésuites s'étaient convaincus que, parmi les lettrés, il y avait beaucoup moins d'idolâtrie que de simple cérémonial. La doctrine du Christ devait épurer ces habitudes que l'instruction finirait par abolir ou par sanctifier ; c'était un mal purement matériel, on le tolérait pour ménager les esprits. Cette condescendance des Jésuites était habile, les Dominicains Angelo Coqui, Thomas Serraz et Moralez ne voulurent pas la comprendre.

Ils débarquaient, poussés par ce désir si naturel au cœur de l'homme de faire mieux, c'est-à-dire autrement que ceux qui l'ont précédé ; ils n'avaient aucune connaissance des rites religieux et civils en usage à la Chine : ils interprétèrent donc à mal tout ce qui frappait leur vue. Avec une précipitation dangereuse, ils écrivirent à l'archevêque de Manille et à l'évêque de Zébu que les Jésuites permettaient aux nouveaux Chrétiens de se prosterner devant l'idole de Chin-Hoam, d'honorer les ancêtres d'un culte superstitieux, de sacrifier à Confucius ; et que les Pères cachaient aux néophytes le mystère de la croix. Ces accusations parurent tellement graves aux deux prélats qu'ils les transmirent à Rome ; mais, à quelques années de là, en 1637, l'archevêque et l'évêque mandent à Urbain VIII que, mieux informés, ils justifient les Jésuites et qu'ils applaudissent à leur zèle.

La justification vint trop tard ; les Dominicains et le Franciscain Antoine de Sainte-Marie s'étaient tracé un plan de conduite ; ils avaient adopté des préjugés, et ils furent hommes sans songer qu'ils devaient être prêtres avant tout. Le hasard les avait conduits dans la province de Fo-Kien, la plus ensevelie dans les ténèbres de l'idolâtrie. Les Jésuites Manuel Diaz et Jules Aleni gouvernaient cette mission avec tant de succès que déjà dix-sept églises étaient construites et que de tous côtés on accourait pour recueillir leurs paroles de salut. Ils essayèrent par leur expérience de tempérer l'ardeur de ceux qui prétendaient tout réformer sans réflexion : les conseils d'une sage prévoyance ne furent pas écoutés. Les Dominicains ne savaient pas la langue du pays, ils s'obstinèrent à prêcher par interprètes, et, à la stupéfaction de leurs auditeurs, ils proclamèrent que Confucius, que les vieux rois de la Chine étaient damnés, et que les Pères de la Compagnie de Jésus avaient trahi leurs devoirs en permettant aux fidèles de se prostituer à de honteuses adorations.

A ces paroles, la colère des Chinois ne connaît plus de bornes; les Chrétiens font cause commune avec les idolâtres, et les nouveaux Missionnaires sont incontinent renvoyés à Macao. Les magistrats ne s'en tinrent pas à cet acte de sévérité : Manuel Diaz et Jules Aleni avaient apporté à Fo-Cheu et dans la province la loi chrétienne : un édit les condamne à l'exil, et, le 14 juillet 1637 seulement, le Père Aleni put reparaître et racheter son église. Ainsi commençaient sous de tristes auspices ces longs et déplorables démêlés qui retentirent en Chine et en Europe [1]. Ce n'est point encore ici le moment de les étudier, mais c'est ici qu'il faut dire que la charité et le zèle de la science égarèrent les Jésuites. Nous entrerons plus tard dans cette curieuse discussion, où le Saint-Siége intervint; maintenant il nous reste à suivre le cours des événements.

[1] Au quatrième volume des OEuvres de Leibnitz, *Præfatio in novissima sinica*, p. 82. le grand philosophe protestant s'exprime ainsi :
« On travaille depuis plusieurs années, en Europe, à procurer aux Chinois l'avantage inestimable de connaître et de professer la religion chrétienne. Ce sont principalement les Jésuites qui s'en occupent, par l'effet d'une charité très-estimable, et que ceux mêmes qui les regardent comme leurs ennemis jugent digne des plus grands éloges.
» Je sais qu'Antoine Arnauld, personnage qu'on peut compter parmi les ornements de ce siècle, et qui était au nombre de mes amis, emporté par son zèle, a fait à leurs missionnaires des reproches que je crois n'avoir point toujours été assez sages ; car il faut, à l'exemple de saint Paul, se faire tout à tous ; et il me semble que les honneurs rendus par les Chinois à Confucius, et tolérés par les Jésuites ne devraient pas être pris pour une adoration religieuse. »

De nouvelles révolutions politiques allaient fondre sur la Chine ; deux chefs de voleurs apparurent en 1636. Licon, le plus terrible, met le siége devant Pékin, il enlève la place, il va investir le palais, lorsque l'Empereur, pour ne pas tomber vivant entre les mains des rebelles, se donne la mort. Usanguey était un des chefs de l'armée campée à la frontière : fidèle à son prince malheureux, il invoque le secours des Tartares qui naguère envahissaient le céleste empire. Zunté, leur roi, accède à cette prière qui favorisait ses ambitieux desseins : ils réunissent leurs forces, et, en 1644, Licon, défait, se voit contraint de renoncer à l'autorité. Zunté s'empare de la couronne et la transmet à son fils Chun-Tchi ; car il vient un jour où le peuple le plus instruit, le plus policé, le plus riche et, par conséquent, le moins apte à braver de longs dangers, est écrasé par le peuple barbare, pauvre et robuste.

Ces discordes intestines n'arrêtaient point la propagation de la Foi. Le Père Schall avait semé la parole de Dieu dans la province de Chen-Si : un Jésuite français, le Père Jacques Le Faure, recueillit la moisson. Elle fut abondante, mais les prodiges qu'il opérait enfantaient encore moins de Chrétiens que le spectacle de ses vertus.

Cependant les princes de la famille tamingienne ne consentirent pas à abandonner sans combats l'héritage de Van-Lié, leur aïeul ; ils s'étaient réfugiés dans les provinces du midi de la Chine, ils levèrent l'étendard. En 1647, Jun-Lié est proclamé Empereur dans le Quang-Si. Ce sont deux Chrétiens, Thomas Cheu et Luc Sin, l'un vice-roi et l'autre général de la province de Quang-Si, qui ont réussi à faire triompher le principe de la légitimité : ils ont battu les Tartares et ils font hommage de leur victoire au petit-fils de Van-Lié. Le Kiang-Si, le Honan, le Fo-Kien et d'autres provinces s'ébranlent ; entraînées par le dévouement des deux généraux chrétiens, elles accourent faire leur soumission.

Au milieu de ces guerres civiles, les Jésuites, se renfermant dans les devoirs de leur ministère, n'avaient pris parti ni pour l'ancienne ni pour la nouvelle dynastie ; l'ancienne voyait auprès d'elle le Père André Coeffler et le Père Michel Boym ; à Pékin, la famille impériale des Tartares honorait le Père Schall. Ils se croyaient chargés de traiter avec les peuples d'intérêts plus élevés que ceux de la politique, et, en se partageant dans les deux camps, comme pour indiquer d'avance la neutralité qu'il était sage pour eux de garder, ils se créaient une position indépendante. Jun-Lié, par les conquêtes de Cheu et de Luc Sin, régnait sur une partie de la Chine ; le Père Coeffler capta la bienveillance de son grand Colao ; le Colao entretint l'Impératrice et les princesses de ce prêtre étranger, pour lequel la science n'avait point de mystères. Coeffler, sur leur demande, est introduit auprès d'elles ; il leur explique la morale, les mystères, les dogmes consolateurs du Christ. Ces femmes, déjà éprouvées par l'exil et ne voyant dans leur vie que des inquiétudes ou des chagrins, essaient de chercher ailleurs que sur le trône un refuge contre le malheur. La Religion chrétienne leur offrait ce refuge, elles l'acceptèrent, et le Jésuite leur conféra le baptême. L'Impératrice avait choisi le nom d'Hélène ; peu d'années après, en 1650, elle donna le jour à un fils qui, de l'assentiment de l'Empereur, fut baptisé sous le nom de Constantin.

L'Impératrice avait fait de tels progrès dans la ferveur qu'elle voulut adresser elle-même au Souverain-Pontife l'hommage de sa piété filiale pour le successeur des Apôtres. Le Père Boym, Jésuite polonais, fut l'ambassadeur qu'elle désigna ; il partit en 1651, et remit au Pape Alexandre VII et au Général des Jésuites les lettres que l'Impératrice leur écrivait [1]. A peine s'était-il éloigné que Chun-Tchi, impatient des succès de son rival, se jette sur les provinces qui l'ont reconnu. L'Empereur Jun-Lié veut tenir tête aux Tartares ; il est vaincu, massacré avec son jeune fils, et Hélène, captive, est conduite à Pékin, où Chun-Tchi ordonna de la traiter en Impératrice. Elle avait perdu son époux, son fils et sa couronne : il ne lui restait que sa piété ; la Religion la consola de tous les désastres.

Chun-Tchi était jeune, intrépide et prudent. Il aimait le

---

[1] Une de ces lettres est entre nos mains. Les caractères chinois sont tracés sur un long voile de soie jaune. Ce voile, aux couleurs impériales, est garni de franges d'or.

Père Schall ; la victoire qu'il avait remportée sur son légitime compétiteur ne modifia point l'affection que le Jésuite lui inspirait en faveur du Catholicisme. Les Missionnaires, répandus en Chine, y avaient élevé un grand nombre d'églises ; il mande à ses généraux de respecter partout les docteurs de la loi divine venus du grand Occident. Il fut obéi, et les Pères Martini, Buglio et Magalhans purent, à travers mille périls nés de ces commotions intestines, retourner à Pékin après la mort de Jun-Lié. La puissance de Chun-Tchi se développait avec autant d'éclat que ses talents ; il était grand dans la guerre et dans la paix comme tous les fondateurs de dynasties. Il n'avait plus d'ennemis ; les Hollandais et les Russes lui envoyèrent des ambassadeurs pour solliciter son alliance.

Adam Schall jouissait de son amitié : il le contraignit à recevoir le titre de Mandarin ; il en fit le président des mathématiques de l'Empire, il lui imposa même le nom de Mafa, qui répond à celui de Père. Chun-Tchi, afin de discourir plus souvent avec le Jésuite, avait renoncé à l'étiquette de la cour ; non-seulement il accordait à son Mafa le droit d'entrer à toute heure dans l'intérieur du palais, mais encore il se transportait en sa demeure, et, chose inouïe à Pékin, il passait de longues heures avec le Missionnaire. La conférence commençait invariablement par des observations astronomiques ; peu à peu le prêtre, s'élevant à des pensées plus dignes de son ministère, rappelait le monarque à l'étude de Dieu. La magnificence des phénomènes terrestres le mettait sur la voie des grandeurs divines, et, dans un langage où la vérité se déguisait sous une ingénieuse flatterie, Schall d̶o̶n̶n̶a̶i̶t̶ ̶a̶u̶ prince des leçons de sagesse, de modération et de jus̶t̶i̶c̶e̶.

Dans les mémoires laissés par le Jésuite, on lit une de ces conversations, et, si l'on s'étonne de la franchise de l'Européen, on se sent tout ému de la confiance et de l'abandon du Tartare. Chun-Tchi admirait les préceptes de l'Evangile, mais la violence de ses passions l'enchaînait au culte des faux dieux. Il comprenait, il approuvait tout dans la Religion, tout, excepté le renoncement aux voluptés. Cet amour des plaisirs causa sa perte. L'Empereur aimait la femme d'un de ses officiers, il l'épousa.

mais, après quelques années de bonheur, la nouvelle impératrice mourut. Elle était idolâtre, elle l'avait, par ses séductions, ramené aux superstitieuses croyances dont le Père Schall avait fini par le détacher. A partir de ce moment, Chun-Tchi devint un autre homme. Toujours sombre, toujours triste, il semblait n'aspirer qu'à la tombe ; le Père Schall seul avait conservé son ascendant sur ce prince que la douleur consumait. Il expira enfin, laissant le trône à un enfant à peine âgé de huit ans (1661.)

Les quatre régents désignés remplirent les intentions du monarque défunt, et ils nommèrent le Jésuite précepteur du jeune héritier de la couronne. Mais bientôt les Bonzes et les Mahométans déterminent la régence à proscrire le Christianisme et surtout les Missionnaires. La faveur dont Schall avait été entouré sous le règne précédent pouvait se renouveler à la majorité de Kang-Hi. Afin de détruire d'un seul coup les espérances des Chrétiens dont le nombre s'accroissait sans cesse [1], les idolâtres résolurent de tenter un coup d'Etat contre les Jésuites. On réunit les Pères à Pékin et on les plonge dans les cachots. Le Père Schall était le plus estimé et par conséquent le plus redoutable ; ce fut sur lui qu'on épuisa tous les tourments. On le condamne à être haché et découpé par morceaux ; mais son grand âge, sa science et l'affabilité qu'il a montrée au peuple dans les jours de sa puissance font impression sur les Chinois. Le Père Ferdinand Verbiest, né à Bruges en 1630, était plus jeune et déjà presque aussi célèbre que Schall. Prisonnier lui-même, il se dévoue pour celui qu'il regarde comme son maître ; il attendrit les magistrats et la foule au souvenir des vertus et des services de ce vieillard. La foule implore sa grâce, et le Jésuite put expirer en liberté. Le 15 août 1666, après quarante-quatre années d'apostolat, il mourut entre les bras de Jacques Rho et de Prosper Intorcetta, les deux Pères qui avaient partagé ses travaux.

Un an auparavant, les discussions religieuses qui s'étaient

---

[1] Les Jésuites avaient alors 151 églises et 38 résidences sur le territoire de la Chine ; les Dominicains, 21 églises et 2 résidences ; les Franciscains, 3 églises et une maison. Les Jésuites avaient écrit 131 ouvrages sur la religion, 103 sur les mathématiques et 55 sur le physique et la morale.

élevées entre les Dominicains et les Jésuites, discussions que Moralez et Martini avaient soutenues peut-être avec plus d'érudition que de prudence, furent sur le point de se terminer. La persécution confondit dans les mêmes chaines les théologiens des deux camps. Ils étaient vingt-trois détenus à Canton : dixneuf Jésuites, trois Dominicains et un Cordelier. La communauté de souffrances et la perspective d'une mort imminente donnèrent une pensée de fraternité chrétienne à ces hommes accourus de si loin pour apporter la paix à des populations idolâtres. Ils posèrent les questions avec ce calme qu'inspire la solitude.

Séparés du reste de la terre, destinés à mourir sans revoir leur patrie, ils essayèrent au moins de mettre un terme aux troubles qui les agitaient depuis si longtemps ; après un mûr examen, chacun convint de ses erreurs ou de ses emportements. Un fait inaperçu dans l'histoire, mais qui opéra une heureuse réaction sur les captifs, servit à prouver qu'au milieu même de ces controverses la charité apostolique ne perdait point ses droits. Le Père Navarette, de l'Ordre des Frères-Prêcheurs, s'échappa de la prison commune ; son évasion allait être remarquée, elle pouvait attirer la colère des Mandarins sur ceux qui restaient dans les fers : le Jésuite Grimaldi prit la place du Dominicain. Le 4 août 1668, le Père Sarpetri, du même institut que Navarette, répondait par un témoignage solennel aux accusations dirigées contre la Société de Jésus, et il écrivait : « Je certifie en premier lieu qu'à mon avis ce que les Pères missionnaires de la Compagnie de Jésus font profession de pratiquer, en permettant ou tolérant certaines cérémonies dont les Chinois chrétiens usent à l'honneur du philosophe Confucius et de leurs ancêtres défunts, non-seulement est sans danger de péché, puisque leur conduite a été approuvée par la sacrée Congrégation de l'Inquisition générale ; mais qu'à considérer les croyances des principales sectes de la Chine, cette opinion est plus probable que la contraire, et d'ailleurs très-utile, pour ne pas dire nécessaire, afin d'ouvrir aux infidèles la porte de l'Evangile.

» Je certifie, en second lieu, que les Pères Jésuites ont

annoncé dans ce royaume de la Chine Jésus-Christ crucifié, et
cela non-seulement de vive voix, mais par le moyen des livres
qu'ils y ont faits en grand nombre ; qu'ils expliquent avec
beaucoup de soin les mystères de la Passion à leurs néophytes,
que dans quelques résidences de ces Pères il y a des confréries
de la Passion.

» Je certifie en troisième lieu, et, autant qu'il en est besoin,
je proteste avec serment, que ce n'est ni à la prière ni à la
persuasion de qui que ce soit, mais par le seul amour de la
vérité, que je me suis porté à rendre le double témoignage
qu'on vient de lire. »

Les chrétientés de la Chine étaient tout à la fois menacées
et par la persécution que suscitaient les régents de l'Empire, et
par les querelles théologiques des Ordres religieux. La majorité
de Kang-Hi fit cesser les vexations contre les Catholiques ; elle
rendit aux Missionnaires leur liberté [1], elle accorda aux Jésuites
un pouvoir encore plus grand que celui dont ils avaient joui
jusqu'alors ; mais ces prospérités inattendues fournirent à l'irritation un nouvel aliment, et, comme nous le verrons plus
tard, elles amenèrent la ruine de cette Eglise.

---

[1] Au livre III de son *Histoire de la Chine sous la domination tartare* (p. 250,
année 1669), le Père Greslon, Jésuite, témoin et victime de cette persécution, s'exprime ainsi : « Dans l'absence des Missionnaires les fidèles font paraître une grande
fidélité à la grâce de leur vocation. On sait que depuis le commencement de la
persécution, 2000 catéchumènes ont reçu le baptême par le ministère des catéchistes.
Paul Hiu, qui a été mis en prison pendant la persécution, a été envoyé par les Jésuites de Pékin visiter les églises du Péchely et du Chang-Tum. Il y a conféré le
baptême à trois cents personnes. Le Père Lo (Lopez), Dominicain, chinois naturel
qui peut, sans être connu, visiter les églises, s'y emploie avec un très-grand fruit.
Nous avons su par ses lettres les saintes dispositions où sont les fidèles de l'église
du Midi. »
Ce Père Lopez dont parle l'historien jésuite, appartenait à l'Ordre des Frères-
Prêcheurs. Il fut depuis évêque en Chine. Pendant son épiscopat il se montra l'ami
constant des disciples de saint Ignace et leur défenseur dans la question des Rites
chinois.

CHAPITRE IV.

Le séminaire de Goa. — Missionnaires au Congo et en Guinée. — Le Père Pierre
Claver et les nègres à Carthagène. — Charité du Jésuite. — Moyens qu'il emploie pour adoucir le sort des esclaves. — Ses missions dans les cases. — Sa mort.
— Le Père Alexandre de Rhodes au Tong-King et en Cochinchine. — Martyre
d'André. — Proscription du Père de Rhodes. — Il arrive à Rome, puis en France.
— Le Jésuite et M. Olier. — De Rhodes va ouvrir la mission de Perse. — Les Jésuites pariahs dans l'Indostan. — Mauvais effet produit sur les Brahmes. — Le
Père Robert de'Nobili au Maduré. — Il se fait Saniassis et adopte les mœurs et
les coutumes des Brahmes. — Ses succès dans le Maduré. — On l'accuse d'encourager l'idolâtrie. — Sa mort. — Les Pères Jean de Britto et Constant Beschi.
— Les Jésuites à Chandernagor, aux royaumes d'Arracan, de Pégu, de Camboge et de Siam. — Le Père Soceiro dans l'île de Ceylan. — Son martyre. —
Les Protestants tuent le Père Moureyro. — Le Père Cabral au Thibet et dans le
Nepaul. — Les Jésuites au Maragnon. — Ils triomphent de la cruauté des Guaitaces. — Les Pères Medrano et Figueroa à la Nouvelle-Grenade. — Jésuites
marchands. — Interdiction lancée contre eux par l'archevêque de Santa-Fé de
Bogota. — Les Jésuites au Canada. — La Nouvelle-France et ses premiers Missionnaires. — Dangers qu'ils courent — Premiers néophytes. — Les Hurons et
les Iroquois. — Les Anglais et les Français dans l'Amérique septentrionale. —
Amour des indigènes pour la France ; leur répulsion pour l'Anglais. — Succès
des Jésuites. — Caractères de la mission. — Vie des Pères. — Les Jésuites appellent des Hospitalières et des Ursulines pour soigner les malades et élever les
jeunes filles sauvages. — Réductions chrétiennes. — Le Père Jogues et les Iroquois. — Son martyre. — Les Abénakis et les Missionnaires. — Le Père Daniel
et ses catéchumènes. — Le Père de Brébeuf et Gabriel Lallemand mis à mort
par les Iroquois. — Martyre du Père Garnier. — Le Père Poncet négocie la paix
avec les sauvages qui l'ont mutilé. — Les Jésuites chez les Iroquois. — Mission
de Constantinople. — Le Père de Canillac et Henri IV. — L'ambassadeur de
Venise dénonce les Jésuites au Divan. — Le Père Joseph et Coton. — Les Jésuites dans le Levant. — Cyrille Lucar et les Jésuites. — Le Père Lambert établit la mission des Maronites. — Missions des Antilles.

Avec son peuple de lettrés, avec les innombrables habitants
qui remplissaient ses villes ou cultivaient ses campagnes, le
céleste empire et les Missions déjà ouvertes ne satisfaisaient
point la passion du salut des âmes dont les Jésuites étaient
tourmentés. L'Ethiopie, le Mogol, Ceylan, le royaume du Bengale, les côtes de Coromandel, les Philippines, les déserts de
Guinée, les Moluques et les contrées les plus reculées de
l'Asie recevaient en même temps la semence de l'Evangile. La
parole des Pères, leur courageuse initiative, leur sang même la
fécondaient. Partout ils apprivoisaient les sauvages, partout ils
dominaient les vieilles superstitions, partout, après avoir longtemps souffert, ils parvenaient à triompher des instincts bar-

bares ou des sentiments de répulsion que ces multitudes éprouvent pour les étrangers. Au Mogol, dès l'année 1615, ainsi qu'à Cranganore et chez les schismatiques d'Abyssinie, des Maisons, des Colléges de l'Institut s'élevaient. C'était la consécration de son apostolat, la prise de possession de la Foi. A Goa, dans cette Rome de l'Asie, où reposait le corps de François Xavier, les Jésuites préparaient des ouvriers pour ces plages lointaines ; ils les façonnaient à la misère et à la bienfaisance, à la science et à l'abnégation, aux tribulations de la vie errante et à la gloire du martyre. En Asie, en Afrique et en Amérique, où la Compagnie avait déjà vaincu tant d'obstacles, elle ne reculait devant aucun péril. En maintenant, en augmentant ses conquêtes primitives, elle cherchait sans cesse à étendre son impulsion ; et, forte de ses avantages passés, ou de ses revers, qui étaient encore pour elle des succès, elle jetait de nouveaux Missionnaires à de nouveaux continents.

Le Monomotapa et la Cafrerie recueillaient son enseignement ; le Brésil et le Mexique saluaient ses Pères comme des libérateurs. Ils s'avançaient sur le Hiaqui ; ils fondaient un Collége à Potosi, deux autres au Chili, une colonie à Porto-Seguro ; ils subissaient le contre-coup de la victoire, l'envie qui ne pardonne jamais au bonheur, la calomnie qui n'épargne jamais le dévouement. Quand les sauvages ne les tuaient pas à la première rencontre, ils se prenaient à les aimer ; ils s'attachaient à eux comme à des hommes privilégiés de Dieu. Ils les suivaient avec confiance, ils les écoutaient avec respect ; mais cet amour, dont les témoignages éclataient au sein des villes, ainsi que dans le fond des bois, était une censure de l'avidité des Européens ou de l'apathie de quelques membres du Clergé séculier. De semblables démonstrations, se traduisant en faits, provoquèrent des dissentiments, des querelles d'amour-propre ou de préséance, qui, frivoles ou superflues en Europe, devenaient dangereuses au milieu de ces peuples à peine nés à la société. Les Jésuites avaient introduit le Christianisme dans plusieurs parties du Nouveau-Monde, ou ils y centuplaient son action : on essaya de leur faire expier la grandeur de leurs œuvres par de petites chicanes ou par d'obscurs démêlés théologiques.

Il y avait, en Europe et en Asie, des Pères de l'Institut pour vivre parmi les grands de la terre, pour diriger la conscience des rois et instruire les savants. Il s'en trouva encore pour racheter les Chrétiens captifs ou pour partager leurs fers. On en vit même fonder des résidences dans l'Angola et à la côte de Guinée. A Tétouan et sur les rives de l'Afrique, ils fortifiaient les Blancs esclaves ; au Congo et dans l'intérieur des terres, ils répandaient la Foi chez les Nègres. Lorsque l'ignorance et l'abrutissement condamnaient leurs efforts à la stérilité, ils plantaient une croix sur la montagne comme un signe d'espérance. Ils avaient à combattre des ennemis de toute sorte, s'opposant par avarice à ce qu'on inspirât à ces malheureux des sentiments d'humanité et les premiers éléments de la civilisation. Les Portugais et les Espagnols n'en voulaient faire que des bêtes de somme. Les hérétiques d'Angleterre et de Hollande, émancipateurs de la pensée et apôtres de la liberté, leur apportaient des chaînes encore plus lourdes. Afin que les Jésuites ne paralysassent pas leur odieux négoce, ils croisaient sur les mers et massacraient les Missionnaires. Ceux qui avaient bravé tous ces périls en rencontraient d'autres au rivage. Ils entraient en lutte avec les jongleurs de Quinola ; ils essayaient, autant par la charité que par le raisonnement, de détruire les croyances superstitieuses, les coutumes barbares et les sacrifices humains sur les tombeaux entr'ouverts.

Tandis que les Jésuites consumaient leurs vies dans de pareils soins, et qu'ils disputaient à la rapacité la dernière lueur d'intelligence des Nègres, un autre Père s'offrait à ceux de la Colombie. Ils étaient esclaves, il se fit leur serviteur, leur ami, afin d'alléger leurs chaînes et de leur donner un maître moins exigeant et plus doux que leurs acheteurs. Né à Verdu, en Catalogne, vers l'année 1581, Pierre Claver pouvait, par la noblesse de son origine, prétendre aux dignités de l'Eglise ou aux honneurs militaires. Il se consacra à l'Institut de Jésus et acheva ses études au Collége de Majorque. Dans cette maison habitait alors un vieillard nommé Alphonse Rodriguez, qui, après avoir passé une partie de sa vie dans les affaires commerciales, s'était retiré du monde pour vivre plus intimement avec Dieu. Simple

Frère coadjuteur et portier du Collége, Rodriguez, que le Pape Léon XII a placé au rang des Bienheureux par décret du 29 septembre 1824, se lia d'une étroite amitié avec Claver. Il ne s'occupa point de révéler à son jeune disciple les mystères de la science ; il l'initia à ceux de la sainteté. Alphonse Rodriguez avait si bien disposé le jeune Scolastique aux vertus de l'apostolat que les fatigues, que les périls réservés aux Missionnaires ne purent répondre ni à son amour des souffrances, ni à l'immensité de son zèle. Claver croyait que, sur la terre, il existait une race d'hommes encore plus à plaindre que les sauvages ; ce fut à elle qu'il dévoua sa charité.

Dans le mois de novembre 1615, il arriva à Carthagène, l'une des villes les plus considérables de l'Amérique méridionale. Cette cité, dont le port était l'entrepôt du commerce de l'Europe, se trouvait le bazar général où l'on trafiquait les Noirs. On les vendait, on les achetait, on les surchargeait de travaux. On les faisait descendre au fond des mines, on les appliquait à toutes les tortures de la faim, de la soif, du froid et de la chaleur pour accroître la source de ses richesses. Quand, sous ce soleil de plomb, sous ces tempêtes qui usent si vite les complexions les plus robustes, ces pauvres esclaves avaient épuisé leurs forces pour fertiliser un sol ingrat, leurs maîtres les abandonnaient à de précoces infirmités ou au désespoir d'une vieillesse anticipée. Alors ils mouraient sans secours, comme ils avaient vécu sans espérance.

Cette misère enfantant le luxe n'échappa point aux Jésuites. Le Père de Sandoval avait précédé Claver sur ce rivage, et, comme lui, né dans la grandeur, il s'était imposé le devoir de consoler, de soulager tant d'infortunes. Alphonse Rodriguez avait enseigné à Claver la théorie de l'abnégation chrétienne, Sandoval lui en fit connaître la pratique. A peine l'eut-il formé à la vie qu'il embrassait, à cette continuité de malheurs qu'il fallait endurer d'un côté, pour les adoucir de l'autre, que le Jésuite, vieilli dans les bonnes œuvres, sentit qu'il pouvait résigner aux mains de Claver son sceptre d'humiliation. Sandoval se mit à parcourir le désert, à fouiller les bois les plus épais pour annoncer aux Nègres libres la bonne nouvelle de Jésus-

Christ ; puis cet homme, dont la famille était si opulente, expira couvert d'ulcères volontairement conquis par la charité.

A Carthagène, ce n'était ni par la diversité des lieux ou des climats, ni par ce besoin de changement, si doux au cœur de l'homme, que Claver espérait un dédommagement. Pour lui l'avenir était, comme le présent, toujours plein des mêmes calamités, toujours apportant au même rivage la même ignorance, les mêmes terreurs et les mêmes maladies. Les Nègres seuls se renouvelaient. Chaque jour ramenait pour le Père une monotonie de prévenances, de petits soins et d'amour qui aurait dû faire chanceler la patience la plus exercée. Les travaux et la chaleur avaient bientôt décimé les esclaves : on les remplaçait par d'autres, et son œuvre recommençait. Le Jésuite ne faisait pas de cette stérile philanthropie qui, dans les académies ou du haut des tribunes politiques, verse quelques larmes officiellement instruites à feindre sur les infortunes des hommes de couleur. Il ne se contentait pas de s'émouvoir à distance aux récits romanesquement arrangés, aux phrases humanitaires des spéculateurs en bonnes œuvres. L'ami des Noirs s'était décidé à vivre de leur misérable vie. C'était le seul moyen de leur apprendre à ne pas maudire l'existence, le seul moyen de les conduire par degrés de l'Idolâtrie au Christianisme, de l'esclavage à l'affranchissement.

Dès qu'un navire entrait au port, Claver accourait avec une provision de biscuits, de limons, d'eau-de-vie et de tabac. A ces esclaves abrutis par les supplices d'un long voyage et toujours sous le poids des menaces ou du bâton, il prodiguait ses caresses. Leurs parents ou leurs princes les avaient vendus ; lui, leur parlait d'un père et d'une patrie qu'ils avaient dans le ciel. Il recevait les malades entre ses bras, il baptisait les petits enfants, il fortifiait les valides, il se faisait leur serviteur, il leur disait, par signes, que partout, que toujours il serait à leurs ordres, prêt à partager leurs douleurs, disposé à les instruire, et ne reculant jamais quand ils lui demanderaient le sacrifice de ses jours.

En présence des maux dont ils sortaient d'être assaillis, en face de ceux qui les attendaient, les Nègres, ne voyant que dédain ou impassibilité sur la physionomie des Blancs, se prenaient à avoir foi en cet homme, que leurs compatriotes, déjà habitués au joug européen, saluaient comme un ami. Claver s'était insinué dans leur confiance ; il songea à y introduire l'Évangile ; mais il fallait vaincre des obstacles de plus d'une sorte, trouver des interprètes, les payer et leur enseigner à devenir missionnaires par substitution. Claver se mit à mendier de maison en maison, à tendre la main sur les places publiques. Après avoir arraché aux colons l'autorisation de visiter les Noirs dans leurs cases ou dans les mines, on apercevait ce Jésuite, toujours les yeux chargés de fièvre, toujours pâle, toujours le corps exténué par d'inénarrables maladies, cheminer à travers champs pour porter aux esclaves l'espérance et le salut.

Un bâton à la main, un crucifix de bronze sur la poitrine et les épaules pliées sous le faix des provisions qu'il va leur offrir, le Père parcourt d'un pas que la charité rend agile les routes brûlées par le soleil. Il franchit les fleuves, il affronte les pluies torrentielles ainsi que les âpres variations du climat. A peine parvenu à une case où l'agglomération des esclaves épaissit l'air déjà empesté par l'entassement de tant de corps infects, le Jésuite se présente au quartier des malades. Ils ont besoin de plus de secours, de plus de consolations que les autres ; sa première visite leur appartient de droit. Là, il leur lave lui-même le visage, il panse leurs plaies, il leur distribue des médicaments et des conserves ; il les exhorte à souffrir pour le Dieu qui est mort sur la croix afin de les racheter. Quand il a calmé toutes les peines du corps et de l'esprit, il réunit les esclaves autour d'un autel que ses mains ont dressé ; il suspend sur leurs têtes un tableau de Jésus–Christ au Calvaire, de Jésus–Christ dont le sang coula pour les Nègres. Il place les hommes d'un côté, les femmes de l'autre, sur des siéges ou sur des nattes qu'il arrange lui-même ; et, au milieu de ces êtres dégradés, à demi vêtus, couverts de vermine, il commence d'un air radieux les enseignements qu'il sait mettre au niveau de leur abâtardissement intellectuel.

Outre les Noirs publiquement esclaves, il y en avait d'autres

que la cupidité tenait cachés dans Carthagène et que, pour ne
pas payer la dîme due au roi d'Espagne, on vendait en secret à
des marchands qui les destinaient aux sucreries. Ceux-là étaient,
s'il est possible, encore plus misérables que les autres. Le gouvernement ne connaissait pas cette contrebande ; Claver la pres-
sentit. Ce ne fut pas pour la dénoncer, mais ces esclaves ne
devaient pas être plus privés que leurs frères des bienfaits de
l'Evangile. Claver jura le secret, à condition qu'il lui serait
permis de les instruire et de les baptiser. Ce secret, il l'emporta
dans la tombe.

Il ne suffisait pas au Jésuite d'avoir fait chrétiens tant d'infortunés, il essaya de leur inculquer les premiers principes de
la morale. Quand il fut appelé à prononcer ses vœux solennels ,
il en ajouta un cinquième. La Compagnie de Jésus le créait
esclave de Dieu, il voulut s'astreindre à un joug plus pesant et
il signa ainsi sa profession : *Pierre, esclave des Nègres pour
toujours*. Claver se donnait tout entier à ces multitudes gros-
sières; il ne s'en sépara plus. Il avait baptisé les moins stupi-
des, il chercha à leur inspirer quelques sentiments humains. Ils
étaient faibles, tremblants devant leurs maîtres; il aspira à les
relever devant Dieu. Leurs maîtres fuyaient leur contact, car ce
contact seul engendrait des exhalaisons fétides; mais ils étaient
chrétiens, Claver exige que, dans l'église des Jésuites au moins,
l'égalité règne comme au ciel ou dans la tombe. Son zèle paraît
outré, on menace de déserter le temple ; Claver répond qu'a-
chetés par les hommes, les Nègres n'en sont pas moins enfants
de Dieu ; qu'il y a pour eux obligation de satisfaire aux commandements de l'Eglise , et que, lui, leur pasteur, doit leur
rompre le pain de la parole de vie. Les Noirs purent donc
comme les Blancs venir prier dans le sanctuaire, et il leur fut
permis de se mêler aux Européens.

De grands vices avaient germé au milieu de tant de désola-
tions; la débauche y apparaissait sans voile, elle n'évoquait que
de honteux plaisirs, que de plus honteuses maladies, et jamais un
remords. La pudeur était un mot dont les Nègres n'avaient pas
l'intelligence. Claver les conduisit par degrés jusqu'à la connaissance, jusqu'à la pratique de la vertu. A force de tendresse et d'af-

fectueuses leçons, il leur apprit à devenir purs, chastes et sobres.
Pendant quarante ans il se résigna à cette existence, dont nous
n'avons esquissé qu'une journée ; les lépreux, les pestiférés furent
ses enfants de prédilection ; mais ce vieillard, qui avait vu l'humanité sous tant de phases hideuses, ressentit à son tour les douleurs qu'il avait si souvent apaisées. Il perdit peu à peu l'usage de ses
jambes et de ses bras, puis enfin il expira le 8 septembre 1654.

Il avait confondu dans le même amour le colon et l'esclave, le
Blanc et le Nègre. On les vit se réunir tous dans un même sentiment d'admiration, de deuil et de piété autour de son tombeau.
Les magistrats de Carthagène, le gouverneur don Pédro de Za-
pata, à leur tête, sollicitèrent l'honneur de faire, aux frais de la
ville, les obsèques de l'apôtre de l'humilité. Les Nègres, les
marrons eux-mêmes, se joignirent à la pompe funèbre, et de
chaque palais ainsi que de chaque case il ne s'échappa qu'un
cri de vénération et de reconnaissance pour ce Jésuite qui avait
tant glorifié l'humanité [1].

Tandis que le Père Claver révélait au monde la puissance que
la charité d'un homme exerce sur les natures les plus ingrates,
un autre Missionnaire de la Compagnie, Alexandre de Rhodes,
né à Avignon en 1591, ouvrait au Christianisme, en 1626, les
portes du Tong-King, la plus importante partie de l'An-Nam ; et, le
premier, il répandait en ce pays la lumière de l'Evangile. Déjà,
vers la fin de l'année 1624, il avait pénétré dans les montagnes
de la Cochinchine [2]. « Le langage de cette nation, dit le Missionnaire dans une relation de ses divers voyages, m'estonna d'a-
bord, parce que c'est une musique continuelle ; et un mesme
mot ou plustôt une mesme syllable prononcée diversement a
quelquefois vingt-quatre significations du tout différentes. Quand
je les entendois parler au commencement, il me sembloit d'entendre gazouiller de petits oiseaux, et je perdois courage de jamais apprendre cette langue. »

[1] En 1747, Benoît XIV confirma le décret de la Congrégation des Rites, qui déclare suffisantes les preuves du degré d'héroïsme dans lequel Pierre Claver a pos-
sédé toutes les vertus ; et le 27 août 1848, N. S. P. le Pape Pie IX a porté le décret
qui approuve les miracles nécessaires dans la cause de la béatification du Vénérable
serviteur de Dieu.

[2] Le Père de Rhodes avait été précédé en Cochinchine, dès l'année 1615, par le
Père Buzomi et par quelques autres Missionnaires de sa Société.

Le Jésuite l'apprit cependant ; mais de 1626 à 1640, il fut tour à tour balletté entre le Tong-King et la Chine, discourant avec les rois, annonçant aux peuples la parole de Dieu. En 1640, il fut destiné pour la Cochinchine. Ce n'était pas à des sauvages qu'il allait révéler la Foi, le Père de Rhodes le savait, et il se conforma à ces mœurs d'obéissance aveugle envers le souverain, à cette merveilleuse aptitude à tout comprendre qui faisait de ces peuples une espèce de classe de lettrés. Il leur enseigna à dompter leurs passions et à croire ; puis, lorsqu'il eut formé quelques fervents catéchumènes, la persécution sévit. Au mois de juillet 1644, un jeune homme, baptisé sous le nom d'André, fut appelé au martyre ou à l'apostasie. Le Père de Rhodes l'accompagna au lieu du supplice, il le vit mourir.

Le roi de la Cochinchine avait tâché d'arrêter les progrès du Christianisme en faisant couler le sang. Les administrateurs de ces provinces l'imitèrent, mais ils ne furent pas plus heureux que lui. Le gouverneur de Cham-Tao ordonne un dénombrement des néophytes ; il espère ainsi que la plupart n'oseront braver sa colère en se proclamant sectateurs du Christ. Pas un seul ne recula devant cette exigence ; tous confessèrent avec joie leur religion. Alexandre de Rhodes était le plus coupable, on lui enjoignit de sortir des terres de l'empire : « mais, raconte le Jésuite, j'estois seul prestre en tout le païs, je n'eus garde d'abandonner trente mille Chrestiens sans aucun pasteur. Je me retiray de la Cour et me tins caché, demeurant ordinairement le jour dans une petite barque avec huit de mes catéchistes, et la nuit j'allois trouver les Chrestiens qui s'assembloient en quelques maisons secrettes. »

Cette existence nocturne dura une année à peu près : le Père de Rhodes fut enfin arrêté sur un fleuve et livré au roi, qui le condamna à avoir la tête tranchée. Sa science et sa douceur lui avaient créé des partisans autour du trône ; ils intercédèrent en sa faveur : le roi commua sa peine en un exil perpétuel. Il n'y avait plus pour lui moyen de continuer sa mission ; le Jésuite partit pour Rome, afin de décider le Souverain-Pontife à donner des Évêques et des ouvriers à cette terre où la Re-

ligion trouvait des cœurs si fidèles [1]. Rhodes traversa la Perse
et la Médie, il parcourut l'Arménie et la Natolie ; puis, après
trente-un ans de courses et de dangers, il arriva à Rome le 27
juin 1649. « Que faisons-nous en Europe, écrivait-il à cette
époque, qui soit égal à la gloire de ces conquestes? un seul de
nos Pères en ce païs-là baptise en un an six mille chrestiens,
en gouverne quarante mille, entretient soixante-dix églises.
Jésus-Christ, nostre bon maistre, nous appelle et veut estre
nostre capitaine. »

Alexandre de Rhodes était bien vieux pour espérer de revoir
ses néophytes ; mais il avait foi dans son œuvre, foi surtout
dans le Saint-Siége et dans le zèle de ses successeurs. Innocent X l'accueillit avec une affection qui égalait ses travaux ;
pour honorer ce Jésuite, dont l'Eglise appréciait les services,
le Pape le chargea de mettre lui-même à exécution le projet
qu'il avait conçu. Dans ce dessein, il accourt à Paris, où alors
les grands hommes religieux dominaient le monde par l'éclat de
leurs vertus et de leurs talents. Il avait refusé la dignité et le
titre d'Evêque dont Innocent X s'était fait gloire de le revêtir ;
il venait en France pour évoquer des premiers pasteurs et pour
créer des missionnaires. Jean-Jacques Olier, le fondateur de
la Congrégation de Saint-Sulpice, s'émut aux récits du Père de
Rhodes. Il était accablé d'infirmités, et cependant il se jeta aux
pieds du Jésuite ; il le conjura de l'enrôler dans la sainte milice
qu'il formait : mais Alexandre de Rhodes se montra inflexible.
Le bien qu'Olier éternisait en renouvelant l'esprit du Clergé
français le rendit sourd à toutes ses prières. « Il y a huit jours,
écrivait alors Olier [2], que je fis paroître la superbe de mon cœur,
témoignant le désir que j'avois de suivre ce grand apôtre du
Tong-King et de la Cochinchine ; mais après lui avoir parlé à

---

[1] Le Père de Rhodes, comme il le dit expressément dans la relation de ses *divers
voyages* (3e partie, avant-propos), « fut envoyé en Europe par ses supérieurs (les
Jésuites portugais), avec commission de représenter au Pape l'extrême besoin que
ces chrétientés ont d'avoir des Evêques, » etc. On voit par là combien est fausse et
injuste l'accusation soulevée plus tard contre les Jésuites portugais de la province
de la Cochinchine, d'avoir été opposés au dessein du P. de Rhodes. Voir sur cette
question la *Mission du Maduré* par le P. Bertrand S. J. p. 193 et suiv). — Voir
aussi *au volume premier de cette Histoire* (p. 385) la part qu'a eue le P. de Rhodes
avec le P. Bagot à l'établissement du séminaire des Missions-Etrangères de Paris.
[2] *Vie de M. Olier*, t. II, p. 440.

fond de ce dessein, ou plutôt de ce projet, ce saint homme, ou notre Seigneur en lui, m'en a jugé indigne. »

Ce que le véritable intérêt de l'Eglise lui avait inspiré de refuser à Olier, le Père l'accorda à plusieurs jeunes gens ; et lorsqu'il eut préparé ces ouvriers à l'apostolat, lui-même, comme un vieil athlète dont les combats rajeunissent l'audace, il demande encore à braver de nouveaux dangers. En traversant la Perse, il a vu que la moisson serait abondante ; il désire de consacrer ses derniers jours à cette terre : il supplie le Général de la Compagnie de l'autoriser à y établir une mission. Son vœu fut exaucé, et celui qui avait porté la croix au Tong-King et à la Cochinchine, put encore la planter sous les murs d'Ispahan. Quelques années après, en 1660, le Père Alexandre succombait, martyr de ses incroyables travaux.

Sans donner à leurs œuvres un pareil cachet de glorieuse individualité, d'autres Jésuites marchaient sur les traces des Pères Claver et de Rhodes : les uns, comme Vincent Alvarez, mouraient sous le cimeterre des Mahométans à la côte de Malabar ; les autres, comme Antoine Abrero, périssaient engloutis dans un naufrage. Le 29 juin 1648, le Père François Paliola tombait dans l'île de Mindanao sous le fer d'un apostat ; le 11 novembre 1649, le Père Vincent Damien, l'un de ces missionnaires qui enfantaient des miracles, expirait assassiné par les Gentils des îles Philippines. Ici, au Synode de Diampor, en juillet 1599, François Rozo combattait en langue tamoule le Nestorianisme ; là, Pimentel fondait une maison de la Compagnie à Négapatam et un séminaire à San-Thomé. Simon Sà était envoyé en ambassade à la côte de Coromandel ; à Bisnagar il se voyait accueilli par le prince que ses sujets décorent des titres pompeux de roi des rois, d'époux de la bonne fortune, de maître de l'Orient et du Midi, de l'Aquilon, de l'Occident et de la mer. Le souverain de Gingi sollicitait des Pères pour son royaume ; le mouvement chrétien se manifestait sur tous les points de l'Indostan : du Gange à l'Indus, de la vallée de Cachemire à Golconde, les Jésuites avaient propagé la doctrine catholique. Epars dans ces régions sans bornes, perdus, pour ainsi dire, au milieu de ces peuples qui avaient un culte, une science, des mœurs à eux, et qui professaient pour les Européens un mépris traditionnel, les Jésuites n'avaient pas encore pu vaincre tant de répulsion. En Chine, ce fut par les grands et par les lettrés que le Christianisme s'introduisit ; dans l'Indostan, au contraire, les Pariahs seuls adoptèrent la croix comme l'emblème de leur proscription, comme l'aurore d'une espérance nouvelle.

La croix, c'était l'égalité pour eux : cette égalité blessa vivement les hautes castes des Brahmes et des Rajahs, qui apercevaient toujours à travers le bois du Calvaire l'épée sanglante d'Albuquerque ou celle des aventuriers de génie venus après le conquérant. Les Pariahs avaient cherché un refuge et une consolation dans l'Evangile : l'Evangile fut déclaré méprisable par cela seul que les Pariahs l'avaient accepté. Aux yeux des Missionnaires, le salut des classes maudites avait peut-être plus de prix que celui des Brahmes ; ils relevaient ces multitudes courbées depuis des siècles sous le poids d'un anathème universel ; mais les Jésuites ne se contentaient pas de leur inspirer le sentiment de la dignité humaine : ils comprenaient qu'il fallait faire pénétrer la Foi jusqu'au cœur des castes privilégiées, afin de rendre plus supportable la condition de ces premiers néophytes. La bonne volonté ne manquait pas, les moyens seuls semblaient échapper à leur zèle, lorsqu'en 1605 Robert de Nobili, dont le nom se rattachait à la Chaire de saint Pierre par les Souverains-Pontifes Jules III et Marcel II, et à la couronne germanique par l'Empereur Othon III, touche au port de Goa.

Né à Montepulciano en 1577, il avait, comme Bellarmin, son oncle, répudié les honneurs pour entrer dans la Compagnie de Jésus. Formé par le Père Orlandini, il se consacre aux missions, et, à l'âge de vingt-huit ans, il arrivait dans le Nouveau-Monde, poussé par l'ambition des conquêtes évangéliques. Ses prédécesseurs sur les rives de l'Indus et du Gange, les Missionnaires de Carnate, de Gingi et de Tanjaour, se laissaient prendre au cœur d'un fatal découragement : ils s'étaient faits les frères des castes proscrites, les Brahmes frappaient leur apostolat de stérilité. Les Brahmes, prêtres et docteurs de la nation, n'avaient pas daigné descendre des hauteurs de leur vanité pour s'humilier devant une religion que les Pariahs adoptaient; les Jésuites s'avouaient que tant de travaux n'obtiendraient jamais leur récompense. Ils vivaient parmi les races chargées d'opprobre; rien de salutaire, rien de fécond ne semblait pouvoir sortir de ce dévouement. Robert de Nobili conçut la pensée de faire autrement, il s'imagina qu'un nouveau système d'action devait être tenté.

En haine des Pariahs, les Brahmes repoussaient le Christianisme et les Jésuites : Nobili, à qui la mission du Maduré est échue en partage, veut faire recevoir l'Evangile par une voie moins suspecte à leur orgueil. Il se crée Brahme; c'est-à-dire, il prend les mœurs, le langage, le costume des Saniassis [1]. Comme eux, il habite une hutte de gazon, il s'est condamné à une vie d'austérités et de privations; il s'abstient de chair, de poisson et de toute liqueur. Sa tête rasée n'a, comme la leur, qu'une touffe de cheveux au sommet; il traîne à ses pieds des socques à chevilles de bois; il a pour chapeau un bonnet cylindrique en soie couleur de feu; ce bonnet est surmonté d'un long voile qui se drape sur ses épaules; il porte une robe de mousseline, de riches boucles d'oreilles tombent sur son cou, et le front du Jésuite est recouvert d'une marque jaune qu'a faite la pâte du bois de Sandanam.

Lorsque, dans le mystère de sa grotte où personne n'a encore eu accès, il est parvenu à s'identifier aux habitudes et aux cérémonies du pays, Nobili met à exécution le plan qu'il a rêvé, le plan que les Jésuites et l'archevêque de Cranganore ont approuvé. La transformation est si complète que le Père Robert n'est plus un européen, même aux yeux des Brahmes; il est devenu saint et savant comme eux. Les Brahmes l'interrogent sur sa noblesse, il jure qu'il descend d'une race illustre. Son serment est enregistré, et on lui donne le nom de Tatouva-Podagar-Souami, ce qui signifie homme passé maître dans les quatre-vingt-seize qualités du vrai sage.

L'or et les perles se cachent, disent les Indiens; pour les conquérir, de grandes fatigues sont nécessaires. Nobili avait

[1] Les Saniassis sont les brahmes pénitents, la caste la plus honorée de l'Indostan.

médité ce proverbe, il l'appliqua. Il savait que la curiosité non
satisfaite est un stimulant : il se tint à l'écart, ne rendant jamais de visites, n'en recevant que le moins possible, et, par
là même, fixant sur lui l'attention publique. Le bruit de sa
science et de ses austérités se répandit parmi les Brahmes, beaucoup témoignèrent le désir de l'entendre ; Nobili céda enfin à
leurs vœux. Il ouvrit une école, et, en mêlant la doctrine du
ciel aux enseignements de la terre, il parvint en peu de temps
à leur faire admirer les dogmes et les lois de la Religion chrétienne. Quatre ans après son arrivée dans le Maduré, Nobili
avait surmonté les obstacles et il recueillait le fruit de sa persévérance. Quelques Brahmes commençaient à se prosterner devant la croix ; le mystère de l'égalité humaine leur était révélé,
le Christianisme s'ennoblissait à leurs yeux. Le roi de Maduré
en a l'intelligence, il se propose de l'embrasser ; mais les Brahmes qui n'avaient pas encore soumis leur orgueil à l'humiliation
du Calvaire égorgent ce prince dans une pagode, et, comme les
premiers Romains, ils proclament que les dieux ont enlevé ce
Romulus indien au séjour de la gloire.

Nobili avait triomphé par un miracle de courage et de patience : les Européens incriminèrent son triomphe ; on l'expliqua en disant qu'il s'était fait Brahme et qu'il encourageait la superstition et l'idolâtrie pour jeter sur la Compagnie de Jésus un
nouveau reflet de puissance. En 1618, ces imputations s'accré-
ditèrent avec tant d'autorité que le Père Robert est cité à comparaître devant l'archevêque de Goa. Nobili accourt à l'ordre
de ses supérieurs ; quand le Père Palmeiro, Visiteur des Indes,
et les autres Jésuites l'aperçurent dans son nouveau costume,
il ne s'éleva contre lui qu'un cri d'indignation. Nobili s'y attendait, et il avait préparé sa défense. Elle était péremptoire ; elle
confondit les préventions des Jésuites, mais elle ne fut pas aussi
favorablement accueillie au tribunal de l'archevêque. La question était délicate : de Goa, où chacun la traitait avec ses passions, avec sa foi ou ses préjugés, on la déféra au Saint-Siège.
Là, sur les marches même du trône pontifical, Nobili rencontre un censeur dans son oncle, le cardinal Bellarmin. Le Jésuite, fort de la pureté de ses intentions et convaincu qu'il n'y

avait pas d'autres moyens d'implanter le Christianisme chez les Brahmes, tint tête aux objections. Il résista avec tant d'énergie, il prouva si éloquemment la sagesse de ses plans, qu'Alméida, inquisiteur de Goa, se rendit à ses raisons. Le Dominicain plaidait la cause du Jésuite : le 31 janvier 1623, Grégoire XV l'autorise à poursuivre son projet jusqu'à nouvel examen de la part du Saint-Siége [1].

La question des rites malabares était ajournée ; Robert de Nobili pouvait en sûreté de conscience se livrer à ses étranges travaux : il les reprit après cinq ans de débats, il les continua jusqu'au jour où, privé de la vue, il ne lui fut plus permis de travailler au salut des Indiens. Sa jeunesse et son âge mûr leur avaient été consacrés ; dans sa retraite au collége de Jafanapatam, puis à celui de San-Thomé, il leur consacra ses derniers instants. La vie active était interdite au Missionnaire aveugle : il se dévoua à composer dans chaque langue de l'Indostan des livres pour aplanir les difficultés que tant d'idiomes variés offraient aux Européens. Le 16 janvier 1656, Robert de'Nobili mourut à l'âge de quatre-vingts-ans, et son tombeau, qui s'élève non loin de Maduré, est encore aujourd'hui l'objet de la vénération des Indiens [2].

Pour marcher dans la voie tracée par Robert de'Nobili, qui avait livré au Christianisme près de cent mille Indiens ou Brahmes, des hommes exceptionnels étaient indispensables ; ils devaient, comme lui, renoncer à leurs goûts, à leurs habitudes, et se créer une existence en dehors des mœurs de leur patrie. A quelques années d'intervalle, un nouveau Jésuite fécondait la Mission que la mort de Nobili avait interrompue. Ce Jésuite était Jean de Britto, fils d'un vice-roi du Brésil. En 1672, Britto s'arrache, comme le Père Robert, aux larmes de sa famille, aux prières de ses amis et à celles de don Pedro de Bragance, régent du Portugal ; puis, dans la fleur de l'âge, il accourt au Maduré et se fait Saniassi. Il avait une ardeur tempérée par la prudence, il possédait les sciences de l'Inde ainsi que celles de l'Europe :

[1] La *Mission du Maduré* par le P. Bertrand S.-J. t. II, p. 187.
[2] *Mœurs, institutions et cérémonies des peuples de l'Inde*, par l'abbé J.-A. Dubois, t. I, p. 423.

il put donc en quelques années opérer des prodiges. Mais le Maduré ne suffisant plus à son zèle, Britto s'élance dans les royaumes de Tanjaour et de Gingi; il ouvre aux Jésuites la route de Mysore; il entre dans le Malabar, il y prêche la Foi, il y baptise trente mille idolâtres. Ici il est battu de verges, là porté en triomphe; chargé de chaînes par les uns, honoré par les autres : enfin, après vingt années de persécutions et de joies, il tombe, le 4 février 1693, sous les coups des Brahmes qui l'accusaient de magie. La mort de Britto n'arrêta point l'élan imprimé à ces contrées. L'Eglise et la Société de Jésus comptent un martyr de plus dans leurs annales [1]; l'Indostan salue trois ans après un nouveau Missionnaire–Brahme. L'œuvre de Nobili n'était qu'ébauchée; le Père Constant Beschi, surnommé par les Indiens le Grand Virama–mouni, va y mettre la dernière main.

Le Maduré a ses Jésuites qui se plient aux usages de la nation, qui, pour la faire chrétienne, se soumettent à toutes les austérités, au silence et au martyre; dans le même temps, le Père Melchior Fonseca voit bâtir sous ses yeux la première église du Bengale. Il a évangélisé la ville de Chandernagor, les habitants veulent eux–mêmes dédier au Christ le temple que leur Foi lui élève. Les royaumes d'Arracan, de Pégu et de Camboge écoutent avec respect les Jésuites qui leur parlent de Dieu; le roi de Siam appelle dans ses Etats le Père Tristan de Golayo.

Tristan, accompagné de Balthasar Sequeira, cède à ce vœu : la Mission s'établit et des néophytes se forment. En 1602, d'autres Jésuites abordent à l'île de Ceylan. Des Franciscains y sont installés : c'est avec leur consentement qu'ils se présentent sur ce sol que les disciples de saint François ont fertilisé; c'est avec eux que vont travailler les Pères Alexandre Hunner, Jacques de Guzman, Antoine de Mendoza et Pierre Euticio. Les premières prédications furent heureuses; leur succès amena la persécution. Le 13 décembre 1616, les Pères Jean Matella et

Matthieu Palingotti périrent sous le fer des insulaires. C'était une provocation aux Jésuites : deux viennent d'avoir la tête tranchée, quatre nouveaux Pères accourent pour partager avec Soceiro les fatigues et les périls. Soceiro avait su se faire aimer des indigènes et estimer des Portugais. Il servait de lien entre les vainqueurs et les vaincus, il rendait la victoire plus clémente, il calmait les désespoirs de la défaite ou de l'esclavage. En 1627, l'île de Ceylan devint le théâtre d'une lutte plus acharnée que jamais.

Le Père Soceiro est pris par les barbares et conduit à leur chef. A la vue du Jésuite, dont le nom a souvent retenti à ses oreilles, le chef s'indigne ; il reproche aux soldats d'avoir laissé la vie à l'implacable ennemi de leurs dieux. A peine ces paroles sont-elles tombées de sa bouche que le Père meurt percé de flèches. Le 14 septembre 1628, la même mort frappait Matthieu Fernandez, et Bernard Pecci expirait sous le glaive des Gentils.

Ce n'étaient pas dans ces contrées les adversaires les plus redoutables de la Compagnie : les Protestants de Hollande infestaient les côtes de Goa pour y trafiquer et pour saisir les Jésuites au passage. Un vaisseau portugais est envoyé à la rencontre des navires luthériens ; pour animer les matelots, le vice-roi demande que les Pères Emmanuel de Lima et Maur Moureira fassent partie de l'expédition. Les Portugais sont attaqués, ils résistent ; les Hollandais parviennent pourtant à incendier le vaisseau. Moureira s'élance à la mer avec l'équipage ; les hérétiques s'aperçoivent qu'il y a un Jésuite parmi ces hommes qui cherchent dans l'Océan un refuge contre les flammes : ils se précipitent tous sur le Jésuite, ils le tuent à coups de harpons. Le 16 août 1633, Antoine de Vasconcellos, grand Inquisiteur des Indes, abandonnait cette dignité pour se consacrer à l'institut de Saint-Ignace : le même jour il était empoisonné. L'année suivante, le Père d'Andrada subissait la même mort. Le Protestantisme en Europe soulevait toutes les passions contre les Jésuites ; aux Indes, il trouvait dans les populations barbares des auxiliaires qui servaient sa haine.

Sans se préoccuper des calamités qui les attendent, d'autres

Jésuites couraient à la recherche de nouveaux néophytes. Le Père Jean Cabral pénètre, en 1628, dans le Thibet, il arrive au centre de l'Empire ; il explique au roi les principaux points de la morale chrétienne, il lui fait apprécier les dogmes de la Religion, et le monarque, frappé de la sublimité de l'Evangile, accorde au Jésuite le droit de l'annoncer à ses sujets. Cabral se met à l'œuvre ; mais les prêtres des idoles sortent de leur apathie : ils savent quel est l'ascendant que le Christianisme peut prendre sur l'esprit des peuples ; ils exigent que l'autorisation soit annulée : ils menacent d'insurger la multitude et contre le prince et contre les Jésuites. Cabral comprend qu'une persistance, alors dangereuse sans aucun avantage, leur fermera à tout jamais l'entrée de ce royaume ; il prie le monarque de lui permettre de se retirer. Le Thibet lui était interdit, il s'élance dans le Nepaul.

L'Asie et l'Afrique se couvraient de Jésuites ; ils se multipliaient dans les deux Amériques, et néanmoins au milieu de tant de peuples qu'une industrieuse charité dressait à la civilisation sur tous les points du globe, on eût dit que ces conquêtes ne suffisaient pas encore pour apaiser la soif du salut des âmes qui agitait les Pères. Le Mexique et le Brésil étaient depuis longtemps ouverts à leurs ambitieux désirs d'affranchissement chrétien ; ils avaient partout des dangers à braver, des supplices à endurer : ce n'était pas assez pour leur enthousiasme, ils voulaient porter la croix jusqu'aux dernières limites des terres les plus ignorées. Le 30 avril 1643, quinze nouveaux Missionnaires s'embarquent à Lisbonne pour le Maragnon. Les Pères du collége de Fernambouc ont créé cette Résidence ; il faut la féconder. Le vaisseau qui porte les quinze Jésuites sombre en vue du rivage ; douze Missionnaires sont engloutis dans les flots. Cette perte ne ralentit point les travaux de ceux qui instruisaient les sauvages du fleuve des Amazones.

L'Océan, dans ses orages, ne faisait pas plus grâce aux Jésuites que les Protestants dans leur colère, que les prêtres des faux dieux dans leur vengeance. Les Jésuites répondent à toutes ces morts par de nouveaux sacrifices : douze Pères ont succombé avant même d'avoir pu combattre ; la même année, huit Missionnaires se présentent au nord du Cap Froid. C'est là que, le long de la mer, sous les-feux du tropique, habitent les Guaitaces, peuple que sa férocité a rendu l'effroi des marins. Les cadavres des naufragés que la mer jette au rivage leur servent de pâture. Quand la tempête n'a pas pourvu à ces horribles festins, les Guaitaces s'embusquent à la frontière, ils épient la marche des Européens qui, pour ne pas traverser des monts inaccessibles ou d'épaisses forêts, côtoient l'Océan ; ils les saisissent au passage, ils les dévorent. Audacieux et rusés, un pied dans les montagnes et l'autre sur le bord de la mer, toujours prêts au massacre ou à la perfidie, ces sauvages sont devenus le fléau des Portugais.

Une guerre avec eux effrayait les plus hardis, le gouverneur de Rio-Janeiro en confie le soin aux Jésuites. Ces Guaitaces n'entretenaient aucune relation avec les tribus brésiliennes ; ils s'isolaient dans leur férocité, leur idiome même différait de tous les autres. Les Pères ne le connaissaient pas ; ils s'enfoncent pourtant dans les terres, et, dès qu'ils se trouvent en face des barbares, ils essaient de leur traduire par signes le but de leur excursion. A la vue de ces hommes qui, sans autres armes qu'une croix et un bréviaire, affrontent si placidement leur soif de sang humain et qui s'empressent autour d'eux comme des esclaves ou des amis, les Guaitaces conjecturent qu'il y a dans leur voyage quelque chose d'insolite. Ils entourent les Missionnaires, ils les regardent avec un sentiment de curiosité et de pitié, puis neuf d'entre eux consentent à suivre les Jésuites au collège de Rio-Janeiro. Un pas immense était fait vers la civilisation ; les Jésuites triomphaient de la barbarie, ils lui avaient inspiré confiance ; la barbarie allait soumettre son affreuse voracité aux lois du Christianisme. Les neuf Guaitaces furent formés, instruits, baptisés, et quand ces premiers néophytes, chargés de dons, retournèrent dans leur patrie, ils purent y répandre la semence évangélique que les Missionnaires accoururent développer. Ils les avaient pris sauvages, ils les rendirent Chrétiens.

La Nouvelle-Grenade avait, elle aussi, ses Jésuites ; les Pères Alphonse de Medrano et François de Figueroa s'étaient, dès l'année 1598, jetés au milieu des déserts. Après avoir commencé leur mission par prêcher aux Espagnols de Santa-Fé-de-Bogota la réforme des mœurs et la charité, on les avait vus prodiguer aux esclaves et aux indigènes les trésors de la Religion. En 1604, un collége se fondait à Santa-Fé ; dans le même temps les Pères couraient à la poursuite des naturels, ils réduisaient leurs différents idiomes à une langue dont le Jésuite Joseph Dadey composait le dictionnaire. En 1620, les villes de Pamplona, de Mérida et de Honda créaient des maisons à la Compagnie. Les Pères Vincent Imperiali, Joseph Alitran, Pierre d'Ossat, Jean de Grégorio et Matthieu de Villalobos, disséminés dans les forêts ou répandus dans les cités avec d'autres membres de l'Institut, consacraient leur vie à civiliser les sauvages et à inspirer aux Espagnols quelques vertus chrétiennes.

Tandis qu'en 1628 Jean de Arcos et le Père Cabrera arrivaient à Caraccas, Dominique de Molina, Joseph Dadey, Michel de Tolosa, Diégo de Acunha et Joseph Tobalino s'enfonçaient dans les terres. Afin d'être favorablement accueillis, ils se montraient les mains pleines de présents. Dans le principe, l'aspect des Européens, celui même des Jésuites, produisait sur les naturels une impression de frayeur qu'ils traduisaient par des cris inarticulés. A leur approche, ils prenaient la fuite, ils se cachaient dans les cavernes les plus inaccessibles, et, pour ne pas être réduits en servitude, ces infortunés se résignaient à tous les tourments. Peu à peu les Jésuites apprirent le secret de leur solitude ; alors, sans autre boussole que leur zèle, sans autre équipage que l'espérance, n'ayant pour abri que les arbres des forêts et les racines pour nourriture, selon l'*Histoire de la Nouvelle-Grenade* [1], ils se lancèrent à travers les plaines et les bois. Avant de rencontrer les barbares, ils avaient à braver les lions, les tigres, les léopards dont le pays était couvert. Ces rois des forêts ne furent point un obstacle pour les Jésuites ; quelques-uns disparurent sous la dent des bêtes féroces, d'autres périrent étouffés dans les replis venimeux des serpents. Enfin, il fut permis aux Missionnaires d'aborder les sauvages. Ils leur offraient des provisions pour apaiser leur faim, des étoffes pour couvrir leur nudité ; ils les accablaient de témoignages d'affection ; ils promettaient de vivre avec eux et pour eux, de les défendre con-

---

[1] Giuseppe Cassani, *Histoire de la Nouvelle-Grenade*.

tre les Espagnols, et, en échange, ils ne leur demandaient que
de se laisser être heureux par la Foi. Les indigènes, subjugués
par l'attractive charité des Pères, acceptaient le joug de Dieu qui
les délivrait du joug des hommes.

Les Jésuites étaient parvenus à donner à ces peuplades un
avant-goût de la civilisation ; ils fondaient des Résidences parmi
eux : l'archevêque de Santa-Fé leur retira toute juridiction
ecclésiastique. Il les interdit, parce que, disait-on, ils avaient
établi sur tous les points de vastes entrepôts de marchandises, et
qu'ils s'enrichissaient par le commerce. Cette imputation, qui se
renouvellera souvent, et qui, au Paraguay, deviendra une question d'État, reposait sur des faits que la malveillance ou la cupidité avaient intérêt à offrir sous un jour défavorable. Les Jésuites
ne passaient point les mers, ne dévouaient pas leur vie pour se
livrer à des opérations mercantiles. La fin qu'ils se proposaient
était plus élevée ; mais, pour soustraire leurs néophytes à la rapacité ou à la corruption des Européens, ils leur distribuaient
eux-mêmes les vêtements dont ils leur avaient appris l'usage.
Dans quelques contrées, et le plus rarement possible encore,
ils s'étaient faits marchands au rabais. L'Archevêque, cédant
aux prières des spéculateurs espagnols, les remplaça dans les
Missions créées par leurs sueurs. On exilait les Jésuites de leurs
réductions de la Nouvelle-Grenade ; ils partirent, obéissant à
un ordre dont ils laissaient l'examen au Saint-Siége et à l'opinion
publique.

Au milieu de ces diverses régions où ils commandaient, où
ils gouvernaient, où ils mouraient ; dans ces pays où la volupté
semble un besoin, ils restèrent purs, et leurs adversaires
même les plus injustes ne surent trouver en cette multitude de
Missionnaires abandonnés à eux-mêmes, un Jésuite qu'on pût
accuser de violer son vœu de chasteté. Robertson confirme
en ces termes une vertu qui ne s'est jamais démentie : « Il est
singulier, dit l'écrivain protestant [1], que les auteurs, qui ont
censuré la licence des Moines réguliers espagnols avec la plus
grande sévérité, concourent tous à défendre la conduite des

[1] *Histoire de l'Amérique*, par Robertson, t. 10, p. 27.

Jésuites. Façonnés à une discipline plus parfaite que celle des autres Ordres monastiques, ou animés par l'intérêt de conserver l'honneur de la Société qui était si cher à chaque membre, les Jésuites, tant du Mexique que du Pérou, ont toujours conservé une régularité de mœurs irréprochable. On doit rendre la même justice aux Evêques et à la plupart des ecclésiastiques en dignité. »

Jusqu'à présent la France n'a pas eu de Missions spéciales ; mais ses Jésuites ont secondé de toute leur activité le mouvement chrétien que le Saint-Siége imprime au Nouveau-Monde. Ce mouvement civilisateur était une mine inépuisable de richesses et de puissance pour la Péninsule ibérique. Henri IV voulut encore utiliser la Compagnie de Jésus dans les colonies dont il dotait le royaume ; il établit la Mission du Canada. Par la Foi, les Jésuites soumettaient à la domination espagnole plus de peuples que n'en avaient conquis les armes de Cortez et de Pizarre. Les Jésuites apprenaient à ces peuples à aimer le prince et le pays auxquels ils devaient les lumières de l'Evangile. Aux misères d'une indépendance vagabonde, aux cruautés des premiers vainqueurs de ces terres inconnues, les Jésuites substituaient la charité qui assouplit les plus mauvais instincts, et l'éducation qui en triomphe. Henri IV, et Richelieu après lui, comprirent que la France ne devait pas être à l'avenir privée de ce levier. Plus heureux que François Ier, dont l'amiral Verazani en 1523 et le pilote Jacques Cartier en 1535 s'étaient contentés d'arborer le drapeau sur les fleuves du Canada, le Béarnais réalisait la pensée de colonisation française que Cartier, Roberval, l'amiral de Coligny, le chevalier de Gourgues, le marquis de La Roche et de Monts avaient popularisée. En 1608, Samuel de Champlain projetait de fonder la ville de Québec ; Potrincourt était nommé gouverneur de Port-Royal, et la première de ses instructions lui enjoignait de répandre la Foi chez les sauvages par tous les moyens possibles.

Afin de donner plus d'extension à son idée catholique, Henri IV chargea le Père Coton de désigner deux Missionnaires pour le Canada. Potrincourt était à moitié Calviniste ; il redoutait, il détestait les Jésuites : il sut si bien s'arranger qu'il mit à

la voile sans eux. Les Pères Biard et Ennemond Massé ne se décou-
ragent point. De Bordeaux ils se rendent à Dieppe, ils sollicitent
passage sur les navires en partance. Mais les armateurs de ces
bâtiments étaient hérétiques : ils déclarent qu'ils accepteront
tout prêtre qui se présentera pour la Nouvelle-France, ils s'offrent même de les nourrir ; mais à aucun prix ils ne veulent des
Jésuites. Entre eux et les sectaires il existe une guerre incessante ; les Dévoyés avaient vu les Pères à l'œuvre, ils savaient
qu'un pays où le pied des Jésuites s'était posé devenait catholique d'entraînement. Les Dévoyés ne consentent pas à se faire
les instruments d'une nouvelle conquête pour le Saint-Siége et
pour la Société de Jésus.

Leur refus avait quelque chose de si péremptoirement logique
qu'une femme seule put en triompher. La marquise de Guercheville [1] avait été, sous Henri IV, la promotrice la plus zélée
de la Mission. Les Calvinistes s'opposaient à ses desseins ; sa
persévérance les surprit par l'intérêt. Elle était riche, elle
fournit à Biencourt, fils du gouverneur, des sommes considérables ; elle s'associe à la pêche et au commerce des pelleteries
qu'il va entreprendre, et elle exige pour toute condition que,
sur les bénéfices de sa mise de fonds, on prélève l'entretien de
quelques Missionnaires. Ce traité ouvrit à Biard et à Massé la
route du Canada : le 12 juin 1611, ils y parvinrent.

Ils avaient trouvé des Calvinistes pour suspendre leur départ,
ils en rencontrèrent au rivage pour calomnier leur mission.
L'acte de société passé entre Biencourt et la marquise de Guercheville n'était un mystère pour personne ; mais la plupart des
colons professaient le culte réformé. Ils s'emparèrent de ce
traité commercial et peignirent les Jésuites comme des concur-
rents dangereux qui, sous prétexte de prêcher l'Evangile, débarquaient au Canada pour ruiner leur négoce. Il n'en était
rien, il n'en pouvait rien être ; mais ces rumeurs suscitaient

---

[1] Madame de Guercheville avait épousé en premières noces le comte de La Roche-Guyon. « Henri IV, raconte Tallemant des Réaux au premier volume de ses
Mémoires, étant à Mantes, qui est près de ces lieux, fit bien des galanteries à madame de la Roche-Guyon, qui était une belle et honnête personne. Il y trouva
beaucoup de vertu et, pour marque d'estime, il la fit dame d'honneur de la feue
reine, en lui disant : « Puisque vous avez été dame d'honneur, vous la serez. »

aux Pères de nouveaux obstacles. Sous ce rude climat, dans ces sombres forêts, dans ces marais glacés, dans ces savanes incultes, où vivaient des créatures n'ayant d'humain que l'apparence, les Jésuites avaient autre chose à faire. Leurs transactions, à eux, ne se concentraient point sur des intérêts terrestres; ils accouraient pour remplir un grand devoir, et comme si les sauvages, par leur férocité naturelle, n'entravaient point assez les progrès du Christianisme, les Calvinistes se jetaient à la traverse.

On calomniait les Pères, ils se mirent au travail. Mambertou, chef d'une peuplade acadienne, était un vieillard centenaire, que sa bravoure et ses vertus faisaient vénérer : ce fut à lui que les Missionnaires s'adressèrent. Il avait l'esprit juste, il se laissa convaincre, et l'eau du baptême coula sur ses cheveux blancs. Mambertou était Chrétien, mais son exemple restait stérile. Biard et Massé se formaient à l'étude de cette langue si pleine d'harmonieuse énergie; ils s'élançaient à la poursuite des sauvages, ils commençaient un difficile apostolat par des fatigues sans compensation, lorsque, en 1613, les Anglais se ruent sur la colonie naissante. Toujours rivaux de la France, toujours jaloux de ses prospérités, toujours prêts à lui susciter des ennemis, les Anglais ne s'habituaient pas à l'idée que dans un temps donné elle tirerait du Canada une nouvelle source de richesses, un débouché pour son commerce, une pépinière de matelots pour sa marine militaire. Les Jésuites avaient planté la croix sur les rives du Saint-Laurent; là, comme partout, ils allaient soumettre ces peuples à la religion de la métropole : les Anglais jugent que l'heure d'intervenir a sonné. Ils feignent de prendre les Français pour des pirates; ils inventent une de ces erreurs britanniques qui cachent toujours un attentat au droit des gens. Sans déclaration de guerre, ils détruisent le village de Pentacoët, ils ruinent Port-Royal de fond en comble, ils tuent le Frère coadjuteur Gilbert du Thet, ils s'emparent de Biard et de Massé, puis ils les conduisent prisonniers dans la Grande-Bretagne.

La mission était interrompue, quelques Récollets la continuèrent; mais en 1625, s'avouant leur insuffisance, ils demandèrent eux-mêmes à marcher, dans ces combats de la Foi, avec les Pères de l'Institut. Tandis que ces évènements se passaient, le duc Henri de Ventadour, vice-roi du Canada, s'occupait à Paris de faire passer sur le continent américain de nouveaux ouvriers évangéliques. Le Jésuite Philibert Noyrot, son confesseur, et le Père Coton, l'entretenaient de cette pensée ; il la réalisa, et successivement arrivèrent au Canada les Pères Massé, Jean de Brébeuf, Charles Lallemant, Ragueneau, Anne de Noue, Paul Le Jeune, Noyrot et vingt autres prêtres de la Compagnie.

La guerre avait éclaté entre les Hurons et les Iroquois. Les Français, harcelés par les sauvages, n'avaient plus, même à Québec, d'autre nourriture que des racines ; au risque de leur vie, ils allaient les arracher dans les bois. Le siége de La Rochelle avait servi de prétexte aux Anglais pour s'emparer du Canada. En Europe, ils étaient les alliés des Protestants français ; en Amérique, ils les dépouillaient ; mais, le 29 mars 1632, un traité de paix ayant été conclu à Saint-Germain entre les deux nations, l'Angleterre se vit contrainte de restituer la colonie à la France. Champlain, qui en était le fondateur, qui l'avait défendue avec courage et gouvernée avec intelligence, y revint, heureux d'appliquer par les Jésuites ses plans déjà formés. Champlain avait fait sentir au cardinal de Richelieu que, pour propager le Christianisme dans cette partie de l'Amérique septentrionale, il ne fallait pas le présenter divisé ; que surtout il était indispensable d'entourer les Missionnaires d'autorité et de respect. On voulait créer l'unité parmi les naturels ; il importait d'abord de la leur montrer parmi les Européens.

Une ordonnance royale interdit aux Calvinistes tout accès au Canada. La voie était débarrassée des obstacles, il ne resta plus aux Jésuites qu'à préparer le bien. Le séjour des Anglais, leurs manières dures et hautaines, leur avidité avaient inspiré à ces peuplades une aversion que deux siècles passés sur ces évènements ont à peine affaiblie. Les Canadiens s'étaient pris pour leurs dominateurs de la Grande-Bretagne d'une de ces haines instinctives qui se transmettent avec le sang. Ils avaient une certaine affinité de caractère et d'esprit, une bravoure et une spirituelle légèreté qui les rendaient Français presque malgré eux. Les

Calvinistes étaient exclus de ce continent, les Anglais y avaient provoqué une répulsion éternelle ; les Jésuites purent donc en toute liberté y populariser la Religion et le nom de la France. Il ne restait plus qu'à civiliser des sauvages, qu'à souffrir de toutes les misères, qu'à mourir de toutes les morts : les Jésuites possédaient ce triple secret. Ils en firent usage en Amérique, comme leurs Frères disséminés en Asie et en Afrique le pratiquaient dans les forêts, au sein des royaumes idolâtres ou dans les archipels qu'ils évangélisaient.

Les Hurons, les Algonquins, les Iroquois et les Montagnez couvraient la plus grande partie du Canada ; c'étaient les quatre nations les plus puissantes. Les Hurons occupaient une contrée entre les lacs Erié, Huron et Ontario ; féconds en expédients, braves et éloquents, ils avaient l'esprit vif, mais enclin à la dissimulation. Ce mélange de bonnes et de mauvaises qualités persuada aux Missionnaires que c'était à ces sauvages qu'il fallait d'abord s'adresser. Les Pères de Brébeuf, Daniel et Davost partirent ; d'autres s'avancèrent vers les Trois-Rivières ; ils essayèrent d'éveiller au cœur des naturels quelque sentiment de la Divinité. Les Canadiens, vivant toujours en guerre avec les tribus voisines, ne croyaient qu'à la force brutale ; ils n'avaient aucune idée du Christianisme, mais ils étaient superstitieux et accordaient leur confiance à des jongleurs. La lutte s'établit d'abord entre leurs maléfices et la morale, elle fut longue ; enfin la morale triompha des instincts grossiers et de la cruauté traditionnelle. Les Montagnez et les Algonquins furent soumis à la même expérience ; le même résultat se produisit. Quand les Missionnaires eurent interrogé leurs travaux passés et leurs espérances futures, tous s'avouèrent que la terre était fertile et qu'elle méritait d'être arrosée de leurs sueurs ou de leur sang.

Un collége fut fondé à Québec en 1635 par le marquis de Gamaches ; mais, pour forcer les indigènes à se séparer de leurs enfants, un grand sacrifice était nécessaire. Rien de stable, rien de possible ne pouvait être réalisé tant qu'ils se livreraient à cette vie nomade que les Jésuites partageaient avec eux, et dont ils sentaient les inconvénients. Il importait de les réunir en société, de les rendre sédentaires en leur inspirant le goût

de l'agriculture et des arts mécaniques. Les Pères avaient ex-
primé cette idée ; le commandeur de Sillery et d'autres familles françaises la mirent à exécution. Des ouvriers furent envoyés
au Père Le Jeune ; ils construisirent des habitations, des ateliers,
et cette première réduction se nomma Sillery.

La Mission du Canada ne suivait pas la même marche que
les autres. Elle procédait en s'appuyant sur des dévouements
séculiers, en alliant le plus souvent possible le nom de la France
aux bienfaits dont les sauvages étaient appelés à jouir. Pour
consolider leur œuvre, les Jésuites ne se déguisaient pas qu'il
leur fallait de nouveaux auxiliaires. Leurs journées étaient remplies par des soins si divers qu'il leur devenait impossible de
songer à l'éducation des jeunes filles et de se consacrer au service des malades. Ils se réservaient la prière et la prédication,
l'inspection du travail des champs et les œuvres extérieures de
l'apostolat ; ils suivaient les sauvages dans leurs courses lointaines, ne les abandonnant jamais, sous les feux du soleil comme
au milieu des neiges, s'exposant à leurs caprices d'enfants, se
laissant aller à toutes les fantaisies d'une imagination sans frein, ou
assistant à des orgies que l'ivresse rendait quelquefois sanglantes
parmi les membres d'une même famille. Ils les accompagnaient
sur les fleuves, les remontant ou les descendant avec eux, se cour-
bant sous les rames de leurs pirogues d'écorce, ou souffrant de
la faim, de la soif et de toutes les intempéries des saisons. Mais
cette activité sans but déterminé, ce spectacle de rixes sans sujet, cette incessante mutation de lieux, dont les Canadiens n'auraient pu s'expliquer le motif, devaient avoir un terme pour
les Jésuites. Le terme, c'était le Christianisme. En se vouant
aux misères de cette existence vagabonde, en s'éloignant de
leurs frères pendant des années entières, soit pour s'enfoncer
dans les forêts à la chasse des ours et des castors, soit pour cô-
toyer les fleuves, il y avait dans le cœur de chaque Missionnaire une pensée de civilisation et d'humanité. Après avoir
longtemps vécu avec une peuplade, en sacrifiant leurs goûts
européens et soumettant leurs désirs à ces passions égoïstes et
turbulentes, ils arrivaient peu à peu à s'en faire aimer. Ils s'é-
taient associés à ses plaisirs et à ses douleurs, ils avaient pris

part à ses dangers. Les Canadiens les écoutaient par reconnaissance d'abord, par curiosité ensuite, puis, témoins de l'intrépidité et des vertus de la *chair blanche de Québec*, ils se laissaient gagner à une religion dont le prêtre était leur compagnon et leur ami.

Quand le baptême avait sanctionné le néophytisme, le besoin d'être homme se développait dans ces fortes natures. Le Jésuite, au milieu de ses courses aventureuses, leur avait fait de si riants tableaux d'un peuple réuni par les lois du Christianisme, que l'instinct féroce s'était effacé et que de généreuses idées germaient dans leurs cœurs. Les Pères les appelaient à la civilisation ; il importait de la mettre à leur niveau, de la rendre aimable, surtout de la leur offrir sous l'aspect le plus consolateur. Les Missionnaires allemands, italiens, portugais et espagnols qui couvraient le Nouveau-Monde n'avaient trouvé ni dans les souvenirs de leur patrie, ni peut-être dans les sublimités de leur dévouement, la charité de la femme associant la grâce et la douceur de son sexe à l'enthousiasme et à l'énergie du prêtre voyageur.

Les Jésuites français eurent l'intelligence des secours qu'une main plus délicate, qu'une voix plus tendre, qu'une âme moins rude étaient destinées à offrir aux sauvages.

Ils savaient qu'en France alors la femme était appelée à un grand apostolat par la Charité. Elle s'y révélait la fortune du pauvre, la consolation de l'affligé, et, avec un cœur de vierge, elle avait des entrailles de mère pour les orphelins. Elle adoptait toutes les misères comme des sœurs que le Ciel réservait à sa tendresse. Elle disait adieu aux bonheurs de l'existence pour consacrer à tout ce qui souffre sur la terre sa jeunesse et sa beauté. Les Jésuites lui ouvrirent un champ plus vaste. Ils demandèrent qu'elle vînt sanctifier leur Mission, inspirer aux jeunes Canadiennes la pudeur et la vertu, et prodiguer aux malades les soins de la bienfaisance chrétienne. La duchesse d'Aiguillon et madame de La Peltrie exaucèrent ce double vœu. Des Hospitalières de Dieppe et des Ursulines, dirigées par le Père Barthélemy Vimond, Supérieur général de la Mission, prirent terre à Québec le 1er août 1639. On voulut faire apprécier aux na-

turels le mérite du renfort qui leur était offert et les initier aux
honneurs qui doivent accueillir la Charité. Le canon salua leur
prise de possession. Le gouverneur, les magistrats, l'armée se
joignirent à cette entrée triomphale, et, le lendemain, les religieuses, que le même héroïsme avait rassemblées, se séparèrent
pour devenir, chacune selon sa règle, les servantes des malades ou
les institutrices des sauvages. Bientôt ils apprirent à respecter dans
la femme l'ange du bon conseil ; ils la firent asseoir dans leurs
comices ; ils écoutèrent ses avis. Les Pères se servirent de ce sentiment pour élargir la tâche que des Françaises avaient entreprise.

Les Jésuites, cependant, étaient arrivés à d'heureux résultats.
De nombreuses réductions s'élevaient ; à peine formées, elles
se remplissaient de Hurons, d'Algonquins et de Montagnez.
A Sillery, à la Conception, à Saint-Ignace, à Saint-Joseph,
à Saint-François Xavier, à Saint-Joachim, à Sainte-Elisabeth,
à Sainte-Marie et dans plusieurs autres villages dédiés à la
reconnaissance ou à la piété, un peuple de frères vivait sous
la loi des Jésuites. Les uns, comme les Pères Châtelain et
Garnier, sur le Nissiping, poursuivaient l'œuvre de la Mission
à travers les bois ou sur les rivières ; les autres la mûrissaient
dans le sein de ces bourgades ou la préparaient au collége
de Québec. Ils étaient, pour leurs néophytes, *les Hommes du
Maître de la vie*, ils leur avaient appris la sobriété et la
pudeur, le travail et l'amour de la famille. « Leur dévotion,
raconte un voyageur anglais et protestant [1], fit sur mon esprit une impression trop puissante pour la passer sous silence.
Elle me porta à observer qu'on doit de grands éloges à leurs
prêtres. Par un zèle infatigable, par l'exemple même de leurs
vertus, ils ont converti au Christianisme une race de sauvages,
et leur régularité augmente le respect de ces pieux Indiens pour
eux et pour leur culte. »

Les Iroquois seuls, race indomptable et cruelle, toujours en
guerre avec ses voisins, toujours se repaissant de la chair
des vaincus, résistaient à toutes les tentatives. Les Hurons, qui
jusqu'à ce jour leur avaient tenu tête, embrassaient le Christia-

---

[1] *Voyage de Long au Canada et à la baie d'Hudson*, traduit de l'anglais par
Billecocq.

nisme; ils devenaient Français par le cœur et par l'adoption. Ce fut pour les Iroquois un nouveau motif de repousser les Jésuites et d'attaquer les Hurons. A cette époque, en 1643, le Père Jogues est surpris par les sauvages au moment où il suit le cours d'un fleuve. Les pirogues qui naviguent avec lui se voient assaillies par les Iroquois embusqués sur les deux rives. Les néophytes sont vaincus ; et aussitôt le supplice des Jésuites commence. Jogues était accompagné du Frère Réné Goupil, chirurgien. On leur arrache tous les ongles des mains, on leur coupe les deux index, on ne fait de leurs corps qu'une plaie ; puis, comme des trophées de victoire, on les promène de bourgade en bourgade, les livrant à la risée publique et à ce martyre de détail dont les femmes indigènes ont l'horrible secret.

On les partagea ensuite comme un butin, et Réné Goupil expira sous la hache de son maître. Jogues avait été épargné. Il ne lui restait plus qu'un souffle de vie, il le consacra à ses bourreaux. Ils le torturaient le jour et la nuit ; il leur apprit encore plus par sa patience que par ses prédications quelle était la puissance du Christianisme. Il en baptisa quelques-uns, il en convainquit plusieurs.

Il était l'esclave, le jouet des Iroquois ; mais un jour il devine que les barbares ont formé de grands projets et qu'ils s'apprêtent à porter le fer et le feu chez les Hurons, afin d'arriver plus facilement au cœur de la colonie française. Jogues écrit au chevalier de Montmagny [1], gouverneur du Canada ; sa lettre, datée du 3 juin 1643, se termine ainsi : « Les Hollandais nous ont voulu retirer, mais en vain. Ils tâchent de le faire encore à présent ; mais ce sera, comme je crois, avec la même issue. Je me confirme de plus en plus à demeurer ici tant qu'il plaira à notre Seigneur, et ne m'en aller point, quand l'occasion s'en présenterait. Ma présence console les Français, Hurons et Algonquins. J'ai baptisé plus de soixante personnes, plusieurs desquelles

[1] Les sauvages avaient demandé l'explication du nom de ce gouverneur. On leur dit qu'il signifiait *grande montagne*. Ils le surnommèrent *Ononthio*, qui dans leur langue, a la même signification. Ce nom plut à la poésie de leurs pensées et à l'idée qu'ils se formaient de la métropole. Ils le donnèrent à tous les gouverneurs. Les Français furent pour eux les enfants d'Ononthio, et le roi de France, le grand Ononthio.

sont arrivées au Ciel. C'est là mon unique consolation, et la volonté de Dieu, à laquelle je joins la mienne. »

Les Hollandais protestants mirent, pour sauver ce Jésuite,
toute la persistance que leurs compatriotes et les Anglais avaient
souvent employée pour en perdre d'autres. Ils parvinrent enfin
à le soustraire à cette mort que la cruauté rendait aussi lente
que possible. Jogues revit la France. La reine-régente, Anne
d'Autriche, salua en lui le martyr qui donnait à la mère-patrie
une colonie florissante ; mais ce n'étaient pas des honneurs ou
des admirations que le Jésuite était venu chercher. A peine
eut-il obtenu la dispense de célébrer les saints Mystères avec
ses mains mutilées, qu'il repartit pour le Canada. En 1646, il
était encore chez les Iroquois. Ils avaient eu ses forces et sa
santé ; ils finirent par avoir sa vie : Jogues mourut martyr.

Les Iroquois s'étaient déjà portés à des excès de férocité envers le Père Bressani ; la mort de Jogues leur persuada que les
Français n'oublieraient jamais tant de sévices ; ils osèrent élever
un mur de sang entre eux et les amis des Hurons. Ils étaient
les plus terribles ; mais tout-à-coup un secours inespéré fit di-
version. Les Abénakis, le peuple le plus brave et le plus civilisé
du Canada, prirent fait et cause en faveur du Christianisme.
Habitant des côtes qui séparent la Nouvelle-France de la Nou-
velle-Angleterre, ce peuple devenait une barrière presque insurmontable contre la nation dont il se déclarerait l'ennemi.
Les Abénakis avaient envoyé des ambassadeurs visiter les Résidences ; ces ambassadeurs furent témoins des améliorations
introduites dans les mœurs des naturels, et, sans être encore
Chrétiens, ils surent se faire catéchistes. Ils gagnèrent à la
Foi la plus grande partie des tribus de la Rivière-Rouge ; puis,
au mois d'octobre 1646, le Père Dreuillettes alla, sur la demande des indigènes, défricher une terre où l'Évangile germait
sans culture.

Vers le même temps, les Iroquois, mettant à exécution leur
système dévastateur, firent tomber à l'improviste, sur la réduction de Saint-Joseph, les Agniers et les Tsonnonthouans.
Les guerriers étaient absents ; il n'y restait que des femmes,
des enfants et le Père Daniel. Daniel avait vieilli parmi ses

catéchumènes ; il s'était conformé à leurs usages, et souvent on l'avait vu arriver à Québec la rame à la main, les pieds nus, le corps à peine couvert d'une soutane en lambeaux, mais inspirant le respect que doit toujours commander un enthousiasme utile. Les Iroquois avaient fondu avec tant de rapidité sur la Réduction, qu'ils en étaient maîtres, qu'ils massacraient déjà sans que personne eût songé à organiser la défense. On presse Daniel de se dérober à ce spectacle de désolation. Il y a des enfants à baptiser, des vieillards à soutenir : le Jésuite refuse de prendre la fuite. Il accomplit ses devoirs de pasteur. Il ne lui reste plus qu'à se dévouer pour ses néophytes ; il s'élance au-devant de l'ennemi pour protéger la retraite des femmes. A la vue du Père qui, sans autre arme que son crucifix, s'est précipité à leur rencontre, les sauvages intimidés reculent. Ils hésitent, et, n'osant pas approcher de ce prêtre qui exhorte si généreusement à la mort, ils le percent de tant de flèches, que son corps en était tout hérissé. Daniel vivait encore. Un chef des Agniers, plus cruellement intrépide que ses soldats, s'avance sur le Missionnaire et lui enfonce son glaive dans le cœur.

Quelques mois après, les Pères de Brébeuf et Gabriel Lallemant périssaient de la même manière. La tactique des Iroquois consistait à endormir la sécurité des Français et de leurs alliés en leur faisant des propositions de paix, puis, au moment où l'on s'attendait le moins à une invasion, ils fondaient sur les villages et massacraient indistinctement tout ce qui s'offrait à leurs coups. Ce jour-là les Iroquois avaient résolu de mettre à sac la réduction de Saint-Ignace et le village de Saint-Louis. Ils pénètrent, pendant la nuit, au milieu des néophytes. Brébeuf et Lallemant réunissent à la hâte les plus braves de leurs chrétiens ; ils les guident au combat, ils les encouragent dans la mêlée, ils les bénissent dans la mort. Les Hurons expirent ou sont faits prisonniers. Les deux Jésuites survivent ; on les destine à de plus longs tourments.

Vingt ans d'apostolat, sous cette température glacée, au milieu de ces êtres dont il avait admirablement comprimé le génie malfaisant, n'avaient pas épuisé les forces de Brébeuf. Sa taille d'athlète, sa voix de stentor répondaient à l'énergie de son âme : les sauvages s'aperçurent que leur proie était bonne à torturer ; mais Brébeuf avait à songer à d'autres soins qu'à ceux de sa vie. Il avait exhorté à bien mourir ceux qu'il avait façonnés aux vertus chrétiennes. Accablé de tourments, il prêchait encore, il prêchait toujours. Les Iroquois ne pouvaient le réduire au silence, même en lui appliquant sur toutes les parties du corps des torches enflammées ; ils lui enfoncèrent dans la gorge un fer brûlant.

Le Père Gabriel était plus jeune et plus faible. On l'a enveloppé d'écorce de sapin, et on se prépare à y mettre le feu. Lallemant, ainsi disposé pour le supplice, se jette aux pieds de Brébeuf, il baise ses plaies saignantes. Martyr lui-même, il demande que ce martyr le bénisse. Brébeuf lui sourit, et, le cou chargé d'un collier de haches rougies au feu, il a encore la force de prier pour son frère. Rien ne faisait chanceler son courage ; les Iroquois inventent un nouveau baptême. Ils lui versent de l'eau bouillante sur la tête, ils dévorent à ses yeux la chair des Français qu'ils ont tués, ils sucent son sang et ils le laissent expirer dans ces tortures. Le lendemain, 17 mars 1649, le Père Lallemant mourut sous la hache, après avoir enduré pendant dix-huit heures le supplice du feu.

Le 7 décembre de la même année, le Père Charles Garnier voit investir par les sauvages la réduction de Saint-Jean : les néophytes sont allés à leur rencontre ; les Iroquois parviennent à les éviter, et ils tombent sur les villages sans défense. La fuite est la seule ressource qui reste à tant de malheureux ; Garnier la conseille, mais il a un devoir plus sacré à remplir, il est entouré de mourants qu'il faut absoudre, de catéchumènes qu'il doit baptiser. Le Jésuite tombe atteint de deux balles ; il se relève, il retombe encore, il se traîne sur les genoux afin de recevoir le dernier soupir d'un néophyte ; frappé de deux coups de hache, il expire dans l'exercice et, dit Charlevoix, « dans le sein même de la charité. »

Ce fut par tant de prodiges d'abnégation et d'intrépidité que **les Jésuites conquirent à la France le Canada, et popularisèrent dans ces contrées le nom de leur patrie et celui de la Compagnie de Jésus.**

En proie à la famine, menacés à chaque instant par les Iroquois, obligés de se cacher au fond des forêts couvertes d'une neige éternelle, les nouveaux Chrétiens ne sont point abattus; ils ne désespèrent ni de leur cause ni de leur Dieu. Le Père Noël Chabanel en conduit une partie vers des retraites encore plus sûres; il disparaît pendant la route, et l'on ignore s'il a péri dans les glaces, sous la dent des bêtes fauves ou sous le fer des sauvages. Le Père Ragueneau se trouve au milieu d'une autre colonie dans l'île Saint-Joseph ; les indigènes supplient le Jésuite de les arracher à tant de périls et de les mettre en sûreté sous le canon du fort Richelieu. Ragueneau se place à la tête de cette foule, il marche avec elle pendant cinquante jours à travers les montagnes et les précipices. Enfin il arrive à Québec, abandonnant aux soins de Daillebout, gouverneur de la ville, et des Religieuses Hospitalières, cette nation que l'Evangile a rendue française.

Toutes les tribus ne furent pas aussi fortunées ; il y en eut que l'on ne put jamais résoudre à déserter leur terre natale et à laisser à la merci des sauvages les ossements de leurs pères. Ce sentiment de piété filiale causa leur perte : elles disparurent emportées par la tempête que les Iroquois avaient soulevée. Le 10 mai 1652, un autre Jésuite, le Père Jacques Butend, qui avait planté la croix jusque chez les Attikamègues ou Poissons-Blancs, expirait sous les balles des Iroquois. Le 21 août de la même année, ils coupaient les mains au Père Poncet; mais le Jésuite ne se laisse point dompter par la douleur. Il sait que le conseil des vieillards manifeste des craintes sur l'attitude des Français et qu'il redoute de les voir s'opposer enfin par la force à des violences que rien ne légitime. Poncet profite de ces révélations, qu'il doit à une Chrétienne iroquoise; il parle de paix aux sauvages, il leur inspire du respect pour le drapeau blanc. Bientôt, ramené en triomphe par ceux mêmes qui l'ont mutilé, il annonce au gouverneur que, le 8 septembre 1652, cinq tribus se sont décidées à signer la paix avec lui.

La paix n'était pour les Jésuites qu'un changement de travaux et de dangers. A peine le traité fut-il conclu que le Père Lemoyne part pour Onnontagué : un grand nombre de néophytes y étaient tenus en captivité; leur foi nouvelle avait été mise à de rudes épreuves ; ils les bravaient en construisant une église et en faisant du prosélytisme chrétien jusque sous la hutte de leurs vainqueurs. En 1654, le Missionnaire pénétrait chez les Agniers toujours farouches ; les Pères Chaumont, d'Ablon, Lemercier, Frémin, Mesnard, avec les coadjuteurs Brouard et Boursier, le remplaçaient à Onnontagué. D'autres Pères s'avançaient dans d'autres contrées ; les différences de pays, de nom, de langage et de mœurs n'effrayaient ni leur audace ni leur soif du salut des âmes : Français captifs, Hurons émigrés, Iroquois convertis, ils confondaient tout dans un même sentiment d'amour fraternel. Quelques années s'écoulèrent tantôt calmes, tantôt traversées par des guerres sans importance ; ces diverses alternatives de paix et de combats servirent aux Jésuites pour étendre le Christianisme ; mais, en 1665, lorsque les comtes de Tracy et de Courcelles arrivèrent au Canada avec une escadre et le régiment de Carignan, les choses prirent un autre aspect. Trois forts s'élevèrent sur la rivière des Iroquois, afin d'opposer une barrière à leurs courses, et les Jésuites purent en liberté se livrer aux ardeurs de leur zèle.

Henri IV leur avait ouvert le Canada, il les introduisit encore dans le Levant. La Religion catholique s'était peu à peu effacée sous le cimeterre des Osmanlis ; à peine si, dans les faubourgs de Péra et de Scutari, on comptait alors quelques familles restées fidèles au vieux culte. Le schisme et la persécution, le mépris et les tortures avaient à la longue ruiné ces Chrétientés, dont il ne se conservait plus de vestiges que dans les montagnes du Liban. Grégoire XIII avait pourvu à cette Mission, cinq Jésuites étaient partis pour la féconder ; après quelques travaux heureux, ils moururent en soignant les pestiférés. Pour maintenir la Foi dans l'Orient, il fallait la protection constante d'une puissance européenne ; la France se propose ; Henri IV essaie de réaliser par les Jésuites ce que les Croisés n'ont fait que tenter avec la gloire de leurs armes.

Il demande au Grand-Seigneur les firmans nécessaires, et le Père de Canillac débarque à Constantinople avec quatre autres prêtres de la Compagnie de Jésus : c'était en 1609, au moment où la Société, chassée des terres de la République de Venise, y apparaissait aux adhérents de Fra-Paolo comme un objet d'inimitié calculée. Les Jésuites étaient proscrits des bords de l'Adriatique ; le Baile, ou ambassadeur vénitien à Constantinople, crut faire acte de courtisan en se déclarant leur ennemi sur les rivages du Bosphore ; il les dépeignit au Divan comme des espions envoyés par le Pape, il les accusa de fomenter partout la révolte.

A peine installés, les Jésuites s'étaient mis en rapport avec les Evêques et Métropolites grecs ; car, pour ne point blesser les susceptibilités mulsumanes, le Saint-Siége avait ordonné de ne pas sacrifier une moisson abondante à l'espérance incertaine de gagner un petit nombre de Turcs. Ils étaient en relation avec le Patriarche de Constantinople et celui de Jérusalem ; ils leur avaient démontré le besoin d'unité. Tout-à-coup, le 20 octobre 1610, peu de jours après la mort du baron de Salignac, ambassadeur de France, les Jésuites sont arrêtés et emprisonnés au fort des Dardanelles.

Le baron de Sancy, successeur de Salignac, pensa qu'en face d'une telle violation du droit des gens il ne devait pas reculer : les intrigues du Baile vénitien étaient patentes ; Sancy exige que les Jésuites soient remis en liberté. La France les appuyait, l'Empereur Mathias d'Autriche se fit à son tour leur défenseur, et quand la paix fut conclue entre le cabinet de Vienne et la Sublime-Porte, on stipula que les Jésuites rempliraient leurs fonctions dans toute l'étendue de l'empire ottoman.

Le Père Joseph, ce fameux Capucin si pieux dans le cloître, si politique à la cour, et qui aurait pu se déclarer le rival de Richelieu s'il n'eût été son conseil et son ami, le Père Joseph du Tremblai exerçait alors le protectorat de son génie sur les Missions du Levant. Les Jésuites ne pouvaient suffire à leurs travaux ; de concert avec Coton, le Père Joseph leur fait passer des renforts. Les Franciscains se joignent à eux, et, en 1625, ils commencent à évangéliser l'Orient. Dix ans auparavant, deux Pères de l'Institut s'étaient jetés dans la Mingrélie ; d'autres pénétraient en Paphlagonie, et en Chaldée ; le métropolitain de Gangres, convaincu par leurs discours, proclamait son union avec l'Eglise romaine. Les Nestoriens de Chaldée désertaient leurs erreurs, et la Grèce, la Syrie, la Perse et l'Arménie voyaient renaître le germe catholique que tant de désastres avaient étouffé. Les Jésuites étaient à Patras et à Napoli dans le Péloponnèse ; la Mission de Thessalonique prospérait sous le fer des persécuteurs ; celle d'Ephèse portait des fruits ; par Smyrne, où une maison se fondait, ils se donnaient entrée dans la Natolie ; par Damas ils s'ouvraient la Palestine ; à Scio leur nouvelle Chrétienté s'accroissait ; une église s'élevait sur l'ancienne Naxos, celle de Sainte-Irène devenait le refuge des Catholiques proscrits. Les Jésuites s'établissaient à Négrepont et à Alep, où le Père Guillaume Godet de Saint-Malo opérait de nombreuses conversions parmi les Grecs et les Arméniens ; ils étaient en même temps sur les bords de l'Euphrate et sur ceux du Jourdain, aux ruines de Babylone comme au rivage de Syra : ils combattaient, ils souffraient pour propager la Foi catholique. Ils furent, de 1627 à 1638, appelés à la défendre contre le Patriarche même de Constantinople. Le Patriarche était Cyrille Lucar ; souple et audacieux, aussi habile dans la polémique que dans l'intrigue, ambitieux et flatteur, ce Candiote avait parcouru les principales Universités d'Europe. Son esprit, consommé dans l'art de dissimuler, plut aux Protestants de toutes les communions. Le Consistoire d'Augsbourg l'accepta, le Synode de Genève et l'Anglicanisme bâtirent sur ce prêtre toute espèce de rêves d'omnipotence en Orient. Il promettait d'y introduire la réforme luthérienne, d'y jeter les ferments du Calvinisme et de prêcher la prépondérance anglaise. Ses relations suspectes inquiétèrent l'Eglise romaine : pour endormir les soupçons, Cyrille Lucar publie une profession de foi conforme aux doctrines de l'Unité catholique. Promu au siége patriarcal de Constantinople et assuré du concours des princes protestants, il démasque ses batteries, et enseigne publiquement les erreurs de Luther et de Calvin. A ce défi jeté à la Catholicité, les Jésuites s'émeuvent : ils font part de leurs craintes aux Evêques grecs : les Evêques se lèvent à leur tour. Cyrille est exilé à Rhodes ; l'Angleterre et la Hollande obtiennent son rappel : il reparaît, il proclame plus haut que jamais le

culte nouveau qui a brisé les fers de sa captivité. Banni et réin-
stallé sept fois, toujours attaquant l'Eglise romaine et trouvant
toujours les Jésuites pour s'opposer à ses projets, Lucar agitait
les esprits, il pouvait être un brandon de discorde dans l'empire
ottoman. En 1638, au moment où il partait pour son huitième
exil, il fut étranglé sur la Mer-Noire par ordre du Sultan.

Dans un gouvernement où l'arbitraire des pachas n'était
tempéré que par le despotisme du maître, et où le mépris pour
le nom chrétien servait de manifestation religieuse agréable à
Mahomet, des épreuves de plus d'une sorte s'attachaient inévitablement à la mission des Jésuites. Ils avaient à triompher
de mille préjugés, à s'assujettir à des usages ridicules ou odieux,
à satisfaire l'avarice, à ne jamais blesser l'orgueilleuse ignorance
des agas et à maintenir dans une difficile obéissance les familles
catholiques que chaque représentant de l'autorité croyait dé-
volues à ses caprices. Les Pères se soumirent à un esclavage de
chaque minute ; pendant de longues années ils s'exposèrent à
toutes les avanies pour conserver la Foi au cœur de ces régions
qui en avaient été le berceau. En 1656, un membre de la
Compagnie de Jésus poussait plus loin ses conquêtes ; il fondait
la mission d'Antourah, parmi les Maronites du Liban.

Négociant marseillais, dont les comptoirs couvraient la Syrie,
Lambert fut touché par le spectacle des dévouements que les
Missionnaires plaçaient sous ses yeux. Il voulut s'y associer
d'une manière plus active que par des sacrifices pécuniaires, et,
après avoir réglé les affaires de son commerce, il s'embarqua
pour commencer son noviciat à Rome. Sa profession faite, il
retourna humble Jésuite aux lieux où il s'était montré riche et
puissant. De concert avec Abunaufel, que Louis XIV avait
nommé consul général de France au Liban, et qui retraçait
dans sa vie toutes les vertus primitives, le Père Lambert établit
un lieu d'asile, où les Chrétiens et les Mulsumans convertis trouveront toujours dans les montagnes un refuge contre les persécutions, et des prêtres pour raviver leur courage. Le Père
Nacchi, Maronite de naissance, fut nommé supérieur de la Mis-

¹ Vers le même temps, Louis XIV fondait, au collège des Jésuites de Paris, douze
bourses pour de jeunes Orientaux.

sion ; et bientôt un peuple nouveau, formé de Catholiques dispersés, apprit aux Maronites fidèles à l'Eglise qu'ils avaient des frères et des amis sur tous les points du globe.

Les Maronites se regardaient comme les enfants adoptifs de la France, chaque jour ils priaient à la messe pour le roi de France, qu'ils appelaient le roi des Chrétiens. Le sultan Achmet I, subissant lui-même l'ascendant pris en Orient par les Bourbons, décrétait : « Nous voulons et commandons, en considération de Henri-le-Grand, que tous les sujets et amis du Roi de France puissent, sous sa protection et sous sa bannière, aller aux Saints-Lieux de Jérusalem et les visiter avec toute sorte de liberté. »

A Scio, à Smyrne, les Jésuites se portaient les consolateurs et les guides des Européens ; ils descendaient dans les cachots des Sept-Tours. Marc-Antoine Delphini, patriarche d'Aquilée, est esclave : ils adoucissent sa captivité de vingt-deux ans. Le comte de Carlac-Fénelon a sucé le lait de l'hérésie calviniste : les Jésuites le ramènent au culte catholique. L'Angleterre a des consuls dans le Levant : les Jésuites les convertissent à l'Eglise romaine. Ils se sont mis en rapport avec les patriarches arméniens Jacob, André et Constantin ; les Arméniens reconnaissent l'autorité du Saint-Siège, et, le 20 octobre 1632, ils adressent à Urbain VIII et à Louis XIII une lettre qui prouve l'union que les Jésuites avaient introduite chez ces peuples ; elle est ainsi conçue :

« Très-parfait et envoyé de Dieu, saint Pape, qui présentement tenez la place de Jésus-Christ et qui êtes assis dans la chaire de saint Pierre, le prince des Apôtres ; et vous, Roy des Roys, César des Césars, Louis, Roy de France, qui avez été planté par le bras divin, nous vous écrivons, les larmes aux yeux et le visage abattu de tristesse, ces humbles lettres, à vous qui êtes nos espérances après Dieu, et qui êtes les colonnes de ceux qui adorent la Croix. Nous, pauvres et pleins de péchés, prêtres Arméniens de Smyrne, tout le clergé et tous les séculiers, depuis le plus grand jusqu'au plus petit, nous vous envoyons cette lettre pour vous supplier, grand Roy, que les Missionnaires qui nous apprennent le chemin du ciel obtiennent, par votre ordre et par votre libéralité royale, un soulagement à leur pauvreté, avec une demeure stable où ils puissent nous enseigner et à nos enfants la loy du vray Dieu ; et si vous vous humiliez jusqu'à vouloir entendre la raison qui nous porte à vous demander très-humblement cette grâce, nous vous dirons que ces religieux sont des personnes très-vertueuses, humbles, obéissantes, faisant des bonnes œuvres et rendant beaucoup de gloire à Dieu.

» De plus, nous vous dirons que depuis qu'ils habitent dans cette ville, les Francs et les Arméniens se sont unis ensemble d'un lien étroit de charité. Les Arméniens conversent avec les Francs, et les Francs avec les Arméniens ; quand nous célébrons nos fêtes, nous les y invitons ; en leur présence nous offrons notre encens, nous nous revêtons d'ornements sacerdotaux, et nous faisons notre office et nos cérémonies selon que porte la coutume arménienne. De même, quand les Francs célèbrent leurs fêtes, ils nous y invitent ; ils nous conduisent à l'église, où ils disent la sainte messe selon la coutume de l'Eglise romaine ; tellement que nos deux nations vivent dans une si grande intelligence qu'il ne peut pas y en avoir une plus parfaite.

» Mais si les Missionnaires, par malice de leurs ennemis et par l'excès de leur pauvreté, sont obligés de sortir de notre ville, nous craignons avec raison que cette grande union se rompe. C'est pourquoi, nos seigneurs et maîtres, vous, saint Pape, et vous, grand Roy, nous pauvres pécheurs arméniens, nous vous supplions de nous accorder la grâce que nous vous demandons avec toute l'instance possible. Tout éloignés que nous soyons de vous, nous continuerons avec autant de ferveur que si nous étions vos voisins, de supplier la Majesté divine que vous soyez saints au Seigneur, et le Seigneur soit toujours avec vous.

» De Smyrne, l'an des Arméniens 1681, le 5 d'octobre, jour de jeudi.

» Signé : JEAN XALEPTI, Métropolitain. »

On voit quel était l'ascendant des Jésuites en Orient : ils avaient conquis une égale influence aux Antilles françaises. Les indigènes appartenaient à ces tribus de Caraïbes dont le nom même a quelque chose de féroce ; mais leurs cruautés sauvages

se trouvaient surpassées par les cruautés de quelques aventuriers anglais, bretons et normands qui infestaient ces mers.
Les Flibustiers ou Frères de la Côte se réunissaient dans une
communauté de crimes et de périls. Par le droit d'une intrépidité que rien ne faisait chanceler, ils s'étaient emparés de l'île
de la Tortue, et, étrangers à tout autre sentiment qu'à celui
d'une cupidité sanguinaire, ils régnaient au nom de la force et
de la terreur. Les Jésuites obtinrent des Flibustiers qu'ils n'en-
traveraient jamais leur apostolat, et, au mois d'avril 1640, les
Pères Empteau et Jacques Bouton prêchent les Antilles à la Foi
catholique. Bouton catéchisait les Nègres, et la nuit il écrivait
la relation de ses voyages [1]. La Martinique est évangélisée en
1640; une église s'élève à la Basse-Terre; quelques enfants de
saint Ignace côtoient la Rivière aux Herbes; d'autres arrivent à
la Guadeloupe en 1651; ils abordent aux îles de Saint-Sauveur,
de Sainte-Croix, de Saint-Martin, de Saint-Barthélemy et de
Saint-Christophe. Dans cette dernière, le Père Destrich, Irlandais, recommence la lutte que ses compatriotes catholiques
soutenaient contre les Anglais : les Anglais cherchent à asservir
les naturels du pays, Destrich s'oppose à leur dessein. En parlant aux indigènes de sa patrie esclave, en leur racontant les
malheurs dont le Protestantisme l'accablait, le Jésuite les pré-
munit contre de semblables calamités. A force de persévérance,
son troupeau échappe à la dent des loups de la Grande-Bretagne.

Vers le même temps, les Pères Larcannier, Denis Héland,
Jean Chemel et André Dejean s'enfonçaient dans les terres à la
conquête des sauvages; ils réalisaient dans les Antilles les prodiges opérés au Paraguay et au Canada; mais, ainsi que sur tous
les continents où le Christianisme préparait les barbares à la
civilisation, le sang des Jésuites coulait comme pour cimenter
cette alliance. Le 25 mai 1654, les Pères Aubergeon et Gueymen
expiraient dans les tourments : ce double martyre communiqua
aux Jésuites une nouvelle énergie. Après des souffrances de
toute espèce, il y avait une mort horrible à affronter : tous se
jetèrent au-devant. La victoire, longtemps disputée, resta enfin

[1]. Relation imprimée chez Cramoisi, 1640.

III.   15

à la croix, et les Missionnaires purent recueillir dans la joie la moisson que leur sang avait fertilisée.

CHAPITRE V.

Les Jésuites au Paraguay.—Ce qu'ils y firent selon Buffon, Robertson et Montesquieu. — La découverte et la situation du Paraguay. — Les Pères Barséna et Angulo. — Les Pères Romero et de Monroy chez les Guaranis.— Premières églises construites par les sauvages. — Nouveau plan des Missions. — Le Père Paez Visiteur au Paraguay et au Tucuman. — Réunion des Pères à Salta. — Haine des sauvages contre les Espagnols — Les Espagnols favorisent les Missions naissantes. — Les Jésuites exigent plus d'humanité de la part des Européens. — Démêlés des Jésuites avec les marchands et colons espagnols. — Les Pères abandonnent Santiago. — Ils se retirent à San-Miguel. — Missions chez les Diaguites et les Lulles. — Le Père Valdivia auprès du Roi d'Espagne. — Il obtient la liberté pour les indigènes qui se feront Chrétiens. — Les Pères Maceta et Cataldino sur le Paranapané et dans le Guayra. — Première idée de la République chrétienne. — Obstacles que suscitent les Espagnols. — Fondation de Réductions. — Le roi d'Espagne les protége contre la malveillance et la cupidité de ses sujets.— Les Missionnaires pacificateurs. — Les Jésuites forcés par les Espagnols de sortir de l'Assomption. — Caractère des Sauvages. — Leur inconstance qu'il faut guérir, leurs ruses qu'il faut déjouer. — Dangers des Jésuites. — Le Père Ruiz de Montoya. — Le Père Gonzalez sur le Parana. — Pour gagner les sauvages, les Jésuites s'isolent des Européens. — Ignorance et abrutissement des Indiens. — Les Jésuites commencent à les élever. — Moyens employés par eux. — Les Jésuites musiciens sur le bord des fleuves. — Ateliers où l'on applique les sauvages à un travail de leur goût. — Commerce de l'herbe du Paraguay. — On interdit aux néophytes toute relation à l'extérieur. — Attributions des Jésuites. — Le respect dont ils sont entourés. — Lois promulguées par eux. — Spectacle offert par les Réductions. — Leurs mœurs, leurs fêtes, leur travail et leurs armées. — Explication de ce gouvernement. — Les Evêques et les Jésuites. — Le vin est défendu aux néophytes. — Pourquoi ils s'en abstiennent. — Bonheur dont jouissent les Réductions. — Système de possession. — Tableau de la vie des néophytes. — Roméro chez les Guaycurus. — Montoya et les anthropophages de Guibay. — Gonzalez aux sources de l'Uruguay. — Nouvelles Réductions. — Les sauvages et les Jésuites. — Les Hollandais essaient de s'opposer aux Jésuites. — Martyre du Père Gonzalez. — Les Mamelus en guerre avec les Jésuites. — Indifférence calculée des Espagnols. — Pillage des Réductions. — Le Père de Montoya propose aux néophytes d'émigrer. — Résignation des Guaranis. — Leur voyage à travers les fleuves et les terres. — Dévouement des Jésuites. — Les nouvelles Réductions. — Les Jésuites au Tapé. — Le Père d'Espinosa tué par les Guapalaches. — Mort du Père Mendoza. — Ses néophytes veulent le venger. — Les Pères Diaz Taño et Montoya partent pour Rome et Madrid, chargés de solliciter l'intervention du Pape et du roi d'Espagne en faveur des néophytes. — Lettres de l'Evêque de Tucuman au roi. — Le Père Osorjo dans le Chaco. — Les Sauvages tuent les Missionnaires. — Le roi d'Espagne accorde aux néophytes le droit de se servir d'armes à feu. — Cette faveur change la situation. — Le Père Pastor chez les Mataranes et les Abipons. — Troupes formées par les Jésuites. — Les Mamelus sont détruits. — Don Bernardin de Cardenas, Evêque de l'Assomption, et les Pères. — Causes de leurs démêlés. — Les Jésuites accusés de posséder des mines d'or. — Les Pères Roméro et Arias mis à mort. — Les négociants et colons prennent parti pour l'E-

vêque de l'Assomption. — Don Juan de Palafox s'associe à ses efforts. — Source
de tous ces différends. — Juridiction de l'Ordinaire opposée aux privilèges des
Missionnaires. — Les Jésuites triomphent de don Bernardin. — Les Jansénistes
et les Protestants prennent sa défense en Europe. — Gaspard de Artiaga et ses
pamphlets. — Les néophytes, conduits par les Jésuites, marchent contre les
Indiens soulevés. — Ils remportent la victoire. — Les Jésuites négocient la paix
entre les Espagnols et les Indiens. — Les Jésuites au Maryland. — Emigration
des Anglais catholiques. — Le Père White et les Sauvages. — Situation de ces
colonies chrétiennes.

En contemplant le spectacle de tous ces peuples auxquels les
Jésuites portaient par le Christianisme les lumières et les bienfaits de la société civilisée, Buffon écrivait [1] : « Les Missions ont
formé plus d'hommes dans les nations barbares que n'en ont
détruit les armées victorieuses des princes qui les ont subjuguées.
La douceur, la charité, le bon exemple, l'exercice de la vertu
constamment pratiqués chez les Jésuites ont touché les sauvages
et vaincu leur défiance et leur férocité ; ils sont venus d'eux-
mêmes demander à connaître la loi qui rendait les hommes si
parfaits, ils se sont soumis à cette loi et réunis en société. Rien
n'a fait plus d'honneur à la Religion que d'avoir civilisé ces
nations et jeté les fondements d'un empire sans autres armes
que celles de la vertu. »

Ce que le naturaliste français proclame avec l'autorité de son
génie, Robertson le prouve : « C'est dans le Nouveau-Monde,
dit l'historien anglican lorsqu'il en raconte les Missions [2], que
les Jésuites ont exercé leurs talent avec le plus d'éclat et de
la manière la plus utile au bonheur de l'espèce humaine. Les
conquérants de cette malheureuse partie du globe n'avaient eu
d'autre objet que de dépouiller, d'enchaîner, d'exterminer ses
habitants : les Jésuites seuls s'y sont établis dans des vues
d'humanité. »

Albert de Haller, le célèbre médecin de Berne, leur rend le
même témoignage. « Les ennemis de la Société, dit-il [3], dépri-
ment ses meilleures institutions. On l'accuse d'une ambition
démesurée, en la voyant former une espèce d'empire dans des
climats éloignés ; mais quel projet plus beau et plus avantageux
à l'humanité, que de ramasser des peuples dispersés dans l'hor-

[1] Histoire naturelle, t. xx, de l'Homme, p. 282 (Paris, 1798).
[2] Histoire de Charles-Quint, par Robertson, t. II, p. 229 (Amsterdam, 1771).
[3] Traité sur divers sujets intéressants de politique et de morale, § 3, p. 120.

reur des forêts de l'Amérique et de les tirer de l'état sauvage ,
qui est un état malheureux ; d'empêcher leurs guerres cruelles
et destructives ; de les éclairer des lumières de la vraie Religion , de les réunir dans une société qui représente l'àge
d'or par l'égalité des citoyens et par la communauté des biens !
N'est-ce pas s'ériger en législateur pour le bonheur des hommes ?
Une ambition qui produit tant de biens est une passion louable.
Aucune vertu n'arrive à cette pureté qu'on veut exiger ; les
passions ne la déparent point, si elles servent de moyen pour
obtenir le bonheur public. »

Les Jésuites, en effet, par la seule force du principe chrétien qui, dans un Ordre ainsi constitué, ne s'affaiblit jamais,
même en se renouvelant, ont pu réaliser une utopie que tous
les philosophes avaient créée, que tous les hommes sérieux regardaient comme impossible. Nous les avons vus, depuis saint
François Xavier jusqu'au Père de Brébeuf, au Japon et en
Éthiopie, aux Indes et au Pérou, dans le Brésil et au Mogol,
dans les archipels les plus arides et au Monomotapa, dans le
fond des forêts vierges comme sur les rives du Bosphore, sous
les cèdres du Liban ainsi que dans la hutte des sauvages, à la
Chine et au Canada, au Maduré et au Thibet, se faire tour à
tour, selon le conseil de l'Apôtre, infirmes avec les souffrants,
petits avec les faibles, ignorants avec les natures barbares, doctes
avec les esprits cultivés, diplomates avec les puissances de la
terre, à chaque heure prêts à dévouer leur vie pour conquérir
une âme ou pour annoncer la vérité aux hommes. Ils sont lettrés et Mandarins à la Chine, esclaves des Nègres à Carthagène,
Brahmes pénitents et Pariahs dans l'Indostan, chasseurs errants
au Canada, Maronites sous les palmiers de la Judée. Ils déve-
loppent partout un courage qui ne se dément pas plus dans les
supplices que leur activité dans les travaux, que leur pieuse
industrie pour cacher le Missionnaire sous un déguisement favorable à son entreprise.

Mais les difficultés de la politique, les passions des hommes,
l'avidité des uns, l'ambition des autres, les rivalités elles-mêmes
ne leur laissèrent pas appliquer dans son ensemble le système
qu'Ignace de Loyola leur avait légué en germe. La Compagnie

de Jésus prétendait démontrer qu'avec la Foi il n'y a rien de plus praticable que de mettre en action chez les sauvages l'utopie que Platon et les sages de la terre ont si souvent et si inutilement rêvée ; elle trouva enfin un point du globe sur lequel il lui était permis d'instruire, de militer, de verser son sang en toute liberté. Le Paraguay fut ce point ignoré, et « il est glorieux pour elle, dit Montesquieu [1], d'avoir été la première qui ait montré dans ces contrées l'idée de la Religion jointe à celle de l'humanité ; en réparant les dévastations des Espagnols elle a commencé à guérir une des plus grandes plaies qu'ait encore reçues le genre humain. »

Maîtres de leur volonté, n'en devant compte qu'à Dieu, au Saint-Siége et au roi d'Espagne, les Jésuites firent pour ces tribus barbares un miracle de civilisation qui s'est perpétué jusqu'à leur chute : c'est ce miracle continu que nous allons expliquer et qui a fait dire à un voyageur moderne [2] : « Les Jésuites les premiers eurent la gloire de concevoir et d'exécuter en partie ce plan admirable, si digne des vastes entreprises de cette corporation à jamais illustre. »

Jusqu'en 1608 le Paraguay fut annexé à la Province du Brésil ; mais, à cette date, ce pays avait fait, sous les Missionnaires, de si rapides progrès qu'on l'érigea en Province de la Compagnie de Jésus. Le Paraguay est une vaste région située entre le Brésil, le Pérou et le Chili ; en 1516, l'Espagnol Juan de Solis en fit la découverte, et il fut dévoré par les sauvages tandis qu'il remontait le fleuve Paraguay. Quelques années plus tard, Garcia et Sedeno, attirés par les richesses de toute nature dont l'avidité cosmopolite racontait des merveilles, éprouvèrent le même sort sur les rives du Parana. Ils venaient conquérir des trésors ; l'astuce des indigènes fut plus grande que leur audace, ils périrent misérablement. Le Vénitien Sébastien Gabot, l'un de ces aventuriers de génie alors courant les mers pour le compte du prince qui mettait le plus haut prix à leurs services, offrit à Charles-Quint de tenter de nouvelles incursions vers

_____

[1] *Esprit des Lois*, liv. IV, chap. VI.
[2] *Exploration de l'Orégon et de la Californie*, par M. de Mofras (1er vol., p. 23).

ces fleuves déjà teints de sang européen. Il remonta le Paraguay, il changea son nom en celui de Rio de la Plata, et il commença à massacrer les Indiens.

A partir de ce moment jusqu'au jour où le Dominicain François Victoria, évêque de Santiago, fit appel aux Pères de la Compagnie de Jésus, les Espagnols renouvelèrent sur ces plages tous les attentats contre l'humanité qui avaient signalé leur prise de possession au Pérou. Les Espagnols ne songeaient qu'à s'enrichir, ils ne prétendaient civiliser les barbares que pour se donner des ouvriers plus actifs, des esclaves plus intelligents. La soif de l'or conseillait peut-être ces cruautés, la Religion refusa de s'y associer; et, lorsqu'en 1586, les Pères Alphonse Barséna et Angulo sortirent de Santa-Maria de las Charcas pour se rendre aux ordres de leur supérieur, ils essayèrent d'implanter l'Evangile là où n'avait encore régné que la force brutale. Leurs premiers pas dans cette carrière furent difficiles; il leur fallut combattre les préjugés des Européens, vaincre leur cupidité, lutter avec les défiances instinctives des sauvages et entrer dans leur confiance par une abnégation de toutes les heures. Les Jésuites se soumirent à ces sacrifices, et peu à peu ils multiplièrent leur apostolat. Les Pères Jean Salonio, Tom Filds, Etienne de Grao et Emmanuel de Ortega leur vinrent en aide; Salonio et Filds avaient déjà visité les tribus des bords de la Rivière-Rouge; ils s'étaient familiarisés avec le danger. Ils remontèrent le fleuve Paraguay, et, en 1588, ils arrivèrent chez les Guaranis. Le caractère insouciant et paresseux de ces populations les éloignait des vertus chrétiennes; elles en comprirent cependant la beauté. Filds et Salonio, après avoir rompu le pain de la parole aux habitants de Ciudad-Real et de Villaricca, s'engagèrent dans les forêts à la poursuite des peuplades errantes; mais la peste s'étant, en 1589, déclarée à l'Assomption, les deux Pères y furent mandés.

Cependant, en 1593, d'autres Jésuites apparaissaient, la croix à la main, sur les rives du Paraguay : c'étaient les Pères Jean Roméro, Gaspard de Monroy, Jean Viana et Marcel Lorenzana. A Santa-Fé, à Cordova-du-Tucuman, dans les tribus des Guaranis et chez les Omaguacas, leur infatigable charité porta quelques fruits. Les naturels du pays s'apprivoisaient ; les troupes espagnoles les avaient fait fuir au fond de leurs bois : l'industrieuse commisération de ces prêtres, accourant vers eux sans autre arme que leur confiance, les soins touchants qu'ils leur prodiguaient, tout contribuait à dompter leurs penchants sanguinaires et à adoucir leurs mœurs. Il fallait expier les cruautés des premiers conquérants pour apprendre aux Indiens à bénir le joug du Christianisme. Ce fut la principale occupation des Pères de la Compagnie, et, en les suivant pas à pas, Voltaire n'a pu s'empêcher de dire [1] : « L'établissement dans le Paraguay par les seuls Jésuites espagnols paraît à quelques égards le triomphe de l'humanité. »

Un Collége s'élevait à l'Assomption ; sur d'autres points les sauvages déjà à moitié gagnés construisaient des églises, et les Pères Ortega et Villarnao s'enfonçaient dans les montagnes de la Cordillière Chiriguane. Les Missionnaires affrontaient des périls de toute espèce : périls dans leurs excursions lointaines, périls dans les forêts peuplées de serpents, de tigres et des animaux les plus féroces ; périls de la part des habitants, périls même de la part des Espagnols, dont l'irritation ne connaissait plus de bornes, car la marche suivie par les Jésuites était une amère censure de leur politique. Rien n'avait pu arrêter les progrès de la Foi ; en 1602, ils sentirent le besoin de les régulariser. Aquaviva suivait du centre commun tant d'ouvriers dispersés sur ces continents ; il applaudissait à leurs travaux ; mais pour leur donner plus de force il crut qu'il fallait les soumettre à une uniformité de direction. Ces Missions ambulantes qui traversaient le désert et qui semaient une civilisation passagère aux extrémités du monde, ne devaient produire chez les Sauvages qu'un souvenir confus. Il ne suffisait pas, à ses yeux, de répandre la semence de l'Evangile sur une terre ; il importait de la faire germer, de la cultiver jusqu'à maturité, afin que la moisson fût abondante. Aquaviva avait jugé utile de tracer un plan pour modérer les écarts du zèle et pour diriger ses emportements. Le Père Etienne Paëz, visiteur des Missions transatlantiques, fut chargé de l'appliquer.

[1] *Essai sur les Mœurs*, OEuvres de Voltaire, xe vol., p. 39 (édition de *Genève*).

Il réunit à Salta les Jésuites disséminés dans le Tucuman, dans le Paraguay et sur les bords de Rio de la Plata. Tous convinrent que leurs courses, nécessaires dans le principe, afin de propager le nom du Christ et d'aguerrir les Pères, n'étaient plus aussi indispensables, et que, sans y renoncer absolument, on devait concentrer l'action pour lui imprimer plus de vigueur. Il fut donc résolu que l'on agirait avec ensemble, et que la ferveur de l'apôtre serait, comme la bravoure individuelle du soldat, soumise à la tactique. Tandis que cette assemblée de Missionnaires délibérait sur les moyens les plus propres à assurer le triomphe de la civilisation, les néophytes du Paraguay se crurent délaissés par les Jésuites; les uns firent éclater leurs regrets, les autres leur colère. Bientôt ces sentiments si divers, quoique nés de la même crainte, se confondirent dans une joie commune. Les Missionnaires leur revenaient, et ils allaient travailler à leur bonheur.

En 1605, le Père Diégo de Torrès est nommé Provincial du Paraguay et du Chili; il amène de Lima quinze Jésuites pour étendre les mesures prises à l'assemblée de Salta. D'autres encore abordent à Buenos-Ayres; c'est sur ce point central que la Mission doit se développer. Mais, là, un obstacle insurmontable paraissait s'opposer à sa marche. Les naturels du pays, dont la taille gigantesque, dont les mœurs farouches étaient un sujet d'effroi pour les Espagnols, portaient une haine implacable à ceux qui se proclamaient leurs conquérants. Ils les tenaient presque assiégés dans les villes, ils les massacraient, ils les dévoraient aussitôt qu'ils mettaient le pied dans la campagne. Leur terreur trouvait sans cesse un nouvel aliment, car, sans en tenir compte, les Espagnols réduisaient en servitude tous les prisonniers qu'ils pouvaient faire. Des projets de plus d'une sorte avaient été mis au jour afin de concilier l'avarice des Européens avec l'orgueil des sauvages. Ces projets avaient échoué. En voyant les Jésuites se préparer à annoncer le Christ à des populations aussi indépendantes, l'Espagnol se persuada qu'eux seuls pourraient les dompter.

Il accueillit avec des transports de joie les Missionnaires; mais au récit des douleurs que la captivité des uns, que la barbarie des autres réservaient aux naturels, les Jésuites ne purent contenir leur indignation. On leur demandait de mettre la Croix au service des plus sordides intérêts; on voulait abriter d'odieux calculs sous la sauvegarde de leur éloquence; on les appelait à river des chaînes, lorsqu'au nom du Dieu mort pour tous ils prêchaient la civilisation et la liberté : les Jésuites répondirent à ces propositions par un refus. Au Tucuman ainsi qu'au Paraguay, les Espagnols prétendaient se servir de leur apostolat comme d'un moyen pour contenir dans l'obéissance les peuples esclaves : les Jésuites déclarèrent qu'avant de commencer leur mission, ils exigeaient que le joug subi par les Indiens fût moins rude. Leurs premières paroles devinrent une protestation contre les attentats dont ils étaient témoins.

Cette fermeté préparait de dangereux résultats : elle ruinait les espérances des marchands; ils crurent qu'en affamant les Jésuites ils les réduiraient à n'être plus que les instruments de leur avarice, ou qu'ils les forceraient à fuir une terre ingrate. Les Pères n'avaient pour subsister que des aumônes : elles sont à l'instant même supprimées; on les laisse se nourrir de maïs et de racines. Ces mesures ne modifient point leurs projets d'affranchissement; on soulève contre eux les magistrats et le clergé séculier : la persécution s'étend de l'Assomption à Santiago. Au Chili le Père de Valdivia, le plus énergique promoteur de l'émancipation chrétienne des sauvages, se voit en butte aux traits de la calomnie. Les Espagnols n'avaient pu lasser la patience des Pères, ils les attaquent d'une manière plus perfide. Les Jésuites refusaient de s'associer à leurs calculs, on les accuse d'aspirer à la domination exclusive des Indiens. C'était de la ville de Santiago que ces imputations partaient pour se répandre sur les marchés où les Européens trafiquaient; les Missionnaires jugèrent opportun de ne pas perdre leur temps dans des luttes où les esprits s'aigrissaient sans profit pour le Christianisme. Leurs avis n'étaient pas écoutés, leurs prières tombaient sur des âmes que la cupidité avait endurcies; ils abandonnèrent Santiago pour se fixer à San-Miguel, cité qui, par son commerce et sa richesse, se posait sa rivale.

Santiago avait voulu leur vendre l'hospitalité au prix de
l'honneur apostolique; les habitants de San-Miguel la leur offrirent sans condition. Un collège s'éleva; puis de cette terre
de promission, jardin enchanté, mais dont la garde semble être
confiée à des troupeaux de tigres, parcourant incessamment les
campagnes, les Pères Jean Dario et Ignace Marcelli s'élancent
les premiers à la recherche des Sauvages. Les uns pénètrent
chez les Diaguites, les autres chez les Lulles; Dario et Marcelli
vont proposer la paix aux Calchaquis, nation qui, comme les
Guapaches, ne cessait d'inquiéter les Espagnols. Pendant ce
temps, Torrès aborde à la Conception; de là il se dirige sur
l'Assomption, où le gouverneur et l'Evêque du Paraguay l'ont
appelé.

Le Père Valdivia s'était rendu à Madrid pour exposer à Philippe III d'Espagne les empêchements que l'avidité suscitait au
Christianisme; il avait défendu avec tant de chaleur les droits
des Indiens opprimés, que le roi catholique s'était déterminé
à manifester sa volonté. Il mandait que, pour subjuguer les
habitants du Paraguay, il ne fallait employer que le glaive de
la parole des Jésuites. Il ne voulait point d'hommages forcés;
son intention était de retirer ces tribus de la barbarie, de leur
faire connaître le vrai Dieu; mais il ordonnait de ne les jamais
réduire en servitude.

Telles étaient les injonctions que le Jésuite Valdivia avait
suggérées au roi d'Espagne. Après en avoir pris connaissance,
le Père de Torrès s'occupe de leur exécution. Elles consacraient
le système d'humanité qu'ils avaient jusqu'alors prêché; l'Evêque du Paraguay et don Arias de Saavedra ne firent naître aucun obstacle. Il fut décidé que l'on tenterait de coloniser; que,
par la Foi, l'on tâcherait d'affranchir peu à peu les sauvages;
et, comme les Guaranis étaient la peuplade la plus rapprochée de
l'Assomption, ce fut sur eux que l'on résolut de faire le premier
essai.

Simon Maceta et Joseph Cataldino, partis le 10 octobre 1609,
arrivèrent au mois de février 1610 à leur destination, sur le
Paranapané. Les Espagnols cherchèrent à entraver le projet des
deux Jésuites, ils murmurèrent, ils menacèrent; mais, forts de

la volonté du roi d'Espagne, plus forts encore de la justice de leur cause, Maceta et Cataldino ne se laissent point intimider. Ils savent, par le cacique qui les accompagne, avec quelle joie pleine de reconnaissance ils seront accueillis, la nation tout entière les regardant comme ses libérateurs : ils marchent, ils traversent les fleuves, ils franchissent les montagnes. A peine sur les terres du Guayra, ils se voient salués et bénis au nom de toutes les familles qu'Ortega et Filds ont faites chrétiennes par le baptême et qu'eux vont civiliser par la liberté.

Ces tribus, jusque là errantes, étaient disposées à tout accepter de la main des Pères. Sur le lieu témoin de l'entrevue, ils fondent la première Réduction du Paraguay, berceau de toutes celles à qui elle servira de modèle. Cette Réduction prit le nom de Lorette, hommage rendu à la Vierge, mère du Christ. Des cases s'y construisirent comme par enchantement ; mais, le nombre des Indiens qui se présentaient dépassant les prévisions, on en créa une seconde à laquelle, par un sentiment de gratitude, les Guaranis imposèrent le nom de Saint-Ignace. Ses disciples protégeaient leur liberté ; Européens, ils s'opposaient aux cruautés des Européens ; ils leur révélaient le secret de la patrie et de la famille. Les sauvages eurent l'intelligence de ce dévouement ; ils s'y associèrent si bien par leur confiance, qu'en cette même année 1616 on forma encore deux nouvelles Résidences.

Les Jésuites opéraient dans ces contrées tant de miracles de civilisation, ils exerçaient sur l'esprit des peuples un tel prestige, qu'aucun d'eux ne recula à l'idée de fonder une république qui, dans leur imagination, devait rappeler au monde étonné les beaux jours du Christianisme naissant. Ce rêve, dont un monarque n'aurait osé concevoir la chimère, quelques pauvres prêtres, sans autre arme qu'une croix de bois, sans autre force qu'une inébranlable persévérance, se mirent à l'accomplir. Tout leur était contraire, tout leur devenait hostile : ils avaient à vaincre et à diriger des barbares épris de l'amour du changement, au caractère indocile, et dont la raison appauvrie ne se rendait compte que par moments des sacrifices faits pour eux. Ce n'était cependant pas de ces multitudes vicieuses par instinct

qu'ils attendaient les plus rudes obstacles. Les Espagnols en
évoquaient de plus durables par leur avarice et par les intrigues
de toute nature qu'elle soulevait. Les négociants européens n'a-
vaient pas renoncé à leur patrie pour rendre heureux les sauvages. Peu leur importait qu'ils fussent Chrétiens, si eux parvenaient à réaliser une colossale fortune. L'ambition les avait
poussés sur ces rives, ils aspiraient à s'en éloigner pour aller
jouir en Espagne du fruit de leurs déprédations; ou, s'ils consentaient à s'y établir, ils tâchaient d'étayer leur puissance future sur l'abrutissement. Un tel état de choses était une source
de désordres. L'administration militaire ou civile y avait prêté la
main ; les Jésuites s'offraient pour y mettre un terme; par conséquent ils se créaient des ennemis dont un échec accroîtrait
nécessairement le nombre et la fureur. Le devoir parla plus
haut au cœur des Missionnaires de la Compagnie que toutes
ces craintes. Le succès avait couronné les premières tentatives ;
les Pères s'avancèrent dans la voie d'améliorations sociales
qu'ils s'étaient tracée, sans se préoccuper des inculpations dont
ils allaient être l'objet. Ils apercevaient le bien, ils l'accomplissaient avec réserve, et ils laissaient à l'expérience le soin de
les venger.

L'expérience vint tard, comme la justice humaine; pendant
ce temps, les Réductions s'organisaient. Les Jésuites leur enseignaient la civilisation ; mais le roi d'Espagne leur devait un
appui. Sans cet appui, les Pères déclaraient qu'il leur serait
impossible de résister longtemps aux attaques, tantôt sourdes,
tantôt patentes auxquelles ils se voyaient exposés. Philippe III
avait accordé des encouragements aux Réductions naissantes;
il était indispensable de les sanctionner par des lois. Un commissaire royal fut nommé pour visiter les nouveaux établissements. Il approuva ce que les Jésuites avaient ébauché, et,
afin de mettre les néophytes à l'abri des violences, il promulgua
plusieurs rescrits accordant toute latitude aux Missionnaires.
Le bonheur dont les Réductions commençaient à jouir tenta
d'autres tribus du Guayra ; elles étaient hostiles aux Espagnols,
qui enlevaient leurs femmes et leurs enfants pour les réduire
en servitude ; elles sollicitèrent le baptême. Les Pères Loren-

zana et François San-Marino partirent; néanmoins ils ne trouvèrent pas les cœurs aussi bien préparés que les esprits. Ces
tribus ne demandaient pas mieux que de s'affranchir de l'impôt du sang levé sur elles par la cupidité; mais le sentiment
chrétien ne se développait pas avec autant d'énergie que l'a-
mour de la liberté. Après une année passée dans les humilia-
tions et dans les travaux, Lorenzana put espérer que ces peuplades se montreraient dociles à ses leçons.

Les Jésuites se plaçaient volontairement entre deux dangers;
d'un côté, les Espagnols qui redoutaient leur ascendant sur les
sauvages; de l'autre, les sauvages qui, en découvrant des Européens au milieu de leurs forêts, pouvaient se porter contre
eux aux plus terribles excès. Ils cherchèrent à éviter ce double
écueil; mais il ne leur fut pas toujours donné d'en triompher.
Quand des actes de violence avaient été commis envers une
tribu; quand cette tribu, comme celles des Guaycurus ou des
Diaguites, courait aux armes pour tirer vengeance de quelque
enlèvement, les Espagnols chargeaient les Pères de négocier la
paix. Les Missionnaires franchissaient les montagnes, traversaient les fleuves et les déserts; ils se présentaient au milieu des
peuplades errantes que le désespoir ou l'ivresse d'un léger succès rendaient encore plus farouches. Ils affrontaient les méfiances dont ils se savaient l'objet; ils trouvaient sur leurs lèvres
des paroles pour flatter l'irritable vanité des Indiens; peu à peu
s'introduisant dans leur confiance, ils arrivaient à les dominer
en ne témoignant aucune crainte de leurs flèches ou de leurs
poisons. Dans le but de les asservir, les Espagnols égorgeaient
leurs caciques; les caciques durent être les plus empressés à
solliciter l'intervention des Jésuites, qui respectaient leur autorité, et plaçaient sous la sauvegarde du roi leur vie sans cesse
menacée. Après que les Pères se furent rendu compte de la
position qui leur était faite, ils se servirent de ces chefs de hordes comme de protecteurs; ils en firent leurs catéchumènes,
bien persuadés que l'exemple serait profitable.

Don François Alfaro était au Tucuman en qualité de commissaire au nom de Philippe III. Investi de pouvoirs illimités,
il déclarait que les Guaranis et les Guaycurus ne seraient jamais

livrés en servitude ; il abolissait en leur faveur le service personnel. Les Européens crurent que les Pères étaient les auteurs de ces rescrits. Afin de leur rendre guerre pour guerre, ils les contraignirent à sortir de la ville de l'Assomption. Comme il devenait impossible de se passer longtemps de leurs secours, au moment même où l'Assomption les expulsait de son enceinte, les citoyens de Santiago les rappelaient dans leurs murs ; ils fondaient à la Compagnie un collège destiné à l'éducation de la jeunesse. Les Guaranis, entrés en réduction, n'avaient voulu d'abord que se soustraire à l'esclavage : ils s'étaient fait des Jésuites un rempart pour leur liberté. Cette espérance en avait attiré beaucoup d'autres, mais dans ces refuges ils ne se façonnaient ni aux préceptes de l'Evangile ni même aux obligations de la loi naturelle.

Ils restaient féroces, capricieux et invinciblement attachés à leurs superstitions ; ils écoutaient la parole du Père avec apathie ou avec défiance ; lorsque, pressés de renoncer à leurs mœurs vagabondes, ils n'avaient plus de bonnes raisons à alléguer, la plupart disparaissaient. Au risque de tomber entre les mains des Espagnols, ils s'enfonçaient de nouveau dans leurs bois et dans leurs montagnes, préférant une liberté précaire aux calmes jouissances de la civilisation chrétienne. Souvent même, dominés par leur instinctive cruauté, ils concevaient de coupables soupçons ; ils se révoltaient contre les Missionnaires qui, afin de les garantir des insultes extérieures, s'exposaient au fond des résidences à tous les outrages. Cette vie de tribulations à laquelle les Jésuites se condamnaient en leur faveur ne faisait sur leurs âmes qu'une impression passagère. Ils admiraient leur charité toujours active, mais ils aimaient à s'y dérober ; le droit d'être libres n'était à leurs yeux que le droit de guerroyer contre leurs voisins et de vivre à l'abandon. Ils profitaient de tous les événements pour reprendre leur existence nomade.

Quand la désertion se faisait sentir, les Missionnaires se mettaient en campagne. Escortés des plus anciens néophytes, ils s'élançaient à travers les plaines, ne se nourrissant dans ces courses aventureuses que de fruits sauvages, que de racines amères. Sous un soleil brûlant ou sous une pluie incessante, ils marchaient sans trêve et sans repos, affrontant la dent des tigres ou la morsure des serpents, passant les fleuves à la nage ou gravissant les rocs les plus escarpés. Pour se frayer une route, il fallait que la hache abattît les bois; et devant ces Indiens qui fuyaient ou qui lançaient des flèches afin d'arrêter la marche, les guides du Jésuite se sentaient quelquefois pris au cœur du mal de la barbarie. Ils désertaient à leur tour, abandonnant aux tortures de la faim et de l'insomnie celui qui se dévouait pour eux. Ces misères de chaque jour, l'attente d'une mort presque inévitable n'altéraient point la sérénité du Père; seul ou accompagné de quelques fidèles, il continuait à fouiller les autres les plus inaccessibles. Lorsque, brisé de fatigue, couvert d'ulcères que la piqûre des moucherons envenimait à chaque pas, il avait enfin saisi au gîte quelques-uns de ces déserteurs, le Père, oubliant ses maux, entonnait l'hymne de la victoire et il les ramenait au bercail.

Cette lutte contre le besoin de farouche indépendance dont les Barbares étaient travaillés entraînait après elle des maladies de toute espèce. La perspective de tant de souffrances ne retenait aucun disciple de l'Institut; il n'ignoraient pas qu'ils étaient destinés à périr misérablement dans ces repaires. Ils y accouraient néanmoins, et lorsque le Père Antoine Ruiz de Montoya, l'un des hommes les plus savants de son siècle, vint, en 1614, partager les travaux de Maceta et de Cataldino, la Province de Paraguay comptait déjà cent dix-neuf Jésuites. Deux ans après, trente-sept autres, conduits par le Père Viana, se répandirent sur le Guarambora, sur l'Uruguay, sur le Parana et sur les autres rivières. Le Père Gonzalez de Santa-Cruz pénétrait chez les sauvages d'Itapua, les Pères Moranta et Roméro parcouraient le pays des Guaycurus, d'autres s'élançaient dans l'immense vallée d'Algonquinca; ils s'arrêtaient chez les Mahomas, ils fertilisaient les marais d'Appupeu. Partout ils rencontraient, comme dans le désert de Corrientes, des Indiens armés de flèches et de massues et qui, le corps tatoué de diverses couleurs, n'avaient à faire entendre que des menaces ou des paroles de stupide orgueil. Le Père Gonzalez remontait le

Parana, quand il se trouva en face d'une tribu errante. Les Espagnols eux-mêmes n'avaient pas osé s'avancer jusque là, car un horrible trépas leur y était réservé. Le chef se lève, et, à l'aspect du Missionnaire : « Apprends, s'écrie-t-il, qu'aucun Européen n'a encore foulé l'herbe de ce rivage sans l'avoir arrosée de son sang. Tu viens nous annoncer un nouveau Dieu, et c'est la guerre que tu me déclares ; ici j'ai seul le droit d'être adoré. »

Gonzalez ne s'intimide point : il répond avec force, il explique les intentions dont il est animé, et, son intrépidité et sa douceur aidant, il peut continuer son voyage accompagné par cette tribu dont il a fait la conquête.

En dehors des Réductions déjà formées dans le Guayra, Réductions que les Jésuites avaient beaucoup de peine à discipliner, grâce à l'instabilité naturelle au cœur des Indiens, la moisson ne s'offrait pas avec de belles espérances. Le danger était partout, un succès durable ne le compensait presque jamais : les Jésuites étaient acceptés comme une barrière contre les Espagnols ; mais, pour ménager les terreurs que ce nom provoquait, les Pères se voyaient obligés de ne communiquer que le plus rarement possible avec les Européens. Le gouverneur du Paraguay, don Arias de Saavedra, témoignait depuis longtemps le désir de visiter les résidences ; le Père Gonzalez l'avait jusqu'en 1616 dissuadé de ce projet, qui ferait naître de nouveaux soupçons au cœur des Guaranis. La curiosité prévalut sur la prudence, et à la tête d'un bataillon, il entra dans ces asiles que la haine du nom espagnol avait peuplés. Il s'y présentait en ami, en chrétien, en mandataire du Roi Catholique. Les néophytes l'accueillirent avec respect ; mais à la vue des soldats, les Guaranis, qui n'avaient pas encore embrassé le Christianisme, prennent la résolution d'intercepter le cours du fleuve et de s'emparer du gouverneur. Leur complot allait réussir, lorsque le Père Gonzalez, qui n'a pas voulu s'éloigner de Saavedra, se précipite vers les Indiens embusqués au bas d'un ravin. Il leur parle avec ce ton de confiance et d'autorité que les Jésuites savaient employer : il leur fait tomber les armes des mains, et il conduit Tabacambé, leur chef, auprès du vice-roi.

Pour exercer un pareil empire sur les Barbares, il fallait que les Pères les eussent disposés de longue main à cette subordination. Avant de raconter ses effets miraculeux, il est bon de remonter à son origine et d'étudier en détail ce singulier gouvernement, églogue religieuse et politique qui n'a trouvé dans les historiens, dans les philosophes, dans les sceptiques eux-mêmes, que des Théocrites et des Virgiles. Les institutions données par les Jésuites aux Sauvages du Paraguay ont confondu dans le même éloge Muratori, l'écrivain religieux, et Voltaire, l'homme qui apprenait à se faire un jeu de toutes les vertus. Ce pays des Missions, où, selon une de ses paroles[1], « ils ont été à la fois fondateurs, législateurs, pontifes et souverains, » a longtemps attiré les regards du monde entier ; et Raynal, le prêtre qui a proféré tant de blasphèmes contre le Catholicisme, n'a pas pu, dans son *Histoire des Indes,* taire le respectueux sentiment d'admiration dont il était animé. « Lorsqu'en 1768 les Missions du Paraguay, dit-il[2], sortirent des mains des Jésuites, elles étaient arrivées à un point de civilisation le plus grand peut-être où on puisse conduire les nations nouvelles, et certainement fort supérieur à tout ce qui existait dans le reste du nouvel hémisphère. On y observait les lois, il y régnait une police exacte, les mœurs y étaient pures, une heureuse fraternité y unissait les cœurs, tous les arts de nécessité y étaient perfectionnés, et on y en connaissait quelques-uns d'agréables : l'abondance y était universelle. »

Au dire de leurs adversaires et des ennemis du Christianisme, les Jésuites ont accompli l'œuvre impossible ; voyons les expédients dont ils se servirent pour arriver à ce résultat.

Ces Indiens avaient une intelligence bornée, ils ne comprenaient que ce qui tombait sous leurs sens, et les Missionnaires furent si alarmés de cet abrutissement qu'ils se demandèrent s'il était possible de les admettre à la participation des sacrements. On consulta sur ce point les Evêques du Pérou assemblés à Lima ; ils décidèrent que, le baptême excepté, il ne fallait qu'avec des précautions infinies leur imposer acte de

---

[1] *Essai sur les Mœurs,* OEuvres de Voltaire, p. 65 (édit. de *Genève*).
[2] *Histoire politique et philosophique des Indes,* t. II, p. 289 (*Genève, 1780*).

Chrétien. La patience des Jésuites ne se découragea point : ils se mirent à la portée de leurs catéchumènes, ils les guidèrent par degrés comme une mère attentive surveille les premiers mouvements d'un enfant maladif ; ils étudièrent cette organisation vicieuse, ce caractère farouche, cet amour d'indépendance, et ils se convainquirent que tout n'était pas mort en eux. Des passions dégénérées, des instincts sanguinaires avaient presque étouffé le germe de la raison ; mais ce germe paraissait encore susceptible de produire. Les Indiens, qui avaient tout perdu dans le naufrage de leur intelligence, conservaient une espèce de talent pour imiter les choses qui frappaient leur vue ; ils étaient incapables d'inventer, mais avec un modèle ils arrivaient rapidement à la confection de l'objet.

Tandis que les Missionnaires constataient cette qualité, d'autres, en sondant le cours des fleuves, eurent la révélation d'un goût musical inné chez les sauvages, et dont il était facile de tirer parti. Ils remarquèrent que lorsqu'ils célébraient les louanges du Seigneur, ces Indiens accompagnaient leurs pirogues avec un inexprimable sentiment de plaisir, et qu'ils s'efforçaient de s'associer à leurs chants. L'observation ne fut pas perdue : les Jésuites descendirent à terre, ils se mêlèrent aux groupes, et, par des paroles naïves, ces Orphées du Christianisme cherchèrent à faire comprendre à leurs auditeurs le sens mystérieux des cantiques. Ils y réussirent ; alors, poursuivant leur voyage, ils continuaient cette douce harmonie, escortés par les naturels des deux rives, qui franchissaient gaiement l'entrée de la Réduction.

Ce fut par de semblables moyens que les Pères recrutèrent leurs premiers néophytes. Quand ils eurent favorisé l'essor de ces penchants, on les appliqua aux ouvrages manuels. Tous les arts, tous les métiers utiles trouvèrent un atelier, à la tête duquel on plaçait un frère coadjuteur. On laissait à l'Indien, comme à l'enfant, le choix de la profession vers laquelle son goût le portait : l'un se faisait horloger ou sculpteur, l'autre serrurier ou tisserand. Il y avait des orfèvres, des mécaniciens, des forgerons, des charpentiers, des peintres, des maçons, des doreurs. Bientôt on leur apprit à cultiver la terre. Ce travail ne souriait pas autant à leur imaginative ; mais, sans ressource aucune pour faire subsister cette agglomération d'hommes, les Jésuites ne se rebutèrent point. Ils voyaient que les néophytes n'aimaient pas l'agriculture ; afin de les initier au secret de la terre, ils se mirent eux-mêmes à conduire la charrue, à manier la bêche, à ensemencer et à récolter. Avec l'aide des Guaranis, ils bâtirent des églises et des maisons, ils tracèrent des rues et ils établirent aussi commodément que possible les jeunes ménages.

Quand le travail de chaque homme fut réglé, on s'occupa d'en fournir aux femmes. Tous les lundis on leur distribuait une certaine quantité de laine et de coton, qu'elles filaient, et qu'elles rendaient le samedi. Pour leur faire adopter le système de colonisation auquel on assujettissait leur indépendance, les Jésuites leur avaient inspiré de nouveaux besoins. L'amour de la famille leur était venu avec celui de la Religion. Si tous ne comprenaient pas ce double bienfait, la seconde génération, prise au berceau, ne devait plus se montrer rebelle, et, dans un temps donné, les Pères avaient sagement calculé que la civilisation, sucée avec le lait, serait une seconde nature.

Les Réductions ne se suffisaient point à elles-mêmes, le pays ne produisant pas assez. On songea à tirer parti de l'herbe du Paraguay connue sous le nom de *Caamini*. Les Espagnols croyaient que cette herbe, espèce de thé fort en vogue dans l'Amérique méridionale, était un préservatif contre toutes les maladies. Les Jésuites en firent extraire des plants du canton de Maracayu, ils les répandirent dans les Réductions comme une richesse que le commerce assurait aux indigènes. Ils leur apprirent à recueillir dans les forêts la cire et le miel. Ces denrées servaient aux transactions, leur vente amenait au sein des colonies l'abondance et le bien-être ; mais les Pères n'avaient pas jugé prudent d'autoriser des communications directes entre les néophytes et les étrangers. Afin qu'il n'y eût aucun point de contact, la langue espagnole fut interdite aux catéchumènes ; on se contenta de leur apprendre à lire et à écrire dans cet idiome. De semblables précautions devaient inquiéter la susceptibilité européenne. Don Antonio de Ulloa, qui fut

chargé, avec La Condamine, Godin et Bouguer, de déterminer
la figure de la terre, en prouve la nécessité. Il dit [1] : « La persévérance des Jésuites à empêcher qu'aucun Espagnol, qu'aucun métis ou Indien n'entrât dans les Réductions, a fourni
texte à beaucoup de calomnies; mais les raisons qu'ils ont eues
d'agir ainsi sont approuvées par tous les hommes sensés. Il est
certain que sans cela leurs néophytes, qui vivent dans la plus
grande innocence, qui sont d'une docilité parfaite, qui ne reconnaissent point dans le ciel d'autre maître que Dieu, et sur
la terre que le roi, qui sont persuadés que leurs pasteurs ne
leur enseignent rien que de bon et de vrai, qui ne connaissent
ni vengeance, ni injustice, ni aucune des passions qui ravagent
la terre, ne seraient bientôt plus reconnaissables. »

Deux Jésuites gouvernaient une bourgade, le plus ancien
avec les attributions de curé, le plus nouveau en qualité de vicaire. La hiérarchie établie pour les chefs régnait sur le troupeau avec le même empire ; ils le dirigeaient par la confiance,
ils réglaient les heures de la prière, du travail et du repos. Ils
les suivaient aux champs, à l'église et dans les jeux qu'ils inventaient afin d'occuper leurs loisirs ou de donner à leurs corps
la souplesse et la vigueur. Le Jésuite était l'ombre du sauvage ;
mais les lisières adaptées à l'intelligence de ces grands enfants
disparaissaient sous l'intérêt que les Pères leur témoignaient et
sous l'expansive affection dont les Indiens les entouraient. Dans
l'origine des Réductions, quand la loi n'était pas encore uniforme, personne ne possédait en propre. Avant de les laisser
à eux-mêmes, les Missionnaires, qui connaissaient l'imprévoyance
et la paresse des néophytes, n'avaient pas voulu leur accorder
l'administration des biens. Chaque semaine on distribuait aux
familles ce qui était suffisant pour leur nourriture; à chaque
renouvellement de saison, elles recevaient les vêtements nécessaires. Lorsque l'éducation eut fait naître des idées d'ordre et
d'économie, on leur confia une portion de terrain à cultiver ;
plus tard on les rendit propriétaires, afin de les attacher au sol.
Les Réductions et même chaque Paroisse possédèrent aussi. Les

[1] Relacion del viage á la America meridional, liv. 1er, chap. xv.

fruits et les récoltes appartenant à la communauté furent déposés dans les greniers d'abondance, afin de servir pour les besoins imprévus, et de fournir aux veuves, aux orphelins, aux caciques, à tous les employés et aux infirmes la subsistance qu'ils ne pouvaient se procurer par leurs mains.

Au milieu d'ennemis qui, de moment en moment, essayaient de troubler cet heureux état, il pressait de ne pas livrer sans défense leurs néophytes aux attaques des Espagnols et des sauvages. A la demande des Jésuites, le roi Catholique autorisa chez leurs catéchumènes l'usage des armes à feu, et dans toutes les Réductions, bâties sur le même plan, il y eut un arsenal, où les munitions de guerre furent conservées. Chaque village formait deux compagnies de milice, que les officiers exerçaient au maniement des armes et aux évolutions. Les fantassins, outre l'épée et le fusil, se servaient du macana, de l'arc et de la fronde ; les cavaliers marchaient au combat avec le sabre, la lance et le mousquet. Ils fabriquaient eux-mêmes toutes ces armes, ainsi que leurs canons. Ils n'étaient dangereux qu'à ceux qui venaient les assaillir : on leur imposait comme un devoir le courage militaire, on les façonnait à la plus stricte obéissance ; on leur apprenait à déjouer les embuscades, à garder comme une citadelle la patrie qu'ils s'étaient donnée. Aguerris par dévouement, par conviction, ils firent bientôt d'intrépides soldats, ne reculant jamais et se ralliant au premier signal.

Le costume de ces troupes urbaines fut réglé comme celui des hommes, des femmes et des enfants, comme les heures du travail et du repos, de la prière et de la récréation. Dans chaque paroisse il s'éleva une église, faisant face à la place publique ; la demeure des Missionnaires, l'école, le gymnase de chant et de danse, les magasins, les ateliers étaient contigus. Les bœufs, les instruments aratoires se distribuaient selon les besoins de la famille. On surveillait les laboureurs et les ouvriers comme des enfants ; ils en avaient d'abord la capricieuse mobilité et la franchise. Ils avouaient leurs fautes, ils déploraient leur apathie ; mais pour les corriger de ce vice qui, dans une si nombreuse agrégation, aurait pu à la longue amener la famine et tous les désordres, les Jésuites condamnaient les paresseux à cultiver les terres de la communauté. Ces terres s'appelaient la Possession de Dieu, et c'était là que les enfants s'accoutumaient au travail.

L'oisiveté était un crime; pour la punir, on jugea utile d'établir dans les Réductions l'usage des pénitences publiques. On leur fit de la charité, de l'amour du prochain, une obligation si solennelle, que tous les néophytes se regardaient comme autant de frères avec lesquels il était doux de partager son pain, ses joies et ses tristesses. Les Jésuites étaient l'âme de ces Réductions; tout agissait à leur signal, tout s'exécutait selon leurs ordres; mais au-dessus des Missionnaires il y avait deux autorités, dont ils étaient les premiers à respecter la puissance. Le roi d'Espagne et les Évêques diocésains avaient là leurs sujets les plus fidèles et les Chrétiens les plus fervents.

La cour de Madrid, qui s'était fait à diverses reprises rendre compte de ce prodige de civilisation, n'avait pas voulu, dans le principe, exiger de tribut; quand le travail eut amené l'abondance, Philippe, par un décret de 1649, renouvela le privilége qui exemptait les néophytes de tout autre service que le sien. Pour tout impôt, pour tout droit de vasselage, il se contenta d'une piastre, que payaient seulement les hommes depuis l'âge de dix-huit ans jusqu'à cinquante. Les élections des corrégidors et des alcades, que le peuple faisait à des époques déterminées, étaient soumises à l'approbation des magistrats du Paraguay, représentants de la couronne d'Espagne; les choix furent toujours dirigés avec tant de sagacité, que jamais les officiers de la métropole ou les Jésuites n'eurent besoin d'annuler le vœu populaire.

La puissance de l'Ordinaire était aussi parfaitement établie que celle du monarque. Les Jésuites avaient, après mille dangers, réuni cet heureux troupeau; mais, pour le gouverner religieusement, ils ne se regardèrent presque toujours que comme les instruments des prélats. Ils n'entreprenaient rien sans les consulter; dans l'exercice de leurs fonctions, ils n'affectaient aucune indépendance, ils n'usaient des priviléges concédés par le Souverain-Pontife qu'avec discrétion. C'est un témoignage que la plupart des Evêques du Tucuman , du Paraguay et de Buenos-Ayres leur ont rendu. Ils sentaient que , pour être obéis, il importait qu'ils donnassent eux-mêmes à leurs Indiens l'exemple de la soumission , et , en dehors de l'obédience ecclésiastique , ils étaient trop habiles pour ne pas entourer de vénération celui qui, dans le lointain, apparaissait aux yeux des néophytes comme le Pasteur suprême. Il y eut cependant au Paraguay , ainsi qu'au Mexique et en Chine , quelques Prélats qui, comme en Europe , se plaignirent de l'ambition et du désir d'envahissement dont la Compagnie était tourmentée. Ces Prélats étaient vertueux et pleins de zèle ; ils combattirent pour leurs prérogatives , qu'ils craignaient de voir anéantir sous l'influence exercée par les Jésuites. C'est à l'histoire qu'il appartient de prononcer après l'Eglise sur ces tristes démêlés. Nous nous en occuperons lorsque l'heure en sera venue.

L'arrivée d'un Evêque dans les Réductions était une fête toute chrétienne ; celles des Gouverneurs et des Commissaires royaux empruntait quelque chose de martial à l'attitude prise par les milices que l'on avait eu soin d'entretenir dans l'amour des armes comme une sauve-garde contre la turbulence de leurs voisins et la cupidité des Espagnols. Mais quand le Provincial de la Compagnie de Jésus visitait les Réductions, les Indiens semblaient se multiplier pour accueillir plus dignement celui qu'ils honoraient comme un père. Il y avait dans les effusions de leur joie quelque chose de naïf et de poétique qui élevait l'âme. Les Jésuites vivaient de leur vie, ils s'associaient si intimement à leurs travaux , à leurs plaisirs , à leurs douleurs surtout ; ils gouvernaient cet univers, créé par eux, avec tant de paternelle sollicitude , que les indigènes ne savaient par quelles démonstrations amicales ils pourraient exprimer leur reconnaissance.

« Lorsqu'un Jésuite , dit Raynal [1] , devait arriver chez quelque nation, les jeunes gens allaient en foule au-devant de lui. se cachant dans les bois situés sur la route. A son approche , ils

[1] *Histoire politique et philosophique des deux Indes*, t. II, p. 373-74.

sortaient de leur retraite, ils jouaient de leurs fifres, ils battaient leurs tambours, ils remplissaient les airs de chants
d'allégresse, ils dansaient, ils n'omettaient rien de ce qui
pouvait marquer leur satisfaction. A l'entrée du village étaient
les anciens, les principaux chefs des habitations, qui montraient
une joie aussi vive, mais plus réservée. Un peu plus loin, on
voyait les jeunes filles, les femmes dans une posture respectueuse et convenable à leur sexe. Tous réunis, ils conduisaient
en triomphe leur père dans les lieux où l'on devait s'assembler.
Là, il les instruisait des principaux mystères de la Religion ; il
les exhortait à la régularité des mœurs, à l'amour de la justice,
à la charité fraternelle, à l'horreur du sang humain, et les
baptisait.

» Comme ces Missionnaires étaient en trop petit nombre
pour tout faire par eux-mêmes, ils envoyaient souvent à leur
place les plus intelligents d'entre leurs Indiens. Ces hommes,
fiers d'une destination si glorieuse, distribuaient des haches,
des couteaux, des miroirs aux Sauvages qu'ils trouvaient, et
leur peignaient les Portugais doux, humains, bienfaisants. Ils
ne revenaient jamais de leurs courses sans être suivis de quelques barbares dont ils avaient au moins excité la curiosité. Dès
que ces barbares avaient vu les Jésuites, ils ne pouvaient plus
s'en séparer. Quand ils retournaient chez eux, c'était pour
inviter leurs familles et leurs amis à partager leur bonheur ;
c'était pour montrer les présents qu'on leur avait faits.

» Si quelqu'un doutait de ces heureux effets de la bienfaisance et de l'humanité sur des peuples sauvages, qu'il compare
les progrès que les Jésuites ont faits en très-peu de temps dans
l'Amérique méridionale, avec ceux que les armes et les vaisseaux de l'Espagne et du Portugal n'ont pu faire en deux
siècles. »

On s'était aperçu que les pompes extérieures du culte frappaient vivement l'imagination des indigènes ; les Jésuites n'é-
pargnèrent rien pour offrir à la Religion l'éclat dont leurs néophytes se montraient si jaloux. On se prêta à cette passion ; on
les laissa se bâtir de magnifiques églises qu'ils surchargèrent de
peintures, et que, dans les jours de fête, ils couvraient de fleurs

et de verdure. Les Jésuites les prenaient par leur amour du luxe
religieux, et, en occupant leurs pensées, ils les détournaient de
ces vices familiers aux basses classes. Pour s'emparer plus facilement de leur volonté et les maîtriser par l'ascendant d'une honteuse volupté, les Européens leur prodiguaient les vins d'Espagne ;
ils les enivraient afin de les énerver. Les Jésuites vinrent à bout
de déraciner cette passion, et les Indiens se privèrent de toute
liqueur spiritueuse, « parce que, disaient-ils, c'était un poison
qui tuait l'homme. » Leurs vertus et leur piété avaient quelque
chose de si extraordinaire, qu'afin d'en présenter une idée au
roi d'Espagne, don Pedro Faxardo, évêque de Buenos-Ayres, ne
craignit point de lui écrire : « Je ne crois pas que, dans ces
Réductions, il se commette par année un seul péché mortel. »

Avec cette intelligence dont les Jésuites ont toujours fait
preuve pour dominer les hommes en les conduisant au bonheur, ils avaient établi une telle variété de plaisirs innocents et de
distractions pieuses, que les générations se succédaient sans
songer à se plaindre, sans savoir même qu'en dehors de leur
horizon il se trouvait des volontés coupables et des cœurs cor-
rompus. L'atmosphère dans laquelle on les plaçait suffisait à leurs
désirs ; ils n'allaient jamais au-delà. Au-delà, pour eux, c'était
l'infini, et ils ne s'occupaient pas à le rechercher. Chaque fête
amenait sa pompe ; l'Eglise en avait pour eux de joyeuses et de
tristes. Ils suivaient avec orgueil le Saint-Sacrement parcourant
à la Fête-Dieu leurs bourgades si élégantes et leurs campagnes
si fertiles ; au jour des Morts, ils venaient, pleins de désespoir
terrestre et de céleste confiance, pleurer sur les parents qu'ils
avaient perdus. Ils priaient avec effusion ; ils chantaient avec dé-
lices ; car la musique était la seule passion qui leur fût permise.

Mais, pour maintenir dans le devoir un peuple formé de tant
d'éléments divers et amené à la civilisation par des moyens
qui semblent encore si étranges aux yeux des législateurs, de
sévères mesures de prudence étaient employées. Les Jésuites ne
s'en départaient jamais ; la vigilance du premier jour se continua
jusqu'au dernier. Il fut établi en principe que chaque famille se
retirerait dans sa demeure à un moment déterminé, et, afin de
conserver cette loi dans son intégrité primitive, des gardes par-

couraient pendant la nuit les rues désertes. On veillait les Indiens jusque dans leur sommeil ; pour eux c'était un double bienfait. On évitait ainsi la corruption intérieure, et l'ennemi extérieur qui pouvait profiter des ténèbres pour faire irruption dans
les villages voisins des frontières. Les néophytes ne sortaient des
Réductions que pour le service du roi, encore avaient-ils toujours à leur tête et dans leurs rangs des Jésuites qui interdisaient
tout contact avec les indigènes ou les Européens, et qui répondaient de leur vertu devant Dieu, comme eux seuls répondaient
de leur courage devant les hommes.

Les Jésuites avaient trouvé les Guaranis cruels, vindicatifs,
enclins à tous les excès, sauvages par nature et avec volupté. En
quelques années, ils surent si admirablement transformer ces
perversités en autant de vertus, qu'ils ne virent qu'un peuple de
frères réuni sous leurs lois. Le Christianisme eut sans doute la
plus large part à ce miraculeux changement ; mais, en consta-
tant l'éternelle gloire de la Foi, il serait injuste d'oublier que ce
fut à la persévérance des Jésuites que le monde a dû un tel
spectacle. L'Evangile avait fourni l'idée de ce gouvernement
unique ; les Jésuites seuls osèrent l'appliquer. Seuls dans le
monde ils ont réussi, quand les philosophes, les socialistes, les
législateurs et les théoriciens les plus fameux ne rêvent que des
utopies et voient leurs systèmes s'écrouler l'un après l'autre, tantôt comme impossibles, tantôt comme ridicules, et le plus souvent comme corrupteurs de toute morale. C'est la République de
Lycurgue sans les vices qui la souillaient, sans les Ilotes qui la
déshonoraient pour faire aimer la sobriété aux jeunes Spartiates.
C'est le Phalanstère inventé et réalisé au fond des forêts vierges
de l'Amérique méridionale par le dévouement qui crée la vertu,
et par le sacerdoce qui révèle aux sauvages l'idée de la famille
et des devoirs sociaux.

Les Réductions, dont nous avons brièvement analysé les lois
et rappelé l'organisation, occupaient une grande étendue de
territoire ; aux jours de leur prospérité, elles comptaient plus
de trois cent mille citoyens. Le climat était tempéré ; mais des
maladies pestilentielles y causèrent plus d'une fois d'affreux
ravages. Les Guaranis, et, après eux, les Sapès et les Guananas

formèrent la plupart des résidences ; néanmoins les Jésuites introduisirent à différentes époques des peuplades entières qu'ils convertissaient, soit vers le Parana ou l'Uruguay, soit sur les confins du Brésil. Les nations où le sang n'avait subi aucun mélange étaient celles parmi lesquelles ils recrutaient les hommes les plus dociles. Encadrées dans la masse, elles ne tardaient pas à s'associer à un genre de vie qui leur procurait même ici-bas une félicité dont ils n'avaient jamais pu entrevoir la possibilité dans le plus beau de leurs songes.

Ils étaient libres, car ils étaient heureux ; riches, puisqu'ils n'avaient ni ambition ni désirs, et que la prière succédait au travail comme un plaisir nouveau. Ils n'avaient rien à demander aux autres hommes, rien à attendre d'eux. On leur avait inspiré les douces affections de la paternité et de la piété filiale. Le mariage était un lien que l'Église avait béni ; ils s'attachaient à leurs femmes, devenues de chastes mères après avoir été des jeunes filles belles de pudeur et d'innocence. Mais le sentiment qui dominait tous les autres, c'était celui de la reconnaissance. Dans la perspective des jours si paisibles que les Jésuites leur avaient faits, ces sauvages, trouvant chez les générations renaissantes de la Compagnie la même charité, n'eurent pas de peine à comprendre les sacrifices qu'on avait dû s'imposer pour préparer au bonheur tant de peuplades barbares. Ils aimèrent leurs apôtres comme un enfant aime son père, et, toutes les fois qu'on essaya de leur donner d'autres Pasteurs, ils témoignèrent leur affliction en se dispersant au moment même. On leur retirait ceux qui leur avaient révélé le secret de la civilisation, ils renonçaient à la civilisation pour ne pas avoir peut-être à la maudire sous d'autres guides. Ils s'enfonçaient dans leurs forêts et ne gardaient que la croix comme souvenir de leur vie passée.

Quatre-vingts ans se sont écoulés depuis que le Paraguay n'est plus sous l'impulsion des Jésuites : il a changé de maîtres, et, comme toute l'Amérique, il a plus d'une fois essuyé le contre-coup des révolutions. Il peut même apprendre, par les calomnies qu'on jette à la Société de Jésus, l'histoire des cruautés dont elle accabla les anciens habitants de ces contrées. Tout a été tenté pour arracher de leurs âmes l'image des Missionnaires, et, quoique le cœur de l'homme soit naturellement disposé à l'ingratitude, quoique le bienfait s'y efface encore plus vite que l'outrage, maintenant encore le nom des Jésuites est béni au Paraguay. « On a souvent, raconte un voyageur contemporain qui a vécu pendant huit ans au milieu des tribus indiennes [1], on a souvent parlé de l'excessive rigueur de ces Religieux envers les indigènes. S'il en eût été ainsi, les Indiens, encore aujourd'hui, ne s'en souviendraient plus avec tant d'amour : il n'est pas un vieillard qui ne s'incline à leur nom seul, qui ne se rappelle avec une vive émotion ces temps heureux, toujours présents à sa pensée, dont la mémoire s'est reproduite de père en fils dans les familles. »

Les règlements, l'administration, la police ne furent pas, on le sent bien, l'œuvre d'un jour : ils vinrent par la réflexion et avec le temps, car les Jésuites n'improvisaient pas de lois sans en avoir éprouvé d'avance la vertu ou la nécessité. Mais dès l'année 1623, la plupart de leurs mesures disciplinaires étaient prises : leur système colonisateur, établi dans de modestes proportions, n'avait plus besoin que d'être appliqué sur une plus grande échelle. A cette époque du Paraguay, âge d'or qui n'a jamais vu se succéder les trois autres âges marquant la décroissance progressive du bonheur, le Père Cataldino gouvernait la Réduction du Guayra, le Père Gonzalez celles du Parana et de l'Uruguay. En dehors de ces Missions, les Jésuites tenaient des colléges dans les provinces du Tucuman, du Paraguay et de Rio de la Plata : ils élevaient les sauvages pour la liberté, ils inspiraient aux jeunes Espagnols l'intérêt dû à ces nations, que la Foi réunissait en société.

Tant de soins et de veilles n'altéraient en rien le principe de l'Institut : tant de puissance venue à la suite d'une idée civilisatrice ne leur donnait point d'orgueil, et ne détruisait pas la bonne intelligence qui devait exister entre les différentes agrégations religieuses travaillant sur la même terre avec une inégalité de succès qu'il était impossible de nier. Les Missionnaires des autres Ordres ne s'étaient pas sentis assez forts pour affranchir

[1] *Voyage dans l'Amérique méridionale*, t. II. p. 47, par M. Alcide d'Orbigny.

**leurs néophytes, ils les laissaient en commande aux Espagnols :
de là sortaient chaque jour des divisions et des combats entravant**
l'action apostolique. L'exemple des Réductions de la Compagnie
préoccupait bien la pensée de ses émules, ils avaient le même
zèle que les Jésuites ; mais, comme eux, ils ne saisissaient pas
tout ce que leur ministère pouvait réaliser de bien. Les autres
Ordres, trop faibles en face des cupidités espagnoles, ne les
combattaient qu'avec la prière, lorsqu'il s'agissait d'y mettre
un terme par la constance de leur énergie.

Nicolas Mastrilli remplaça en cette année le Père de Oñate
dans la charge de Provincial. A peine débarqué à Buenos-Ayres,
Mastrilli, cédant aux sollicitations du gouverneur, don Manuel
de Frias, ordonne au Père Roméro de tenter une nouvelle excursion chez les Guaycurus. Trois mois après, les Guaycurus in-
vitaient le Provincial à venir les visiter, et les Pères Rodriguez
et Orighi étaient destinés à façonner leur nature rebelle. Les
Jésuites, voulant subjuguer ceux qu'ils ne civilisaient pas, affrontaient tous les périls afin de protéger, par le prestige attaché
à leur nom, les Indiens embrassant le Christianisme. Hommes
de paix, ils se faisaient guerriers par humanité, et ils marchaient contre les sauvages pour venger la mort de leurs Catéchumènes. La tribu de la forêt d'Itirambara avait, en 1623,
massacré et dévoré un de ces derniers : les Pères Cataldino,
Montoya et de Salazar ne consentirent point à laisser impuni un
pareil attentat. Ils s'avancèrent à leur rencontre et ils les dis-
persèrent. Ce succès, dû à la fermeté de Cataldino, leur fit
naître l'idée de conquérir les anthropophages retirés sur le
Guibay. Montoya visite leurs bourgades, sept néophytes tombent
sous leurs coups ; mais ces désastres prévus ne modifient point
le plan adopté. En 1625, don Louis de Gespedés, gouverneur
de Rio de la Plata, concerte avec le Père Gonzalez une expédition jusqu'à la source de l'Uruguay.

Gonzalez part accompagné du Père Michel Ampuero et de
quelques Chrétiens ; sur sa route, il se mêle aux hordes sauvages, il les instruit, et, avec elles, il jette les fondements de
deux Réductions, qui prirent le nom des Trois-Rois et de Saint-
François-Xavier. Celle de la Chandeleur fut établie par les

mêmes moyens ; mais, une armée de barbares l'ayant détruite,
il réunit trois mille Casaappaminas sur le Piratini, et il leur imposa ce titre de la Chandeleur. Cataldino, Montoya et Salazar
réalisaient vers les rives de l'Ibicuy des prodiges de civilisation.
Dans le même temps, le Père Claude Ruyer ramenait à la Réduction de Sainte-Marie-Majeure les néophytes que la famine
en avait chassés ; le Père Maceta créait celle de Saint-Thomas,
et Montoya laissait au Père de Espinosa la garde des sauvages
qu'il rassemblait sous l'invocation des Archanges. Le Père de
Mendoza contenait dans sa colonie de l'Incarnation les Couronnés ou Chevelus, peuplade intraitable qui, après avoir longtemps regardé la Réduction naissante comme une batterie dressée
contre sa liberté, avait enfin accepté le joug. Ces tribus étaient
sauvages et toujours en guerre soit avec les Espagnols, soit avec
les naturels du pays ; elles avaient inventé mille piéges pour faire
tomber l'ennemi en leur pouvoir. Les Jésuites s'étaient occupés
dans le principe de repousser les tigres au sein des forêts ; les
barbares n'en trouvaient plus à la portée de leurs flèches, ils se
faisaient chasseurs d'hommes, et, avant d'être apprivoisés par
les Pères, ils se précipitaient sur leurs Réductions, sans ordre,
mais non pas sans fureur. La régularité et la discipline n'étaient
pas encore introduites dans le service militaire, et toutes les
précautions ne les garantissaient point des invasions nocturnes ;
elles n'empêchaient même pas les Hollandais de sonder les rivières et de faire sur ces côtes ce qu'ils avaient entrepris au
Japon et au Brésil.

Le Protestantisme ne possédait pas dans l'isolement de son
culte le levier dont la Religion catholique armait ses prêtres. Il
ne lui était pas donné d'appeler par la Foi à la vie intellectuelle,
il se voyait condamné à l'impuissance : il voulut paralyser l'œuvre
à laquelle il sentait qu'il lui serait impossible d'atteindre. Les
Hollandais répandirent sur les rives du fleuve des manifestes
contre le Saint-Siége et le roi d'Espagne ; ils fomentaient la
révolte parmi les Indiens pour leur imposer plus tard la loi de
Luther et l'esclavage. Leur tentative n'enfanta point au Paraguay les mêmes résultats qu'au Japon : les néophytes indiens
étaient dans de meilleures conditions, l'obéissance due au mo-

narque ne venait pas à la traverse de leur conviction religieuse.
Ils coururent aux armes, et le vaisseau protestant disparut.

Pour faire marcher tant de barbares dans la voie des améliorations, le nombre des Pères ne suffisait plus. Les maladies, fruit
d'interminables courses et de fatigues de toute espèce, décimaient
chaque année la Compagnie : les premiers apôtres du Paraguay
avaient succombé : d'autres se voyaient mourir à la fleur de
l'âge ; ils réclamaient des successeurs pour continuer l'œuvre.
Quarante-deux Jésuites débarquèrent à Buenos-Ayres ; ce renfort
permettait aux anciens de s'élancer dans les forêts. Gonzalez parcourt celle du Caro, il y fonde la Réduction de Saint-Nicolas ;
le 15 août, celle de l'Assomption s'élève non loin de Saint-Nicolas, elle est confiée au Père Juan del Castillo. Gonzalez avait entrepris et réalisé de grandes choses, il ne lui restait plus qu'à les
cimenter de son sang : le martyre couronna sa vie. Un transfuge
de la Réduction de Saint-François-Xavier, nommé Potirava, s'é-
tait déclaré l'ennemi des Jésuites : il les poursuivait de sa haine, il
cherchait à l'inspirer à tous ceux que le Christianisme n'avait pas
encore vaincus. Le 15 novembre 1628, Gonzalez était dans la
Colonie de Tous-les-Saints ; les conjurés que Potirava et Caarupé
ont séduits pénètrent jusqu'à son église, ils l'étendent mort à leurs
pieds. Le Père Rodriguez, son compagnon, expire sous la même
massue ; deux jours après, del Castillo périssait comme eux. Ce
triple attentat n'était que le prélude de beaucoup d'autres. A cette
nouvelle, les Guaranis se mettent en marche ; les néophytes
s'étaient opposés au pillage et à l'incendie : les Guaranis font
mieux, ils attaquent les transfuges, ils les battent et les accu-
lent dans les bois.

Ce n'était pas seulement de la part des apostats que les Jésuites
avaient à redouter quelques piéges. les apostats étaient rares, mais
il y avait au Brésil, sur la frontière du Paraguay, une race indomptable que les Européens surnommaient Mamelus, et qui, dès l'o-
rigine de l'occupation, avait déclaré une guerre à mort aux Espagnols et surtout aux Jésuites. Quand les Mamelus virent les
progrès des Réductions, ils jugèrent que tôt ou tard ils seraient
forcés de renoncer à leur existence nomade. Cette pensée accrut
tellement leur haine qu'ils mirent tout en œuvre pour la satisfaire:

les Jésuites échappaient à leurs coups, ils se décidèrent à porter le fer et le feu dans les nouvelles colonies. Celle de Saint-Antoine fut la première victime désignée : ils la saccagèrent; les Réductions de Saint-Michel et de Jésus-Maria subirent le même destin. Les vainqueurs allaient à travers ces villages, répandant partout l'effroi et la mort, égorgeant ici, là .traînant en captivité les femmes et les enfants. Quand la résistance des néophytes tenait en échec leurs cruautés, ils assiégeaient, ils affamaient les Chrétiens. A la Conception, le Père Salazar, ainsi bloqué, fut réduit à se nourrir de vipères jusqu'au moment où le Père Cataldino fît lever le siége.

Le Tucuman n'était pas plus à l'abri des hostilités que l'Uruguay. Les Calchaquis l'avaient envahi ; mais au milieu de cette lutte de sauvage à Chrétien, les Espagnols restaient indifférents. Ils auraient pris la défense de ces populations esclaves ; les Jésuites les avaient faites libres, les Européens laissaient aux Missionnaires le soin de les protéger. Ce soin était impossible, car les Mamelus traînaient avec eux au combat les tribus errantes, et ils se portaient partout où ils savaient que la résistance devait être faible. En moins d'un an, de 1630 à 1631, ils ravagèrent les plus belles Réductions. Celles de Saint-François Xavier, de Saint-Joseph, de Saint-Pierre, la Conception, Saint-Ignace et Lorette furent détruites de fond en comble. Les Chrétiens n'étaient ni assez nombreux ni assez aguerris pour tenir tête à ces nuées de barbares, combattant avec le poison, avec les flèches et avec toutes les armes de l'Europe. Le désespoir s'empara de quelques néophytes ; ils accusèrent de leurs désastres les Pères, qui n'avaient pu les prévenir au prix de leur sang. Ces malheureux, déjà habitués au bien-être de la civilisation, se trouvaient réduits à l'indigence, sans asile, sans famille, et, cachés dans les bois, ils ne savaient que déplorer leurs calamités. A l'aspect de tant de douleurs, que chaque heure rend encore plus poignantes, les Jésuites prennent une suprême résolution. Ils n'ont aucun secours à espérer des Espagnols, que les Mamelus forment déjà le projet d'assiéger dans Villaricca et dans leurs autres cités ; il faut sauver à tout prix les néophytes de leur abattement : il est décidé qu'on tentera une émigration.

Cette idée est communiquée aux caciques ; on leur dit qu'il faut abandonner leurs récoltes sur pied, leurs troupeaux de bœufs, la demeure qu'ils se sont construite, l'église où ils ont si souvent prié. Les Guaranis se lèvent, et, pour ne pas se séparer de leurs maîtres dans la Foi, ils déclarent qu'ils iront en aveugles partout où les Missionnaires voudront les conduire.

C'est le Père de Montoya qui a proposé ce dernier moyen de salut, c'est lui qui se charge de le réaliser. Les Jésuites partagent leurs inquiétudes ; ils les guideront dans leur exil. Les Guaranis s'embarquent sur le Paranapané ; ils descendent le Parana jusqu'au Grand-Sault ; et alors tous ces hommes, portant sur leurs épaules les malades, les femmes, les vieillards et les enfants, s'engagent au milieu des sables. Ils marchent sous un soleil brûlant, ils côtoient des rochers bordés de précipices ; puis, partagés en quatre divisions, aux ordres des Pères Montoya, Suarez, Contréras et Espinosa, ils s'acheminent vers les fleuves d'Acaray et d'Iguazu, où ils espèrent trouver l'hospitalité dans les Réductions. Ce fut un de ces voyages comme en offre chaque migration de peuples que la guerre chasse de leur patrie. Il y eut des souffrances de toute sorte, des morts affreuses. Mais, enfin, après plus de trois mois de douleurs, les survivants de cette pérégrination arrivèrent sur les rives du Jubaburrus. Les Chrétientés du Guayra se composaient de plus de cent mille âmes au moment de l'invasion ; quand les Jésuites eurent arraché aux Mamelus leur dernière proie, ils n'en purent pas réunir douze mille autour de la croix qu'ils élevaient encore. Deux nouvelles Réductions furent fondées ; on les consacra sous les noms de Lorette et de Saint-Ignace, comme les deux qui avaient servi de modèles aux Guaranis.

Les Espagnols n'avaient pas voulu s'avouer que les colonies étaient pour eux un rempart vivant contre les incursions des sauvages. Les néophytes succombèrent faute de secours ; mais, en mourant, ils avaient laissé les villes européennes exposées à la fureur des barbares. Le Guayra ne fournissait plus de victimes aux Mamelus ; ils fondirent sur Villaricca et Ciudad-Réal, ils y accumulèrent ruines sur ruines.

A peine les Jésuites ont-ils rendu à leurs Chrétiens la paix

III.   17

depuis si longtemps troublée, à peine ont-ils acheté, avec
l'argent des pensions que le roi d'Espagne payait aux Missionnaires, les bœufs et les instruments de labour indispensables à la
culture, que le Père Montoya charge les Pères Rançonnier, Man-
silla, Hénart et Martinez de visiter les Itatines. Cette nation
n'avait pas de centre, et elle habitait une contrée que les tor-
rents échappés des montagnes inondaient irrégulièrement. Ils ne
connaissaient les Espagnols que par un prêtre portugais, qui,
peu d'années auparavant, avait essayé de les livrer en servitude.
A l'aspect des Jésuites, les soupçons, les craintes et la colère
se firent jour. Bientôt Rançonnier, Hénart et Martinez leur
persuadèrent qu'il n'entrait point dans leur projet de les assujettir aux Espagnols. Quatre Réductions furent créées. Les Mamelus, à cette nouvelle, se précipitent sur ces colonies naissantes. Rançonnier veut les engager à se défendre, mais les
Mamelus ont persuadé aux Itatines que ce sont les Jésuites eux-
mêmes qui les appellent. Les Pères, proclament-ils, leur servent d'éclaireurs et d'espions ; c'est par eux qu'ils obtiennent les
succès dont le Paraguay se trouve depuis quelques années le
théâtre. Cette rumeur produit un terrible effet. La vie de Rançonnier est menacée, il va périr : les caciques interviennent ;
et quand les Mamelus eurent abandonné ce territoire, sur lequel
ils avaient semé la ruine et la discorde, les Jésuites, réconci-
liés avec la population, reprirent l'œuvre que la guerre venait
d'interrompre.

Les tribus itatines commençaient leur apprentissage de civilisation sous la main des Pères ; d'autres enfants de Loyola, que
le découragement ne prenait jamais au cœur, marchaient à la
conquête de nouvelles populations. En 1632, les Pères Roméro,
de Mendoza, Berthold et Benavidès s'ouvraient le Tapé. Les Indiens de ces tribus n'étaient ni aussi cruels ni aussi intraitables
que les autres ; ils accueillirent les Jésuites comme des libérateurs, et trois Réductions s'élevèrent autour de la première,
qui avait pris le nom de la Nativité. Ximenez et Salas, descendus des montagnes, propagent l'Evangile dans la même nation.
Mais ce n'était pas assez, pour les Jésuites, de combattre avec
tant d'ardeur au nom du Christianisme ; ils devaient s'exposer

chaque jour non-seulement pour sauver les âmes, mais encore afin de fournir aux néophytes les vivres nécessaires à leur existence. Les Mamelus et les Guapalaches infestaient chaque passage ; il y avait danger de mort pour ceux qui s'aventuraient loin des habitations. Ces dangers n'intimident point le Père de Espinosa. Ses Chrétiens sont réduits à l'extrémité, la famine va les faire périr, Espinosa se dirige vers Santa-Fé. Il court solliciter du pain au nom de ses fidèles. Les Guapalaches le saisissent ; il meurt sous leurs coups. A quelques mois d'intervalle, le 25 avril 1635, le Père de Mendoza périssait de même, victime de sa charité.

De cette mort date la martiale attitude que les Réductions vont prendre. Quand les Chrétiens du Tapé eurent su que le Père Mendoza n'existait plus, ils résolurent de le venger. Le Père Mola essaie, mais en vain, de s'opposer à leur projet ; ils partent sous prétexte d'aller à la recherche de son cadavre et de lui rendre les honneurs funèbres. Les néophytes attaquent l'armée de Tayuba, ils la mettent en déroute. Tayuba est fait prisonnier par le cacique de Saint-Michel, ce dernier lui demande dans quel lieu il a tué le Père ; il l'y traîne et lui écrase la tête. Ce succès révélait une pensée militaire : les événements se chargèrent de la développer, mais les Espagnols avaient presque autant d'intérêt à l'étouffer que les sauvages.

Quelques marchands, dont la politique des Jésuites ruinait les coupables espérances, avaient pactisé avec les Mamelus et les autres hordes guerrières. Ils leur achetaient les prisonniers faits dans les combats, et, malgré les Jésuites et au mépris des rescrits royaux, ils transformaient en esclaves ces hommes que les Pères arrachaient à la barbarie. Cette situation devenait de jour en jour plus alarmante ; il fallait la faire cesser à tout prix. Diaz Taño et Ruiz de Montoya, deux hommes dont le nom est cher aux Indiens et célèbre en Europe, furent députés à Rome et à Madrid. L'un devait exposer au Pape et au Général de la Compagnie les progrès et les besoins de la Religion dans le Paraguay ; l'autre se chargeait de solliciter auprès du roi d'Espagne et du Conseil des Indes de prompts secours contre les Mamelus. Melchior Maldonado, religieux de l'Ordre des Ermites

de Saint—Augustin, était évêque du Tucuman : il adressa au roi
la lettre suivante :

« Sire ,

» Votre Majesté a souvent donné ordre à mes prédécesseurs
de l'informer du besoin que pourrait avoir le diocèse du Tucuman de Religieux qui pussent travailler à la conversion des
Indiens, afin que le Conseil Royal des Indes fût plus en état d'y
pourvoir. Comme, depuis plus de trois ans que je suis chargé
de cette Eglise, je l'ai visitée presque tout entière, j'en ai pris
une connaissance assez exacte, et je vais rendre compte à Votre
Majesté de son état.

» Cette province, Sire, a plus de quatre cents lieues d'étendue ; on y compte huit villes et un grand nombre de peuplades
indiennes, dont les moins considérables ont douze à quatorze
mille âmes. Tous ont reçu le baptême, mais la plupart ont
apostasié : leur légèreté naturelle et le défaut d'instruction en
sont la cause. Il y en avait plus de cinquante mille qui avaient
été convertis par les Pères de la Compagnie de Jésus, et que
ces Religieux ont été contraints d'abandonner à cause de la
mauvaise conduite des Espagnols, qui sont entrés à main armée
dans le Chaco, dont les habitants sont communément dociles, ne
vont point nus comme les autres Indiens, et sont réunis en bourgades. Il y a huit de ces bourgades dont les habitants sont Chrétiens ; mais ils manquent de pasteurs, et il m'est impossible de
leur en donner, puisque, dans les paroisses espagnoles même,
à peine y a-t-il un prêtre qui soit en état de faire les fonctions
curiales. J'y envoie, quand je le puis, deux fois l'année des ecclésiastiques pour les visiter, mais je ne le peux pas toujours :
ainsi j'ai le chagrin de voir périr sans secours bien des âmes
commises à ma garde, rachetées du sang de Jésus—Christ, et qui
sont sous la protection de Votre Majesté.

» Dans les bourgades indiennes gouvernées par des prêtres
séculiers, il y aurait beaucoup à réformer , mais je ne vois
aucun moyen de le faire : ces prêtres ne savent rien et ne
sont capables ni de remplir leurs obligations ni d'instruire
ceux qui leur sont confiés. Les réguliers se trouvent en petit

nombre, et les Religieux de Saint-François ont à peine assez de sujets pour le service de leurs églises : il n'y a donc que les Pères de la Compagnie qui puissent décharger la conscience de Votre Majesté et celle de l'Évêque. Dans toutes leurs maisons on rencontre des ouvriers qui nuit et jour sont prêts à faire tout ce qu'on souhaite d'eux ; ils instruisent les enfants, ils visitent les malades, ils assistent les mourants, ils ont surtout grand soin des Nègres et des Indiens : aussi ai-je prié, au nom de Votre Majesté, leur Provincial, qui est venu avec quelques-uns de ses Religieux tenir son assemblée dans cette ville de Cordova, où je fais actuellement ma visite, d'envoyer des ouvriers évangéliques au Chaco, afin que ces peuples, qui ont de bons commencements d'instruction, puissent être soumis à Jésus-Christ sans violence ; je l'ai en même temps conjuré de donner aux quartiers les plus abandonnés de mon diocèse des prédicateurs pour y travailler à la réformation des mœurs dissolues des Espagnols, des Portugais et des Métis, dont la vie libertine est un grand scandale pour les Indiens, et pour y administrer les Sacrements, qu'on n'y connaît plus guère.

» Il m'a représenté sur cela que ses Religieux ne pouvaient faire ce que je souhaitais sans s'exposer à une persécution semblable à celles qu'ils ont essuyées les années précédentes dans la province du Paraguay de la part des Espagnols, des habitants de Saint-Paul de Piratininga et des Tapés. En effet, les Espagnols sont fort prévenus contre eux, parce qu'autant qu'il est en leur pouvoir ils maintiennent les Indiens dans la liberté que Votre Majesté a bien voulu leur accorder. Cependant, dès qu'il a vu que je lui parlais au nom de Votre Majesté et qu'il y allait du service de Dieu, il a envoyé dans tous les Colléges des ordres conformes à mes désirs, et je m'assure qu'ils abandonneront plutôt toutes leurs maisons que de ne pas s'y conformer ; mais, par malheur, ils sont en très-petit nombre.

» Je supplie donc Votre Majesté, par les entrailles de Jésus-Christ et par la considération de tant d'âmes dont ce divin Sauveur m'a chargé de procurer le salut et pour lesquelles il est mort sur la croix, de m'envoyer quarante Pères de la Compagnie qui n'aient permission d'exercer leur zèle que dans le Tucu-

man ; car je ne crois pas que dans toute l'Eglise il y ait un diocèse plus dénué de secours spirituels. Je puis même, Sire, vous
protester que, si mes dépenses indispensables n'absorbaient pas
tout mon revenu, qui n'est que de quatre mille écus, je ferais
venir ces Religieux : mais je crois avoir acquitté ma conscience en
retraçant à Votre Majesté, qui est le souverain de ces provinces
et le seigneur patron de leurs églises, la triste situation de celle-
ci et le remède qu'on peut apporter à leurs maux. Dieu garde et
conserve votre personne royale pour la défense de la Religion!

» A Cordova du Tucuman, le onzième jour 1637. »

L'Evêque du Tucuman avait à cœur de consolider le Christianisme dans le Chaco ; le Supérieur des Jésuites mande au
Père Osorio d'y pénétrer. Osorio prend sa route par le pays des
Ocloïas ; il y commence une Réduction. A peine a-t-il formé
quelques prosélytes, que les Franciscains réclament ce peuple
comme une mission appartenant à leur Institut. Osorio et le
Père Ripario, qui l'a rejoint, abandonnent incontinent leurs
Chrétiens, mais, en traversant les montagnes, ils tombent dans
une embuscade que les Chiriguanes leur ont tendue. Ces sauvages se jettent sur un jeune Espagnol qui accompagnait les
deux Jésuites, ils le dévorent ; ils font périr les Missionnaires
dans les tourments.

Ici ils expiraient sous la massue des barbares, là ils s'employaient à relever le moral abattu des Indiens. Les catéchumènes venaient encore d'être contraints de fuir leurs Réductions
entre l'Uruguay et le Piratini : au lieu du calme qu'on leur avait
promis, la guerre leur apparaissait partout ; mais la guerre
qu'ils ne pouvaient plus faire en sauvages, et qu'ils ne savaient
pas encore soutenir en hommes. Ils n'étaient plus assez cruels
pour recourir aux flèches empoisonnées de leur patrie , ils n'é-
taient pas assez intelligents pour utiliser leur valeur. Ils se
trouvaient dans cet état de transition si funeste aux natures
faibles. Les Jésuites, en leur faisant accorder des armes à feu,
en les disciplinant, en leur apprenant à ménager leur sang, ne
tardèrent pas à en faire de véritables soldats. Les néophytes,
traqués par les Mamelus, n'ignoraient pas qu'il s'agissait pour

eux de l'esclavage ou de la mort ; ils se décidèrent à vendre aussi chèrement leur liberté que leur vie, et, dès ce jour, ils résistèrent à leurs ennemis. De grandes batailles signalèrent cette nouvelle phase. Dans ces combats, où les Jésuites se placèrent au premier rang, et où les Pères Alfaro, de Boroa et Roméro rendirent d'immenses services, tantôt en encourageant les milices, tantôt en leur amenant des renforts, les Chrétiens tinrent bon ; mais, incessamment attaqués, parce que la Religion leur défendait d'égorger les prisonniers, ils se virent encore obligés de solliciter un autre asile. Ils émigrèrent, et on leur assigna pour Réduction le pays qui s'étend entre le Parana et l'Uruguay.

Par un calcul dont les prévisions étaient plus politiques qu'humaines, le Conseil des Indes n'avait permis l'usage des armes à feu qu'aux Espagnols seuls ; c'était leur assurer la domination. Les Jésuites faisaient reconnaître comme vassaux de la couronne d'Espagne tous les peuples qu'ils soumettaient à la croix ; ils en formaient l'avant-garde des armées européennes. Ce fut sous ce point de vue que le Père de Montoya présenta la question à Philippe IV ; ce monarque la résolut dans le même sens que le Jésuite. Il décida qu'à partir de ce moment les Indiens vivant dans les Réductions seraient aptes à se servir des armes à feu, sous les réserves que, dans l'intérêt de tous, les Missionnaires de la Compagnie auraient imposées à cette faculté.

La force dont les Chrétiens disposaient fut un frein à l'audace des Mamelus et de leurs alliés ; il ne fallut plus songer qu'à réparer les pertes que la mort, la désertion ou l'esclavage avaient fait subir aux colonies. Le Père Antoine Palermo côtoya le Parana jusqu'à l'embouchure du Monday, d'autres Jésuites s'élancèrent dans des directions opposées, les uns dans les forêts, les autres vers les montagnes. Tous revinrent accompagnés d'une multitude de sauvages. Les Jésuites recrutaient des Chrétiens ; le Père Diaz Taño, après avoir heureusement achevé son ambassade à Rome, retourna au Paraguay, en 1640, avec de nouveaux renforts : il avait obtenu du Souverain-Pontife tout ce qu'il était chargé de demander au Saint-Siége. Montoya avait été aussi heureux à Madrid ; mais la justice rendue aux néophytes par leur roi et par le Chef de l'Église universelle, trouva des détracteurs intéressés. Les Espagnols et les Portugais du Brésil, ainsi que leurs compatriotes du Paraguay, spéculaient sur les Indiens achetés aux Mamelus, ou sur ceux dont ils se rendaient maîtres. Le Pape fulminait un bref d'excommunication contre un pareil trafic ; le Père Taño le promulguait à Rio-Janeiro, à Santos et à Saint-Paul de Piratiningue. A ces menaces de l'Eglise, les marchands espagnols ne gardent plus de mesures ; ce n'est pas à Urbain VIII que s'adresse leur courroux, c'est aux Jésuites ; des cris d'expulsion et de mort retentissent à leurs oreilles. Par l'intermédiaire de Taño ils ont tous accompli un rigoureux devoir ; ils annoncent que respect est dû au bref pontifical comme aux ordres émanés du roi, et qu'après les avoir sollicités ils sauront les faire exécuter.

Au milieu de ces obstacles se jetant à la traverse de tout projet et de toute société qui grandit au préjudice de l'ancienne, l'Evêque et Don Philippe Albornos, gouverneur du Tucuman, désiraient avec une vive ardeur de voir les Pères s'engager dans le Chaco. Les hostilités des Calchaquis, leurs incursions sur les terres du Paraguay avaient troublé les nouvelles Chrétientés formées avec tant de peine ; mais les Calchaquis écoutaient enfin la parole de Dieu. Les Pères Fernand de Torreblanca et Pedro Patricio étaient envoyés dans leurs montagnes, ils y furent accueillis avec respect. Le moment parut bien choisi pour en diriger d'autres sur le Chaco. Une telle entreprise offrait d'innombrables difficultés ; il fallait demander l'hospitalité à des anthropophages, parcourir des régions inconnues [1], où, pendant les chaleurs, il est impossible de rencontrer une goutte d'eau

---

[1] Les Anglicans, qui, alors, ne songeaient pas qu'un jour le Protestantisme aurait ses marchands de Bibles et ses spéculateurs en conversions, ont évoqué jusqu'à des poètes pour calomnier les Jésuites. L'Anglicanisme les égorgeait à Londres ; il les chassait par d'odieuses intrigues des continents qu'ils avaient civilisés ; et, encore peu content de toutes ces victoires mercantiles, il faisait outrager jusqu'au désintéressement des Missionnaires catholiques. Dans le second volume des *Voyages de Fraisier* (édition de Hollande), l'auteur, après avoir raconté à sa manière ce qu'il a vu au Paragnay, termine sa relation par ces deux vers anglais :

No Jesuite eer took in hand
To planta church in barren laud..

Ce qui veut dire : Nul Jésuite n'a jamais planté la Foi ni bâti d'église dans une contrée stérile.

L'Anglicanisme ne craint pas de mentir en faisant l'histoire ; il ment encore dans ses poésies.

potable, et où, pendant les six autres mois, par un affreux contraste, toutes les campagnes ne sont qu'une vaste mer. Le **Père Pastor**, recteur du collége de Santiago, brigua l'honneur d'affronter le premier ces périls. Accompagné de Gaspard Cerqueyra, il se mit en route, résolu d'aller chercher les Abipons à l'extrémité orientale du Chaco. Ils s'arrêtèrent à Matara : ils entendirent d'abord vibrer à leurs oreilles d'horribles menaces; mais leurs paroles calmèrent cette irritation. Les Mataranes savaient que les Pères ne faisaient pas cause commune avec les Espagnols pour les asservir, et que les Indiens ne trouveraient jamais de plus intrépides défenseurs de leur liberté. Ces peuplades étaient abruties par l'ignorance, par l'ivresse et par la débauche ; il n'y avait dans leur langage aucune trace de Christianisme , aucun vestige de raison ; elles sentaient pourtant qu'un dévouement à toute épreuve pouvait seul conduire des hommes au fond de leurs vallées ; elles se laissèrent instruire.

De Matara au pays des Abipons, il y a un désert à traverser, des jaguars à combattre ou à éviter, et un marais pestilentiel entretenu par les débordements de la Rivière-Rouge. Pastor ne se rebuta pas; il partit à pied, et il arriva vers la fin de 1641. Les Abipons paraissaient aussi terribles que leur climat. Ils étaient nus; leur regard farouche et inquiet, leurs longs cheveux épars, les javelots ou les massues qu'ils brandissaient au-dessus de leurs têtes, leur peau tigrée par la peinture, leurs lèvres et leurs narines, chargées de plumes d'autruche, tout cet ensemble de sauvage donnait à leur attitude un air de férocité qui aurait fait reculer les plus audacieux. Le Jésuite était enveloppé par cette foule poussant des cris aigus; il ne s'intimida point ; il leur dit le but de son voyage, la confiance qu'il mettait en Dieu et en leur bonne foi. Cette attitude, si pleine de calme, frappa les barbares; ils l'accueillirent avec des démonstrations de joie. A partir de ce jour, le Père fut leur ami, leur guide; il les initia aux premiers rudiments de la civilisation ; il fit chez eux ce que chaque Jésuite entreprenait dans d'autres tribus ; il étudia leurs mœurs, il leur apprit à ne plus se nourrir de la chair de leurs semblables, et peu à peu il les introduisit dans une nouvelle vie.

Tandis que les Jésuites commençaient leurs courses pour dé-

mander des Chrétiens aux forêts et aux montagnes, les Mamelus,
stimulés par leurs précédents exploits, revinrent à la charge et se
disposèrent à saccager les nouvelles Réductions; mais l'expérience avait profité aux Pères et aux néophytes. Ils mirent sur
pied une armée dont les officiers seuls encore avaient des fusils;
ils s'élancèrent contre l'ennemi, qui fut taillé en pièces. Les
Mamelus étaient ou détruits ou découragés; ils ne pouvaient
plus menacer les Réductions. Un plus formidable adversaire
se leva contre les Jésuites. C'était un prêtre, un Evêque,
un homme à imagination brillante, et qui avait toutes les
qualités propres à entraîner les masses : il se nommait don
Bernardin de Cardenas. Missionnaire de l'Ordre de Saint–François, il avait accompli de grandes choses. Pour récompenser son
zèle et ses talents, le roi d'Espagne, de concert avec le Saint-
Siége, venait de le nommer Evêque de l'Assomption. Ses bulles
n'étaient pas arrivées de Rome, lorsque, au mois d'octobre 1641,
il obtint d'être consacré par l'Evêque du Tucuman, sur la présen-
tation de lettres affirmant que les bulles pontificales étaient
expédiées.

Cette consécration était entachée de nullité par plusieurs
motifs. Les Jésuites du Collége de Salta, induits en erreur
comme l'Evêque du Tucuman, y avaient prêté les mains; ceux
de l'Université de Cordova, mieux renseignés, s'y étaient opposés. A peine Cardenas eut–il reçu la plénitude du sacerdoce,
qu'il demanda à l'Université de Cordova de reconnaître par
écrit la légitimité de sa consécration. Le Père de Boroa ne put
adhérer à un pareil vœu, et le prélat irrité ne tarda point à
faire éclater son ressentiment. En 1644, il essaie de s'emparer,
à l'Assomption, d'une maison de l'Ordre de Jésus; don Grégorio, gouverneur du Paraguay, s'y oppose; alors Bernardin publie un écrit par lequel il conseille d'expulser les Jésuites de
leurs Réductions. Il parle aux Espagnols, il s'adresse à leurs intérêts, il réveille les vieux levains de discorde qui fermentaient
toujours dans leurs cœurs, et il accuse les Missionnaires d'être
seuls les apôtres de la liberté des Indiens. Cet écrit, sorti d'une
plume épiscopale, et flattant sans aucun détour la cupidité des
Européens, eut un funeste retentissement chez les Espagnols et

dans les Réductions. Don Bernardin ne s'arrêta point à de simples paroles. Les Jésuites, appuyés par le gouverneur, en appelaient de ses colères à l'Audience royale de Charcas ; le Clergé séculier et régulier se prononçait en leur faveur, mais le prélat se sentait fort des sympathies de la noblesse et du commerce. Il fulmine un décret d'excommunication contre les Pères ; il interdit même tous les Chrétiens qui auront recours à leur ministère. Il désirait les expulser de leurs Réductions et de son diocèse ; il avait pris ses mesures en conséquence. Tout-à-coup don Grégorio, à la tête de six cents néophytes, signifie à Cardenas un ordre d'exil et la saisie de son temporel. Cardenas cède à la force, il se retire ; mais ses partisans, c'est-à-dire tous ceux dont l'émancipation des Indiens ruinait les espérances, ne se tiennent pas pour battus. Un Evêque avait soulevé la tempête, eux s'apprêtent à la grossir.

Ce fut vers ce temps-là qu'on répandit dans les Indes et en Europe un bruit étrange. Les Jésuites, affirmait-on, possédaient des mines d'or qu'ils exploitaient en secret, et dont le produit était envoyé de Buénos-Ayres à Rome. Le Conseil des Indes, sans approfondir l'impossibilité matérielle d'une semblable accusation, prit un parti que les susceptibilités espagnoles lui conseillaient depuis longtemps. L'affection que les Indiens témoignaient aux Pères, l'amour dont les entouraient les Chrétiens du Paraguay étaient un sujet d'inquiétude pour quelques ministres de Philippe IV. Ne pouvant mettre obstacle à leur progrès, ils cherchèrent à l'entraver : il fut décidé que dorénavant les Résidences du Paraguay ne seraient régies que par des sujets du roi Catholique.

Le délateur des Jésuites, celui qui découvrit les mines d'or, était un Indien nommé Bonaventure ; il avait passé quelques années dans une Réduction de l'Uruguay. L'Evêque de l'Assomption attesta sa véracité. Sur la prière du recteur de la Maison de Buénos-Ayres, les magistrats procèdent à des informations juridiques, le gouverneur de Rio de la Plata ordonne une enquête. Il fut démontré à diverses époques, et par des Commissaires royaux [1], que les mines d'or n'étaient qu'une

_____

[1] Le 2 octobre 1657, une nouvelle commission, nommée par le roi d'Espagne et

fable, mais une fable qui accusait les Jésuites. Leurs adversaires feignirent d'y ajouter foi, pour amorcer la crédulité populaire. Ce n'était point assez des difficultés intérieures qui surgissaient à chaque pas. En 1645, les Pères Roméro et François Arias tombent sous le fer des sauvages. Roméro, l'un des fondateurs de la Province du Paraguay, fut égorgé par un cacique tandis qu'il évangélisait les Guiropores ; Arias périt de la main des Mamelus.

Cardenas, réfugié à Corrientés, ne s'avouait pas vaincu ; en 1648, don Diègue Osorio est nommé gouverneur du Paraguay, il a mission spéciale de s'opposer à toute hostilité contre les Jésuites. A la nouvelle de ces mutations le prélat rentre dans son diocèse, il enjoint d'expulser les Jésuites du pays des Itatines. Les Pères l'abandonnent, et le lendemain il était désert ; les Itatines avaient pris la fuite. L'Audience royale de Charcas rétablit les Pères dans leur Chrétienté ; mais les Indiens s'imaginaient qu'en poursuivant leurs Missionnaires on tentait de porter atteinte à leur liberté, dont ces derniers étaient la sauvegarde. Ils se retirèrent au fond des bois, et l'on ne put en décider qu'une partie à retourner dans les Réductions.

L'Evêque du Paraguay soutenait seul la guerre qu'aliment-

présidée par l'oydor de l'audience royale de la Plata, don Vélasquez de Valverde, gouverneur et capitaine général dans les provinces du Paraguay, prononça un jugement définitif. En voici la traduction faite sur une copie authentique :

« Il est du devoir de la Commission de déclarer et elle déclare nuls et de nulle valeur tous les actes, décrets, informations et autres procédures faits en cette affaire par lesdits régidors et alcades ; ils doivent être effacés des livres et des registres, comme remplis de faussetés et de calomnies contraires à la vérité, qui a été justifiée et reconnue dans lesdites provinces du Parana et de l'Uruguay, en présence des délateurs mêmes juridiquement cités. De plus, a déclaré n'avoir remarqué aucun signe qui pût faire croire qu'il y eût des mines d'or dans ce pays, ni qu'on en ait jamais levé dans les rivières qui s'y trouvent, ainsi que les susdits l'avaient témérairement et malicieusement déclaré et déposé à dessein, comme il paraît, de discréditer par des calomnies la conduite d'un aussi saint Ordre qu'est la Compagnie de Jésus, laquelle est occupée dans ce pays, depuis cinquante ans, à prêcher la Foi et à instruire le grand nombre d'infidèles que ces religieux y ont déjà convertis par leurs exemples et leurs prédications. »

Le gouvernement espagnol, qui avait un intérêt immense à la recherche de ces mines prétendues, et qui le prouva en faisant tous ses efforts pour arriver à leur découverte, constate que c'est un mensonge, qu'il n'y en a pas même d'apparence au Paraguay. Cette démonstration serait concluante pour tout le monde ; elle ne l'est pas aux yeux des adversaires de la Compagnie de Jésus ; et, au tome II de ses *Voyages*, Fraisier a donné une version fausse qui entre beaucoup mieux dans leurs vues : « Toutes les marchandises, dit ce voyageur cité avec éloge par les ennemis des Jésuites, et les matières et espèces d'or et d'argent que ces Pères tirent de leurs mines, sont transportées, par eau, des Missions à Santa-Fé, qui est le magasin d'entrepôt. »

taient les intérêts froissés et l'avidité trompée des Espagnols. Don Juan de Palafox, évêque d'Angélopolis, ou de la Puebla de los Angelès, faisait retentir le Mexique de ses plaintes, ou plutôt son renom de vertu servait de bouclier aux adversaires des Jésuites. Forts de cet appui inespéré, les sectaires outrageaient Palafox, en lui prêtant un langage accusateur qu'un Évêque n'aurait jamais tenu. Ce prélat avait eu, en 1647, des contestations avec les Jésuites ; il croyait que sa juridiction était menacée par l'usage de quelques priviléges accordés aux Missionnaires, et, dans une lettre du 25 mai 1647, il avait porté le différend au tribunal du Souverain–Pontife. Il en parut une seconde du 8 janvier 1649 ; elle était si étrange dans le fond et dans la forme, que les Jésuites la déférèrent au roi d'Espagne. L'Évêque d'Angélopolis prit de là occasion d'exprimer ses véritables sentiments sur la Société de Jésus. Il présenta à Philippe IV sa *défense canonique* [1], et on y lit : « La Compagnie du saint nom de Jésus est un Institut admirable, savant, utile, saint, digne de toute la protection non-seulement de Votre Majesté, mais de tous les prélats catholiques. Il y a plus de cent ans que les Jésuites sont les coopérateurs utiles des Évêques et du Clergé. »

Sur quelques points de discipline, sur l'interprétation de certains priviléges concédant des droits plus ou moins étendus aux Missionnaires, Palafox se mettait en désaccord avec les Pères, et il sollicitait le Saint-Siége de trancher la question. Il n'y avait en cela rien que de très-licite ; mais partir d'un démêlé de juridiction pour accuser son adversaire de tous les crimes, c'est ce que Palafox n'aurait jamais dû entreprendre, et c'est néanmoins à cette lettre que les Jésuites l'appelaient à répondre. L'Évêque d'Angélopolis, après avoir émis son opinion sur la Compagnie de Jésus, disait au roi d'Espagne [2] : « Quand est-ce que j'ai parlé sur ce ton? Où est cette prétendue lettre qu'on cite? le Souverain-Pontife la leur a-t-il communiquée? qu'ils produisent ma signature. » Don Juan de Palafox se défendait avec cette énergie qui commande la conviction ; mais sa défense n'arrivait que

---

[1] *Défense canonique de Don Juan de Palafox.*
[2] Ibid.

quatre ans après l'imposture [1]. Il ne lui faut pas un si long temps devant elle pour évoquer des cœurs crédules, et pour mettre en mouvement les passions mauvaises. Le collègue de Palafox dans l'épiscopat, son ami, fut inévitablement trompé par ces inculpations; elles servaient sa colère : Cardenas s'appuya sur elles sans en discuter l'origine. Le Mexique, par la voix d'un Prélat dont le Nouveau-Monde honorait les vertus, poussait un cri d'indignation contre la Société de Jésus. Don Bernardin s'aveugla lui-même pour achever au Paraguay l'œuvre que des faussaires commençaient au Mexique. La mort du gouverneur laissait l'autorité entre ses mains; il n'en veut user qu'après avoir consulté le peuple. Le peuple, c'était cette tourbe de spéculateurs, de marchands, de gentilshommes appauvris ou d'Européens ambitieux que les Jésuites avaient lésés dans de cruels calculs. D'une voix unanime le peuple vota leur exil.

Une bulle de Grégoire XIII, datée du 24 mai 1572, accordait aux Pères en mission le droit de nommer un juge conservateur pour examiner les différends de quelque gravité qui surgiraient entre les Evêques et les Jésuites. Le juge conservateur prononçait la sentence au nom du Saint-Siége, dont, par son titre, il était délégué. Cette bulle, large concession que la prévoyance des Souverains-Pontifes faisait à l'Institut, avait été agréée par Philippe II, à la condition que les tribunaux supérieurs ratifieraient le choix des Jésuites. Ils désignent le Père Nolasco, supérieur des religieux de la Merci. Nolasco condamna l'Evêque par sentence du 19 octobre 1649. Dom Gabriel de Peralta, doyen de la cathédrale de l'Assomption, libelle, au même titre que Nolasco, un jugement contre les partisans du prélat. L'Audience royale de Charcas ordonne la réintégration des Pères dans leur collége, et Sébastien de Léon, gouverneur du Paraguay par intérim, se charge de faire exécuter ces arrêts.

Avec la ténacité espagnole et les préventions qu'en Europe les Protestants et les Jansénistes s'efforçaient d'entretenir pour miner la puissance de la Compagnie de Jésus, une justice si solennellement rendue aux Pères ne devait pas réduire leurs contradicteurs au silence. Les événements se passaient dans des contrées si lointaines, ils arrivaient tellement défigurés, on les

[1] Il a été avéré depuis que cette lettre était l'œuvre de Palafox. (*Note de l'Édit.*)

entourait de tant de circonstances que des plumes habiles faisaient coïncider avec leurs popres griefs, qu'il ne faut pas être
surpris de voir s'éterniser ce différend. Don Juan de Palafox
avait jeté un démenti à la tête de ceux qui usurpaient son
nom pour abriter leurs calomnies ; sa lettre n'en fut que plus
authentique aux yeux de tous les ennemis des Jésuites, pour
lesquels elle devenait une source intarissable. Palafox était un
grand écrivain, un digne Évêque ; son nom servit de passe-
port aux misères d'une violente polémique. Don Bernardin de
Cardenas soutenait au Paraguay la lutte qu'il y avait engagée ;
il était vaincu sur tous les champs de bataille où il portait sa
querelle ; mais, en infatigable athlète, il ne se laissait ni dé-
courager ni abattre. Une telle persévérance évoquait aux Indes
de nombreux improbateurs ; elle trouva en France, parmi les
Jansénistes, des hommes qui l'admirèrent et des prêtres qui
surent transformer ce prélat en martyr.

Les Jansénistes publiaient en ce temps-là des écrits contre
la *morale relâchée* des théologiens de la Compagnie, et ils
disaient, en parlant de Bernardin de Cardenas [1] : « Il était un
grand prédicateur de l'Évangile ; il avait fait des merveilles
pour la prédication des Indes. Le roi d'Espagne le choisit pour
cet évêché, lorsqu'il avait près de cinquante ans de profession.
Vos Pères vécurent trois ans en fort bonne intelligence avec
lui et lui donnèrent de grands éloges ; car vous n'en êtes pas
avares envers ceux qui ne vous incommodent point. Mais,
ayant voulu visiter quelques provinces où ils dominaient absolument et où sont leurs grandes richesses, ce qu'ils ne veulent
pas qu'on connaisse, il n'est pas imaginable quelles persécutions
ils lui ont faites et quelles cruautés ils ont exercées contre lui.
On voit, dans les pièces, qu'ils l'ont chassé plusieurs fois de
sa ville épiscopale ; qu'ils ont usurpé son autorité ; qu'ils ont
transféré son siége dans leur église ; qu'ils ont planté des potences à la porte pour pendre ceux qui ne voudraient pas
reconnaître cet autel schismatique. Mais ce qui doit en plaire
davantage à ceux d'entre vous qui ont l'humeur martiale, c'est

---

[1] *Neuvième écrit contre la Morale relâchée*, 1653. — Voir aussi *les Jésuites
marchands*, p. 185 à 210, et la *Morale des Jésuites*, par Antoine Arnaud, t. v.

qu'on y voit de merveilleux faits d'armes de vos Pères. On les voit, à la tête de bataillons d'Indiens levés à leurs dépens, leur apprendre l'exercice, faire des harangues militaires, donner des batailles, saccager les villes, mettre des ecclésiastiques à la chaîne, assiéger l'Evêque dans son église, le réduire à se rendre pour ne pas mourir de faim, lui arracher le Saint-Sacrement des mains, l'enfermer ensuite dans un cachot et l'envoyer dans une méchante barque à deux cents lieues de là, où il fut reçu par tout le pays comme un martyr et un apôtre. »

Ces incriminations, qui ont passé par tant de bouches, ne concordent point avec les faits, tels que nous les exposons; mais, sans nous préoccuper des affections ou des haines dont la Compagnie de Jésus fut l'objet simultané, nous pensons que l'histoire doit rechercher partout la vérité. Il y a toujours, dans les mouvements religieux ou politiques qui changent la face des nations, un côté vulnérable. Les œuvres les plus difficiles au génie ou à la charité rencontrent inévitablement parmi leurs contemporains des hommes qui, par le penchant seul de la nature humaine, sont disposés à prononcer sur ces grandes entreprises avec leurs préjugés et leur antipathie, conseillers obligés de l'erreur ou de l'injustice.

Telle est, à notre sens, la position que chaque parti a prise dans ce débat. Les Jansénistes, adversaires naturels de la Compagnie de Jésus, y découvrirent un nouveau texte d'accusations; ils s'en emparèrent. Les Evêques du Mexique et du Paraguay aperçurent dans les merveilles opérées par les Jésuites ce que chacun voit dans l'œuvre de son voisin ou de son rival, une chose ordinaire, qu'on mesure en en contemplant l'auteur, et qu'on ne regarde jamais qu'avec les yeux du doute et de l'incrédulité. Les Jésuites, au Paraguay, furent appréciés d'abord par des hommes dont leur incessante action dérangeait les calculs, bouleversait les idées ou blessait l'amour-propre. On avait sous la main tous les ressorts mis en jeu; on niait les résultats, on refusait de croire à leur possibilité. Par ce besoin de censure ou d'opposition, inséparable du cœur humain, on cherchait, pour une satisfaction d'orgueil passager, à entraver le bien dont la perception échappait aux regards prévenus.

Cette théorie de l'esprit se défiant sans cesse de l'action d'autrui, et expliquant si naturellement les injustices dont le passé a été le témoin comme l'avenir le sera à son tour, est aussi vraie dans le monde politique que dans l'Église : on se fit une arme de ce sentiment de jalousie qui perce au travers des plus heureuses organisations et qui rend injuste l'équité elle-même. On envenima des plaies encore saignantes, on grossit les fautes commises des deux côtés, les torts qu'une fraternité de travaux et de sacrifices aurait promptement fait oublier. D'un point de juridiction ecclésiastique à peu près insignifiant, on arriva à fomenter des haines vivaces et des difficultés insolubles. On espérait ainsi provoquer le bien, le mal sortit de ces discussions passionnées : qu'il vienne des Évêques ou des Jésuites, il n'en est pas moins le mal. Cette ardeur de prérogatives d'un côté, cette passion de priviléges de l'autre, la guerre naissant au sein de ceux qui évangélisaient la paix, tout cela dut causer un déplorable effet sur l'esprit des Indiens ; les nouvelles Chrétientés s'en ressentirent pendant plusieurs années.

Ce ne fut qu'en 1665, plus de quinze ans après, que tout rentra dans le calme. Un temps précieux avait été perdu, et une calomnie, immortelle comme toutes les impostures, restait attachée au nom des Jésuites. Le roi d'Espagne avait chargé le Père Gabriel de Guillestiguy, commissaire général des Religieux de Saint-François au Pérou, d'examiner cette affaire, et de lui transmettre son opinion relativement aux griefs intentés à la Compagnie. Le Franciscain instruisit ce procés ecclésiastique sur les lieux mêmes ; il développa dans un mémoire les motifs qui militaient pour et contre les deux parties, et Philippe IV demanda au Saint-Siége la translation de don Bernardin dans un autre diocèse. Le 15 décembre 1666, Gabriel de Guillestiguy fut préconisé à Rome pour l'évêché de l'Assomption, vacant par la nomination de don Bernardin de Cardenas à celui de Santa-Cruz de la Sierra[1]. Cet acte d'autorité mit fin à ces débats : cependant l'exemple donné par quelques Évêques du Nouveau-Monde suscita des imitateurs qui, comme toujours, poussèrent encore plus loin les choses que leurs maîtres.

[1] *Registres du Consistoire apostolique.*

Gaspar de Artiaga, frère convers de l'Ordre de Saint-François, se prit en 1658 d'une telle haine contre les Jésuites du Paraguay que, pour lui accorder plus ample satisfaction, il inonda de ses ouvrages tous les pays où la Compagnie fondait des Missions. Il ne s'en tint pas là, et, dans une lettre adressée au roi d'Espagne par l'Evêque du Tucuman à la date du 9 juin 1659, il est dit : « Ce Religieux fait paraître une aversion mortelle pour les Pères de la Compagnie de Jésus ; il envoie ses libelles diffamatoires jusqu'à Angola dans l'Afrique, et même, selon qu'il a été rapporté dans une information, jusqu'en Hollande, pour les y faire imprimer et répandre partout. »

Tant de traverses n'avaient point lassé la persévérance des Jésuites. En 1653, les Pères Medina et Lujan surmontent les obstacles, ils pénètrent chez les Mataquayez et arrivent au Chaco ; d'autres plantent la croix sur les points les plus éloignés. On a reproché aux Jésuites d'isoler les Indiens, de les parquer dans le bonheur, et de n'avoir jamais consenti à ouvrir les frontières du Paraguay aux prêtres séculiers. A cette même époque, ils répondent à l'imputation par des faits : ils appellent à leur secours des ecclésiastiques étrangers à la Compagnie, et, dans une lettre d'un des quelques Pères français qui travaillèrent aux Réductions, on trouve une preuve sans réplique de ce fait : « Il y a plus de vingt bourgs d'Indiens policés, écrivait le Jésuite [1] en 1656, il y a en chaque bourg environ mille familles et en chaque famille cinq à six personnes, en sorte que l'on peut compter cinq ou six mille âmes en chaque bourg. Outre les vingt Réductions déjà établies, il y en a trois autres commencées et quelques-unes dont nous avons confié le soin à quelques bons prêtres, le Pape ayant donné le pouvoir à notre Révérend Père Provincial du Paraguay de choisir les prêtres qu'il voudrait pour le service de ces nouvelles Eglises. Nos Pères s'occupent particulièrement à aller ramasser ces pauvres gens dans les bois et à les réduire. »

Un événement inattendu vint, en 1660, prouver aux Espagnols que les néophytes n'étaient pas des voisins suspects ou

---

[1] *Manuscrits de l'abbé Brotier.*

des rebelles, et que les Jésuites ne songeaient guère à s'emparer de ces provinces, qu'ils avaient civilisées. Les Espagnols de l'Assomption tenaient dans cette ville plus de quinze mille Indiens en commende ; ces Indiens se révoltent tout-à-coup, occupent la cité, massacrent les principaux citoyens et contraignent le gouverneur, don Alonzo Sarmiento, à se réfugier dans la campagne. Serré de près par les insurgés, il n'avait ni le temps ni la faculté d'appeler des troupes à son aide. Les néophytes des Réductions apprennent le danger que courent les Espagnols ; ils s'élancent à leur aide. Ils avaient des armes à feu, ils en connaissaient l'usage ; ils s'en servent pour défendre ceux qui ont si souvent menacé leur liberté. Les Espagnols sont délivrés ; ils peuvent, après la victoire que les soldats des Jésuites ont remportée, revenir dans leur ville, couverte de sang et de ruines. Les Catholiques du Paraguay avaient signalé leur bravoure ; mais les Pères avaient obtenu de leur obéissance quelque chose de plus décisif que le courage lui-même. Par dévouement au principe chrétien, ils les rendaient à tout jamais fidèles, même contre leurs compatriotes, au prince dont, par force, ils acceptaient la loi.

Les Jésuites apparaissaient alors partout, soit comme Missionnaires, soit comme pacificateurs. Une région était-elle fermée à l'Evangile par la soupçonneuse vigilance de ses habitants, ils y entraient pour leur offrir le bienfait de la paix. Les hostilités ne cessaient qu'à de rares intervalles entre les Espagnols et les Calchaquis alliés aux Mocobys, qui ravageaient les environs d'Esteca. En 1664, Mercado, gouverneur du Tucuman, sent la nécessité de finir une guerre malheureuse : il se résout à traiter avec les Indiens. L'ascendant exercé par les Pères sur les tribus les plus barbares était si notoire, que don Mercado ne va pas chercher ailleurs ses plénipotentiaires : il prie le Père André de Rada, Provincial du Paraguay, de désigner deux Jésuites. Augustin Fernandez et Pierre Patricio partent à la voix de leur supérieur : ils touchent au fort du Puno, ils mandent auprès d'eux les caciques des Mocobys, ils leur font entendre des paroles de conciliation, et, ce que les armes espagnoles avec leur prestige n'avaient pu obtenir, deux pauvres Jésuites l'accomplissent par la seule autorité de leurs discours. Les sauvages avaient constamment refusé d'ajouter foi aux promesses des Européens ; ils y crurent dès que les Pères leur en confirmèrent la sincérité. La paix fut conclue pour six ans, et, jusqu'à l'expiration du pacte, les Indiens la maintinrent parce qu'ils s'étaient engagés aux Jésuites, qu'ils regardaient comme leurs amis et leurs seuls protecteurs. Ces six années furent un temps de repos : les Pères le mirent à profit pour étendre le Christianisme et donner à leurs projets de civilisation toute l'extension possible.

Le tableau du bonheur dont jouissaient les Réductions du Paraguay, les récits que cette pastorale chrétienne popularisait en Europe inspirèrent à des Anglais une pensée d'émigration. Ils étaient Catholiques ; l'Anglicanisme les faisait esclaves dans l'île même de la liberté, l'Anglicanisme leur déniait le droit d'élever leurs enfants : ils ne pratiquaient leur culte que dans le mystère et sous peine d'amendes exorbitantes ou de la prison. Charles Ier était plus tolérant que Jacques Stuart, son père ; mais, faible comme lui, il n'osait pas résister aux injonctions des Protestants. On persécutait les familles catholiques : plus de deux cents se laissèrent tenter par l'image d'une félicité que des lois oppressives leur refusaient dans la patrie commune. Ces familles crurent que les Jésuites accompliraient en leur faveur le prodige continu dont les Missions transatlantiques étaient le théâtre ; elles se décidèrent à faire voile pour le Maryland. Sir Georges Calvert (lord Baltimore) obtint du roi de la Grande-Bretagne la concession de cette terre ignorée d'Amérique, et, le 27 mars 1634, les émigrants débarquaient à l'île Saint-Clément, sur les rives du Potomac. Le navire qui les avait portés s'appelait l'Arche d'alliance.

Le Jésuite André White, né à Londres en 1579, était le chef spirituel de cette colonie chrétienne ; John Altham, Knowles et Tom Gervack, de la Compagnie de Jésus, l'accompagnaient : ils venaient dans ces contrées afin de planter la croix chez les sauvages et de soustraire à la persécution anglicane une partie du troupeau confié à leur garde. Lord Baltimore et les Jésuites remontèrent le Potomac. Ils voulaient annoncer au grand chef de Piscataway leurs intentions pacifiques et leur désir de répandre la lumière de l'Évangile parmi les indigènes. Le nom des Jésuites était parvenu jusqu'au fond de ces tribus ; le grand chef les accueillit comme des frères ; et, dit Mac Mahon, l'historien américain, « ce fut pour les faibles émigrants le motif bien fondé d'une joie encore plus rationnelle et plus profonde. Préférant toutes sortes de privations à celle de la liberté de conscience, ils avaient renoncé à tout ce qu'ils avaient de plus cher dans leur pays natal pour se jeter, forts du secours de la Providence, au milieu des dangers d'une région inconnue, habitée par un peuple sauvage ; mais le Dieu en qui ils avaient foi était avec eux, et, afin de leur préparer un accueil favorable, celui qui tient les cœurs dans sa main parut avoir doué ces sauvages d'une extrême affabilité. Où trouverons-nous dans l'histoire d'aucun royaume un événement plus digne de commisération que le débarquement de la colonie au Maryland ? Il est identifié avec l'origine d'un état libre et heureux ; il nous met sous les yeux les fondements de notre gouvernement posés sur la base large et solide du principe de la liberté religieuse et civile ; il nous montre avec orgueil les fondateurs de cet État comme des hommes qui, pour jouir en sûreté de leur indépendance, échangèrent les plaisirs du luxe, la société de leurs amis et les douceurs de la vie civilisée pour les privations et les dangers d'une terre barbare. Dans un siècle où la perfidie et la cruauté ne marquèrent que trop souvent la supériorité de la vie européenne sur la vie sauvage, il nous les montre, ces hommes, déployant dans leurs relations avec les indigènes toute l'aménité qui appartient à la nature humaine et toute la charité de leur Religion. Nous voudrions éviter un contraste odieux et oublier la dureté de l'esprit puritain, qui si souvent se trompa en prenant l'intolérance pour un saint zèle ; mais nous ne pouvons que tourner nos regards avec bonheur sur les pélerins du Maryland, fondateurs de la liberté religieuse dans le Nouveau-Monde. Ce furent eux qui lui élevèrent le premier autel sur ce continent, et le premier feu qu'on y alluma monta au ciel avec les bénédictions des sauvages. »

André White était presque déjà un vieillard, il avait cinquante-cinq ans; mais les souffrances endurées dans la mère-patrie n'avaient altéré ni la vigueur de son esprit ni cette sève d'entreprises, caractère distinctif de la Société de Jésus. Une hutte indienne lui a été offerte, il la transforme en chapelle : elle devint la première paroisse du Maryland, sur les bords féconds de la rivière de Sainte-Marie. Les émigrants avaient fui une terre qui les dévorait en les abrutissant ; là, sous les ombrages des forêts primitives, en face d'une nature qu'illuminait un premier rayon de soleil printanier, il leur était enfin permis de dilater leurs cœurs. Excités par l'éloquence des Jésuites, ils pouvaient rendre grâces à Dieu de la liberté et de la paix dont ils avaient été privés par le Protestantisme. Les jours qui suivirent le débarquement furent consacrés à la reconnaissance ; ces infortunés prièrent avec la ferveur des matelots échappés au naufrage, et, tandis qu'ils faisaient monter vers le ciel leurs chants de gratitude, les sauvages, attirés par ce spectacle extraordinaire, semblaient vouloir prier avec eux. Ils essayaient de se façonner à leurs cérémonies, ils imitaient leurs gestes, ils les conduisaient à la chasse, ils leur offraient le poisson de leur pêche, et déjà, selon Bozman, les femmes et les enfants des indigènes faisaient en quelque sorte partie de la famille anglaise.

Les naturels du Maryland étaient doux et affables ; mais leur langue, par la multiplicité de ses idiomes, recélait tant de difficultés que les Jésuites regardaient comme impossible d'accélérer l'heureuse fusion qu'ils entrevoyaient. Aussi une année après, en 1635, écrivaient-ils au Général de la Compagnie : « Il n'y a que peu de choses à dire sur cette Mission si récemment commencée : les nombreux obstacles contre lesquels nous avons à lutter ne nous permettent pas d'apprécier les fruits obtenus, surtout parmi les sauvages, dont nous n'apprenons que lentement la langue. Nous sommes trois Prêtres et deux Coadjuteurs qui supportons gaiement les travaux présents par l'espérance des succès futurs. »

Ces succès ne devaient pas venir sans combat. Il y avait des Anglicans à la Virginie ; ils persuadèrent aux indigènes que les colons catholiques étaient Espagnols, puisqu'ils avaient des Jésuites parmi eux. Ce nom d'Espagnol retentissait si tristement au cœur des habitants du Nouveau-Monde qu'ils entrèrent en défiance ; le Père White jugea que l'avenir de sa colonie dépendait de la marche qu'il allait adopter. Les Anglicans lui reprochaient d'attenter à la liberté des Marylandais ; le Jésuite s'avança, la croix à la main, au milieu des Patuxents. Leur roi, nommé Makaquomen, lui avait concédé des terres ; il aimait les Chrétiens. White se présente à lui sur la baie de Chesapeak. Il parcourt sa tribu, il évangélise celles des Ackintunachsuah et des Mattapanients. Le Père Brock marche à sa suite, et, malgré les soupçons que les Anglicans de la Virginie ont fait germer dans l'esprit des sauvages, le Christianisme commence à faire des progrès. Le Père John Gravener parcourt les îles de Kent et de Palmer ; il s'arrête à l'embouchure de la Susquehannah. Il s'initie au caractère et à l'idiome des naturels, afin de les conduire à la Foi ; mais dans ces rudes travaux du corps et de l'intelligence, la force souvent trahissait le courage. Les Missionnaires avaient établi leur colonie d'émigrants qui se grossissait chaque jour ; il ne leur restait qu'à préparer les sauvages à la civilisation. De nouveaux renforts leur permirent, en 1639, d'étendre le cercle de leur apostolat.

Le Père Philippe Fischer continuait l'œuvre de White. Ce dernier s'élança chez les Piscataway. Chilomacan, leur chef, l'attendait dans sa bourgade de Kittamakundi ; l'idée du Christianisme, les vertus auxquelles il oblige, avaient devancé le baptême dans le cœur de ce prince. White n'eut qu'à développer tant de qualités ; il lui enseigna les mystères, il façonna à la pratique de la morale ces tribus dociles ; puis, le 5 juillet 1640, Chilomacan, son épouse et leur famille, reçurent solennellement le baptême. C'était la prise de possession du Christianisme dans le Maryland ; les sujets suivirent l'exemple que leur roi donnait. Peu de mois après, les Pères Gravener, Altham et John Brock expirèrent sous le poids des fatigues. Quelques jours avant sa mort, le 3 mai 1641, Brock mandait au Général de la Compagnie : « J'aimerais mieux, en travaillant à la conversion de ces Indiens, mourir de faim sur la terre nue, privé de tout secours humain, que d'admettre une seule fois la pensée d'abandonner cette sainte œuvre de Dieu par la crainte de manquer du nécessaire. »

Le nécessaire, pour les Jésuites du Maryland, c'était la santé. La vie s'épuisait rapidement dans des courses sans fin et sous un climat nouveau. Les Pères connaissaient le terme de leur existence, ils le limitaient; ce pressentiment, qui ne les trompa jamais, ne servait qu'à nourrir leur ardeur. A cette époque, la révolution, fomentée en Angleterre par le Puritanisme, et exploitée par Cromwell, retentissait au sein même de ses colonies; elle réagissait surtout contre les Catholiques du Maryland. Ils avaient à la Virginie deux implacables ennemis; la différence de religion servait de passe-port à leur cupidité : ils se nommaient Claiborne et Richard Ingle. Ces protestants n'avaient vu qu'avec désespoir le Catholicisme s'implanter dans le Maryland. Leurs compatriotes, échappés à la persécution anglicane, allaient être heureux; ils mirent à profit les premiers éclairs de la tempête puritaine excitée en Angleterre, pour ruiner les espérances des émigrants. « Les commissaires, avec Claiborne à leur tête, dit Burke dans son *Histoire de la Virginie* [1], s'occupaient à la sainte œuvre d'exterminer les abominations du papisme et de la prélature dans le Maryland. »

La guerre des deux religions recommençait sur le Potomac comme sur les bords de la Tamise. Claiborne soulève la Virginie au nom du Parlement; afin de faire comprendre de quelle manière il interprète la liberté de conscience, qu'il proclame, il se jette sur les Catholiques, il porte partout la terreur et la dévastation. Les Jésuites étaient les antagonistes de l'hérésie; il les oblige à se réfugier dans les bois, à fuir devant ses armes. De 1642 à 1648 la révolution règne au Maryland; le Père White tombe en son pouvoir; elle le charge de chaînes, elle l'envoie en Angleterre comme un trophée. La Mission était dispersée; mais White et ses frères de l'Institut avaient semé sur une terre fertile. Le Père Philippe Fischer y reparut en 1648, et il écrivait au Chef de l'Ordre; « A la fin, mon compagnon et moi, nous avons abordé en Virginie, au mois de janvier, après

---

[1] Burke, *Histoire de la Virginie*, t. II, p. 213.

un voyage passable de sept semaines. Là, j'ai laissé mon compagnon, et, profitant d'une bonne occasion pour continuer ma route, je suis arrivé au Maryland dans le courant de février. Par une Providence particulière, j'ai trouvé mon troupeau réuni après des calamités de trois années, et je l'ai trouvé dans un état plus florissant que ceux qui l'avaient pillé et opprimé. Il serait impossible de peindre la joie avec laquelle les fidèles m'ont accueilli, et ma félicité en me revoyant parmi eux : ils m'ont reçu comme un ange du ciel. Je me prépare à une pénible séparation ; mais les Indiens réclament mon secours ; ils ont été bien maltraités par l'ennemi depuis que je leur ai été arraché. Je sais à peine que faire ; je ne puis suffire à tout. Il y a véritablement des fleurs sur cette terre : puissent-elles produire des fruits ! »

Le contre-coup de la révolution d'Angleterre avait enlevé les Jésuites à la colonie fondée par eux et aux Chrétientés à peine nées. Les Jésuites y revenaient malgré les menaces des Protestants, et, lorsque les Puritains appelaient les indigènes à l'insurrection, eux, au contraire, n'avaient à faire entendre que des paroles de paix et de salut !

CHAPITRE VI.

Les Jésuites en Espagne.—Translation du corps de François de Borgia.— Le Père
Jacques Ruiz de Montoya consulté par Philippe III sur la création d'un nouvel
impôt. — Il s'y oppose. — Sa réponse. — Mort de Philippe III. — Nouveaux
Colléges. — Les Jésuites banqueroutiers à Séville. — Accusations à ce sujet. —
Pouvoir de l'Institut en Portugal. — La conspiration de 1640 et la maison de
Bragance. — Politique expectante des Jésuites. — Louise Gusman de Médina-
Sidonia et le Père Corréa. — Insurrection d'Evora. — Le duc Jean de Bragance
proclamé roi. — Il s'appuie sur les Jésuites. — Les Jésuites chassés de l'île de
Malte. — Motifs de l'expulsion. — Les Pères Talavia et Cassia. — Le *Teatro
Jesuitico*, Antoine Arnauld et Vertot. — Lettre de Louis XIII au Grand-Maître
Lascaris. — Les Pères réintégrés à Malte. — Gustave-Adolphe et Tilly.— Com-
mencements de la guerre de Trente-Ans. — Les Jésuites dans les armées catholiques. — Leurs progrès en Allemagne, en Bohême, en Hongrie, en Pologne et
sur les frontières de la Russie. — Les *Monita secreta* condamnés par le Saint-
Siége et les Evêques polonais. — Mouvement en faveur des Jésuites. — Le métropolitain des Russes et les Pères de l'Institut. — Colléges fondés en Pologne. —
L'Université de Cracovie et les Jésuites. — Elle se révolte contre le roi Sigismond. — Ses lettres de doléance aux autres Universités. — Premières victoires
de Gustave-Adolphe. — Alexandre Corvin le bat. — Le Père Pazmany, missionnaire en Hongrie. — Il est nommé archevêque de Gran. — Ses succès. — Lutte
des Jésuites contre les Protestants d'Allemagne. — Les Luthériens mettent à sac
les Colléges de la Compagnie. — Les Jésuites dans l'armée de Maximilien de
Bavière et dans celle de Wolfang de Neubourg. — La peste et les Jésuites. —
Bethem-Gabor les poursuit. — Traité de paix qu'il conclut en résignant la couronne de Hongrie. — Mort des Pères Jean Pfiffer, de Wisman et Thelen. — Le
duc de Friedland fonde un Collège à la Compagnie. — Christian de Brunswick
et son drapeau. — Mort du Père Martin Bécan, confesseur de l'Empereur Ferdinand II. — Serment de l'Empereur. — Maximilien de Bavière, Tilly, Waldstein
et Piccolomini. — Portrait de Ferdinand II. — Sa politique et son caractère. —
Le Père Guillaume Lamormaini, son confesseur. — Influence des confesseurs. —
Les Jésuites en Moravie. — Les Protestants s'efforcent de paralyser leurs succès.
— La persécution et la guerre. — Richelieu soudoie les Protestants. — Ferdinand II, conseillé par le Père Lamormaini, confisque les biens ecclésiastiques
dont les Luthériens se sont emparés. — Edit de restitution. — Lettre de Scioppius
demandant que ces biens soient attribués aux Jésuites. — Politique des
Jésuites dans cette question. — Jésuites massacrés par les Protestants. — Traité
entre la France et la Suède. — Gustave-Adolphe s'engage à protéger les Jésuites.
— Lettre de Louis XIII au maréchal Baunier. — Bataille de Lutzen. — Mort
de Gustave-Adolphe et de Tilly. — Ferdinand, vainqueur, réalise son idée catholique. — Ses mesures acerbes. — Il bannit de l'Empire les ministres protestants.
— Sa mort. — Le Père Frédéric de Spée fait changer la jurisprudence contre les
sorciers. — Siége de Prague. — Le Père Plachy et les étudiants de l'Université. — Couronne murale décernée à Plachy et lettre de l'Empereur. — Les
Jésuites en face du Luthéranisme vainqueur. — Les Jésuites en Hollande.— Progrès du Catholicisme. — *Occultus mercatus Jesuitarum*. — Les Gomaristes et
les Arminiens. — Maurice de Nassau et Barnevelt. — Division des deux partis.
— Synode de Dordrecht. — Exécution de Barnevelt. — Les Jésuites s'emparent
de cet événement. — La peste de Mansfeld en Belgique. — Mort des Pères Coster,
Lessius et Sailly. — Les Jésuites parmi les pestiférés et les prisonniers protestants.
— Le Père Guillaume de Pretère convertit Philippe de Mansfeld, prisonnier à
Anvers. — Le Père Florent de Montmorenci. — Nouveaux Colléges. — Le Père

Boddens reçoit l'abjuration du duc de Bouillon. — Conspiration des Catholiques
d'Utrecht contre les Luthériens. — Ils accusent les Pères Boddens et Paezman.—
Supplice des Jésuites.

Le dernier écho des orages qui avaient agité la Compagnie
de Jésus retentissait encore en Espagne ; Mutio Vitelleschi, le
nouveau Général, s'occupa, dès 1616, de cicatriser la plaie
intérieure que tant de passions mises en jeu avaient développée.
La paix ne régnait pas encore complétement parmi les Jésuites de la Péninsule ; afin de les réunir dans une même
pensée, il les appelle aux œuvres extérieures. Les campagnes
d'Aragon, d'Andalousie et de Castille ainsi que les montagnes
des Asturies renfermaient un grand nombre de Chrétiens
pauvres et ignorants. Il ordonne aux Pères de Gandie, de
Tarragone, de Bilbao, de Salamanque, de Tortose, de Ca-
dix, de Barcelone, de Compostelle, de Saëlices, de Jaën,
de Léon et de Sarragosse de se répandre dans les villages et
d'y porter la parole de Dieu et les consolations de la Foi.
Les Jésuites de Sassari reçurent les mêmes ordres pour la Sar-
daigne. Ceux de Portugal ne les attendirent pas. Les discussions théologiques et les intrigues de couvent firent place aux
élans apostoliques et aux inspirations de la Charité. Ce fut à la
fin de l'année 1617, qu'au milieu des acclamations et des res-
pects du peuple, on transféra de Rome à Madrid le corps de
François de Borgia. L'Eglise ne devait le placer au rang des
bienheureux que le 24 novembre 1624. L'Espagne tout entière
devança le Saint-Siége dans les hommages à rendre à un saint
dont la vie avait honoré l'humanité et dont les vertus étaient
un titre de gloire et le domaine de la Compagnie de Jésus. Il y
eut, sur toutes les routes que parcourut le cortége, de ces
fêtes qui embellissent la mort ; Philippe III et le duc de
Lerme, petit-fils de François de Borgia, s'y associèrent.
Ils fondaient aux Jésuites de nouveaux Colléges ; mais cette
protection et ces bienfaits ne détournèrent pas les Pères de
leur devoir. En 1618, le roi et son ministre en acquirent la
preuve.

Philippe III se trouvait momentanément obéré ; il crut qu'en
frappant les citoyens de Séville d'un nouvel impôt il couvrirait

le déficit de ses finances ; le décret fut adressé aux magistrats forcés de l'exécuter. Il existait, en Andalousie, un Jésuite qui, par la sagesse de ses conseils et la profondeur de sa science, était l'oracle de la population. Il se nommait Jacques Ruiz de Montoya. Le roi comprit que l'impôt projeté ne rencontrerait aucun obstacle si le Père Montoya l'appuyait de son assentiment. Le duc de Lerme fut chargé de sonder le Jésuite et de lui promettre, au nom du souverain, que s'il décidait les magistrats et les habitants de Séville, Philippe agirait lui-même auprès du Pape pour obtenir la publication de son ouvrage sur les secours de la grâce divine. A cette proposition, qui cherchait à abriter une contribution illégale sous l'amour-propre d'un écrivain, le Père répondit : « Je désire en toutes choses, il est vrai, me soumettre respectueusement à la majesté royale ; mais quant à cet impôt, qui serait une manifeste oppression, j'aime mieux brûler de ma propre main tous les ouvrages, fruit de mes travaux, que d'approuver l'ordonnance du Roi. » Le prince était absolu ; il applaudit néanmoins à cette généreuse liberté, et le décret ne reçut pas d'exécution.

Trois années après (1621), Philippe, à peine âgé de quarante-quatre ans, se voyait aux prises avec la mort, et, dans les anxiétés de l'agonie, il mandait auprès de lui le Père Jérôme de Florentia, le Bourdaloue espagnol, comme pour donner à l'Institut un dernier et solennel témoignage de confiance. Il expira dans les bras du Jésuite. A peine Philippe IV eut-il pris les rênes de l'Etat, qu'il accorda à la Société encore plus d'influence qu'elle n'en avait eu sous son prédécesseur. Il encouragea ses sujets à bâtir des Collèges ; le plan des Pères n'était pas de concentrer l'éducation et de ne la distribuer qu'aux classes privilégiées. Ils appelaient les enfants des pauvres et les héritiers des nobles maisons à jouir en commun du bienfait de l'instruction. Ils établissaient l'égalité chrétienne, ils la faisaient régner sur la jeunesse, afin de graver son principe dans le cœur des hommes. Ildephonse de Santana, à Orense ; Pierre de Mirallès, à Ségorbe ; François Roya, Évêque de Cusco, à Baeza ; Laurent Diaz, à Moron ; Antolinez de Burgos, Évêque de Tortose ; Matthieu Boterello et le docteur Jérôme Astor, dans cette cité : Michel Simoneto, à Palma, secondent les vues de la Compagnie en lui fondant des Colléges. Les villes de Manrèse, de Vich, de Saint-Sébastien et d'Alicante créent de pareils établissements. Tout souriait à l'Institut dans la Péninsule, et c'est à peine si, dans un espace de plus de trente ans, on peut découvrir un nuage à cet horizon toujours serein ; car les querelles suscitées par le docteur Juan de Espino contre le Jésuite Poza et la Société tout entière, les pamphlets mis au jour par cet héritier de Melchior Cano, et l'*Epiphanie* de Francesco Reale, sont indignes de l'histoire, malgré le talent que ces ouvrages renferment. Un fait seul, en 1646, vint, non pas en Espagne, mais en France, où l'esprit de parti ne sommeille jamais, fournir un aliment aux imputations. Ce fut une première épreuve de la banqueroute du Père La Valette. Elle eut moins de retentissement qu'elle ; mais elle naquit de la même pensée, elle souleva les mêmes griefs.

Il se trouvait dans la Péninsule un grand nombre de Maisons et de Colléges à peu près dans le dénûment. Celui de Séville avait pour administrateur temporel un Frère coadjuteur qui, afin de procurer quelque bien-être à ces Maisons, eut recours au commerce. Il fit des emprunts, aggloméra des capitaux et les plaça sur des navires, espérant augmenter à leur insu les ressources des Jésuites. Les vents et les flots firent échouer ses prévisions ; tout fut englouti dans des naufrages ou dévoré par de fausses spéculations. La chance ne lui était pas favorable ; ses créanciers, qui, en lui accordant leur confiance, avaient cru qu'il agissait au nom même des Jésuites, réclament auprès d'eux. Les Pères affirment n'avoir connu cet événement que par la rumeur publique ; elle les accusait. Ils agirent ainsi que la conscience et l'honneur de la Société le commandaient. Ils déclarèrent que tous les créanciers seraient remboursés, et leur promesse s'accomplit. Le Frère coadjuteur qui, par un zèle coupable, avait compromis l'Ordre de Jésus, ne pouvait rester dans son sein ; c'eût été donner un corps aux soupçons. Il se vit expulsé de l'Institut, et, pauvre, après avoir fait tant de rêves de fortune, il n'accusa jamais que lui. Tels sont les faits. Les auteurs de l'*Encyclopédie*, à l'article *Jésuites*, n'ont pas pris la peine de les examiner ; ils se contentent de dire : « En 1646, les Pères font à Séville une banqueroute, qui précipite dans la misère plusieurs familles. »

Cette affaire, si simple dans son origine et dans ses conséquences, fournissait aux adversaires de la Société un texte fécond en hyperboles. Les Jésuites sont condamnés à ne rien faire comme les autres hommes ; on scrute une pensée, un but, dans l'acte le plus indifférent, on le juge avec passion, parce qu'on suppose que tout est inspiré et dicté par une volonté immuable. Pour mieux faire comprendre le parti que des esprits prévenus peuvent tirer d'une imputation isolée dont ils affectent de rendre tout un corps religieux solidaire, nous croyons devoir reproduire le plus énergique réquisitoire que ce fait, ramené à ses proportions, ait évoqué. C'est en quelques pages une terrible accusation ; nous la citons pour montrer combien l'animosité sait grossir les objets.

« Où vont donc toutes ces richesses que le Paraguay et le commerce leur fournissent ? » se demande le Janséniste Quesnel, et il répond [1] : « Entretenir sur pied soixante mille hommes de troupes, fonder et nourrir des colonies ; faire des armements des plus considérables pour les Indes et pour l'Europe ; entretenir jusqu'à deux mille esclaves dans un seule maison ; soutenir des guerres contre des ennemis jaloux des richesses immenses qu'on acquiert par des voies indignes ; se procurer l'entrée des royaumes où l'on n'a pu encore pénétrer ; envoyer des ambassades pour tâcher de rentrer dans ceux dont on a été chassé ; fournir aux frais immenses d'une Compagnie qui, depuis son établissement, ne fait que courir d'un bout de la terre à l'autre ; payer dans presque tous les ports de l'univers des commissionnaires et des facteurs sous le nom desquels on commerce ; pensionner des espions dans toutes les cours ; acheter argent comptant la direction de la conscience d'un monarque, de la faiblesse duquel on abuse pour gouverner ses Etats sous son nom ; écarter des ministres trop clairvoyants, pour ne mettre

---

[1] *Histoire des religieux de la Compagnie de Jésus*, par l'abbé Quesnel, t. 1., Introduction.

auprès des princes que des hommes du dévouement desquels on
est sûr ; acheter des dignités et des charges pour en revêtir des
gens qui leur sont vendus ; se rendre arbitres souverains du
destin des couronnes ; décider de la paix ou de la guerre ; négocier des alliances, et les mariages même des souverains ; soulever les peuples contre eux lorsqu'on n'en est pas content ; susciter et payer des assassins pour s'en défaire lorsqu'ils déplaisent ;
tramer des conjurations contre les Etats, tant ceux où l'on n'a
pu pénétrer que ceux où l'on a été comblé de bienfaits ; acheter
à prix d'argent et par des flatteries les plus basses les faveurs
d'une cour dont on dispose depuis près de deux cents ans, et
dont il n'est presque point émané de décret qu'on n'ait pour ainsi
dire dicté ; se mettre en état de résister à force ouverte à toutes
les puissances, tant spirituelles que temporelles ; soutenir contre
toute l'Eglise la corruption étrange qu'on a introduite dans sa
doctrine et dans sa morale, qui jusque là s'étaient conservées si
pures ; susciter des persécutions des plus violentes contre ses
plus zélés défenseurs ; faire des pensions aux ministres de sa fureur et de sa vengeance ; écarter de tous les emplois les gens de
mérite qui les pourraient occuper ; briguer ces mêmes emplois ou
pour soi-même ou pour ses créatures ; corrompre à force d'argent
ou de présents l'intégrité d'un juge et souvent d'un sénat ou d'un
parlement entier, devant lequel on porte ses injustices et ses
crimes ; étouffer par les mêmes voies le bruit que font dans le
public les excès les plus scandaleux ; suborner de faux témoins
pour perdre les innocents ou pour enlever les biens de la veuve
et de l'orphelin ; gagner des notaires pour se faire mettre sur des
testaments, ou pour les engager à faire de faux actes ; pensionner
des gens pour préconiser toutes ses actions ; en payer d'autres pour
contrebalancer par des panégyriques aussi faux que fastueux la
haine du public, qu'on s'est si justement attirée par ses rapines
et par ses crimes ; faire imprimer à ses frais ces énormes volumes
d'histoire faite à plaisir, dans lesquels la vérité est presque toujours falsifiée, et qu'on ne trouve dans les bibliothèques que
parce qu'on les y a donnés ; distribuer à des béates ces ennuyeux
recueils de relations apocryphes, que personne n'achète et ne lit,
tant on est sûr qu'elles sont remplies de mensonges ; faire impri-

mer et débiter ces libelles diffamatoires et séditieux dont l'Angleterre, la France, les Pays-Bas, l'Espagne et plusieurs autres royaumes ont été si longtemps inondés ; intenter des procès à tout le genre humain ; susciter des querelles ; faire naître des disputes ; exciter des haines ; persécuter par toute la terre, d'une manière aussi cruelle qu'indigne, des patriarches, de saints évêques, et les autres ministres de Jésus-Christ ; abattre et perdre ce qui déplaît ; en un mot, allumer et entretenir dans tout l'univers ce feu de discorde qui y règne depuis deux cents ans ; toutes ces choses ne se font point sans des dépenses immenses ; et voilà l'usage que les Jésuites ont fait et font encore de ces trésors qu'on leur reproche justement d'acquérir par des voies si indignes et si criminelles. »

Jamais peut-être cause minime n'a produit une telle explosion d'éloquence. Ce n'est plus une discussion, c'est de l'égarement, et ces lignes si véhémentes d'injustice sacerdotale seront pour nous une leçon d'impartialité. Le devoir de l'historien est de rapporter, nous rapportons les faits tels qu'ils se présentent après de sérieuses études.

Dans le Portugal, soumis à la domination espagnole, et devenu une des provinces de l'empire constitué par Charles-Quint et Philippe II, la marche de l'Institut était la même. Le pouvoir des Jésuites s'étendait ; leurs richesses s'accroissaient et leurs Colléges se multipliaient. Dona Béatrice de Lara, veuve de Pierre de Médicis, se faisait la protectrice de leur maison de Coïmbre. En 1647, les villes de Portalègre et de Faro, en 1620 celle de Santarem suivaient le mouvement imprimé ; mais ces prospérités toujours croissantes étaient d'un jour à l'autre menacées de s'engloutir dans une révolution. Philippe IV n'était pas assez fort pour conserver sur sa tête la couronne de Portugal, qu'y avait attachée son aïeul. L'orgueil du comte-duc d'Olivarès, ministre omnipotent, entraînait le gouvernement espagnol dans des fautes politiques qui, peu à peu, le faisaient déchoir du rang auquel il était monté. La dynastie autrichienne s'affaiblissait dans les pompes solitaires de l'Escurial, ainsi que toutes les races de rois heureux qui, dans le bonheur, ne savent pas se préparer des âmes assez bien trempées pour s'élever au-dessus

des calamités, ou pour les couvrir de leur sang comme un baptême régénérateur.

Le Portugal, secrètement encouragé par le gouvernement
français, ▓▓▓▓ait à l'indépendance. On complotait dans les
villé▓ ▓▓▓▓▓Universités, dans le peuple, dans l'armée; la
conjuration g▓▓nait dans tous les cœurs, excepté dans celui de
Jean, duc de Bragance, qui allait en recueillir les fruits. La
séparation était imminente; les Jésuites pouvaient y travailler
avec succès. Théodose, Fulgence et François de Bragance
cherchèrent à les rendre favorables à leur famille. Parmi tous
ces princes qui convoitaient pour leur nom le diadème d'Emmanuel le Fortuné, il n'y avait qu'un homme de tête et de
cœur; c'était Louise Gusman de Médina-Sidonia, épouse de
Jean de Bragance. De concert avec Pinto, un de ces aventuriers qui mettent le génie de l'intrigue au service d'une cause,
Louise de Médina-Sidonia avait improvisé le duc Jean conspirateur involontaire. Elle espérait le créer roi malgré lui; mais
il fallait obtenir la coopération, ou tout au moins la neutralité
des Jésuites.

Ils ont déjà assisté à tant de commotions politiques, ils se sont
vus mêlés à tant d'événements, qu'ils savent par expérience
que les révolutions ne profitent guère à leurs plus actifs
promoteurs. Les héros d'insurrection disparaissent en effet
après le triomphe, que leurs exigences compromettraient. On
les embaume dans leur gloire stérile, on les relègue dans l'obscurité; on les laisse maudire le pouvoir et l'accuser d'ingratitude, jusqu'au jour où l'on se sent assez fort pour les proscrire ou
pour les enchaîner. Alors ceux qui ont attendu la fin de la crise
pour adopter un drapeau leur succèdent aux affaires et dans les
honneurs, car un gouvernement qui tend à se régulariser ne
peut jamais glorifier le principe de l'émeute; il s'en est servi
pour s'installer, il faut qu'il le brise pour n'être pas un jour brisé
par lui. Placés entre leurs devoirs de Portugais et la reconnaissance due au roi d'Espagne, les Jésuites étaient dans une situation difficile.

Le sentiment de l'indépendance nationale électrisait bien certaines âmes, mais les plus prudents désiraient qu'on se tînt à

l'écart et qu'on ne prît parti que lorsque le vainqueur serait proclamé. Cette attitude éloignait les Pères du théâtre de l'action :
la duchesse de Bragance ne se résigna pas à une semblable tactique. L'influence des Jésuites était nécessaire à ses desseins ;
elle osa en décider quelques-uns à se prononcer, et, en 1635,
quand ses plans commençaient à mûrir, Jean de Bragance parut
dans la ville d'Evora. On avait doté ce prince timide de toutes les
vertus héroïques ; ses partisans en faisaient un grand homme, le
peuple l'accueillit comme une dernière espérance. Il salua son arrivée par des acclamations enthousiastes ; sa présence seule était
un gage de restauration prochaine. Il y eut des fêtes partout, à
l'église principalement. Là, un Jésuite, le Père Gaspar Corréa,
fut choisi pour prêcher devant lui, et il termina son discours par
ces paroles : « Prince, je verrai encore sur votre tête la couronne... de gloire à laquelle puisse nous faire tous parvenir le
Seigneur. »

Cette suspension flattait trop vivement le délire des auditeurs
pour ne pas exciter des applaudissements sans fin. Dans cette
foule qui croyait à l'avénement des Bragance, prophétisé par une
réticence de mots, il ne se rencontra qu'un cœur indifférent ; ce
fut celui du duc. Il passa la journée au Collége des Jésuites et,
disent les manuscrits de la Compagnie, il s'abstint toujours de
ce qui aurait pu le faire soupçonner d'aspirer à la couronne.
Deux années après, en 1637, le contre-coup de cet événement
se faisait sentir. L'allusion de Corréa se traduisait en insurrection. Ce fut la première et la seule qui signala la révolution por-
tugaise de 1640.

Olivarès avait dicté à Philippe IV un décret qui ordonnait le
recensement des revenus de tous les Portugais, et il en exigeait
le cinquième une fois seulement ; les habitants d'Evora crurent
que cette promesse n'était qu'illusoire, et qu'une fois entré
dans les voies de l'arbitraire, le gouvernement espagnol n'en
sortirait plus. Jamais on n'offrit à la révolte un prétexte aussi
plausible : les amis de Bragance l'exploitèrent, et d'Evora le
feu de l'insurrection, se communiquant de ville en ville, em-
brasa tout le Portugal. Le Provincial des Jésuites a étudié le
mouvement, il en prévoit les conséquences ; mais, fidèle à la

loi que les Congrégations Générales ont tracée, il interdit à
tous les membres de la Compagnie de s'immiscer à la sédition
directement ou indirectement, par approbation publique ou
tacite.

Il y avait trop d'effervescence dans les esprits pour qu'un
pareil ordre fût suivi : ce qui s'était fait au temps de la Ligue
se renouvela en Portugal, avec les diversités de mœurs et de
pays. L'obéissance due au chef de l'Institut fut acceptée par le
plus grand nombre; mais le patriotisme de quelques individua-
lités, l'enthousiasme qui, à la veille des révolutions, monte au
cœur et à la tête comme une fièvre, poussèrent cinq ou six Jésuites à sortir des bornes de la neutralité. Le troisième dimanche de l'Avent 1637, le Père François Freire adhéra, du haut
de la tribune évangélique, à la réaction qui entraînait le Portugal. Son discours produisit à Evora un effet magique, il retentit partout : le Provincial condamna l'orateur à la prison;
mais aussitôt les plus nobles familles épousent chaleureusement
sa querelle; on interprète, on atténue ses paroles; on écrit au
roi d'Espagne pour se plaindre de l'injustice dont Freire est la
victime. Les Jésuites punissaient un des leurs qui avait invité
le peuple à secouer le joug de la domination espagnole, et
le roi d'Espagne se rangeait à l'avis de la noblesse portu-
gaise.

A la veille de perdre ce royaume, Philippe IV et Olivarès
s'aveuglaient tellement que le monarque et le ministre prenaient des mesures pour que Freire fût à l'instant même remis
en liberté. On connaissait l'imprévoyante faiblesse du comte-
duc : les ordres du prince furent exécutés par le peuple avant
même leur promulgation. Le supérieur des Jésuites se vit débordé; alors les Pères Sébastien Couto, Alvare Pirès, Diégo
Aréda et Gaspar Corréa cherchèrent à comprimer l'élan qu'on
les accusait d'avoir fomenté. La duchesse de Bragance avait fait
l'essai de ses forces : elle crut devoir ajourner son dessein. Au
mois de novembre 1638, les cinq Jésuites obtinrent de la masse
une soumission complète, mais momentanée.

Quand cette première sédition fut apaisée, la cour de Madrid, sans en scruter les causes, essaya d'en punir les auteurs.

Le roi mande à l'Escurial Couto, Pérez, Aréda et Corréa ; il
écrit qu'il a besoin de leur prudence et de leurs lumières, et
qu'il désire les consulter sur la situation des esprits. Couto,
Pérez et Aréda pressentent qu'un piége est caché sous cette
invitation ; ils mettent en avant les motifs les plus spécieux
pour différer leur départ : Corréa seul arrive à Madrid. C'est
lui qui, quatre années auparavant, a fait, du haut de la chaire,
descendre la couronne sur la tête de Jean de Bragance. Il tâche
de justifier sa conduite et d'expliquer ses paroles : Philippe IV
l'exile à San-Felice ; mais, peu de mois après, la conspiration,
savamment ourdie, éclatait à Lisbonne, la séparation du Portugal et de l'Espagne était consommée, et la maison de Bragance montait sur le trône.

Elle tint compte aux Jésuites du passé et du présent, elle
voulut par eux s'assurer l'avenir : elle leur accorda une influence illimitée. Les Jésuites furent les premiers ambassadeurs
du roi Jean IV : le Père Ignace de Mascarenhas partit pour la
Catalogne, Willena pour le Brésil, et Cabral pour la Flandre ;
tous trois étaient chargés de missions confidentielles. En 1647,
la reine Louise choisissait pour son confesseur et pour celui de
l'infant Théodose le Père Juan Nuñez. Le Père Vieira, prédicateur du roi, était envoyé en France et en Hollande pour
ouvrir des négociations avec ces Etats. En 1656, l'idée de séparer le Portugal en deux provinces de l'Ordre avait souri au
monarque ; cette division offrait quelques avantages ; mais le
Général de l'Institut, craignant de voir s'affaiblir plusieurs
colléges, s'opposait à une pareille mesure. La question devenait
irritante, Jean IV menaçait : le Général charge le Père Jean
Brisacier, confesseur du duc d'Orléans, de ses pleins pouvoirs
pour trancher cette difficulté. Le Jésuite français aplanit les
obstacles et exécuta ce que Vitelleschi avait résolu.

Le cinquième généralat est monotone de bonheur. A Malte,
cependant, il surgit un orage qui chassa de l'île les Pères de la
Compagnie. Thomas Gargallo, Evêque du diocèse, avait, dès
l'année 1592, créé dans la Cité-Lavalette un collége de Jésuites ; il affecta une partie de ses revenus à cette fondation,
dont le Grand-Maître et le Conseil de l'Ordre se déclarèrent les

protecteurs. Au mois de mars 1617, un Jésuite rétablit dans l'île la concorde que des querelles d'intérieur en avaient bannie. Deux partis s'étaient formés parmi les chevaliers : les uns adhéraient au Grand-Maître ; les autres tenaient pour les Anciens. Plusieurs princes avaient tenté une réconciliation, et il avaient échoué ; le Père Charles Mastrilli fut plus heureux : il amena les chefs des deux oppositions à se faire des concessions mutuelles, et il apaisa le différend. Mais, en 1639, la bonne harmonie qui avait jusqu'alors régné entre les chevaliers et les Jésuites cessa tout-à-coup ; la cause de ce désaccord était peu grave. Dans la pénurie d'inculpations quotidiennes où se trouvaient les antagonistes de la Société, l'affaire de Malte fut une fortune : on lui prêta des circonstances imaginaires et on publia ce récit.

« L'île était en proie à la famine, le blé manquait, et la flotte turque, qui tenait la mer, empêchait toute communication avec la Sicile ; les Jésuites gardaient dans leurs greniers plus de cinq mille sacs de froment. Craignant d'être forcés par le Grand-Maître de le livrer à vil prix, ils dissimulèrent leurs richesses et se mirent au rang des affamés. Paul Lascaris était chef de l'Ordre, il vint généreusement au secours des Jésuites ; quelques chevaliers protestèrent contre une libéralité si mal placée.

« Dans le même temps, il arriva, continue le *Teatro Jesuitico* [1], que le Père Cassia commit un crime si abominable que

[1] Le *Teatro Jesuitico* est un ouvrage espagnol aussi rare que virulent, mais où l'épigramme fait souvent place à la calomnie. Il fut brûlé par arrêt du roi Philippe IV. Le 18 janvier 1655, le tribunal de l'Inquisition porta contre lui une sentence. Le 26 février 1656, il fut condamné par le Saint-Siége, et le Dominicain don Tapia, archevêque de Séville, le brûla publiquement de ses propres mains. C'est à cet ouvrage qu'Antoine Arnauld a emprunté la plupart des accusations de sa *Morale pratique des Jésuites*; et, pour donner plus de poids aux emprunts qu'il lui fait, Arnauld n'a pas craint de mettre le livre sous l'autorité d'un nom respectable. « Quant à l'auteur du *Théâtre jésuitique*, dit-il au premier volume de sa *Morale pratique*, page 214, le nom de *La Piedad*, qu'il a pris, n'est pas son véritable nom. Il était Dominicain lorsqu'il le composa. Il se nomme Ildephonse de Saint-Thomas. Il possède présentement l'évêché de Malaga. »
A peine le prélat eut-il connaissance de l'imputation, qu'il écrivit au Pape Innocent XI : « Il nous est tombé, depuis peu, entre les mains un libelle infâme, indigne de la lumière, et composé au milieu des ténèbres de l'enfer. Son titre est *Morale pratique des Jésuites*. » L'Evêque de Malaga prouve qu'il n'est pas l'auteur de ce *Théâtre*, et il ajoute : « Il est donc mathématiquement démontré qu'il y a impossibilité pour que nous ayons écrit le *Théâtre jésuitique*. L'écrivain dit qu'il a été publié en 1654, c'est-à-dire cinq ans après notre profession, alors que le man-

tous les officiers en furent irrités, et, pour le punir d'une manière proportionnée au forfait, ils le jetèrent sur une felouque avec ses compagnons et les envoyèrent en Sicile ; ils visitèrent aussi tout le collége et découvrirent une assez grande quantité de blé pour nourrir l'île pendant plusieurs mois. »

Vertot, cet historien d'imagination qui n'eut jamais de penchant pour les Jésuites, se tait sur ces imputations, et il raconte ainsi la cause de leur bannissement [1] : « Quelques chevaliers qui ne faisoient que sortir de pages, dans les jours de carnaval, se masquent sous l'habit de Jésuites. Ces Pères en portent leurs plaintes à Lascaris, qui fait arrêter quelques-uns de ces jeunes gens. Leurs camarades enfoncent les portes de la prison et les délivrent ; ils vont tous au collége, jettent les meubles par les fenêtres et forcent le Grand-Maître à consentir à ce qu'ils soient transportés hors de l'isle. Onze Jésuites furent embarqués ; quatre seulement, cachés dans la Cité-Lavalette, y restèrent. Le Conseil et les Grand'Croix ne parurent pas trop fâchés de l'exil des Pères, qui, à leur préjudice, étoient en possession de gouverner les Grands-Maîtres. »

La narration de Vertot se rapproche plus de la vérité que le récit du *Teatro*, dont Antoine Arnauld s'est emparé ; mais Vertot ne dit pas tout : il importe donc d'être plus exact. Paul Lascaris témoignait de l'estime aux Jésuites ; deux surtout avaient sa confiance : c'étaient les Pères Georges Talavia et Jacques Cassia. Une licence à peu près sans frein régnait sur ce rocher, d'où les chevaliers s'élançaient avec tant de valeur pour défendre la Religion et combattre les Infidèles. Les dangers qu'ils bravaient chaque jour avaient donné à leur vie ainsi qu'à leur caractère quelque chose d'aventureux : le temps qu'ils ne passaient pas à

que de temps, la faiblesse du tempérament, une application opiniâtre à d'autres études nous mettaient dans l'impossibilité de traiter un sujet si difficile et si fatigant. » C'est là, dit un historien, ce qui confond l'audace téméraire avec laquelle Arnauld attribue cet ouvrage à un *docte et pieux Religieux de Saint-Dominique*, *Ildephonse de Saint-Thomas*, à l'âge où non-seulement il n'enseignait pas encore, mais où il commençait à peine à apprendre les belles-lettres.

Ce démenti solennel, répandu dans toute l'Europe, n'empêcha point Arnauld, Pascal et les adversaires de la Compagnie de Jésus d'attribuer à l'Evêque de Malaga un ouvrage auquel sa jeunesse et son équité ne lui auraient jamais permis de songer.

[1] *Histoire de Malte*, livre xiv, année 1639.

croiser sur les mers, ils le consacraient au plaisir ; ce plaisir dé-
généra en corruption. Lascaris jugea opportun d'y mettre un
terme : par des mesures sévères, il rappela ces moines-soldats
à l'observance des règles auxquelles ils étaient assujettis : il interdit aux femmes de se déguiser en hommes et de paraître sur la
scène dans une comédie que les jeunes gens de la Langue d'Italie
préparaient pour le carnaval. Ces chevaliers essaient de faire
révoquer la défense : ils sollicitent, ils font solliciter auprès
du Grand-Maître. Lascaris répond : « Je n'ai porté cet édit
que pour obéir à ce que la Religion et nos vœux comman-
dent ; si le Père Cassia déclare que je puis autoriser vos
amusements, je ne m'y opposerai plus. » Cassia est consulté,
il refuse d'accéder aux désirs des chevaliers. Les esprits s'é-
chauffent ; Salvatici, gentilhomme de Padoue, se met à la tête
des mécontents : ils prennent le costume de la Compagnie de
Jésus : ainsi travestis, ils parcourent la ville en proclamant que
les Jésuites troublent les plaisirs publics et qu'ils sont les auteurs
de l'édit. Lascaris ordonne que Salvatici soit renfermé au fort
Saint-Elme. A cette nouvelle, les Italiens courent aux armes, ils
provoquent les autres Langues à l'insurrection. Salvatici est délivré, et tous ensemble se dirigent vers le collège des Jésuites,
qui est mis à sac : onze Pères sont arrêtés, on les dépose sur un
navire qui fait voile pour la Sicile.

C'était plutôt une surexcitation de carnaval qu'un sentiment
réfléchi qui avait déterminé un pareil acte. Lascaris en écrivit
à Rome, et Urbain VIII (de la famille Barberini) s'empressa de
donner des ordres pour que les Jésuites fussent réintégrés à
Malte. Mais, dans l'intervalle, Louis XIII n'avait pas cru devoir
rester spectateur indifférent du scandale. La France sous Richelieu avait la voix haute et la main puissante : son roi écrivit le
5 mai 1639 [1] au Grand-Maître :

« Mon cousin, j'ay trouvé fort estrange le procédé de quelques chevaliers françois et italiens contre les PP. Jésuites de
Malte. Comme la violence qu'ils ont commise a été publique,
il n'y a point de doute que le chastiment en doit estre sévère et

[1] *Manuscrits de la Bibliothèque royale de Paris* 141, vol. 673.

exemplaire. L'affection que je porte à la Compagnie des PP. Jésuites, ainsi que chacun sçait, puisque je confie la direction de ma conscience à l'un d'eux, me convie à leur départir ma protection en toutes occasions, ce que je fais en celle-cy autant qu'il m'est possible, vous recommandant de tout mon cœur ce qui est de leur intérest dans cette affaire ; il me semble qu'il y a particulièrement du vostre à ne laisser pas impunie une telle action pleine de rébellion et de sédition. Sur quoi j'écrits pour ce sujet à mon ambassadeur à Rome afin qu'il fasse tous offices près de Nostre Saint-Père à ce que Sa Sainteté interpose son autorité, s'il est besoing, pour soutenir la vostre, en sorte que rien ne puisse empêcher que lesdits chevaliers soient châtiés de leur insolence. Si vous en voulez envoyer quelques-uns en France, je leur feray sentir volontiers combien elle m'a desplu. Mais, avant toutes choses, les Jésuites qui ont été chassés doivent être restablis dans leur maison avec ceux qui y sont demeurés. Je ne doute point au surplus que vous ne les protégiez dorénavant avec toute sorte de soing, et ne teniez la main que semblable inconvénient ne leur arrive plus. Sur ce, je prie Dieu, mon cousin, qu'il vous ait en sa sainte et digne garde. »

Le 12 décembre de la même année, les Jésuites rentrèrent dans leur collége aux applaudissemeuts des chevaliers et du peuple ; mais, par une mesure toute de prudence, les Pères Talavia et Cassia reçurent une autre destination. Le crédit dont la Compagnie jouissait auprès de Lascaris avait donné quelque ombrage à certains dignitaires de l'Ordre de Malte ; les Pères se renfermèrent dans l'exercice de leurs fonctions avec une réserve dont rien ne put les faire départir. Cependant, au carnaval de 1640, les troubles allaient renaître, lorsque Salvatici obtint de Lascaris que la comédie projetée l'année précédente serait enfin jouée. Il arrive au théâtre ; une querelle s'engage entre lui et un chevalier nommé Robert Solaris : Salvatici se croit offensé, il recule d'un pas et porte la main à la garde de son épée. Solaris le prévient ; il lui passe la sienne à travers le corps. Cette fin déplorable, dans laquelle le peuple s'attacha à voir une espèce de jugement de Dieu, servit de dénoûment à une intrigue dont le but et le résultat furent dénaturés.

Tandis que la paix régnait au midi de l'Europe, la guerre éclatait au nord ; Gustave-Adolphe, le héros du Protestantisme, et Jean, comte de Tilly, son rival de gloire, répandaient de tous côtés la terreur de leur nom et de leurs armes. Tilly s'était destiné à la Compagnie de Jésus ; son amour des combats l'emporta sur sa piété. Les Jésuites le firent renoncer à leur Institut pour devenir un grand capitaine ; mais l'affection constante qu'il témoigna à ceux qui, dans le cloître, avaient laissé se développer en liberté sa passion militaire, fut pour les hérétiques un nouveau stimulant. Les Jésuites avaient formé Tilly, Walstein et Piccolomini, les trois champions de la cause catholique dans cette guerre de Trente-Ans, qui a si profondément remué l'Allemagne ; les Jésuites expièrent ce triple honneur par des persécutions sans fin, par des dangers de tous les jours. Tilly avait des Jésuites dans son camp ; ils lui prêchaient l'humanité, et, victimes de la guerre, ils s'opposaient à ce que les troupes impériales se vengeassent sur les prisonniers des désastres qui ruinaient leurs Collèges. Ils accompagnaient l'armée dans ses marches, ils la suivaient sur les champs de bataille, et, après la victoire de Starlo, ils disputèrent aux Croates les captifs de la journée [1]. Les Protestants se montrèrent peu touchés d'un pareil exemple. Les considérations politiques qui mettaient l'Allemagne en feu ne les préoccupaient guère ; ils se battaient comme la plupart des nations se battent, sans pouvoir préciser les motifs de la lutte ; mais ils en trouvaient un plus que suffisant dans leur haine du Catholicisme et de la Société de Jésus.

La Compagnie avait fait d'immenses progrès au cœur de l'Autriche ainsi que sur les frontières de la Russie ; elle était en Pologne et en Bohème, en Hongrie et dans les provinces livoniennes ; la Guerre de Trente-Ans fut une occasion de briser

---

[1] Quant aux prisonniers, dit le *Mercure de France*, tome IX, page 657, qui furent de quatre à cinq mille, ce fut une chose pitoyable de les voir menés par les Croates comme des troupeaux de bétail, par la Westphalie, jusqu'aux portes de Munster, où Arthus écrit que : *Ibi ipsis cibo, potu et vestimentis per summam commiserationem prospectum fuit, tametsi paulo ante hostes fuissent.* Plusieurs ecclésiastiques, et entre autres les Pères Jésuites, les Capucins, et aussi des gens laïques, en firent même sauver nombre d'entre les griffes des Croates, auxquels ils donnèrent ou firent donner de quoi se retirer dans leur pays.

sa puissance. Les *Monita secreta* [1] avaient paru en 1612 à Cracovie. Ce livre, où l'on suppose que le Général des Jésuites inculque à ses subordonnés les conseils qui doivent éterniser leur pouvoir et accroître leur fortune, met à nu et justifie toutes les iniquités. Une société quelconque qui partirait de cette base ne serait plus qu'une caverne de voleurs, et il n'y aurait pas assez de toutes les vengeances humaines pour flétrir un pareil code. Ceux qui l'avaient inventé le comprirent bien, ils n'espérèrent tromper que les esprits ayant besoin de mensonge. Leur succès ne put jamais aller au-delà; mais, pour eux, c'était tout ce qu'ils attendaient. Le 10 décembre 1616, la Congrégation des cardinaux déclara ces *Monita secreta* « absolument condamnés comme faussement attribués à l'Institut de Jésus. » Cet acte n'apprenait rien à personne; il ne modifia aucune opinion. L'ouvrage tendait à paralyser la confiance; il avait pour but avoué de montrer les Jésuites obéissant en aveugles à des lois perverses, à un système d'envahissement qui semait le trouble dans les familles et dans les Etats.

Joseph Velamin, métropolitain des Russes, ne se laissa point abuser. Des désordres de plus d'une sorte s'étaient introduits dans les monastères de Lithuanie qui suivaient la discipline de saint Basile le grand. Le métropolitain avait jugé une réforme nécessaire, il pria deux Jésuites de l'établir dans le couvent de Biten; de là elle se propagea dans tous les autres : et les Basiliens reconnaissants voulurent faire éclater, dès leur première Con-

---

[1] Les *Monita secreta* furent publiés à Cracovie en 1612, sans nom d'auteur, mais Pierre Tilicki, évêque de cette ville, établit, en 1615, une procédure juridique contre Jérôme Zaorowski, curé de Goździec, qui en était l'auteur présumé. Il est resté à l'état d'obscur pamphlet jusqu'en 1761, où il fut réimprimé à Paris. Les Jésuites allaient succomber devant les attaques des ministres qui alors gouvernaient les princes de la Maison de Bourbon; cependant on eut la pudeur de cacher, sous la rubrique de Paderborn, l'édition que personne n'osait avouer. Pour donner une origine à cet ouvrage, l'éditeur annonça que Christian de Brunswick avait saisi les *Monita secreta* dans la bibliothèque des Jésuites de Paderborn ou de Prague. Ce n'était qu'un grossier mensonge historique. Tous les Evêques polonais du temps protestèrent avec le Saint-Siège contre une pareille imposture, qui n'a trouvé créance que chez les ignorants ou parmi les hommes pour qui l'erreur est un besoin. Dans son *Dictionnaire des Anonymes et des Pseudonymes*, t. III, n° 20985; Barbier, qu'on n'accusera pas de partialité en faveur des Jésuites, avoue que c'est un ouvrage apocryphe. Le Père Gretzer prit la peine de réfuter ce livre, qui a servi de base à tous ceux qui aiment à partir d'un faux principe pour arriver à de fausses conséquences.

grégation, le sentiment qui les animait. Le 30 juin 1621, ils
dressèrent un acte signé par André Ztoly Kwasinskiégo, archevêque de Smolensk, et certifié par Jacque Susza, évêque
de Culm, dans lequel on lit [1] : « Qu'il soit manifeste à tous nos
frères que, pour notre plus grand et plus efficace profit spirituel, nous nous associons à l'Ordre des saints Pères de la Compagnie de Jésus. Nous avons écrit au Général de cette Compagnie afin de le lui déclarer, et nous prenons cet Ordre pour appui. Instruits de cette résolution, que les nôtres s'efforcent de
leur témoigner en tout lieu charité, amour, bienveillance comme
à des frères, pour que les Jésuites comprennent que nous leur
sommes unis non de parole seulement, mais en réalité. »

Un Collége surgissait au milieu des forêts de la Samogitie,
et les Pères rappelaient à l'Évangile, par l'éducation, les habitants presque païens. Le chancelier du royaume, Léon Sapiéha,
en fondait un autre à Brestovitza ; un troisième se formait à
Grodno ; mais alors l'Université de Cracovie sentit le danger de
la concurrence. Sigismond avait voulu qu'une nouvelle Maison
de Jésuites fût créée à Cracovie même, afin de compenser les
pertes que la guerre des Turcs leur faisait éprouver. L'Université s'oppose à ce qu'on élève école contre école, et elle présente au roi ses doléances, que la lecture des *Monita secreta*
paraît avoir inspirées.

Les Jésuites, selon l'Université de Cracovie, sont « rusés,
savants en mille artifices, et instruits à feindre la simplicité. »
Le roi passe outre ; les Universitaires, qui voyaient la patrie
menacée, d'un côté par les Luthériens, de l'autre par les Turcs
infestant les frontières, saisissent cette occasion pour obtenir
par la révolte ce qui a été dénié à leurs prières. La Pologne
était ce qu'elle a toujours été, un royaume électif gouverné par
la confusion. Des troupes s'avancent en 1621 sur les Universitaires, et, dans une lettre que, le 29 juillet, ils écrivent à
l'Université de Louvain, on lit [2] que « les Jésuites firent couler
plus d'une fois le sang des innocents, et que la ville en fut
inondée. Comme les Pères n'étaient pas encore rassasiés de

---

[1] *Tableau de la Lithuanie*, par J. Jaroszewicz, t. III, page 229 (Vilna, 1845).
[2] *Litteræ academiæ Cracoviensis ad academiam Lovaniensem*, 29 *julii* 1627.

carnage, le bras des cruels qu'ils employaient à ces forfaits s'en lassa, et, touchés de compassion, ils se refusèrent enfin à continuer le massacre. »

De semblables missives étaient adressées à chaque Université. Celle de Paris en reçut; elle y répondit par d'éloquentes malédictions contre les Jésuites. Les docteurs de Pologne se plaignaient de ce qu'un monarque, accablé d'ennemis extérieurs, punissait rigoureusement la rébellion intérieure qui lui arrachait une partie de ses forces. Toutes les Universités, dans un accord unanime, décernaient aux révoltés des louanges et des larmes. Les Jésuites, en ce même moment, tombaient victimes des premières victoires de Gustave-Adolphe.

Dans cette année (1621,) où l'Université de Cracovie croit qu'ils la persécutèrent, les Suédois qui s'étaient jetés sur la Livonie forçaient la ville de Riga à capituler. Les Jésuites en fûrent bannis par convention luthérienne; huit jours après, à Venden, le même sort leur est réservé par Gustave-Adolphe. Il fallait arrêter la jeune impétuosité du Suédois, ou mourir. Alexandre Corvin Gosiewski, palatin de Smolensk, marche à sa rencontre. Il l'atteint près de Dunamunde, il triomphe; et, pour consacrer le souvenir de cette journée, il crée une Maison de Jésuites dans la cité délivrée par ses armes.

La guerre les chassait sur un point, la guerre les réunissait sur un autre. Corvin leur ouvre un vaste champ à cultiver; ils l'acceptent. Ils pensent que dans le fond de ces forêts, où la civilisation n'a pas encore propagé ses bienfaits, il est possible de voir pousser une sève chrétienne; ils se dévouent à cette tâche. Sans se laisser intimider par de superstitieuses menaces ou abattre par la souffrance, ils réalisent le vœu de Gosiewski. Chaque victoire de ce palatin était pour les Jésuites une nouvelle Mission. En 1630, Corvin s'empare d'une forteresse sur les frontières de la Russie; il va la transformer en Maison de la Compagnie; mais les Pères lui expliquent que l'érection d'un collège à Vitepsk, au centre de la province, sera plus utile qu'un établissement dans un pays abandonné. Corvin se rend à leurs désirs. Huit ans après, le Collège s'ouvrait.

Nicolas Telski, gouverneur de Pinsk, où le schisme grec pénétrait en même temps que le Luthéranisme, veut s'opposer aux ravages que les deux sectes font dans le troupeau catholique; il sollicite des Jésuites. La mort l'empêcha d'exécuter ses projets, son successeur, le prince Stanislas Radziwill, chancelier du royaume, acheva l'œuvre avec le concours de la noblesse du palatinat. En 1629, le général polonais Stanislas Konicepolski, de concert avec Elisabeth Stryzeroska, augmentait le Collége fondé en Podolie par le chancelier Zolkiewski. Quelques années auparavant, en 1625, Anne Chodkiewska, fille du duc d'Ostrog, en créait un dans la Volhynie. Jacques Bobda, échanson du palatinat de Sandomir, et André Trzebicki, Évêque de Cracovie, introduisaient les Jésuites dans ce palatinat. Alexandre Prasecrynski, gouverneur de Kiow, et la famille Kalinowki, dans l'Ukraine, Pierre Tryzna à Bobrouisk, Luc Tolkienoski sur le Borysthène, témoin de ses victoires, et Adam Nowodwoski, à Lomza, imitaient cet exemple.

Il n'y avait que peu d'années que les *Monita secreta* circulaient dans le monde, et que l'Université de Cracovie avait déclaré la guerre aux Jésuites; la noblesse et le peuple de Pologne répondainet ainsi à l'écrit supposé. Cette réponse en action était plus éloquente que toutes les amplifications des Universitaires, plus convaincante que tous les arguments d'une logique aux abois; c'est la morale du fait opposée à des récriminations nées de l'envie ou de l'animosité. Les Catholiques polonais s'en contentèrent; mais les Protestants ne s'accommodaient pas de cette active Société, qui, dépouillée ici, qui, là calomniée, puisait de nouvelles forces dans de nouveaux désastres.

On poursuivait les Jésuites dans leur enseignement, dans leurs missions, dans leur piété de prêtres, dans leurs vertus d'hommes et de citoyens. L'Empereur Mathias que ces colères n'avaient pu ébranler, leur fondait un Collége à Tirnau; il les établissait à l'Université de Prague. Son successeur accordait au recteur du collége le titre de Grand-Maître de cette Académie; mais ce titre exigeait un rang et un éclat qui n'allait pas au privilége d'humilité dont les Jésuites se montraient si jaloux.

Le Général de la Compagnie supplie Ferdinand II de ne pas charger l'Ordre de Jésus de pareils honneurs : le prince accède à sa demande.

Après la mort du Cardinal Forgacz, l'Empereur et les magnats de Hongrie, réunis dans la même pensée, par un de ces accords toujours si rares entre eux, priaient le Souverain-Pontife de nommer pour son successeur le Père Pierre Pazmany. Pazmany était le Missionnaire des Hongrois, ses compatriotes; il les éclairait par ses discours, il les entraînait par ses ouvrages. « Il avait, dit le Protestant Ranke [1], le talent de très-bien écrire dans sa langue maternelle. Son livre intitulé *Kulaus*, spirituel et savant, produisait une sensation irrésistible. Doué d'une élocution facile et entraînante, il a personnellement déterminé, dit-on, la conversion de cinquante familles : parmi ces familles, nous voyons des noms, tels que les Zrinyi, les Forgacz, les Erdœdy, les Balassa, les Jakusitn, les Homanay, les Adam Thurzo; le comte Adam Zrinyi a expulsé à lui seul vingt ministres protestants et les a remplacés par des curés catholiques. Le gouvernement de la Hongrie prit nécessairement une tout autre direction; le parti catholique autrichien obtint la majorité à la Diète de 1625 : un des nobles dont la conversion était vivement désirée par la cour, un Esterhazy, fut nommé palatin. »

Ce livre d'un Jésuite, dont les Luthériens font un si bel éloge, réveillait dans le cœur des Hongrois les traditions catholiques que l'hérésie croyait avoir étouffées; la vertu du Père Pazmany faisait le reste. Il refusait l'archevêché de Gran; mais, en 1616, l'erreur débordait sur ce diocèse, elle menaçait d'envahir la Hongrie. Pazmany l'avait combattue avec tant de succès comme Missionnaire, que les Catholiques se persuadèrent que lui seul serait de force à vaincre ses prédicants, que lui seul pourrait conserver la Foi au cœur des populations. Le Pape fut obligé de céder à un pareil vœu, qui sortait en même temps de la bouche du prince et de la bouche du peuple : le Religieux se vit contraint d'accepter la dignité archiépisco-

[1] *Histoire de la Papauté*, t. IV, p. 124 et 125.

pale. Sa mansuétude pour gouverner et ses rares facultés pour
instruire lui firent acquérir la confiance de tous. Il était prélat
malgré lui ; en 1629, l'Empereur Ferdinand II l'honora de la
pourpre romaine.

Théodore , prince de Furstemberg , Evèque de Paderborn,
avait fondé un collège dans cette ville ; en 1616, il le transforma
en Université. Léopold d'Autriche, archiduc de Carinthie ,
obtint le même privilége pour l'établissement de Molsheim,
qu'il a créé dans son diocèse de Strasbourg. Ferdinand de
Bavière , électeur de Cologne , et l'Evèque de Munster introduisent les Jésuites dans les contrées arrosées par l'Ems. La ville
de Meppen leur offre une résidence ; de là, ils battent en brèche
l'hérésie qui envahissait le pays. En 1618, les Etats de Bohème
les repoussent de leur territoire ; mais alors la Bohème ,
entraînée par l'esprit de révolte, avait levé l'étendard contre son
souverain, et quelques sectaires cherchaient, dans la turbulence
de leur système, à propager le principe d'insurrection. Les
Jésuites se réfugient dans la Moravie : le 5 mai 1619 , les Dévoyés les contraignent à sortir de Brunn ; pour anéantir toute
espérance de retour, on voit les hérétiques incendier le Collége
de la Compagnie.

A Olmutz, les mêmes péripéties se présentent , elles sont
produites par la même cause. C'est toujours le Luthéranisme
qui combat avec le fer et avec le feu ; il juge que les Jésuites
sont ses adversaires les plus terribles, pour les vaincre il s'a-
dresse à toutes les violences. Dans l'Allemagne supérieure, le
Père Michel Sybold, soutenu par le duc Wolfang de Neubourg,
restaure le culte catholique et ramène au giron de l'Eglise un
grand nombre de sectaires. La Bohème est occupée par les
Protestants; Maximilien, duc de Bavière , un élève des Jésuites,
y entre avec son armée. Dix-huit Pères sont sous ses drapeaux ;
à leur tête on voit Jérémie Drexelius , dont le nom retentit si
souvent dans l'histoire de ces guerres. Le prince Frédéric, chef
de la ligue hérétique, est battu coup sur coup à Prague et au
Mont-Blanc en 1620. Cet électeur palatin n'avait régné sur la
Bohème que pendant quelques mois d'usurpation ; les Allemands
l'appelérent le Roi d'hiver.

Ces mouvements de troupes, ces interminables combats ne tardent pas à engendrer la peste ; les soldats en étaient les premiers atteints : six Jésuites , parmi lesquels on compte Jean Pfiffer de Lucerne, expirent en prodiguant leurs soins aux moribonds. La victoire cependant couronne les armes catholiques : Maximilien est maître de la Bohême ; les Protestants, une année auparavant, en avaient expulsé les Jésuites, et le décret contenait la formule sacramentelle : à perpétuité, cette menace des révolutions à qui les faits donnent toujours un démenti : le démenti ne se fit pas attendre.

Gustave-Adolphe soutenait une guerre autant de politique que de religion ; dans sa course victorieuse il chassait devant lui le Catholicisme et les prêtres qui le défendaient. Sur ces entrefaites, un autre capitaine, Betlem–Gabor, prince de Transylvanie et allié des Turcs, se jette sur la Hongrie. Gabor savait parler aux masses, il les entraînait à sa suite : la multitude le proclame roi de Hongrie. Des excès de tout genre sont commis, car la violence du peuple est inévitablement plus grande que celle dont il cherche à tirer vengeance par l'insurrection. Les Impériaux marchent contre lui : le comte de Bucquoy, leur chef, est tué ; mais Gabor était aussi profond diplomate qu'intrépide soldat. En 1622, il comprend que la couronne de Hongrie ne peut pas rester sur sa tête ; il l'échange, dans un traité de paix avec Ferdinand II, contre le titre de prince de l'Empire. A cette abdication calculée il met une condition : Gabor exige que les Jésuites ne puissent jamais fouler le sol hongrois ; leur exil perpétuel est pour lui, Protestant, une satisfaction qui compensera les rêves ambitieux qu'il sacrifie. L'Empereur repousse une pareille clause. Gabor poursuit ses succès ; il fait massacrer le Père Wisman, et, presque à la même époque, le Père Gottfried Thelen tombe sous les coups des hérétiques.

Les Jésuites étaient pour les généraux de l'Empire des auxiliaires qui valaient une armée ; les Jésuites n'attendaient pour récompense de leur dévouement que la faculté de se dévouer encore quand la paix serait conclue. L'archiduc Charles leur fonde un Collége à Neise, en Silésie ; Waldstein en bâtit un autre à Giczin. Mais dans cette guerre si pleine de péripéties, où les excès passaient d'un camp à l'autre comme la victoire, où la défaite elle-même trouvait dans ses farouches désespoirs de nouveaux motifs de carnage, le triomphateur de la veille essuie presque toujours un revers le lendemain ; les chefs étaient trop habiles et les soldats trop exaltés pour que l'on pût terminer par une bataille la double querelle engagée. En 1622, Ernest de Mansfeld, l'indomptable protestant, fait irruption sur le diocèse de Spire ; il pénètre en Alsace, enlève la ville de Haguenau, et plante sur la place publique les potences qu'il destine aux Jésuites.

Tous les princes hérétiques, à quelque communion qu'ils appartiennent, les rois d'Angleterre, de Suède et de Danemark se liguent pour chasser d'Allemagne les Espagnols. Le but secret de ce mouvement d'opinions et d'armées n'est pas la présence des soldats de la Péninsule sur les bords du Rhin, ni la puissance de la maison d'Autriche. Les Protestants aspirent à détruire le Catholicisme ; ils font de la propagande les armes à la main. Christian de Brunswick est le généralissime des confédérés. Il se fait appeler l'évêque d'Herbestadt, et il marche sous un double étendard, qui révèle toute sa pensée : l'un de ces étendards fait flotter aux vents l'emblème d'une tiare foudroyée ; sur l'autre est gravée cette inscription que Christian a prise pour symbole : « *L'ami des hommes, l'ennemi des Jésuites.* » Tilly l'attaque près de Hoësting, il triomphe ; de là il s'élance sur Heidelberg, devenue la proie de Frédéric, l'Electeur palatin. Les Jésuites rentrent dans la ville avec le vainqueur. Le Père Sand expire sous le sabre des Luthériens d'Ernest de Mansfeld ; ils empoisonnent le Père Arnold Bœcop ; mais, comme si le danger ne pouvait jamais effrayer les Pères, deux autres, Georges Nag et Gaspard Puckler, partent pour Constantinople, afin de consoler ou de racheter les Chrétiens que les dernières guerres ont livrés en esclavage aux Turcs.

Ce fut au milieu de cette complication d'événements que, le 20 janvier 1624, le Père Martin Bécan, confesseur de l'Empereur, mourut à Vienne. Théologien consommé, adversaire infatigable de l'hérésie, il avait si bien inspiré à la famille impé-

riale le sentiment catholique, que, le 25 mars, Ferdinand II,
l'impératrice son épouse, et le chancelier Ulric Eggemberg s'engageaient par vœu public à maintenir et à faire triompher la
religion des Apôtres dans tous les Etats de l'empire germanique.

Pour être à même de tenir un serment si solennel dans les
circonstances où l'Allemagne se plaçait, une force d'âme extraordinaire était indispensable. Ferdinand II et Maximilien de
Bavière ne reculèrent devant aucune difficulté. Formés tous
deux par les Jésuites, ils entreprenaient une tâche qui avait
effrayé Charles-Quint lui-même ; ils l'entreprenaient dans des
conditions plus impossibles qu'en 1545. Malgré bien des revers
que des succès partiels ne compensaient pas toujours, ils l'ac-
complirent en partie. Maximilien, Tilly, Waldstein et Piccolomini étaient le bras qui agissait ; Ferdinand fut la tête qui
dirigea.

Comme Charles V de France, ce prince ne sortit jamais de
son cabinet ; mais les Duguesclin qui conduisaient ses armées
suivaient les plans qu'il avait tracés. Ils exécutaient ses ordres,
et, en voyant le monarque ne jamais désespérer de sa cause,
au milieu même des désastres, ils se mirent ainsi que lui au-
dessus des événements. Ferdinand II avait les vertus, les défauts, le caractère et les mœurs de sa patrie et de sa maison.
Froid et concentré, inébranlable dans ses résolutions, impas-
sible partout, il unissait la fermeté au génie, la défiance à la
sagesse. Prince qui n'a jamais tiré l'épée, et qui, en dix-huit
ans de règne, a vu Gustave-Adolphe, Richelieu, Mansfeld,
Gabor, Bannier et les chefs les plus illustres du Protestantisme
conjurer sa perte ; il a tenu tête à ces coalitions de puissances,
il les a vaincues ou désarmées. Il était catholique par sa foi,
catholique par ses instincts conservateurs ; les Protestants en ont
fait un fanatique. Gustave-Adolphe, que la rapidité de ses succès n'éblouissait point, disait : « Je ne crains que les vertus de
Ferdinand. » Et cet homme, qui a donné au monde l'idée d'un
prince véritablement chrétien ; ce monarque, que la prospérité
n'aveugla jamais, que l'adversité ne put abattre, s'est vu en
butte à tous les outrages.

Il combattait ses sujets révoltés, les sectaires d'Allemagne s'alliant avec l'étranger et invoquant la dévastation et l'incendie; il a été maudit. Par une de ces anomalies inexplicables et pourtant si communes, le prince, fidèle à son Dieu et à sa patrie, est encore accusé d'intolérance et de cruauté. Ceux qui s'efforçaient d'arracher de sa tête le diadème, qu'il honora, l'ont peint sous les plus sombres couleurs. Tandis qu'ils calomniaient le souverain catholique, ils exaltaient jusqu'aux nues la clémence d'Elisabeth d'Angleterre et la modération de Gustave-Adolphe ravageant dix provinces pour glorifier Luther. Ces inconséquences des sectes et des partis n'arrêtèrent point l'empereur Ferdinand. Une grande mission lui était réservée : il l'avait commencée avec les Jésuites, il la continua avec eux. Le Père Bécan n'existait plus; il choisit pour continuer le Père Lamormaini.

Les empereurs d'Allemagne, la plupart des princes catholiques confiaient la direction de leur conscience aux disciples de saint Ignace. Malgré la sage ordonnance de Claude Aquaviva, *Pro confessariis regum*, c'était leur accorder une influence directe sur les affaires de l'Etat, qui alors se liaient d'une manière indissoluble aux affaires de la Religion. Les Jésuites, à la cour de Vienne et à celle de Munich, en Pologne ainsi que dans les principautés de l'Italie, firent ce que leurs collègues faisaient à la cour de France. Subissant tous la même loi, ils tinrent partout la même conduite. Les Pères Martin Bécan et Guillaume Lamormaini exercèrent sur l'esprit de leurs pénitents impériaux une action tellement déterminante, qu'elle efface complétement celle qu'à Paris tant de causes diverses venaient amoindrir ou modifier. Cependant ce n'est jamais du sein des cercles germaniques que sont sorties les accusations contre les confesseurs des princes. L'histoire, sérieusement écrite par les Protestants, est muette; elle constate l'action et ne récrimine pas. Le mobile se fait sentir; mais ce mobile, né d'une pensée catholique, apparaît aux yeux des Luthériens comme une conséquence naturelle de la situation. Les Jésuites, confesseurs des rois, ont au moins accompli, en Allemagne, la même chose qu'en France, et leurs noms surnagent à peine.

Il n'en fut pas ainsi dans le royaume de saint Louis. Les Allemands ne s'emparent jamais d'un homme pour bâtir sur lui une discussion de principes. Les Français, au contraire, toujours emportés vers les extrêmes, cherchent à substituer l'individualité au fait ou à l'idée. Ils n'apprécient les conséquences d'un acte que par celui qui les a produites; ils ne jugent pas, ils aiment ou ils détestent. Ces deux manières de voir expliquent les rôles si différents que jouent, dans l'histoire germanique et dans les annales de la France, les confesseurs des monarques. Les publicistes d'outre-Rhin se taisent sur l'influence dont Bécan, Lamormaini, Keller et leurs successeurs ont pu jouir; ils ne la constatent que rarement et avec réserve. Les Français, plus amants du bruit et attachant toujours de mystérieuses complications aux faits les plus simples, ont démesurément agrandi le cadre tracé aux Jésuites.

Les Pères avaient la confiance et l'oreille du prince; on fit d'eux le pivot de la politique. On pouvait naturellement expliquer les circonstances les plus graves et les plus futiles; on se garda bien de ces explications. Le confesseur fut destiné à une intervention secrète, à des intrigues de cabinet ou de boudoir. Souvent fausses, plus souvent encore matériellement impossibles, elles laissaient le caractère national flotter dans une de ces indécisions historiques qui prêtent tant de charmes aux mémoires privés. En France, chacun cherche à son point de vue la solution d'un événement. On l'arrange avec ses antipathies ou avec ses amitiés, presque jamais avec la vérité. C'est ainsi qu'on a centuplé les forces dont les Jésuites disposaient, tandis qu'à la même époque ces mêmes forces, plus agissantes, plus décisives, ne se trouvent que très-rarement mentionnées par les historiens d'Allemagne [1].

Ferdinand II accordait aux Jésuites toute latitude. Le cardinal de Dietrichstein les installe à Iglau. Dans cette partie de la Moravie ainsi qu'à Znaym, on ne rencontrait pas un seul Catholique. Trois ans après, le Protestantisme était vaincu, et les

[1] Dans une lettre du cardinal Barberini au Nonce apostolique, on lit : « Lamormaini est un digne confesseur, un homme qui ne cède pas à des considérations temporelles. » *Lettera del cardinale Barberini al Nunzio Baglione*, 17 *martii* 1635.

citoyens pouvaient, comme ceux de Znaym, offrir à l'empereur un crucifix d'or avec cette inscription : « Gage de fidélité donné à Ferdinand II par la cité catholique de Znaym. » Les hérétiques de Glatz, emportés par la fièvre de persécution qui se déclarait, avaient chassé les Jésuites de leur ville. Ils les supplient de solliciter leur pardon auprès de l'empereur ; les Jésuites l'obtinrent, et la Foi rentra dans Glatz avec la clémence : la clémence, c'était la vertu qui apparaissait le moins dans les deux camps ; on cherchait seulement à se surpasser en bravoure et en attentats contre l'humanité.

A voir ce déchaînement des passions luthériennes sur la Compagnie de Jésus, on serait tenté de croire qu'elle seule était le mobile de la guerre, et que, pour la protéger ou la renverser, les plus grands capitaines de ce dix-septième siècle, si fécond en héros, se livraient les batailles dont Schiller s'est constitué le poétique historien.

Par l'enseignement que les Pères propageaient, par leurs prédications et leurs controverses, par cette charité que n'effrayaient ni les souffrances du corps ni les maladies de l'âme, ils avaient conquis sur les populations un ascendant dont les pasteurs hérétiques étaient jaloux. Ils n'osaient pas marcher sur de pareilles traces ; ils crurent qu'il était plus aisé de calomnier que de combattre à armes égales. Ils égarèrent le fanatisme des peuples ; ils leur montrèrent comme ennemis permanents de leur culte ces Jésuites qu'on rencontrait au même instant dans le palais des rois et au chevet des pauvres, sous la hutte du sauvage et dans les chaires des Universités, au sein des villes ainsi qu'au fond des déserts. Les Jésuites militaient partout et toujours. Les chefs de la Réforme se persuadèrent qu'en abattant cette corporation, ils feraient un pas de géant pour se rapprocher de leur but. Les hérétiques ne cachaient point leurs projets ; ils s'acharnaient sur la Société de Jésus ; les Catholiques se prirent à l'aimer de la haine que les sectaires lui vouaient. Les uns saccageaient les maisons et les colléges de l'Ordre ; les autres, par un sentiment de reconnaissance religieuse et dans des prévisions politiques, réparaient ces désastres. L'hérésie égorgeait les Jésuites allemands ; à Rome, la Compagnie formait d'autres dévouements dans le Collége-Germanique. Le Saint-Siége les envoyait sur le Rhin et sur le Danube, afin de soutenir les combats de la Foi dans les armées militant pour son principe. La Société de Jésus avait ouvert un asile à toutes les fidélités proscrites ; l'Allemagne, l'Irlande et l'Ecosse possédaient à Rome leur Collége, pépinière d'apôtres et de martyrs. L'Inquisition anglicane n'avait pu l'épuiser ; les victoires de Gustave-Adolphe, de Mansfeld et de Brunswick ne furent pas plus heureuses.

Richelieu soudoyait tous ces généraux. Les Protestants d'outre-Rhin s'armèrent contre la tranquillité de leur patrie ; et, glorieux mercenaires, ils faisaient la guerre en Allemagne pour le compte de la France. Le grand Gustave-Adolphe recevait l'or de l'étranger ; l'étranger voulut rendre à la France l'argent qu'elle donnait aux Suédois et aux sectaires. Il y avait dans le royaume très-chrétien des Huguenots toujours prêts à s'insurger ; les Rohan, les Soubise et les autres chefs du Calvinisme mettent leurs coreligionnaires aux gages de l'Espagne. Richelieu s'appuie sur les Protestants d'Allemagne ; le roi Philippe pousse les Dévoyés de France à la révolte. Les Dévoyés lèvent l'étendard de la guerre civile ; alors on vit les princes et les ministres catholiques, Louis XIII et Philippe III, Richelieu et Olivarés, se faire, chacun de son côté, un bouclier des Protestants. Les Calvinistes se levaient en France pour servir les intérêts des princes de la maison d'Autriche ; les Luthériens allemands couvraient l'Empire de sang et de ruines pour favoriser les plans de Richelieu.

Ferdinand avait résolu de chasser de ses Etats héréditaires les Protestants qui voulaient anéantir son pouvoir. Les Jésuites furent ses plus ardents, ses plus habiles auxiliaires. En 1626, il ordonna dans son Empire un recensement des hérétiques convertis par les Pères. Le nombre s'éleva à plus d'un million [1]. Les Pères étaient dans son cabinet impérial, ils étaient dans ses armées, ils étaient au milieu des sectaires battus, ils osaient même pénétrer jusque dans les camps du Luthérien vainqueur. En Bohême, le prince de Lichtenstein les encourageait à réédifier leurs colléges détruits,

---

[1] *Inventa sunt quingenta supra decies centena millia.*

et, dit Ranke [1], « le Nonce, Charles Caraffa, était étonné de l'affluence qui se portait aux églises de Prague, dans lesquelles
souvent, le dimanche, il y avait, le matin, de deux à trois mille
personnes, dont il admirait l'humilité et la piété. » L'Empereur
demandait qu'on en finît avec les rebelles de Bohême, de Hongrie et d'Autriche. Les armes n'avaient qu'une influence momentanée ; il songea à les dompter par l'éducation. C'était le conseil
que le Pape et les Jésuites avaient souvent fait entendre. Pour
le réaliser, il fallait dépouiller les Protestants des biens ecclésiastiques dont ils s'étaient emparés. Ferdinand ne doutait point du
droit, mais les moyens d'exécution lui paraissaient presque
impossibles ; il hésitait. Le Nonce Caraffa, les quatre princes
Electeurs catholiques et le Père Lamormaini triomphèrent de
ses irrésolutions, et, le 28 août 1629, parut l'édit de restitution.

L'hérésie était blessée au cœur. Comme toutes les révolutions, elle centuplait le nombre de ses adeptes en associant la
spoliation à ses idées d'affranchissement et de liberté ; on l'attaquait dans ses œuvres vives, on brisait son plus actif ressort en
ne consacrant pas le larcin qu'elle avait autorisé. Ce principe tu-
télaire une fois admis et appliqué, les Protestants ne craignirent
pas de faire entendre des plaintes. Ils avaient dépouillé le Clergé,
et ils accusaient l'Empereur d'exaction et d'injustice, parce qu'il
les contraignait à rendre ce qui avait été enlevé de force. L'a-
postasie de la vieille Religion semblait consacrer à leurs yeux le
vol fait à l'Eglise catholique, le vol qui les avait enrichis. Ferdinand ne s'effraya point de ces clameurs intéressées. La victoire
que Tilly remportait au bord du Lutter sur l'armée danoise, celles
qui, dans le même temps, couronnaient les armes de Waldstein,
duc de Friedland, ne permirent pas aux hérétiques de résister
autrement que par des malédictions à l'ordre de l'Empereur.
L'Eglise recouvrait ses biens ; mais alors il surgit une grave difficulté.

Afin d'entraîner dans l'erreur les prêtres et les couvents,
l'hérésie avait laissé aux Apostats la propriété des terres dont ils

[1] *Histoire de la Papauté*, t. IV. p. 121.

n'avaient que l'usufruit, et, alléchés par ces promesses, un certain nombre de moines s'étaient empressés de faire cause commune avec le Protestantisme. Il fallait distribuer au Clergé fidèle, au Clergé agissant, ces propriétés devenues l'apanage d'une génération née du parjure, ou transmise à des héritiers qui n'y avaient d'autres droits que ceux de la violence. Les Jésuites se trouvaient en première ligne pour féconder par l'éducation les nouvelles richesses dans lesquelles l'Eglise catholique allait rentrer. L'Empereur s'était concerté avec le Souverain-Pontife, et, dès le mois de juillet 1629, le Saint-Siége décrétait, qu'une « partie des biens restitués pourrait être employée à ériger des séminaires, des pensionnats, des écoles et des colléges tant des Jésuites, qui furent les principaux auteurs de l'édit impérial, que des autres ordres religieux. »

La question était tranchée par Urbain VIII ; son neveu, le cardinal Barberini, en donna les motifs à Paléotta, Nonce du Saint-Siége auprès de l'Empereur. Il lui écrivit le 24 janvier 1630 : « L'avantage de l'Etat exige que l'on construise des séminaires, que l'on érige des colléges et que l'on crée des paroisses, au moment surtout où la moisson est abondante. Il est certain que si les fondateurs vivaient encore, et s'ils étaient témoins des calamités, de la misère et des fléaux qui désolent leur patrie, ils ne voudraient pas donner à leurs propriétés d'autre destination que celle qui est la plus propre à empêcher la ruine de la Foi. Ajoutez qu'il ne reste personne à qui l'on doive les restituer, puisque les monastères sont détruits et que les religieux n'existent plus. C'est donc ici le lieu de recourir à l'autorité suprême du Vicaire de Jésus-Christ, afin qu'il dispose de ces biens et qu'il les applique selon que le demandera la plus grande gloire de Dieu. »

Les intentions du Pape et de Ferdinand II étaient arrêtées ; un homme dont la plume exerçait une certaine influence sur les esprits, et qui a combattu les Jésuites avec toute sorte d'armes, Gaspard Schopp, plus connu sous les noms de Scioppius, d'Alphonse de Vargas, de Mélandre, de Junipérus d'Ancône ou de Géraldus, vint donner à leur plan une approbation inattendue. Schopp était au centre de l'Allemagne ; il en connaissait les besoins; il en étudiait, il en traduisait la pensée, et, le 14 juillet 1650, l'infatigable adversaire de la Compagnie de Jésus, celui qu'on surnomma l'Attila des écrivains, adressait à Corneille Mottmann, auditeur de Rote, une lettre dans laquelle nous lisons [1] :

« Je crois sagement agir en vous suggérant quelques moyens à conseiller au Pape et aux Cardinaux, afin de rendre utiles pour la propagation et la conservation de la Religion les revenus des biens Ecclésiastiques qui, d'après l'édit, doivent être restitués à l'Eglise. Il faut d'abord considérer quel grand nombre d'ouvriers évangéliques est nécessaire dans ces pays dévastés par l'hérésie. La Basse-Saxe est elle seule un grand royaume; où trouver assez de prêtres pour cultiver cette province? Dans le Bas-Palatinat, les Jésuites sont forcés de faire toutes les fonctions des prêtres de paroisse, à moins qu'ils ne veuillent abandonner ces pauvres peuples. Si l'empereur persévère dans ses desseins, il me semble que le Ciel offre par là des ressources au Souverain-Pontife. Le seul duché de Wirtemberg renferme soixante à soixante-dix monastères; leurs revenus seront très-utilement employés à fonder des séminaires; le duc de Wirtemberg élevait plus de quatre cents jeunes hérétiques avec les revenus de ces domaines sacrés. Il en est de même des autres provinces. Le plus grand bien à faire, c'est d'élever une nombreuse jeunesse dans les principes de la Religion Catholique, et de former des docteurs et des maîtres pour les peuples.

« Pour moi, si je connaissais d'autres que les Jésuites capables de fonctions si importantes, je m'empresserais de les leur offrir; et quoique je n'approuve pas tout ce qui se fait chez les Jésuites, je suis toutefois forcé d'avouer, et je n'ose le nier, qu'après Dieu c'est aux Pères de la Compagnie que la Religion catholique est redevable de n'avoir pas été entièrement exilée de l'Allemagne. On fera donc très-bien si d'un monastère du Wirtemberg, dont le revenu est de 20,000 florins, on fonde quatre colléges de Jésuites, où ils enseigneront les lettres divines et humaines, et si, comme ils l'ont fait avec tant de

---

[1] *In notis ad Poggianum*, t. IV, p. 425.

succès à Dillingen, ils prennent la charge de former de bons
sujets pour les monastères et pour les Eglises. On pourra suivre
la même conduite dans la Saxe, le Palatinat et les autres provinces, à moins que le Souverain ne trouve quelque autre
moyen plus avantageux. »

Cette répartition accordant à la Compagnie de Jésus la plus
large part, et l'accordant par le conseil même de ses ennemis, devait fournir texte à beaucoup d'accusations [1]. Les Religieux de Cîteaux et de Saint–Benoît firent entendre des plaintes ;
le Saint–Siége les jugea mal fondées. On taxa les Jésuites
d'ambition et d'avidité ; on dit même qu'abusant de la faveur
dont Ferdinand les entourait, ils cherchèrent à exclure les autres
Sociétés religieuses des lieux où ils avaient quelque intérêt spirituel ou humain. Cette dernière imputation ne se rencontre
que dans les ouvrages des Protestants ; elle n'y paraît appuyée
d'aucun document historique ; il faut donc l'accepter ou la
rejeter de confiance. Nous l'enregistrons quoique dénuée de
preuves ; il n'en sera pas de même pour la première. Les Luthériens, auxquels l'édit de 1629 arrachait une source de
richesses, ont eu des paroles amères pour flétrir ce qu'ils appelaient l'âpreté de la Compagnie à acquérir de nouvelles possessions. Ils ont blâmé — et en le faisant ils étaient dans leur
droit d'hérétiques — son infatigable besoin d'apostolat. Leur
blâme a eu des échos jusqu'au sein de la Catholicité ; il importe
d'examiner ce qu'il y a de réel dans ces accusations.

Les Jésuites du dix–septième siècle, ainsi que ceux qui les
avaient précédés, sentaient que pour entreprendre, que pour
accomplir de grandes choses, il fallait de grandes ressources. Ils
étaient pleins d'une idée vaste ; ils se proposaient un but utile à
la Chrétienté ; ils naissaient, ils vivaient, ils mouraient pour
combattre l'hérésie et pour soumettre les esprits au joug de la
morale et de l'Evangile. Ce but ne pouvait être atteint qu'avec
des moyens proportionnés à l'entreprise. En dépouillant les
sectaires du fruit de leurs rapines, ils léguaient aux princes et
au monde un salutaire exemple. En recevant, en sollicitant

---

[1] *Morale pratique*, par Antoine Arnauld, t. I, p. 138.

même une partie, la meilleure partie de ces propriétés que l'hérésie avait enlevées à l'Eglise, ils ne s'enrichissaient pas indivi-
duellement, puisque aucun Jésuite ne pouvait posséder ; mais ils
donnaient à leur Institut une force nouvelle. Les riches épaves
de l'Apostasie leur servaient à fonder des collèges, à accroître
leur influence et à diminuer celle du Protestantisme. Il y avait
donc autant de prévision que d'intelligence politique dans cette
manière d'agir. On peut la critiquer chez les Jésuites, mais
ceux qui la blâment seront toujours disposés à l'imiter. C'est la
condition d'existence des sociétés, des corporations et même
des individus.

L'édit de restitution ne put être exécuté qu'en partie : les
bouleversements dont l'Allemagne fut le théâtre pendant la période suédoise, les victoires de Gustave-Adolphe et de Bannier,
qui, après la mort du héros protestant, prit le commandement
de l'armée ; celles de Bernard de Saxe-Weimar, de Condé et
de Turenne, firent ajourner les projets des Jésuites. Le traité de
Westphalie changea la face des affaires.

En 1629, Waldstein, au faîte des grandeurs, mais aussi ambitieux de gloire que de puissance, avait fait concevoir à Ferdinand des doutes sur sa fidélité ; il vivait retiré dans sa principauté de Friedland, l'apanage de sa victoire de Prague. Il s'é-
tait servi des Jésuites dans la guerre, il les employa dans le repos
auquel les soupçons de l'Empereur le condamnaient : il leur
ouvrit son duché après en avoir chassé tous les ministres luthériens. Le Père Matthieu Burnat convertit au Catholicisme la
ville de Duben ; il évangélise les campagnes. La parole des Jésuites eux-mêmes ne produisait pas le bien aussi rapidement
que le soldat désirait de le réaliser ; Waldstein met ses troupes
en campagne pour accélérer les progrès de la Foi. Ce moyen
militaire n'était pas de nature à populariser la Religion : les
Jésuites essayèrent de le faire comprendre à Waldstein ; mais,
à la nouvelle que des troupes marchent contre eux, les Hussites
se rassemblent en armes. Le 9 août 1629, Burnat est saisi et
massacré au pied de l'autel du village de Libun. Waldstein a créé
aux Jésuites un collège dans sa ville de Sagan ; le martyre y
entre avec les sectaires. Les habitants de Leitmaritz ont sup-

plié l'Empereur de leur accorder des Pères : ils arrivent en 1630 ; à peine sont-ils installés que les Suédois se ruent sur la cité. Le comte Henri Schlick a établi un collège à Eger, le comte Othon d'Oppersdorf un autre à Hradek ; Marie-Maximilienne de Hohenzollern, comtesse de Sternberg, en fonde un à la Nouvelle-Prague ; le Burgrave Charles de Donaw s'entoure de Jésuites à Glogau. En quelques mois, Weimar, à la tête des Protestants, détruit toutes ces maisons. Le Père John Meagh, Irlandais, avec les frères Martin-Ignace et Wenceslas Tronoska, tombe entre leurs mains : ils périssent tous trois ; la même mort frappe dans le même temps le Père Jérémie Fischer.

L'alliance pécuniaire du cardinal de Richelieu avec les Protestants d'Allemagne était un fait accompli, elle doublait leurs forces. Gustave-Adolphe s'élance au cœur de l'Empire ; le 7 décembre 1631, Tilly est en mesure d'arrêter ses succès : les deux armées se rencontrent sous les murs de Leipsick. Gustave-Adolphe reste vainqueur ; mais, comme si le triomphe ou la défaite des Catholiques devaient toujours être scellés du sang de quelque Jésuite, les Pères Laurent Passok et Matthieu Cramer sont trouvés parmi les blessés, dont ils consolaient la dernière heure. Les Luthériens ne voulurent pas respecter un pareil ministère. Passok est sur le champ de bataille au milieu des mourants, il leur prodigue ses soins et ses prières. On le reconnaît ; les vainqueurs lui offrent la vie s'il consent à blasphémer le nom de la Vierge : Passok la bénit et il meurt. Le prince de Lawenburg aperçoit non loin de là le Père Cramer qui confessait un soldat agonisant. Il s'approche et, d'un coup de pistolet, il lui casse la tête [1] ; puis, en présence de Tortenson et des autres généraux : « J'ai tué, s'écrie-t-il, un chien de Papiste dans l'exercice même de son idolâtrie. »

Par un singulier mélange de religion et de politique, Louis XIII et Richelieu, qui s'efforçaient d'affaiblir la maison d'Autriche en lui suscitant des adversaires, stipulaient avec Gustave-Adolphe que les armées protestantes épargneraient partout, et

---

[1] Quelques notes ou documents particuliers de la Compagnie de Jésus reportent cette double mort à la seconde bataille de Leipsick , connue sous le nom de bataille de Breitenfeld , et où commandait le général suédois Tortenson. Cette bataille fut livrée en 1642.

même en Suède, l'apostolat et les établissements des Jésuites. Les Jésuites allemands et français n'approuvaient pas les plans du cabinet de Paris, sacrifiant à des intérêts terrestres le sort de l'Église et l'avenir du Catholicisme. Le cardinal-ministre avait espéré d'amoindrir leur opposition à la faveur de cette clause; les Protestants l'oublièrent plus d'une fois; mais elle n'en existe pas moins, et c'est un fait qui démontre bien l'ascendant des Pères. Après la mort de Gustave-Adolphe, Louis XIII écrivant de Dijon au maréchal Bannier commandant l'armée suédoise, invoquait ce traité conclu par le marquis de Feuquières; il en réclamait l'exécution auprès de la fille et de l'héritière du héros suédois.

« Mon cousin, mandait le roi au général protestant le 11 septembre 1639, beaucoup de raisons me recommandent la Compagnie de Jésus : ce sont des hommes d'une haute piété, d'une grande prudence; leurs vertus me donnent la persuasion bien fondée, que les affaires de nostre sœur la Royne de Suède, ne recevront d'eux aucun destriment dans les lieux occupés par les armées dont vous avez le commandement. Ainsi, que ma recommandation chrétienne obtienne d'elle, par vostre intermédiaire, la permission pour ces Pères de résider dans ces lieux-là avec la liberté de remplir leur ministère, et qu'elle leur garantisse toutes les possessions qu'ils y avoient. Ma demande est conforme aux traités conclus avec mon frère, le feu Roy de Suède, et renouvelés avec ma sœur, la Royne de Suède. Je compte que vous en procurerez l'exécution la plus large possible à l'égard des PP. Jésuites; pour vos diligences, je vous tesmoigneray ma satisfaction toutes les fois que l'occasion s'en présentera [1]. »

---

[1] Le 9 octobre 1639, le comte de Guébriant, pour la France, et le major-général Erlach, pour la Suède, signaient à Brissac un traité dans le sens qu'indique la lettre de Louis XIII. Le 25 août 1640, les généraux protestants, qui s'étaient rendus au désir de Louis XIII, donnaient à tous les Jésuites et à leurs Collèges des lettres de sûreté, et nous en possédons plusieurs que Bannier accordait à ceux d'Erfurt, d'Haguenau et de Molsheim.

La protection de la France était invoquée par les Jésuites, et dans la correspondance du Général de la Compagnie avec les confesseurs de Louis XIII, les Pères Sirmond et Dinet, nous trouvons à chaque lettre une demande d'intercession. Le 8 juillet 1639, Vitelleschi écrivait : « Je suis honteux et grandement honteux de fatiguer si souvent la bienveillance du Roi en notre faveur; mais les pauvres ont en quelque sorte le droit d'importuner les princes miséricordieux et débonnaires sans

Tilly avait été vaincu : sa vieille renommée pâlissait devant la jeune gloire de Gustave-Adolphe. L'empereur Ferdinand fit sortir de l'exil le duc de Friedland ; Waldstein entre en lice avec le Suédois, il le bat, il est battu par lui ; mais, sentant que ces défaites, que ces succès partiels ne modifiaient point la situation, il se décide à tout perdre ou à tout gagner. Le 16 novembre 1632, il livre bataille dans les plaines de Lutzen, illustres plaines qui, comme celles de Leipsick, verront encore, à deux siècles d'intervalle, de grandes armées et de grands généraux se disputer l'empire du monde. Gustave-Adolphe avait triomphé de Tilly, il triompha de Waldstein : mais ce fut sa dernière victoire. Gustave resta enseveli sous ses lauriers ; il mourut comme tous les héros devraient mourir, comme Tilly était mort lui-même quelques mois auparavant au passage du Lech.

La perte du général en chef de la ligue protestante était pour les Catholiques un événement de la plus haute importance. Bannier et Bernard de Saxe-Weimar, à la tête des Suédois, luttaient bien encore : mais un heureux succès pouvait renverser cette coalition dont les intérêts étaient divers. Deux ans après, les Impériaux sont vainqueurs à Nordlingen, et Ferdinand, que tant de désastres n'ont point découragé, reprend son œuvre au point où elle a été laissée. Les Jésuites étaient ses auxiliaires les plus actifs ; Scioppius, qui n'a pas obtenu d'eux ce qu'il en attendait, se range au nombre de leurs détracteurs. La calomnie fut si audacieusement grossière que l'Empereur lui-même écrivit à Mutio Vitelleschi, Général de l'Ordre : « Mon révérend Père en Jésus-Christ, j'envoie à Votre Révérence le mensonge des mensonges ; j'en ai ri en même temps qu'il m'indignait. Si Votre Révérence désire de nous un témoignage du contraire, nous nous ferons un plaisir, pour conserver intact l'honneur de

les offenser ; que Votre Révérence voie donc si elle ne pourrait rien obtenir du Roi Très-Chrétien à l'égard des nôtres de Bohème ; nous avons déjà perdu cinq collèges dans ce royaume, nos Pères ayant dû prendre la fuite à l'approche du général Bannier. Et qu'on ne croie pas qu'ils ont eu tort de fuir. Ce général s'étant saisi du recteur du Collège de Cuttemberg et de trois autres Pères, il les a emmenés avec lui, et il a demandé dix mille ducats pour le rachat du recteur : autrement, a-t-il dit, dans trois jours il aura la tête tranchée. » Ne pourriez-vous pas obtenir du Roi Très-Chrétien, une recommandation en faveur des nôtres de Bohème et des pays voisins ? Je n'insiste pas ; je sais, mon Père, que votre cœur est dévoré du feu de l'amour de Dieu et de celui de ses frères. »

la Compagnie de Jésus, notre mère, de le délivrer en la forme la
plus ample et avec la plus grande solennité. Que Dieu conserve
la Compagnie et Votre Révérence ; je me recommande à ses
prières. Tout à Votre Révérence.

» FERDINAND.

» A Ebersdorff, le 17 septembre 1633. »

En même temps qu'il s'offre pour caution aux Jésuites, il les
lance sur tout l'Empire. Ferdinand veut que l'unité soit faite,
car il a vu par une fatale expérience les malheurs que les divisions religieuses enfantent dans un royaume. Sous l'inspiration
de cette pensée, il ordonne à son armée et à ses magistrats de
seconder les Missionnaires de la Compagnie de Jésus. C'est dans
cette dernière période de sa vie que l'Empereur catholique est
principalement accusé de fanatisme, d'intolérance et de cruauté.
Nous n'avons ni à venger ni à accuser sa mémoire ; mais ce
qu'il faut dire, parce que c'est l'expression la plus sincère des
faits, dans ce mouvement venu à la suite de tant de perturba-
tions qui naissaient du souffle hérétique, l'Empereur, conseillé
par les Jésuites, n'employa ni les tortures ni les bourreaux pour
ramener ses sujets au culte de leurs aïeux. Comme Henri VIII,
comme Elisabeth, comme les Hollandais et la plupart des princes
luthériens d'Allemagne, il ne mit pas la conviction aux prises
avec les supplices. En monarque qui avait le courage de ses idées,
il ne cacha ni à ses contemporains ni à la postérité les moyens
qu'il employait, il n'eut ni hypocrisie ni déloyauté. Il resta homme
politique, lorsque les souverains protestants s'étaient faits persécuteurs ; il ne voulut pas que le sang coulât pour provoquer les
croyances. Néanmoins il prit des mesures acerbes. Ces mesures
ne tendaient point à violenter la conscience pour introduire une
nouvelle foi, ainsi qu'en Angleterre et en Irlande : il s'agissait
de défendre le Catholicisme d'abord, de le propager ensuite chez
des peuples que l'erreur avait séduits. Afin de réaliser sa pensée d'unité catholique, Ferdinand ne recula point devant le
bannissement ; il chassa des terres de l'Empire les ministres
et tous ceux qui invoquaient la force en faveur de la Réforme.
Quelques-uns des plus exaltés furent seuls emprisonnés ; à ceux

qui préféraient leur culte à la patrie il accorda le droit d'émigrer.

Avec les idées de liberté que le temps et l'indifférence en matière de religion ont inspirées aux hommes se proscrivant, se tuant pour des théories politiques, de pareils faits seront sévèrement jugés. Nous ne les approuvons point, quoique la tolérance ne soit pas de principe dans toutes les circonstances et que le monarque soit au moins aussi obligé de défendre la religion et la vérité que les autres biens de ses sujets. A cette époque, où le Protestantisme avait couvert de ruines l'Empire germanique, Ferdinand recourut à la contrainte morale pour cicatriser les plaies et surtout pour les prévenir. Son système tendait à comprimer et non à égorger; il ne laissait pas la liberté de discussion, mais il accordait la faculté de vendre son patrimoine et d'aller chercher sous d'autres cieux une terre où il serait permis de rester fidèle à ses opinions : peu de Luthériens se sentirent assez convaincus pour prendre la route de l'exil. L'immense majorité avait cédé à l'entraînement des passions ou à une ignorance grossière. Les Jésuites eurent à calmer toutes les effervescences et à éclairer un peuple que les vices de plusieurs membres du clergé, que les scandales et l'apostasie de quelques-uns avaient plus rapidement précipités dans l'hérésie que les prédications de Luther ou les enthousiastes théories de ses disciples.

Dans un espace de vingt années, on les rencontre sur tous les champs de bataille : ici, prisonniers des Luthériens et souffrant de toutes les souffrances de la captivité : là, secondant les vues catholiques des princes d'Allemagne. Le 29 octobre 1633, le landgrave de Leuchtemberg meurt à Prague entre les bras du Père Gaspard Lechner ; les Martinicz, les Forgacz, les Paul de Mansfeld, les Christiern de Brandebourg, les Bubna, les Kolowratt, les Metternich, les Eggemberg, les Collata, les Rieffenbach, les Zampach, les Brenner, les Hartwig, les Oppersdorff, les Paar, les Piccolomini, les Waldstein, les Wratislaw, les Collorédo, les Harrach, les Frédéric de Hesse, les Lichtenstein, les Kinski, qu'ils ont soutenus dans la Foi, les protégent dans leur apostolat. Les Pères savent qu'un grand nombre d'entre eux tomberont sous le fer des Luthériens; que, comme les Jésuites André Calocer, Matthieu Cuber, Hermann, Kadisk, Knippmann, Léon Georges, Strédon et Laubsky, ils seront traînés en servitude; mais, au bout de ces misères et de ces morts, il y a l'Allemagne à préserver de l'hérésie : ils marchent sans crainte à des combats dont la gloire pour eux ne se trouvera jamais sur la terre.

Ils sont tout à la fois apôtres et martyrs; ils se dévouent à toutes les douleurs pour apaiser les souffrances de leurs frères ou pour conjurer des désastres inévitables; mais cette charité des champs de bataille, du conseil et de l'hôpital, ne se concentre pas seulement sur les Catholiques. Elle s'étend aux Luthériens, et dans un temps où personne ne pardonnait, les Jésuites se vengent d'un de leurs plus fougueux persécuteurs en lui sauvant la vie. Le comte de Thurn [1], chef des rebelles de Bohême, avait été fait prisonnier par Waldstein à la bataille de Steinau sur l'Oder, en 1633. « A Vienne [2], raconte Schiller, on attendait avec une féroce impatience l'arrivée de ce grand criminel, et l'on savourait par avance la joie cruelle de ce triomphe où l'on allait immoler à la justice une victime de choix. Mais les Jésuites se réservaient un triomphe plus doux en empêchant cette fête, et le comte de Thurn fut rendu à la liberté. »

A la même époque, un autre Jésuite poursuit à travers mille dangers une autre œuvre d'humanité. Le Père Frédéric de Spée, né en 1591 à Kaiserverth, près de Dusseldorf, s'est vu en position d'étudier les abus qu'entraînent les innombrables procès de sorcellerie que les tribunaux allemands intentaient. Il a été témoin de la cruauté des juges et du désespoir des victimes. Il fallait mettre un terme à des égarements qui se cachaient sous le manteau de la Religion. En deux années seulement, de 1627 à 1629, cent cinquante-huit personnes avaient péri dans les bûchers de Wurzbourg. L'âge, le sexe, le caractère sacerdotal lui-même, rien ne pouvait soustraire à ces condamnations, n'ayant quelquefois pour mobile que des haines particulières ou un fanatisme aveugle. Spée était

---

[1] Il est appelé *de la Tour* par les historiens français.
[2] *Histoire de la Guerre de Trente-Ans*, par Schiller, p. 333 (Munich, 1831).

le consolateur suprême de tant d'agonies ; il assistait à la
mort ces infortunés qui protestaient encore de leur innocence
au milieu des flammes, et un jour ce spectacle de désolation l'émut si profondément que ses cheveux blanchirent dans
l'espace de vingt-quatre heures. Le chanoine Philippe de
Schoenborn s'étonne de ce changement subit : « Si, comme moi,
répond le Jésuite, vous eussiez accompagné au bûcher tant de
victimes qui, jusqu'à leur dernier soupir et avec toute sincérité,
prenaient Dieu à témoin de leur innocence, innocence qui
m'était démontrée par d'autres motifs, vos cheveux seraient
devenus aussi blancs que les miens. » Schoenborn n'oublia pas
cette parole, et à peine fut-il placé sur le siége archiépiscopal de
Mayence qu'il abrogea dans son diocèse les procédures contre
les sorciers.

Le Père Frédéric de Spée comprenait que son zèle, quelque
actif qu'il fût, ne pouvait s'opposer au mal et déraciner ces préjugés du fanatisme. Il était poète, orateur, et l'un des écrivains
les plus renommés de l'Allemagne. Il se décide à compromettre
sa gloire littéraire en faveur de l'humanité. Avant lui, en 1593,
un prêtre, nommé Corneille de Loos, a tenté d'éclairer ses contemporains sur tant de barbaries ; il a payé de sa liberté un pareil
acte de courage. Le Jésuite Adam Tanner, chancelier de l'Université de Prague, a essayé de lutter contre ces abus, et son
livre n'a pas eu de succès. Spée, en 1631, publie à Rinteln sa
Cautio criminalis. L'impression produite par cet ouvrage latin
fut telle qu'à partir de ce moment les procès de sorcellerie
devinrent des cas exceptionnels, et que, dans toute l'Allemagne,
les principes développés par le Père firent loi. Il y avait de la
science, de la logique, de la foi, de l'audace surtout dans ce
livre, qui sapait par la base une législation sanguinaire, et qui
combattait sans aucun ménagement la crédulité du peuple et l'erreur intéressée des tribunaux. Spée prenait aussi bien à partie les
théologiens de son temps qui admettaient trop facilement la magie
que les princes et les prélats encourageant ces terribles repré-
sailles de l'ignorance. L'étude avait éclairé le Jésuite ; une grande
pensée d'humanité le soutint dans cette lutte où il se montra
véhément et habile ; il connaissait par expérience le peu de

fondement des aveux arrachés par la torture, il en dévoile avec
intrépidité tous les excès; puis en achevant ce tableau : « Malheur, s'écrie-t-il, encore une fois malheur aux princes! Mais
que dis-je? leurs ministres et leurs confesseurs se taisent, aussi
peu instruits qu'eux-mêmes de ce qui se passe sous leurs yeux. »
Et il ajoute : « Dieu sait combien de gémissements j'ai poussés
du fond de mon cœur, lorsque je contemplais ces horribles
spectacles, consacrant mes nuits à veiller, et que je ne trouvais
aucune digue à opposer au torrent des préjugés. Pourquoi s'é-
tonner que tout soit plein de sorciers? étonnons-nous plutôt de
l'aveuglement excessif de l'Allemagne et de la stupidité de ses
savants? Si on les appliquait eux-mêmes un demi-quart d'heure
à la torture, ils verseraient sur la terre toute leur sagesse et leur
philosophie fanfaronne. »

Frédéric Spée avait obtenu le plus beau triomphe qu'un écrivain puisse ambitionner. Il venait de préserver son pays d'une
honte sanglante, et de rendre à l'humanité et à la Religion un
service signalé. Le 6 mai 1635, le poète-Jésuite se trouvait dans
la ville de Trèves, au moment où l'armée impériale y entrait,
après avoir vaincu les Français; ils étaient les ennemis de sa
patrie, mais ses frères en Jésus-Christ. Spée se dévoue pour
eux. Quatre cents lui durent la liberté, un grand nombre de
blessés furent redevables de la vie à ses soins de tous les jours et
de toutes les nuits. Cette infatigable charité épuisa ses forces;
malade, il voulut encore soigner les malades, et, le 7 août de
la même année, il expira en prodiguant aux Français les trésors
de ses consolations.

Tandis que les Jésuites réparaient par des missions pacifiques l'œuvre de destruction multipliée dans les deux camps,
l'Empereur rendait le dernier soupir, le Père Lamormaini l'assistait à ce suprême instant, et, la même année 1637, son fils
lui succédait sous le nom de Ferdinand III. Les hostilités re-
commencèrent avec une nouvelle vigueur : Ferdinand II avait
eu un héroïque ennemi dans Gustave-Adolphe, Bernard de
Saxe-Weimar le continua sous le règne de Ferdinand III. La
gloire conquise par les armées belligérantes ne compensa point
les calamités morales et matérielles qui fondirent sur l'Allema-

gne. Moins heureux que son père, l'Empereur, attaqué tout à la
fois par les Suédois et par les Français, ayant à lutter contre
Weimar, Condé, Turenne, Guébriant, Bannier et Tortenson,
se vit acculé de revers en revers jusqu'à la dernière extrémité.
En 1648, la paix de Westphalie lui laissa un empire désorganisé,
et les cultes luthérien et calviniste triomphèrent sur les ruines
qu'ils avaient amoncelées.

Dans cette guerre de Trente-Ans, où chaque jour eut son
combat, les Jésuites ne jouèrent qu'un rôle passif, c'est-à-dire,
ils prêchèrent, ils souffrirent, ils moururent. Au siége de
Prague, seulement, ils se firent soldats par patriotisme, et ils
se trouvèrent au niveau des plus intrépides. Le prince Charles-
Gustave, qui succéda à Christine sur le trône de Suède, vint,
en 1648, bloquer la ville de Prague avec l'armée de Wrangel.
Le Père Georges Plachy, professeur d'Ecriture-Sainte à l'Université, était un de ces hommes auxquels le sacerdoce ne fait
rien perdre de leur vertu guerrière. Il réunit en bataillon de
volontaires les étudiants qui ont foi dans son courage déjà
éprouvé, et, pour sauver à l'Allemagne un dernier affront, tous
ces jeunes gens, conduits par le Jésuite, se placèrent sur la
brèche; ils combattirent avec une bravoure qui ne se démentit
jamais. L'exemple de Plachy ne fut pas stérile. La patrie était
menacée, il fallait préserver la ville ou voir périr le Catholicisme;
les moines et les séculiers coururent aux armes. Le Père André
Du Buisson, à la tête de soixante-dix Jésuites, et les autres
Ordres religieux se mêlèrent aux combats. Plusieurs périrent,
d'autres furent blessés; mais enfin le prince de Colloredo, qui
commandait dans la ville, fit une si belle résistance, les prêtres
de tous les instituts et de toutes les hiérarchies secondèrent si
bien ses plans, que les Suédois furent contraints de lever le
siége. Le Père Plachy s'était toujours montré au premier rang.
Les officiers des Impériaux lui décernèrent une couronne murale; et, afin de consacrer ses hauts faits, l'Empereur Ferdinand III adressa de sa propre main, au Général de la Compagnie
de Jésus, la lettre que nous traduisons du latin ·

« Révérend et dévoué Père à nous bien cher,

» Je rends grâces à Dieu de l'heureux succès de cet amour

pour la patrie, de ce zèle ardent pour le bien commun de la Religion, dont les Pères de la Société de Jésus établis à Prague ont donné l'exemple bien utile jusqu'à l'extrémité dans la glorieuse défense de cette ville aimée. Leur belle conduite nous est de jour en jour plus expressément recommandée. Parmi les exploits des autres défenseurs, on nous cite avec d'unanimes éloges les grands services du Père Georges Plachy, dont le courage et l'habileté ont excité, armé et soutenu la jeunesse de nos écoles. Nous avons jugé cette coopération de votre Compagnie et les services du Père Plachy dignes de recevoir l'assurance que nous en avons été très-consolé. Ils nous ont été si agréables, qu'en toute occasion nous nous en montrerons reconnaissant et disposé à favoriser tout votre Ordre avec une munificence impériale et royale. Oui, je vous promets ma bienveillance impériale et royale.

» A Vienne, le 16 décembre 1648.

» FERDINAND. »

Le traité de paix de Wesphalie, si honorable pour la France, était presque la mort du Catholicisme en Allemagne. Les Jésuites, dans la sphère de leurs fonctions, osèrent seuls ne pas désespérer de la cause de l'Eglise, que de grands motifs politiques avaient forcé le roi de France d'abandonner momentanément. Ils essayèrent de reprendre en sous-œuvre les plans que le décès du Père Lamormaini, arrivé à Vienne le 22 février 1648, laissait à exécuter. Le Protestantisme obtenait droit de cité en Allemagne, grâce à son alliance avec le gouvernement français. Les Jésuites le sapèrent par la base en popularisant l'éducation et en ouvrant partout des écoles où l'éloquence venait en aide à la logique. Les événements maîtrisaient leur incessante action ; les Pères apprirent à les tourner. On entravait la liberté de leur ministère ; ils agirent dans l'ombre, et peu à peu ils minèrent l'hérésie.

Elle n'était plus soutenue par l'idée de son émancipation, elle n'avait plus que des discussions théologiques à engager ; elle ne se montra pas si redoutable dans les chaires que sur les champs de bataille. Un danger commun avait rassemblé en faisceau toutes ces sectes séparées les unes des autres par un abîme d'orgueil ; elles se divisèrent dans la prospérité, parce qu'elles ne reconnaissaient aucun centre de direction, aucun lien d'unité. Les Jésuites avaient sagement pressenti que ce serait au port qu'échoueraient tant de projets de réforme, et que le succès du Luthéranisme lui deviendrait plus fatal que ses défaites. Ils s'étaient mis en mesure de recueillir les fruits de leur prévision ; ces fruits furent abondants. En moins de vingt années, les Pères firent si bien ressortir le néant des croyances isolées et le vice du libre examen, que le Protestantisme fut plutôt une opposition d'habitude contre la cour de Rome, qu'un culte offrant aux esprits sérieux un corps de doctrines homogènes.

Ainsi que l'Allemagne, la Belgique et la Hollande se trouvaient en présence des deux principes religieux. Dans ces provinces des Pays-Bas, souvent réunies par la victoire, mais toujours hostiles par les mœurs, par l'esprit de nationalité et par l'intérêt, la même question s'agitait à main armée. Là, comme partout, les Jésuites essuyaient le contre-coup des ovations luthériennes.

Nous avons vu qu'en 1612 la Belgique avait été constituée en deux provinces de l'Ordre, la province Flandro-Belge s'étendait en Hollande. Alexandre Farnèse y avait établi des missions militaires, c'est-à-dire il avait désiré que les Jésuites marchassent sous le drapeau, afin d'inspirer aux soldats plus de confiance dans leur propre cause. Ce que Farnèse avait entrepris pour l'armée de terre, Spinola le réalise pour la flotte. Il a des Jésuites parmi ses troupes, il en veut parmi ses matelots. Tandis qu'au milieu des camps et dans les écoles les Pères Scribani, Coster, Lessius et Sailly placent leurs subordonnés en sentinelles avancées de la Religion et qu'ils la défendent contre les empiétements du Protestantisme, d'autres Pères continuaient, en Hollande même, l'œuvre de leurs prédécesseurs. Ils étaient proscrits des États de la République ; mais cette proscription n'avait servi qu'à centupler leur zèle. Maurice de Nassau et ses adhérents les tenaient sous la menace des tortures ; les Jésuites, après avoir régularisé leur action, marchaient à l'accomplissement de l'œuvre catholique. En 1617, ils occupaient les principales villes des provinces confédérées; ils étaient à Amsterdam, à la Haye, à Utrecht, à Leyde, à Harlem, à Delft, à Rotterdam, à Gouda, à Hoorn, à Alkmaer, à Harlingen, à Groningue, à Bolsward, à Zutphen, à Nimègue et à Vianen. On publiait chaque jour des édits contre eux, parce que chaque jour leurs efforts enfantaient un nouveau succès. Ils agissaient, ils parlaient dans le mystère. Le mystère, là comme partout, fut favorable au prosélytisme. Les Hollandais catholiques étaient inébranlables; les Luthériens essayèrent de compromettre les Jésuites, en livrant à l'impression leurs correspondances intimes avec le Général de l'Institut. Dans ces temps de controverses et de périls, au milieu d'ennemis vigilants, il n'était possible de traiter des affaires de la Religion qu'avec une réserve infinie. Afin de mettre leurs secrets à couvert et de les sauvegarder des interprétations, les Jésuites se servaient d'un langage convenu. Ils étaient en Hollande; ils avaient adopté le style du commerce. La correspondance tomba entre les mains des agents de Maurice de Nassau; elle devenait une énigme pour eux : ils la donnèrent à commenter au peuple, sous le titre de : *Occultus mercatus Jesuitarum*. A peine ces lettres furent-elles imprimées, que le bon sens public en trouva la clef et que, pour ne pas glorifier la Compagnie, dont cette correspondance révélait les travaux, les Protestants se virent forcés de retirer de la circulation tous les exemplaires qu'ils y avaient jetés.

L'Espagne avait négocié avec la Hollande; les rois catholiques reconnaissaient la Fédération qui leur arrachait par les armes sa liberté et son nouveau culte. Quand le Protestantisme eut vaincu, la division s'introduisit dans ses doctrines. Les sectaires s'étaient éloignés de l'unité pour marcher dans les voies du libre examen; le libre examen les entraînait à la confusion, la confusion à l'intolérance et à l'assassinat juridique. Deux disciples de l'école de Calvin, Gomar et Arminius, partagèrent les Hollandais en deux camps. La politique mêla ses théories à celles des docteurs; bientôt les Provinces-Unies ne furent plus qu'une vaste arène où chacun combattit, selon

Voltaire [1], « pour des questions obscures et frivoles, dans lesquelles on ne sait pas même définir les choses dont on dispute. » Maurice de Nassau était à la tête des Gomaristes, qui servaient ses projets ambitieux ; le Grand-Pensionnaire Barnevelt et Grotius se rangèrent du côté des Arminiens, s'efforçant de limiter le pouvoir qu'il s'attribuait.

Des collisions sanglantes devaient naître d'une pareille situation. Maurice de Nassau, comme tous les révolutionnaires heureux, se montra sans pitié à l'égard de ses adversaires. Ils s'étaient coalisés contre le despotisme d'un seul ; ils avaient proclamé ensemble la liberté des cultes, la liberté de la pensée, et ces frères de la veille n'aspiraient qu'à remplacer l'absolutisme des rois d'Espagne et du duc d'Albe par un autre absolutisme. Barnevelt et Grotius raisonnaient, discutaient ; comme toutes les oppositions, les Arminiens parlaient de droits imprescriptibles, d'égalité et de justice. Nassau les combattit avec l'épée, il les fit mourir sur l'échafaud ; lorsque la guerre civile ne lui offrit pas assez de chances de succès, il en appela à ses théologiens. Un synode se réunit à Dordrecht en 1618. Il condamna les Arminiens. Avec moins d'autorité, avec moins de science, avec moins de vertu que n'en déployaient les Conciles Œcuméniques, flétrissant les doctrines des novateurs, et cependant exclusive comme toutes les sectes, cette assemblée invita les Dévoyés de l'Eglise à joindre leur cause à la sienne. « Quatre provinces de Hollande, dit Mosheim, théologien et écrivain protestant [2], refusèrent d'adhérer au synode de Dordrecht. Ce synode fut reçu en Angleterre avec mépris, parce que les Anglicans témoignaient du respect pour les Pères de l'Eglise. »

Maurice de Nassau éprouvait de la résistance jusque dans ses coreligionnaires, le bourreau fit triompher ses doctrines et son ambition. Le vieux Barnevelt luttait pour l'affranchissement de sa patrie ; il ne s'asservissait pas aux erreurs des Gomaristes. Fidèle à celles qu'il avait embrassées, il évoquait le fantôme de la liberté ; il ne la trouva que dans la mort. On

---

[1] *Essai sur les Mœurs*, Œuvres de Voltaire, t. x , p. 409 (édit. de Genève).
[2] *Institutiones historiæ ecclesiasticæ (Helmstad , 1764).*

lui trancha la tête, et il mourut, « parce que, suivant la sentence rendue par une commission, il avait contristé au possible l'Eglise de Dieu. » Ces exécutions, plus odieuses que celles dont le duc d'Albe avait ensanglanté le sol des Pays-Bas, ces divisions éclatant parmi des sectaires qui répudiaient l'autorité du Siége apostolique pour s'abandonner à leur raison individuelle, étaient propres à inspirer un salutaire retour aux esprits sages. Le Protestantisme se découvrait plus intolérant que la Religion romaine. Au pied de l'échafaud même de Barnevelt, en face du cachot de Lowenstein, d'où la femme de Grotius arrachait le grand jurisconsulte, son époux, les Jésuites s'emparèrent de cette réaction. Ils surent en tirer un si heureux parti, que la persécution dirigée contre Barnevelt se transforme en semence catholique. Les chapelles se multiplient derrière le comptoir des plus riches négociants; mais, dans l'année 1620, la mort de l'archiduc Albert fait renaître les hostilités entre Maurice de Nassau et l'Espagne. La guerre éclate; un fléau plus terrible sévit dans les deux armées : ce fléau, c'est la peste de Mansfeld, ainsi appelée par les Catholiques du nom même de Philippe, comte de Mansfeld et général au service de Hollande. Il y avait plus de danger à courir dans les hôpitaux que sur les champs de bataille; les Jésuites se présentent partout où gémit un moribond. Ils se dévouent à Bruxelles et à Louvain; à Malines périssent martyrs de la charité les Pères Proost, Gaillard, Wiring et Sériants, comme expirent à Anvers David Taelsmans, Georges Vanderlaenen et les coadjuteurs Vanderbos et Spermmaher.

Les souffrances qu'ils affrontent pour eux, qu'ils adoucissent pour les autres, ne leur font point oublier qu'ils doivent en tout temps et en tous lieux être les porte-étendards de l'Eglise. En 1623, au plus fort de cette guerre qui a illustré les noms de Maurice de Nassau et d'Ambroise Spinola, les Jésuites tentent de pénétrer en Danemark. Coster, Lessius et Sailly meurent consumés de travaux à quelques mois d'intervalle; il ne faut pas que ces pertes semblent avoir affaibli l'énergie de l'Institut. Les uns partent pour le Danemark à travers la flotte hollandaise, d'autres vont porter aux Protestants prisonniers le tribut de leur zèle. A

Dunkerque, à Anvers, ces captifs de la guerre sont abandonnés sans secours. Il y a parmi eux des Anglais, des Allemands et des Ecossais : les Jésuites les confondent tous dans un même sentiment de commisération. Leur chef, Philippe de Mansfeld, est tombé à la bataille de Fleurus au pouvoir des Espagnols; le Père Guillaume de Pretère se fait ouvrir la citadelle d'Anvers, où Gonsalve de Cordoue garde son vaincu. Pretère s'insinue dans la confiance de l'audacieux partisan; il discute avec lui; à la voix du Jésuite, la conviction entre en son âme. Mansfeld est Catholique, et, à peine ses fers sont-ils brisés, qu'il abjure l'hérésie au pied même de l'autel des Jésuites.

- La province gallo-belge, plus rapprochée de la France, était moins exposée aux désastres de la guerre : aussi la Compagnie prenait-elle dans ce riche pays de rapides accroissements. En 1616, les princes Jean et Gilles de Méan fondaient un collège dans la ville d'Huy, leur patrie; un autre s'élevait à Maubeuge par les soins de Françoise Brunelle. Les Religieux de Saint-Waast dotaient les Jésuites d'Arras; les Chanoinesses de Sainte-Gertrude et l'Evêque de Namur leur offraient une maison à Nivelles; Florent de Montmorency et François Grenier les établissaient à Armentières, le Père Carlier y opérait par ses prédications la réforme des mœurs. A Lille, où la peste venait de se déclarer, ils s'improvisaient les infirmiers des mourants et ils succombaient avec eux. Un conflit s'engageait à Tournai entre la Compagnie et les Augustins, sublime conflit suscité par la bienfaisance, et dans lequel les Jésuites perdirent leur cause parce que la priorité de sacrifice fut invoquée en faveur des Augustins. En 1620, ce n'est pas la contagion, c'est la famine qui décime les habitants de Douai. Les magistrats ont épuisé toutes les ressources de la ville; les indigents, les riches eux-mêmes se voient condamnés à périr de faim. Les Jésuites accourent; ils réunissent leurs disciples; ils les chargent de corbeilles pleines de vivres, et ils distribuent le pain de la Charité à toutes les portes. François de Montmorency est témoin de ces œuvres que l'histoire, entraînée par le choc des passions, n'a pas le temps d'enregistrer, et qui s'oublient comme se perdent les bienfaits dans la mémoire des hommes; il veut consacrer ce dévouement en se dévouant lui-même. Il est au comble des honneurs par la naissance et par le mérite; il se dépouille des dignités de la terre pour se faire Jésuite.

De tous côtés la Belgique acceptait les Pères comme un rempart contre l'hérésie et comme une sécurité pour l'avenir. La Hollande les proscrivait par ce double motif, les Catholiques ne craignaient pas de marcher dans une voix opposée. En 1628, Anne et Esther Jansen et Jeanne Keyser, leur parente, offrent aux enfants de saint Ignace une maison de noviciat à Lierre. François Vander Burg, Archevêque de Cambrai, et Jean de Flobecq fondent, en 1632, la Maison d'Ath. En 1636, vingt-quatre Pères se sont réunis pour secourir les pestiférés de Béthune ; onze périssent. La guerre succède au fléau de la contagion, elle détruit le collége; il sort bientôt de ses ruines par la générosité du Père de Libersaert et de son oncle, le comte de Nédonchel.

Tant de succès n'étaient pas faits pour rassurer les Protestants. Le duc de Bouillon, gouverneur d'Utrecht, rentre dans le sein de l'Eglise catholique ; le Père Jean-Baptiste Boddens, recteur du collége, l'a disposé à cette abjuration, qui enlève aux sectaires un de leurs plus illustres soutiens. Les sectaires ne pouvaient tirer vengeance du prince, ils s'en prennent aux Jésuites. Utrecht s'était, en 1633, soumis aux Hollandais, à la condition que les Catholiques et les membres de la Compagnie de Jésus jouiraient, les uns du libre exercice de leur culte, les autres de la faculté de remplir leur ministère. L'abjuration du duc de Bouillon, les succès qui couronnaient les efforts de l'Institut provoquèrent des mesures oppressives. Les Pères Boddens et Gérard Paezman rappellent au vainqueur les promesses stipulées dans le traité, promesses qui engagent les Catholiques à la soumission politique, les Protestants à la tolérance religieuse.

On violait la capitulation ; les deux Jésuites attaquent avec force un pareil attentat aux droits de la conscience et de la justice. Leurs paroles retentissaient au cœur des Catholiques ; les Luthériens accusent les Pères de tramer un complot pour introduire les Espagnols dans la place. La conspiration existait en réalité : elle fut découverte par un soldat qui s'y était asso-

cié ; il révèle les plans et le nom des conjurés, celui d'aucun
Jésuites n'est prononcé. On offre à ce soldat la liberté et une
fortune s'il accuse Boddens et Paezman ; le soldat accède au
marché que les hérétiques lui proposent, et il déclare qu'il s'est
entretenu du complot avec les Jésuites.

Cette dénonciation était plus que suffisante. Boddens, Paezman et le coadjuteur Philippe Nottin sont confrontés avec leur
prétendu complice ; sous de pressantes interrogations, il hésite,
il balbutie, il flotte incertain. Ses irrésolutions devenaient com-
promettantes ; les Protestants y mirent un terme en lui faisant
trancher la tête.

Les Jésuites s'étaient habilement défendus, car, quoique notre
conviction ne soit appuyée sur aucune preuve légale, sur aucun
indice matériel, nous croyons qu'ils connaissaient au moins la
trame des Catholiques. Bien loin de leur en faire un crime,
nous les approuvons d'avoir voulu punir une pareille violation
du droit des gens. Cette défense exaspéra les Luthériens ; ils ne
pouvaient tirer d'aveux par les menaces, ils eurent recours aux
tortures. On fit placer les deux Pères et Nottin sur quatre lames
de fer rangées en sautoir ; on leur lia les mains et les pieds avec
des chaînes armées de pointes d'acier qui pénétraient dans la
chair ; on leur enferma le cou sous un réseau de plomb garni
d'une triple dentelure ; ainsi posés et tenus, on les entoura de
brasiers. A peine les chairs étaient-elles entamées par le feu,
que le sel, le vinaigre et la poudre à canon tombaient sur ces
plaies saignantes. Les raffinements de cruauté ne s'arrêtèrent
pas à des douleurs aussi âcres. On appliqua sur la poitrine des
Pères sept torches enflammées ; on leur mutila phalange par
phalange les doigts des mains et des pieds. Après vingt-deux
heures de supplice, les médecins déclarèrent que la vie chez les
Jésuites s'épuisait plus rapidement que le courage : ils n'avaient
rien avoué sous tant de tortures ; on les condamne à périr par la
hache du bourreau.

A peu de jours d'intervalle on les porta, l'un après l'autre, sur
l'échafaud, car leurs pieds meurtris ne pouvaient plus les soutenir. Ils périrent au mois de juin 1638, en priant Dieu de pardonner à ceux qui les assassinaient juridiquement. On les avait

tués ; comme pour laisser au monde une trace vivante de l'iniquité des juges et de l'innocence des condamnés, le conseil des Provinces-Unies menaça des peines les plus sévères toute publication d'écrits tendant à rappeler, même dans le sens du gouvernement hollandais, la conspiration que trois Jésuites avaient si cruellement expiée.

CHAPITRE VII.

Les Jésuites appelés dans le Béarn. — Louis XIII et le Père Arnoux. — Arnoux prêche au roi la tolérance en faveur des Protestants. — Haine que les Protestants lui ont vouée. — Arnoux engage le roi à se réconcilier avec sa mère. — Le Père Séguiran, confesseur du prince. — Le cardinal de Richelieu, ministre. — Les raisons qu'il donne de son estime pour les Jésuites. — L'Université de Paris jalouse de la Compagnie. — Le Père Coton, Provincial. — Politique de Richelieu. — Accusation contre les Jésuites. — Le cardinal Barberini, légat en France, et le Père Eudémon Joannès. — Matthieu Molé et Servin. — Le Père Keller, auteur de pamphlets contre Richelieu. — Eudémon Joannès et le Père Garasse sont accusés. — *Mysteria politica* et *Admonitio ad Regem*. — Condamnation de ces ouvrages. — Santorelli et le Parlement. — Mort de Louis Servin. — Omer Talon attaque les Jésuites. — Matthieu Molé prend leur défense. — Les Jésuites cités à la barre. — Le Père Coton et le premier président. — Richelieu apaise l'orage qu'il a soulevé. — Mort du Père Coton. — Lettre du Père de Suffren au Général de la Compagnie. — Recensement des élèves de la Province de Paris. — Richelieu et les Jésuites. — La ville de Paris et le prévôt des marchands posent la première pierre du Collége des Jésuites. — Colère de l'Université. — Réponse du prévôt et des échevins. — Guerre des Universités du royaume contre la Compagnie. — Mémoire du Père Garasse. — Richelieu et le Père Théophile Raynaud. — Le Père de Suffren suit la reine-mère en son exil. — Éloge de Suffren, par l'abbé Grégoire. — Le duc de Montmorency, condamné à mort, appelle le Père Arnoux. — Cinq-Mars et de Thou. — La cour et les confesseurs du roi. — Louis XIII et Richelieu. — Le Père Caussin et l'alliance avec les Protestants d'Allemagne. — Mademoiselle de La Fayette et les Jésuites. — Le Père Caussin exilé par Richelieu. — La *Gazette de France* calomnie le Jésuite. — Le Père Bagot, confesseur du roi, se retire. — Le Père Sirmond. — Caractère de Richelieu. — Il prépare une révolution. — Richelieu aspire au patriarcat. — Concile qu'il veut assembler. — Le Père Rabardeau le seconde. — Mort de Richelieu. — Mort de Louis XIII. — Le Père Dinet. — Le grand Condé à Rocroy. — Le maréchal de Rantzaw abjure le Protestantisme entre les mains des Jésuites. — Grandes fondations et grands hommes. — Les Jésuites s'associent à toutes ces œuvres. — Apostasie du Père Jarrige. — Son livre des *Jésuites sur l'échafaud* et sa rétractation. — Ce que c'est qu'un confesseur de roi. — Charles IV, duc de Lorraine, et les Jésuites. — François de Gournay et Charles d'Harcourt au noviciat de Nancy. — Le Père Cheminot approuve la bigamie du duc de Lorraine. — Il se met en révolte contre la Compagnie. — Menaces du duc. — Obstination du Jésuite. — Cheminot excommunié. — Lettre du Père Toccius Gérard au Général. — Repentir de Cheminot.

De graves événements s'accomplissaient dans le nord de l'Europe ; les Jésuites s'y trouvaient mêlés, tantôt par le triomphe,

tantôt par la persécution. En France, à la même époque, la justice du peuple et la faveur de la cour leur permettaient de tenir tête aux agressions et de prendre l'offensive. Les guerres de religion n'allaient plus être qu'un souvenir ; la France, délivrée par Henri IV de ce cancer, se créait l'influence que l'Espagne avait conquise sous Philippe II. Il ne restait plus à apaiser que des mécontentements partiels, qu'à dompter les efforts des grandes familles calvinistes rêvant de fédéraliser le royaume et de le partager en huit cercles républicains, dont elles se formaient des apanages. Les Protestants, toujours rebelles, s'étaient armés sur les bords de la Loire, en Poitou, dans le Midi et dans le Béarn ; le roi se mit à la tête de ses troupes et il dispersa les Dévoyés. Il fallait donner aux Béarnais une preuve de force morale : Henri IV, leur compatriote, y avait établi les Jésuites : mais, profitant des fautes de la régence de Marie de Médicis, les Béarnais, retranchés dans leurs montagnes, avaient toujours refusé de les recevoir ; car, ainsi que le dit le président de Gramond [1] dans son *Histoire des guerres de Louis XIII*, « Il est bon de remarquer combien est vivace la haine des hérétiques contre les Jésuites, hommes de mœurs irréprochables ; l'on ne saurait raconter tout ce que leur doit la France victorieuse dans cette guerre. » Par un décret solennel, le roi réunit, en 1650, le Béarn à la couronne ; il y rétablit le culte catholique. Le culte catholique avait besoin de Missionnaires ; les Jésuites qui suivaient le roi dans les camps, qui, à Saint-Jean-d'Angely, selon l'expression du président de Gramond, encourageaient les soldats dans la tranchée, furent choisis pour rappeler ce peuple à la foi de ses ancêtres ; ils y réussirent.

Louis XIII, prince adolescent encore, dont les qualités ainsi que les défauts n'étaient un secret pour personne, avait hérité du courage de son père, de son amour pour la Religion : mais timide sur le trône, le cœur toujours plein de mélancoliques tristesses, il n'aspirait qu'à se laisser gouverner. Le règne des favoris commençait : les noms du connétable de Luynes, du duc de Saint-Simon et de Cinq-Mars devenaient historiques par l'a-

[1] *Historia prostratæ à Ludovico XIII sectariorum in Gallia religionis*, liber II, cap. II.

mitié seule dont le fils de Henri IV les honorait : les Jésuites, en
crédit auprès du monarque et dirigeant sa conscience, purent
donc se faire une position inexpugnable.

Il y avait longtemps que le Père Coton désirait retremper
son âme dans la solitude : en 1617, le roi accéda à ses vœux,
et le Père Arnoux fut appelé à la charge de confesseur. « Ce Jésuite, successeur de Coton, était comme lui, raconte l'abbé
Grégoire [1], habile controversiste et grand prédicateur. Dans un
sermon prêché devant le roi à Fontainebleau, il avait attaqué la
profession de foi des Calvinistes : Dumoulin et Métretat, réunis
à deux autres ministres, publièrent la défense de cette profession
de foi. Cette défense fut réfutée par divers écrivains catholiques, entre autres par l'Évêque de Luçon, depuis cardinal de
Richelieu. Comme le sermon du Père Arnoux avait provoqué
cette dispute, le parti protestant lui voua une haine dont Élie
Benoît s'est rendu l'organe dans son *Histoire de l'Édit de
Nantes*. A défaut de preuves, il accumula sur lui des invectives et des accusations très-bien réfutées par le Père Mirasson,
Barnabite, dans son *Histoire des troubles du Béarn*. »

Au dire de ce prêtre, dont le nom est célèbre dans les annales de la Révolution française, le Père Arnoux, pour avoir
porté au pied du trône une controverse que les Dévoyés de
l'Église soutenaient le fer à la main, était en butte aux colères
calvinistes. Haïr un membre de la Compagnie de Jésus, c'était
abhorrer l'Ordre tout entier. Les Protestants se faisaient les
champions du libre examen ; du haut de leur raison ils repoussaient avec dédain les traditions et les doctrines de la Catholicité, et il n'était pas permis de combattre de pareils principes.
Arnoux n'eut point cette condescendance ; mais, dans un temps
où les fureurs religieuses fermentaient au fond des âmes, le Jésuite sut faire la part de la tolérance et du devoir. Les sectaires,
qui lèveront bientôt l'étendard de la révolte, exigeaient l'expulsion des Jésuites ; les Jésuites n'éprouvaient pas en face de
leurs ennemis une de ces terreurs que l'exil seul aurait pu calmer : ils se montraient plus confiants dans la justice de leur

[1] *Histoire des Confesseurs des Empereurs et Rois*, par Grégoire, p. 332.

cause, plus humains dans leur prosélytisme. « La haine des réformés contre Arnoux, ajoute l'ancien Evêque constitutionnel de Blois [1], était d'autant plus injuste que, dans un autre sermon, il avait rappelé à Louis XIII que protection leur était due comme à ses autres sujets, et les historiens assurent que constamment il inspirait au roi des sentiments de modération à leur égard. »

Arnoux, confesseur du roi, était tolérant ; mais ce Jésuite ne manquait ni de courage ni de force quand, du haut de la chaire, il donnait au monarque de ces grandes leçons que peut seule autoriser la sainte liberté du prêtre.

En 1619, des intrigues politiques de plus d'une sorte étaient parvenues à diviser le fils et la mère : Louis XIII l'avait reléguée au château de Blois, d'où le duc d'Epernon l'enlevait pour la conduire à Angoulême. Des bruits sinistres couraient : on disait que Louis, entraîné par ses jeunes favoris, chercherait peut-être dans une guerre parricide le repos que lui déniaient les plaintes de Marie de Médicis. Devant ce crime improbable, mais dont la pensée consternait la France, le Père Arnoux sentit qu'un devoir impérieux lui restait à remplir. Les avis offerts au roi dans l'intimité n'amenaient pas une réconciliation entre la veuve et le fils d'Henri IV ; en prêchant devant la cour le Jésuite osa dire [2] : « On ne doit pas croire qu'un prince religieux tire l'épée pour verser le sang dont il est formé ; vous ne permettrez pas, sire, que j'aie avancé un mensonge dans la chaire de vérité ; je vous conjure, par les entrailles de Jésus-Christ, de ne point écouter les conseils violents et de ne pas donner ce scandale à la Chrétienté. »

Cette audace héroïque, selon Voltaire, porta d'heureux fruits : le roi, mis en demeure par un homme dont il vénérait le caractère, comprit que sa dignité ne le dispensait pas d'honorer celle qui lui avait donné le jour. Rien jusqu'alors n'avait pu calmer ce cœur irrité : les paroles du Jésuite préparèrent l'accord tant désiré. Mais un homme si hardi dans l'accomplissement de son devoir était un ennemi de toutes les flatteries :

---

[1] *Histoire des Confesseurs*, ibid.
[2] *Essai sur les Mœurs*, OEuvres de Voltaire, t. x, p. 248 (édit. de *Genève*).

le connétable de Luynes se fit l'adversaire d'Arnoux, et, deux ans après, le Père Séguiran accepta des fonctions qui paraissaient héréditaires dans la Compagnie. Arnoux avait été accusé d'intolérance, son successeur fut taxé d'orgueil. On annonça qu'à peine en possession de sa charge Séguiran avait voulu établir une étiquette particulière pour les Jésuites confesseurs du roi, et que ses prétentions n'allaient à rien moins qu'à conquérir la préséance sur les Évêques et même sur les princes de l'Église. Les Cardinaux de La Rochefoucauld et de Richelieu attestèrent que ce bruit n'était qu'une calomnie. La déclaration des deux prélats ne laissait place ni à l'erreur ni au doute, ils étaient trop intéressés dans la question pour ne pas l'approfondir; mais, au milieu des intrigues dont la cour de Louis XIII était le théâtre en 1621, il y avait tant de pratiques secrètes mises en jeu contre les Jésuites, que la calomnie survécut. Le Père Arnoux s'était vu disgracié pour avoir eu le courage de prendre le parti de Marie de Médicis proscrite; le 20 décembre 1625, Séguiran succomba parce qu'il avait déjà déplu à cette princesse réconciliée avec son fils. Depuis plus de quatorze ans le Père Jean de Suffren était le confesseur de la reine-mère; Louis XIII l'aimait : par l'entremise des cardinaux de La Rochefoucauld et de Richelieu, il le choisit pour diriger sa conscience.

C'est dans ce moment que la politique incertaine de la France se dessine enfin : Richelieu arrive au pouvoir. Il a lutté contre tous les obstacles, il a vaincu les répugnances du roi, il s'est fait un piédestal de Marie de Médicis; il a rampé, peut-être, afin de s'élever plus haut que le trône; maintenant qu'il est roi par sa volonté de fer, par son génie qui affronte les difficultés ou qui en triomphe à force de persévérance, il va gouverner. Richelieu connaissait à fond le caractère français : amant de toutes les gloires, le cardinal apparaissait poète et soldat, théologien et administrateur, évêque et homme du monde. Sans autre affection que ses calculs, il se portait le défenseur des Jésuites, parce qu'il sentait qu'eux seuls tiendraient tête à l'hérésie; il les aimait, parce que les Protestants ne cachaient pas la haine qu'ils avaient vouée à la Compagnie. Aussi, lorsque les ministres de Charenton réclamèrent l'abolition de l'Ordre de Jésus en Europe, cet homme d'Etat donna-t-il aux Catholiques une leçon qu'ils n'auraient jamais dû perdre de vue. « La bonté divine est si grande, disait le cardinal en s'adressant aux Calvinistes [1], qu'il convertit d'ordinaire en bien tout le mal qu'on veut procurer aux siens. Vous pensez nuire aux Jésuites et vous leur servez grandement, n'y ayant personne qui ne reconnoisse que ce leur est grande gloire d'être blâmés de la bouche même qui accuse l'Eglise, qui calomnie les saints, fait injure à Jésus-Christ et rend Dieu coupable. Ce leur est véritablement chose avantageuse ; nous le voyons par expérience, en ce que, outre les considérations qui les doivent faire estimer de tout le monde, beaucoup les aiment particulièrement parce que vous les haïssez. »

Richelieu ne demandait pas mieux que de faire cause commune avec les Jésuites ; il était trop perspicace pour ne point apprécier leur sagesse, trop juste pour ne pas leur tenir compte des préventions ou des inimitiés dont il les voyait assaillis ; mais si l'Evêque avait su les défendre avec tant de vigueur, le ministre se croyait en droit d'espérer qu'ils le seconderaient dans ses plans politiques. Le Parlement et l'Université savaient que le cardinal s'irritait aisément lorsque son amour-propre se sentait blessé : il ne leur était plus possible d'attaquer de front l'Ordre de Jésus, ils chargèrent Richelieu de leur vengeance. L'Université venait d'éprouver un échec qui avait renouvelé ses douleurs. Henri de Bourbon, nommé à l'évêché de Metz, était un élève des Jésuites. Lorsqu'en 1624 il fit son acte public de théologie, il voulut offrir à ses maîtres un gage de sa reconnaissance : il choisit leur Collège pour subir ses examens. Les Jésuites affirment qu'ils avaient engagé le jeune prince à accorder cet honneur à la Sorbonne ; mais, disent les vieux manuscrits du temps, il ne put jamais s'y résoudre. Henri de Bourbon était fils de Henri IV et de la marquise de Verneuil ; Louis XIII avait pour lui une vive amitié, il désira d'assister à cette thèse ; toute la cour l'accompagna à la maison des Jésuites : il n'en fallait pas tant pour soulever les jalouses colères de l'Université.

[1] *Les principaux points de la Foi catholique défendus contre les quatre ministres de Charenton*, ch. IX, 190 (Chaalons, 1683).

Sur ces entrefaites, le Père Coton, nommé Provincial de France, arriva de Rome. Sa position était exceptionnelle : il avait vu grandir autour de lui ces jeunes ambitieux qui se disputaient la faveur du monarque ; il était l'ami de Richelieu, celui du connétable de Lesdiguières, qui, en 1622, avait enfin abjuré le Calvinisme ; et, dans sa retraite toujours grondeuse, Sully l'accueillait comme un souvenir du bon roi : il rattachait le passé au présent. A peine de retour parmi ses frères, dont il était le chef, Coton essaya de repousser les attaques. On incriminait tout ce qui sortait de la plume des Jésuites : l'Université leur reprochait d'accaparer l'éducation ; les Calvinistes les accusaient de thésauriser. Coton défendit son Ordre dans une lettre qu'il adressa au monarque ; on y lit : « Les ennemis de l'Eglise et du roi voulurent faire accroire audit feu roi, le grand Henri, votre Père, que notre Compagnie étoit si riche qu'elle regorgeoit de bénéfices, à raison de quoi je fus contraint de porter un dénombrement de tous nos biens à nous, de Bellièvre, lors chancelier, à nous, de Sully, surintendant-général des finances, et à MM. les secrétaires d'Etat, faisant voir, ce que j'offre de faire encore pour le présent, que nous n'avons pas deux cents francs pour homme, y comprenant vivre, vestir, librairie, sacristie, bastiment, procez, viatique, et toute autre dépense tant commune que particulière ; et nommerions plusieurs ecclésiastiques de France dont le moindre, lui seul, a plus de bénéfices que nous tous ensemble ; et ce fait fut vérifié et sommes prêts d'en faire encore la preuve, si Votre Majesté le désire. »

De nouveaux orages se formaient, un prêtre de Dieppe en fit briller les premiers éclairs. Ce prêtre accusa le Père Ambroise Guyot de conspirer avec les Espagnols contre le roi et le cardinal au sujet de la guerre de la Valteline. Richelieu poursuivait deux buts : l'anéantissement du Calvinisme en France, et en Europe l'abaissement de la maison d'Autriche. Ce n'était pas une pensée chevaleresque qui dirigeait cette politique ; le cardinal songeait peu à venger la défaite de Pavie et la captivité de François Ier ; ses plans avaient plus d'actualité. A l'intérieur il se montrait sans pitié pour les Dévoyés de l'Eglise ;

à l'extérieur, il encourageait leur esprit de révolte, il soudoyait leurs chefs, il faisait cause commune avec eux. Les Catholiques, qui n'avaient pas la clef de cette diplomatie double, s'en étonnaient, le Père Guyot se trouva donc dénoncé comme fauteur de l'étranger. Le délateur avoua plus tard, au moment où il expiait sur l'échafaud son crime de trahison, que le Jésuite était innocent ; mais le soupçon germait dans le cœur de Richelieu. Le Parlement vit l'occasion propice, il la saisit.

Urbain VIII envoyait à Paris le Cardinal Barberini, légat du Saint-Siége ; le Père Eudémon Joannès, dont le nom et les écrits avaient si souvent retenti dans la polémique [1], était adjoint à la légation en qualité de théologien et de conseil. A peine fut-il arrivé que l'on insinua que ce Jésuite était peu favorable au royaume de saint Louis. Quand cette rumeur eut acquis quelque consistance, l'avocat-général Servin, qui savait bien que Richelieu ne le désavouerait pas, accuse le Père d'écrits séditieux ; en plein Parlement il propose de violer le droit des gens et celui des ambassadeurs, il veut même décerner une prise de corps contre lui. Matthieu Molé était procureur-général ; étroitement lié avec le Père Coton, on avait toujours vu ce grand magistrat planer au-dessus des animosités et ne chercher que la justice dans les inspirations de sa conscience. Molé avait pu suivre les Jésuites à l'œuvre ; il les avait étudiés dans toutes les situations, et il leur témoignait une affection basée sur l'estime. Les paroles amères de Servin l'indignèrent, et, d'un ton d'autorité, il imposa silence à l'orateur judiciaire.

Matthieu Molé avait calmé une tempête ; le Père Keller, Jésuite allemand, en fit éclater une autre. Les catholiques d'Allemagne étaient victimes de la politique du cardinal. Ils ne lui devaient que la vérité : Keller, confesseur de Maximilien de Bavière, usa du droit que tout homme possède ; il censura au point de vue germanique la direction que le maître de Louis XIII imprimait aux affaires ; il publia, sur la fin de 1625, les *Mysteria politica* et l'*Admonitio ad Regem Christianissimum*. Il était plus dangereux d'offenser le ministre que le roi : ces deux écrits mettaient à nu le fond de la pensée du

[1] André-Eudémon Joannès était né dans l'île de Candie.

cardinal; ils blessaient son orgueil, ils menaçaient de briser son pouvoir encore mal affermi. Les *Mysteria* et l'*Admonitio* avaient paru sans nom d'auteur : mais l'Université, le Parlement, et Richelieu surtout, y reconnurent la main d'un Jésuite. Le Père Eudémon Joannès était le point de mire des attaques : on ne poussa pas plus loin les investigations, et on lui attribua ces deux ouvrages, où la vérité a commis la faute de se cacher sous la livrée du pamphlet. Eudémon prouva qu'il ne pouvait pas en être l'auteur. On passa à d'autres Jésuites : les Pères Garasse et Scribani, Provincial de Flandre, furent soupçonnés.

François Garasse avait dans l'esprit assez de verve et de mauvais goût, assez de conviction religieuse et d'amertume pour produire ces libelles ; mais, au milieu de ses débordements d'invectives et d'antithèses ridicules, ce Jésuite, que les sarcasmes du Jansénisme ont livré à la risée publique, possédait un caractère plein d'honneur et une ardente charité. Il se défendit contre l'inculpation dont il était l'objet, et il rencontra dans trois hommes au faîte des grandeurs par la vertu, le courage militaire et le talent, des amis qui cautionnèrent sa probité. Le cardinal de La Rochefoucauld, le duc de Montmorency et Matthieu Molé estimaient et aimaient le Père Garasse. Cette triple amitié est un titre de gloire pour le nom de ce prêtre, qui eut au suprême degré les qualités et les défauts des écrivains de son temps, et qui, quelques années plus tard (1631), mourra à Poitiers en dévouant sa vie pour les pestiférés. La Rochefoucauld, Montmorency et Molé se portaient forts pour le Père Garasse, Richelieu abandonna encore cette proie. L'auteur échappait à ses colères, il voulut au moins les faire retomber sur l'ouvrage : le Parlement et l'Université étaient à ses ordres; ils condamnèrent. L'assemblée du Clergé rendit une sentence analogue.

Cette satisfaction ne suffisait ni à Richelieu, ni au Parlement, ni à la Sorbonne. Le 20 janvier 1626, peu de jours après le décret contre les *Mysteria* et l'*Admonitio*, le traité du Jésuite Santarelli fut connu à Paris[1]. Filesac, docteur de Sor-

---

[1] Ce livre a pour titre : *De hæresi, schismate, apostasia, sollicitatione in sacramento pœnitentiæ, et de potestate Summi Pontificis in his delictis puniendis*

bonne, et Servin l'examinèrent ; dans les trentième et trente
et unième chapitres, ils trouvèrent surabondamment matière à
accusation. Santarelli posait les principes ultramontains, il les
développait à Rome, et, ne se préoccupant pas assez du retentissement que ses doctrines allaient provoquer, il dissertait
sur des points que les méfiances de la politique devaient encore
rendre plus ardus. Le pouvoir pontifical y était professé dans
sa pureté primitive : selon ce théologien, le Pape avait le droit
de punir les princes, et, pour de justes causes, ce droit s'étendait jusqu'à dispenser les sujets du serment d'obéissance.

L'autorité du Saint-Siége sur le temporel avait souvent été
un bonheur et un bienfait pour les peuples ; mais une nouvelle
jurisprudence prévalait dans l'Eglise gallicane. Ce traité, auquel la cour romaine et le Général de la Compagnie de Jésus
accordaient leur approbation, y évoquait, ainsi que dans les
cours étrangères, de vigoureux contradicteurs. Les rois s'efforçaient de secouer la tutelle du Saint-Siége, ne se doutant
pas qu'ils s'en préparaient une autre qui n'aurait ni la justice
ni le sentiment paternel de la première. Ils s'affranchissaient
du joug pontifical pour retomber sous celui des masses : ils
expièrent cruellement cette pensée. Aux yeux des princes, la
royauté s'estimait assez forte, elle devait enfin marcher sans
lisières et sans contre-poids. Le Jésuite n'avait pas eu de ces
ménagements dont Rome possède si bien l'art : il s'exprimait
sans réticence, comme si son ouvrage ne pouvait jamais fran-
chir les Alpes. Erreur ou vérité, cette doctrine fournit un
prétexte aux adversaires de la Compagnie ; Servin s'en empara,
et, pour jeter plus d'éclat sur sa manifestation gallicane, il la
différa jusqu'au 6 mars 1626. Ce jour-là, le roi tenait un lit
de justice. Servin prit la parole ; au moment où il allait s'élever
de toute sa véhémence contre les principes de l'Ultramonta-
nisme, et brandir les foudres du Parlement sur la Société de
Jésus, responsable, à ses yeux, de l'ouvrage de Santarelli, il
tomba aux pieds de Molé, frappé d'apoplexie. Il n'eut même
pas le temps d'invoquer dans une suprême prière celui qui
juge les juges de la terre.

Cette mort si rapide n'arrêta point la procédure entamée.

Omer Talon, grave et digne magistrat, le remplaça, et les Jésuites eurent des regrets à donner à la mémoire de Servin. Servin les poursuivait avec tant d'âpreté que, chez ce magistrat, c'était plutôt une lutte d'amour-propre qu'une affaire d'équité : il avait été leur ennemi de tous les temps. Talon leur devait de la gratitude, il était plus calme que son prédécesseur ; mais Richelieu voulait que les Jésuites humiliassent leur puissance devant la sienne : Talon servit éloquemment ce calcul.

Le 13 mars, le président de Lamoignon arriva secrètement à la Maison-Professe ; il apprit au Père Coton que Santarelli était condamné, et que le Parlement méditait de prononcer le lendemain une sentence d'exil, confondant ainsi les Jésuites français dans une accusation intentée à un ouvrage italien. Le cardinal s'était rangé à l'avis de la cour judiciaire : un désir de Richelieu faisait loi. Matthieu Molé cependant ne craint pas d'encourir sa colère. Il se présente devant le roi : en termes énergiques, il lui retrace ses devoirs et les services que l'Ordre de Jésus a rendus au monde, à la Catholicité et à la France ; il déclare que jamais il ne sanctionnera une pareille iniquité. Le roi n'avait déjà plus d'autres volontés, d'autres inspirations que celles que lui dictait Richelieu : il laissa faire. L'ouvrage de Santarelli fut brûlé en place de Grève par la main du bourreau, et l'on se mit à discuter la question du bannissement. Quelques-uns des plus exaltés parlaient même d'interdire à l'instant même aux Jésuites la chaire et le confessionnal, lorsque Deslandes, doyen des conseillers, s'écrie : « Et à quoi pensons-nous? Faudra-t-il que nous défendions au roi et à la reine-mère de se confesser au Père Suffren, et que nous leur nommions un autre directeur? »

Ces paroles apaisèrent l'irritation : il fut décidé que le Parlement entendrait à sa barre le Provincial et les supérieurs des Jésuites. Coton, les Pères Filleau, Brossald et Armand comparurent devant le premier président de Verdun : on les interrogea, on leur enjoignit de signer les quatre articles dont les États-Généraux de 1614 avaient rejeté la teneur. Coton allait mourir, mais le danger que courait l'Ordre de Jésus suppléa à sa faiblesse : il répondit à toutes les questions ; puis, au nom de sa Compagnie, il ajouta qu'il signerait tout ce que la Sorbonne et l'assemblée du Clergé souscriraient elles-mêmes. La proposition des Jésuites n'était pas nouvelle, mais elle n'en paraissait que plus embarrassante pour le Parlement.

Richelieu avait déchaîné les flots, il les calma ; il venait de prouver aux Jésuites qu'il savait être un implacable ennemi : le cardinal ne tardera pas à leur offrir des compensations. Le Père Coton, cependant, était frappé à mort ; il ne lui restait plus que cinq jours à vivre, et, le 14 mars 1626, il rendait compte au Général de la Société de sa comparution devant la cour. Le roi l'avait mal accueilli le 15 : le 16, Richelieu renonçait à pousser les choses plus loin. Les Jésuites offraient d'accepter la censure que la Sorbonne et le Clergé feraient de la doctrine de Santarelli : il jugea que cette acceptation serait suffisante. Les opinions d'Edmond Richer dominaient alors dans l'Université, mais elle comptait quelques docteurs circonspects, et le cardinal n'était pas homme à laisser ces opinions se prévaloir d'une circonstance fortuite. Le 18 mars, Coton était à l'agonie, lorsqu'un huissier lui signifia l'arrêt du Parlement. Le Jésuite en écouta la lecture ; quand elle fut terminée, il murmura : « Faut-il que je meure comme criminel de lèse-Majesté et perturbateur du repos public, après avoir pendant trente ans servi deux rois de France avec tant de fidélité ! » Coton expira le lendemain. Ce trépas changea le cours des idées ; il y eut réaction. Pour honorer le Père, dont les derniers moments avaient été troublés par une lutte juridique, l'Archevêque de Paris fit lui-même l'absoute sur ses restes mortels, et Richelieu vint prier près de ce tombeau que sa politique avait ouvert.

Les Jésuites s'étaient engagés à souscrire aux décisions que la Sorbonne adopterait. Le 1er avril, la Faculté de Paris s'occupa de les rédiger ; mais, dans le sein même de l'Université, il surgit des difficultés de plus d'une sorte. Les docteurs Du Val, Poulet, Mauclerc, Reverdi et Isambert s'opposaient à tout ce qui, dans les mots ou dans la pensée, serait hostile aux véritables droits du Saint-Siége comme au respect qui lui était dû. La discussion s'éternisa et aboutit à un compromis. Le **29 janvier 1627**, le roi, dans son conseil, décréta qu'afin de terminer ces controverses, il nommerait lui-même les cardinaux et les Évêques qui jugeraient « en quels termes seroit conçue la censure de la détestable et pernicieuse doctrine contenue au livre de Santarelli, pour, ce fait, être par Sa Majesté ordonné ce qu'il appartiendroit par raison. »

Avant la publication de cet arrêt, le Père Suffren, s'adressant au Général de l'Ordre, prenait l'initiative des mesures de prudence. « Je m'efforcerai de montrer, écrit-il le 6 mai 1626, ainsi que j'ai tâché de le faire jusqu'à ce jour, que Votre Révérence, en approuvant le livre de Santarelli, a agi comme elle pouvoit et comme elle devoit en telle matière, et qu'on ne doit pas accuser et condamner nos Pères de France, si quelque Père italien fait paroître un ouvrage composé sans mauvaise intention, mais peut-être trop légèrement et sans assez de considération et de sagesse. Sans doute, si on consulte la raison, rien de plus raisonnable ; mais dans ce malheureux temps, c'est bien moins la raison que la passion qui dirige les hommes. Nous avons beaucoup d'adversaires déclarés. Peu de nos amis ont le courage d'épouser ouvertement notre défense. Les services nombreux, publics ou privés, que nous rendons au royaume, personne n'y fait attention ; et si l'on découvre la moindre faute dans l'un des nôtres, tout le monde jette les hauts cris. »

Richelieu était satisfait ; il songea à faire oublier aux Jésuites le coup de force qu'il avait tenté. Il se servit d'eux comme des auxiliaires les plus habiles pour développer ses plans de grandeur nationale et ramener à l'unité les Français qui s'en étaient séparés. Richelieu les employa dans les Missions. Les Jésuites ne pouvaient cependant suffire à tout ; à la première que Vincent de Paul donna, il avait eu pour collaborateurs le recteur du collège d'Amiens et le Père Fourché. Madame de Gondi, la protectrice de Vincent, voyait par cet heureux essai et par la réunion d'un grand saint avec un grand Institut les merveilles que la Foi opérait encore. Elle conçut le projet de doter ses terres d'une mission quinquennale ; elle affecta un revenu de seize cents livres à cette œuvre, et elle chargea Vincent de Paul de trouver une Congrégation qui accepterait le legs. En 1617,

Vincent s'adresse au Père Charlet, Provincial des Jésuites. Le Général de la Compagnie est consulté ; il refuse. Les Oratoriens refusent après lui. Vincent ne trouvait pas de Missionnaires dans les Sociétés déjà établies, parce qu'elles étaient surchargées de travaux. C'était un homme dont les difficultés excitaient le zèle ; les Jésuites et les Oratoriens ne peuvent le seconder : il réunit des prêtres séculiers, il les anime de sa puissante charité, et ce double refus donne naissance à la Congrégation des Laza-ristes, qui a rendu et qui rend encore tant de services à la Re-ligion catholique.

Pendant ces années qui commencent le ministère du cardi-nal, les Jésuites avaient vu le trouble et l'inquiétude s'introduire dans leurs Collèges. Les menaces que l'Université et le Parle-ment faisaient retentir avaient éloigné beaucoup de disciples, et néanmoins, d'après le recensement envoyé à Rome à la fin de 1627, le nombre des jeunes gens que, dans la seule Province de Paris, les Pères instruisaient, s'élève au chiffre de treize mille cent quatre-vingt-quinze [1]. La France formait cinq Pro-vinces de l'Ordre. Celles de Lyon, de Toulouse, de Guienne, de Champagne et de Lorraine comptaient aussi chacune grand nombre d'écoliers ; et quand Richelieu eut permis à Louis XIII de favoriser les Jésuites, ce nombre s'accrut encore. Le 7 mars 1627, le roi scella sa réconciliation avec les Pères ; il vint accompagné de son ministre poser la première pierre de l'église de la Maison-Professe, rue Saint-Antoine. Louis XIII coopérait de ses largesses à la construction de l'établisse-ment, Richelieu s'y associa ; et, le 9 mai 1641, le roi et toute la cour assistait à la messe solennelle que le cardinal y chanta, environné d'un faste royal et d'une foule de prélats et d'abbés. En ce temps-là personne ne rougissait de pratiquer sa religion. Les intérêts, les passions ou les plaisirs entraînaient bien les hommes dans des voies peu chrétiennes ; mais, quand il importait de donner au monde un exemple de Foi, et à Dieu un témoignage d'adoration, tous les intérêts, les passions on

---

[1] Ce total est ainsi réparti sur le catalogue : Collège de Clermont, à Paris, 1827 ; La Flèche, 1350 ; Bourges, 713 ; Rouen, 1968 ; Rennes, 1484 ; Caen, 940 ; Nevers, 381 ; Amiens, 1430 ; Moulins, 400 ; Orléans, 412 ; Eu, 440 ; Blois, 239 ; Quimper, 950 ; Alençon, 570.

les plaisirs faisaient place à la piété. Le roi, la reine, le chancelier Séguier, Bouthillier, surintendant des finances, et les quatre secrétaires d'État s'approchèrent de la table sainte et reçurent la communion des mains du cardinal. On remarquait encore autour de l'autel les ducs d'Orléans, d'Enghien, de Conti, de Nemours, de Chevreuse, de Montbazon, de Ventadour, d'Uzès et de Luynes, les maréchaux de Brézé, de Saint-Luc et de La Meilleraye. Peu de mois après, une cérémonie profane réunissait encore chez les Jésuites le ministre omnipotent et les grands du royaume. L'année scolaire de 1641 finissait : avec Richelieu, il fallait de la poésie, du théâtre, de l'héroïsme sur la scène. Les Jésuites avaient depuis longtemps inventé ce nouveau ressort d'émulation : leurs élèves jouèrent la comédie. Parmi les jeunes acteurs, on comptait Armand de Bourbon, prince de Conti, et le prince de Savoie-Nemours, qui se mêlaient aux jeux de leurs condisciples, après avoir partagé leurs études. Ainsi les Pères, par une éducation nationale, confondaient tous les rangs de la société; ils apprenaient aux fils des princes à vivre parmi les enfants du peuple.

La cour favorisait les disciples de saint Ignace; la ville de Paris ne resta pas en arrière. Ils songeaient à faire rebâtir leur collége de Clermont. Le prévôt des marchands, les échevins de la capitale s'en déclarèrent les protecteurs [1], et la cité accorda dix mille livres pour subvenir aux dépenses. Elle fit plus; le prévôt des marchands et les échevins posèrent en grande pompe la première pierre de la maison. Cette faveur réveilla les Universitaires. Le 9 août 1628, ils se réunirent; le 11, ils se plaignirent à l'Hôtel-de-Ville de la bienveillance que les magistrats avaient témoignée, et ils ajoutèrent [2] : « Les Jésuites

[1] La ville de Paris voulut, par un autre monument, témoigner de l'affection qu'elle portait à la Compagnie de Jésus qui avait été conçue dans son sein. La ville de Paris s'appela la Mère de la Société de Jésus, comme l'atteste une inscription latine gravée sur bronze par ordre des magistrats de la cité et placée dans la partie supérieure de l'église de Montmartre, près du tombeau des Martyrs. Voici cette inscription :

« D. O. M. Siste spectator, atque in hoc martyrum sepulcro, probati ordinis cunas lege. Societas Jesu, quæ Ignatium Loyolam Patrem agnoscit, Lutetiam Matrem, anno salutis M.D.XXXIV, augusti XV, hic nata est : cum Ignatius et socii, votis sub sacram synaxim religiose conceptis, se Deo in perpetuum consecrarunt ad majorem Dei gloriam. »

[2] D'Argentré, Collect. jud., p. 277.

s'en prévaudront pour faire croire à la postérité que leur Collége, à l'établissement duquel cette ville s'est opposée dès l'année 1564, est maintenant autorisée par l'aveu d'icelle, voire même bâti et fondé de ses deniers. » Bailleul, prévôt des marchands, ne se laissa point intimider par ces menaçantes doléances, il répondit que les citoyens de Paris avaient pris modèle sur leur roi et qu'ils n'en pouvaient choisir un meilleur. L'Université se retira toute honteuse du rôle qu'on faisait jouer à ses animosités trop passionnées, et elle chercha à porter la querelle sur un autre terrain.

Au moment où il avait cru devoir, dans son intérêt, remuer le vieux levain des jalousies doctorales, Richelieu ne s'était pas contenté d'armer la Sorbonne; il avait excité les autres Facultés du royaume : elles répondirent à son appel. Le Collége de Tournon, créé par le cardinal de ce nom, était, à la demande de ses héritiers, érigé en Université. Le Saint-Siége et le roi de France, en 1622, sanctionnaient ce projet; le Parlement de Toulouse avait confirmé les priviléges accordés; mais Richelieu aidant, le Parlement du Languedoc infirma sa sentence. La cause fut évoquée au conseil privé du roi, et les Facultés de Bordeaux, de Reims, de Poitiers, de Caen, d'Orléans, de Bourges, d'Angers et d'Aix firent cause commune avec celles de Valence, de Cahors et de Toulouse. Comme leur sœur de Paris, elles poussaient le cri d'alarme, pressentant bien que, si les Jésuites, même dans un coin ignoré du Vivarais, jouissaient du droit d'accorder les grades littéraires, bien des jeunes gens iraient prendre leurs degrés à Tournon. La guerre était acharnée ; les enfants de Loyola comprirent qu'il serait sage d'ajourner une pensée qui soulevait tant de violences, et, dans un mémoire adressé par eux à la Sorbonne, ils se désistèrent. Ce mémoire, dont le Père Garasse est l'auteur, se termine ainsi : « S'il n'estoit question que d'endurer en nostre particulier, nous baiserions les vestiges de M. le recteur et fairions comme saint Ignace, le grand martyr d'Antioche, nous caresserions les ours et les lyons qui nous persécutent. Mais estant question d'un corps outragé et diffamé, estant subjet qui ne nous rendroit pas martyrs comme saint Ignace, mais dignes de toutes les malédictions du monde, permettez qu'il nous reste quatre choses, lesquelles on ne sauroit nous ravir sans injustice : la plume pour nous défendre modestement, la voix pour nous plaindre justement, les poulmons pour soupirer doucement en nos angoisses, et nos vœux pour les présenter à Dieu dévotement en faveur de ceux qui nous affligent. »

Les Jésuites passaient condamnation sur des prétentions que le Pape et le roi appuyaient de bulles et de lettres patentes ; ils se retiraient de la lice lorsqu'elle n'était qu'ouverte. L'Université de Paris ne se contenta pas d'une victoire sans combat ; elle réchauffa dans ses écrits toutes les imputations que les Protestants d'Allemagne, d'Angleterre et de Hollande portaient au compte des Pères, et ne pouvant plus s'abriter derrière les arrêts toujours favorables du Parlement, elle eut recours à l'insulte calviniste. C'était outre-passer les désirs de Richelieu : le cardinal – roi fit un signe, et l'Université disparut , attendant pour faire revivre sa haine une occasion qu'elle guetta. Il y avait parmi les Jésuites français un Père nommé Théophile Raynaud ; né à Sospello, dans le comté de Nice, le 16 novembre 1583, Raynaud, doué d'une mémoire et d'une imagination prodigieuses, s'était, souvent contre le gré de son Ordre, mêlé aux querelles théologiques ou littéraires de l'époque. Il était l'ami du Jésuite Monod, que le cardinal tenait à cette même époque prisonnier dans le château de Montmélian[1]. Richelieu est en butte aux sarcasmes et aux malédictions des écrivains espagnols et allemands, qui continuent à blâmer ses alliances avec les Protestants. Il jette les yeux sur le Père Théophile, il le choisit pour l'arc-boutant de ses vengeances. Le style plein d'originalité du Jésuite, sa verve mordante, son érudition étaient autant de gages de succès ; mais Théophile Raynaud refuse de se charger d'une pareille cause. Il résistait ; Richelieu le poursuit en Savoie et dans le Comtat Venaissin : le Père Théophile ne

[1] Le Père Monod , de la Compagnie de Jésus , était né en Savoie dans l'année 1586. Confesseur de Christine de France , fille de Henri IV et épouse de Victor-Amédée Ier, il fut envoyé par ce prince à la cour de France pour suivre les négociations relatives au titre de roi de Chypre. Richelieu s'opposa à ces négociations. Monod se lia avec le Père Caussin et mademoiselle de La Fayette ; puis , après la mort de Victor-Amédée , le Jésuite fut puni par le cardinal du zèle qu'il avait déployé.

veut pas être pour lui, il est donc contre lui. Le Jésuite tint
tête à la persécution, et, quelques années après avoir donné à
Richelieu la mesure de son indépendance, il offrit au monde
catholique un exemple d'abnégation. L'évêché de Genève va-
quait par la mort de Jean-François de Sales, frère et successeur
du saint; la cour de Savoie, le Sénat et le peuple de Chambéry
appellent à ce siége leur savant compatriote, que les colères du
cardinal ont grandi; le Jésuite décline les honneurs de l'épiscopat [1].

En dehors des Pères Monod et Raynaud, Richelieu avait
conclu la paix avec la Compagnie de Jésus : il déclara la guerre à
sa bienfaitrice. La reine-mère l'avait laissé grandir dans son
palais ; elle l'avait protégé contre les répulsions du roi, et Richelieu, maître de la France, la sacrifiait à son ambition. Marie était
intrigante; comme Catherine de Médicis, elle avait les mœurs et
les caprices de l'italienne ; mais son esprit possédait les ressources d'astuce que Machiavel communiqua à sa famille. Cette
politique d'atermoiement et de petites ruses n'allait guère au
caractère plein de décision du cardinal. Richelieu n'abordait les
questions que pour les trancher ; la reine-mère lui faisait
obstacle, il la brisa. Cette malheureuse princesse perdit en un
seul jour tous ses amis, tous ses courtisans; elle s'acheminait
vers un éternel exil; elle allait mourir sur le sol étranger, sans
luxe, sans consolation, pauvre et délaissée. Un Jésuite seul osa
braver le ministre qui imposait à un monarque, à un fils, d'aussi
dures conditions. Le Père Suffren avait à choisir entre les deux
royales consciences qu'il dirigeait : Marie de Médicis était aban-

---

[1] Ce Père Théophile est l'auteur des *Heteroclita spiritualia* et de plusieurs ouvrages aussi singuliers par le titre que par le choix du sujet; mais il avait des
vertus encore plus grandes que ses talents, et, dans son *Journal des Voyages*,
IIᵉ partie, page 386, Balthasar de Monconys parle ainsi du désintéressement consciencieux du Jésuite. Après avoir raconté les refus de l'évêché de Genève, que le
prieur de Jugeact, à Lyon, lui fait connaître, Monconys ajoute : « Ledit prieur
étoit lui-même témoin d'un acte de la plus héroïque vertu, puisqu'ayant eu ordre
de feu M. de Bourdeaux (le cardinal de Sourdis) et quelques autres de présenter
au Père Théophile, lors de ses adversités, des bénéfices et 2,000 livres de rente,
avec caution bourgeoise dans Lyon, s'il vouloit seulement employer sa plume à
écrire en faveur de certaines doctrines, le Père Théophile répondit à M. Jugeact
ces belles paroles en baisant sa soutane : « Qu'il aimoit mieux mourir persécuté
dans cet habit, que vivre bien à son aise en manquant de fidélité à Dieu, à qui il
l'avoit vouée. »

donnée ; Suffren renonce à l'amitié de Louis XIII, et, comme dernière grâce , il sollicite du souverain l'honneur de suivre la reine-mère. « Il espérait, dit l'abbé Grégoire [1], que ses conseils calmeraient l'âme aigrie de cette femme et la ramèneraient à des sentiments plus modérés. Le Roi, qui estimait Suffren, consentit enfin à son départ. Cet estimable Religieux mourut à Flessingue très-regretté de la reine, dont pendant plus de trente ans il avait été le confesseur. »

Marie de Médicis, succombant sous l'ascendant de Richelieu, s'exilait en 1631, et le Père Jean de Suffren l'accompagnait. A quelques mois d'intervalle un autre Jésuite, que Louis XIII avait honoré de son amitié, et qui expiait, loin de la cour, la sagesse de ses conseils, se trouvait appelé par le duc de Montmorency pour aider à mourir le descendant des premiers barons chrétiens. Henri de Montmorency, trompé par Gaston d'Orléans, s'était confié à son courage, et il avait levé l'étendard contre le cardinal. Fait prisonnier à l'affaire de Castelnaudary, il fut condamné à mort. Il était jeune encore ; mais, comprenant qu'il n'avait ni pitié à attendre du cardinal, ni secours à espérer de son misérable allié, il se résigna. Le Père Arnoux était à Toulouse ; Montmorency manifeste le désir d'être disposé à son entrée dans l'éternité par le Jésuite. Aux jours de sa puissance, l'illustre adversaire de Richelieu n'a pas aimé les Pères, il s'est même opposé à leurs progrès ; à sa dernière heure, il n'a sous les yeux que leurs vertus, que leur éloquence ; comme grâce suprême, il fait demander la faveur de se confesser au Père Arnoux. Le maréchal de Brézé vint, de la part du roi, ouvrir au Jésuite les portes de la prison. Le 30 octobre 1632, Arnoux et trois autres Pères accompagnaient la victime à l'échafaud. Quand il eut placé sa tête sur le billot : « Frappez hardiment, » dit le fils des connétables au bourreau, et sa tête roula aux pieds d'Arnoux. A peine ce triste devoir était-il rempli, que le Jésuite fut mandé à la cour. « Sire, dit-il à Louis XIII, Votre Majesté a fait un grand exemple sur la terre par la mort de M. de Montmorency ; mais Dieu, par sa miséricorde, en a fait un grand saint dans le ciel. »

1 *Histoire des Confesseurs des Empereurs et Rois*, etc., p. 339.

Dix ans plus tard, deux autres complices de Gaston d'Orléans, dans une nouvelle conspiration tramée par ce prince, mouraient à Lyon. Cinq-Mars et François-Auguste de Thou avaient été jugés et condamnés. Richelieu, à l'agonie, étouffait dans le sang de ses ennemis tout ferment de discorde intestine. Cinq-Mars, le favori du roi ; de Thou, ami du grand-écuyer, reçurent leur sentence avec une résignation courageuse ; et, comme pour réparer envers la Société de Jésus les injustices parlementaires de l'illustre historien son père, François de Thou, dans ce moment solennel, veut marcher au supplice appuyé sur le bras d'un Jésuite. Le Père Mambrun recueillit ses suprêmes pensées ; il le suivit à l'échafaud, tandis que le Père Malavalette apprenait au brillant Cinq-Mars à envisager chrétiennement cette mort ignominieuse ; car partout où une expiation était offerte alors, la victime se sentait plus forte en mettant son dernier jour sous la sauvegarde des disciples de saint Ignace de Loyola.

Les Jésuites, répandus dans les provinces, travaillaient à se montrer dignes de la confiance dont le peuple les avait investis. Ils évangélisaient les campagnes, ils ramenaient à l'Eglise ceux que l'hérésie ou les passions en avaient éloignés ; ils formaient dans l'intérieur de leurs colléges, cette brillante jeunesse qui préludait au siècle de Louis XIV. Ils popularisaient l'amour des lettres, ils ouvraient les intelligences au culte du beau et du grand. Ils n'avaient plus de rivaux à redouter dans l'enseignement, plus d'antagonistes à combattre dans les cours judiciaires ; Richelieu avait réduit au silence toutes ces inimitiés : elles tremblaient devant lui comme les princes et les seigneurs du royaume, dont la tête ou la liberté étaient toujours à la merci du cardinal. La mère, l'épouse et le frère du roi vivaient disgraciés ; les généraux, les diplomates, les magistrats, les Evêques qui ne se prêtaient pas aux vues du ministre, languissaient à la Bastille ou en exil. Le roi lui-même n'osait élever la voix pour se plaindre du servage dans lequel il était retenu ; glorieux servage, il est vrai, qui reconstituait la France : un Jésuite sut, par devoir, braver l'omnipotence du cardinal.

C'était le Père Nicolas Caussin. L'histoire de cette époque se concentre dans l'histoire de la cour. Tout s'y préparait, tout s'y réglait, et Richelieu avait organisé avec tant d'habileté son gouvernement que chacun obéissait au frein. Mais le Jésuite dont Louis XIII faisait son directeur de conscience, en 1637, avait sur les obligations attachées à ces fonctions des idées qui devaient peu s'accorder avec celles du cardinal. Le Père Caussin, établissant un parallèle entre les services des courtisans et ceux d'un confesseur de roi, résumait ainsi sa pensée. Il écrivait au Général de l'Institut, le 7 mars 1638 : « Pour les courtisans, le silence est souvent un devoir; pour le confesseur, il serait un sacrilège. » Richelieu n'avait vu dans Caussin que ce que chacun y découvrait, un esprit cultivé, un caractère égal et doux, qualités qui, selon l'abbé Grégoire, lui conciliaient l'estime. A peine le Jésuite fut-il entré en fonctions, qu'il en comprit la gravité. Le cardinal avait isolé le roi pour le condamner à n'exister que de sa gloire sacerdotale et politique. Le roi s'effaçait pour laisser le trône vide, afin que Richelieu ne trouvât pas une ombre d'opposition à ses désirs. Tout pliait devant cette volonté immuable comme la destinée, et qui savait si généreusement récompenser ses esclaves, si sévèrement punir ceux qui n'applaudissaient pas à sa politique ou à ses vers.

Caussin n'ignorait point que le confesseur du roi devait, avant tout, être le serviteur et le panégyriste du cardinal. Sans rompre avec lui, sans même refuser au ministre vivant les éminentes qualités que les hommes n'accordent qu'aux morts, le Jésuite avait vu de si près les malheurs du peuple, qu'il chercha à cicatriser les plaies de la France. Il fit entendre à Louis XIII qu'il importait à son salut éternel d'alléger les fardeaux qui pesaient sur le pays; il blâma les mésintelligences qui ne cessaient d'éclater dans la famille royale, et il exposa les dangers que l'alliance avec les Protestants de l'Empire germanique faisait courir au Catholicisme. Le roi ne savait que se cacher avec la timidité d'un enfant derrière la pourpre de Richelieu; et, quand Caussin le suppliait de rompre le traité conclu avec les sectaires de l'Empire : « Cependant, répliqua Louis, le cardinal m'a montré une consultation de docteurs qui, à cet égard, ne pensent pas comme vous. Elle est même

III.   23

signée de plusieurs Jésuites. — Ah ! Sire, répondit Caussin [1], ils ont une église à bâtir. »

La repartie était audacieuse pour un Jésuite ; elle arracha un sourire aux lèvres maladives du roi, et elle prouva à Richelieu que Caussin était à la cour un danger permanent pour lui. « Ce Religieux, dit madame de Motteville, fut véritablement incorruptible. Il pouvait facilement s'élever aux dignités ecclésiastiques en capitulant avec sa conscience ; mais il se comporta d'après ses lumières et sa croyance, au risque de se faire du Cardinal l'ennemi le plus puissant, le plus redoutable. » Dans cette cour où Louis XIII, toujours brouillé avec Anne d'Autriche, son épouse, soumettait ses passions à la vertu et se contentait des romans du cœur, une fille de noble maison avait pris sur le roi un ascendant extraordinaire. Il aimait mademoiselle de La Fayette, et, par elle, Richelieu espérait assurer à tout jamais sa domination sur le prince. Pour se soustraire au rôle que lui réservait l'ambitieux ministre, mademoiselle de La Fayette, indécise entre le ciel et la terre, consulta le Jésuite. « La vérité est, ajoute madame de Motteville dans ses *Mémoires* [2], que Dieu la destinait à ce bonheur ; car, malgré la malice et les faux raisonnements des gens de la cour, le Père Caussin, au lieu d'adhérer au Cardinal de Richelieu, comme il en fut soupçonné, lui conseilla, vu les intentions innocentes qu'il lui croyait, de ne point se faire religieuse, dans la pensée qu'il avait de se servir d'elle pour inspirer au roi de faire revenir la reine sa mère, et de gouverner lui-même son royaume. »

Caussin donna encore à mademoiselle de La Fayette d'autres avis. Ce fut lui qui opéra la réconciliation entre Louis et Anne d'Autriche ; et quand cette réunion fut consacrée, La Fayette,

---

[1] *Histoire des Confesseurs*, etc., par Grégoire, p. 343. Cette réponse du Père Caussin se trouve primitivement dans le Calviniste Levassor, auteur d'une *Histoire de Louis XIII*, qui cite également des fragments d'une lettre attribuée au Jésuite, et on y lit : « Pouvois-je ignorer qu'il y avoit quelques Pères dans notre Ordre qui, pour l'intérêt de la Maison-Professe ou de leur propre personne, faisoient tout au gré du Cardinal ? »

[2] *Mémoires de madame de Motteville*, t. 1, p. 75. — L'*Histoire ecclésiastique de la cour de France*, par Oroux, donne les mêmes détails et rend le même hommage au Père Caussin, t. II, p. 413 et suivantes.

guidée par Vincent de Paul et par Caussin, se retira du monde.
Richelieu s'aperçut que Louis XIII écoutait avec plaisir les
conseils du Jésuite ; il sut que ce dernier, pour encourager le
roi à se montrer enfin le maître, lui avait fait entendre de dures
vérités, et que même il n'avait pas craint de lui répéter : « Vous
ne dites pas tout ce que vous pensez, vous ne faites pas tout ce
que vous voulez, vous ne voulez pas tout ce que vous pouvez. »
Il l'exila. Le 26 décembre on apprit, par la *Gazette de France* :
« Le Père Caussin a été dispensé de Sa Majesté de la plus confesser à l'avenir et éloigné de la cour, parce qu'il ne s'y gouver-
noit pas avec la retenue qu'il devoit, et que sa conduite étoit si
mauvaise qu'un chacun et son Ordre même a bien plus d'étonnement de ce qu'il a tant demeuré en cette charge que de ce
qu'il en a été privé. »

Théophraste Renaudot était le premier qui, en France, avait
eu l'idée d'un journal ; il le faisait servir à flatter le pouvoir et
à calomnier les adversaires de Richelieu. Le Père Caussin,
exilé d'abord à Rennes, puis à Quimper, se contenta de se justifier auprès du Général de l'Ordre ; cette tâche dut lui être
bien facile, puisque l'historien des *Confesseurs des rois*,
résumant les mensonges inspirés par le Cardinal à la *Gazette*,
ne put s'empêcher de dire : « Accusation vague, et qui paraît
dénuée de preuves. » Caussin avait disparu, Louis XIII appela
à la direction de son âme le Père Jean Bagot. Mais la position,
telle que Richelieu la faisait, n'allait guère à l'indépendance de
Bagot. Il était Breton. A peine a-t-il mis le pied à la cour,
qu'il supplie le roi de lui accorder la permission de se retirer ;
il l'obtint, et Jacques Sirmond fut choisi pour confesseur. Ce
Jésuite joignait les qualités du religieux aux vertus du citoyen.
Grand par son érudition et par la variété de ses talents, plus
grand encore par sa modestie, il avait rempli, sous le généralat
d'Aquaviva, les fonctions les plus importantes ; son souvenir
était cher à Rome, et le Pape désirait l'y voir revenir pour
s'entourer de ses lumières. Mais le roi et le Cardinal, dit
Henri de Valois [1], ne voulurent pas laisser enlever à la France

---

[1] *Ne tantus vir, ad illustrandam ecclesiæ Gallicanæ antiquitatem natus ,
Galliæ eriperetur.* (*Elogium Jacobi Sirmundi*.)

l'honneur de l'Eglise gallicane, et, pour mieux l'attacher à la patrie, Louis XIII le nomma son confesseur. Le roi avait la conscience de sa faiblesse. Richelieu lui devenait indispensable ; il était peut-être nécessaire à la France. Le Père Sirmond, qui refusait les honneurs du cardinalat, s'occupa de mettre d'accord ses devoirs envers la royauté et les obligations que son titre lui imposait. Les circonstances étaient plus critiques que jamais.

Richelieu, avec ce besoin de domination que le génie ne sait pas déguiser, aspirait à concentrer dans ses mains tous les pouvoirs. Il continuait l'œuvre de Louis XI en tuant la féodalité, il sacrifiait la monarchie au profit de l'autorité royale ; mais, dans son système, il fallait, toujours sur le trône un Henri IV ou un Louis XIV, le courage et la grandeur, ou un ministre tel que lui. Le jour où la France tomberait sous le sceptre d'un prince sans énergie et sous la direction de toutes les pusillanimités administratives, ce jour-là le royaume se trouverait en face d'une révolution. Le cardinal ne fit pas ou ne voulut pas faire ces réflexions ; il s'improvisait révolutionnaire par amour même de l'autorité ; il avait abattu l'orgueil des derniers grands vassaux, il entreprit de lutter contre l'autorité de Rome : maître de la France, encore plus maître de son roi, il prétendait régenter le Saint-Siége. Urbain VIII, poète comme Richelieu, homme d'Etat comme lui, mais modérant ses désirs et se faisant de la souplesse italienne un rempart contre lequel se brisaient les impétuosités du cardinal, résistait depuis longtemps à des vœux qui auraient pu troubler la tranquillité de l'Eglise.

Le cardinal d'Amboise, ministre de Louis XII, avait été revêtu des fonctions de légat apostolique en France ; Richelieu, pour affermir son autorité, sollicita ce titre. Rome connaissait son ambition : le Pape refusa de l'investir d'une charge qui lui aurait facilité les moyens d'usurper une prépondérance sans bornes. Le Saint-Siége n'accédait point à ses arrogantes prières, il essaya de toucher à son but par une voie plus détournée : il songea à tenir sous sa dépendance les anciens Ordres monastiques. Il était abbé de Cluny ; en 1636, il se fit élire chef d'Ordre de Cîteaux et de Prémontré. Urbain VIII ne lui accorda pas les bulles d'intronisation. Richelieu avait vécu à Rome, il en connaissait la politique : ces refus successifs l'irritèrent, et, pour commencer la guerre, il obtint du conseil un arrêt par lequel il était interdit de solliciter des expéditions à la cour pontificale et d'y faire passer l'argent destiné à la Daterie. Quelques Prélats étaient à sa discrétion ; ils demandèrent la révocation des Annates et la réunion d'un Synode national pour réprimer les empiétements de la cour pontificale. Pierre de Marca, président au parlement de Pau, et qui, plus tard, fut nommé à l'archevêché de Paris, avait publié un ouvrage sur l'accord du sacerdoce et de l'empire.

Jurisconsulte profond, érudit, plein de goût, il cherchait à plaire à Richelieu. Le cardinal se plaignait de la méfiance du Souverain-Pontife à son égard ; elle était injurieuse pour sa foi d'Evêque, outrageante pour ses sentiments catholiques ; elle contrariait ses instincts dominateurs. Marca lui proposa un moyen d'accorder son ambition avec son désir de vengeance : il traça un plan par lequel toutes les églises cathédrales attribuaient au roi le pouvoir d'élire les Evêques, pouvoir que le concordat leur avait ravi. Ce premier pas fait, un Concile gallican était assemblé, et Richelieu en sortait patriarche de France. Il se croyait sûr de la majorité des Evêques ; afin de celer ses intentions secrètes, il confia la direction du Synode futur aux prélats qui professaient le plus respectueux attachement à la Chaire de saint Pierre. Les choses en étaient à ce point lorsque Richelieu, cherchant à envenimer les difficultés que le Parlement, gagné par lui, ne cessait de susciter au Saint-Siége, se décide à préparer l'opinion publique au schisme médité.

Un docteur de Sorbonne, Charles Hersent, ne se crut pas tenu à la modération dont Urbain VIII et la cour de Rome faisaient preuve dans ces conjectures délicates. En 1640, il publia son *Optatus Gallus de carendo schismate*, libelle sanglant contre le cardinal. Mais les alarmes de cette trop vive éloquence devaient secouer la torpeur des Catholiques. Un membre de l'Université dénonçait Richelieu ; Richelieu, en profond tacticien, chargea de sa défense un Père de la Compagnie de Jésus. Hersent s'était bien gardé d'avouer son ouvrage ; le cardinal ne pouvait atteindre l'auteur, il fit condamner le livre par François de Gondi, archevêque de Paris, et par les prélats de la province ; puis, le Jésuite Michel Rabardeau entreprit de réfuter le docteur de Sorbonne. On intervertissait les rôles, et cette confusion était un des calculs les plus savants de Richelieu. Il espérait ainsi donner le change aux fidèles et prouver que, puisqu'un Jésuite reconnaissait la nécessité d'un patriarcat français, il n'y avait rien dans cette innovation de contraire à la Foi catholique. Les Pères de la Compagnie en France ne s'associèrent point à une pareille doctrine ; ceux de Rome, d'Allemagne et de la Péninsule la repoussèrent ; mais Richelieu avait produit l'effet désiré. Pour combattre Rome il s'était emparé de son bouclier ; il ne lui restait plus qu'à mettre à exécution ses desseins ; la mort ne lui en laissa pas le temps. Ce prêtre, qui avait forcé les potentats de l'Europe à régler leurs intérêts sur sa politique, et qui était l'invisible moteur de toutes les guerres comme de toutes les transactions politiques, expira le 4 décembre 1642. Il fut odieux aux princes, à la cour et au peuple, mais grand de toutes les haines qu'un de ses regards comprimait au fond des cœurs, haines qui ne s'évanouissent que devant un tombeau glorifié par la postérité.

Dans le même temps, Louis XIII, atteint d'une maladie mortelle, n'avait plus que peu de mois à vivre. Ce prince, qui n'était roi que par la bravoure et par la justice, éprouvait toujours le besoin d'avoir auprès de lui un ami, un favori ou un maître. Le Père Jacques Sirmond était entré dans ses faiblesses ; âgé de plus de quatre-vingts ans, ce vieillard avait essayé d'inspirer à un monarque encore jeune l'énergie du bien, il l'avait accompagné au siége de Perpignan. Lorsque Sirmond s'aperçut que ce n'était plus à la vie, mais à la mort qu'il fallait préparer Louis XIII, il crut que ses forces ne suffiraient pas à une pareille tâche ; il sollicita l'autorisation de se retirer. Le Père Dinet fut nommé pour le remplacer ; le 18 mars 1643, le roi le fit mander à Saint-Germain. Richelieu, qui, comme tous les hommes d'Etat, ne laissait pas aux sentiments de la nature le droit de contrarier ses projets, avait fait de Louis XIII un mauvais fils, un mauvais époux, un mauvais frère malgré lui. Les Jésuites cherchèrent pendant longtemps à émanciper cette servilité royale ; Dinet voulut qu'au moins, à sa dernière heure, le roi se relevât de ces abaissements. Richelieu avait proscrit ou plongé dans les cachots les hommes dont il redoutait l'influence ; « sur les représentations du confesseur, raconte le conventionnel Grégoire [1], le roi donne des ordres pour qu'on délivre les prisonniers, qu'on rappelle les exilés, victimes innocentes, et qu'on paie les gages des serviteurs de sa mère. Le confesseur lui représente l'obligation de témoigner publiquement ses regrets du traitement rigoureux infligé à sa mère ; le Père Dinet insiste sur la nécessité de faire la paix et de soulager le peuple. »

C'était le dernier favori de Louis XIII : telles furent les pensées qu'il lui suggéra. Le roi, qui voyait la mort s'approcher, exauça les vœux que l'amour de la France dictait au Jésuite ; puis, le 14 mai 1643, il expira entre ses bras [2]. Cinq jours après, le jeune duc d'Enghien, un élève des Jésuites de Bourges [3], apparaissait dans les champs de Rocroi. Pour célébrer les funérailles du fils d'Henri IV et l'avénement au trône de Louis XIV, le duc d'Enghien, général à vingt-deux ans, brisait les vieilles bandes espagnoles ; il triomphait, dans cette bataille de trois jours, de la prudence de Mello et du courage de Fuentès.

Un héros sortait à peine de l'école des Jésuites qu'un vieux soldat y entrait : ce vieux soldat était le maréchal Josias, comte de Rantzaw. Compagnon d'armes de Gustave-Adolphe, ami du chancelier Oxenstiern, le Richelieu du Nord, Rantzaw, après la mort du Suédois, renonça au Holstein, sa patrie, pour servir la France. En moins de dix ans il avait perdu sur les champs de

---

[1] *Histoire des Confesseurs*, etc., p. 348.

[2] La reine Anne d'Autriche avait réuni autour du lit de Louis XIII plusieurs Évêques et saints personnages de cette époque, entre autres S. Vincent de Paul. De là vient probablement que certains historiens et quelques peintres ont représenté Louis XIII mourant entre les bras du saint fondateur des Filles de la Charité. (Voir Griffet. *Histoire de Louis XIII*, t. 3.)

[3] Le grand Condé eut pour maître, à Bourges, dans l'art des fortifications, un frère-coadjuteur Jésuite, nommé Dubreuil. Ce frère, mathématicien et artiste distingué, a laissé un ouvrage curieux sur la perspective.

bataille un œil, une jambe et une main ; au siège de Bourbourg,
une balle lui enleva l'oreille gauche. La dignité de maréchal de
France récompensa une pareille valeur. Mais il ne restait à Rantzaw rien d'entier que le cœur ; il songea à l'offrir à Dieu, et le général luthérien s'adressa aux Jésuites. Dans sa vie agitée, Rantzaw
avait conçu des doutes sur la vérité du dogme protestant ; la
conduite peu évangélique des pasteurs réformés, la lecture des
controverses de Bellarmin, avaient ébranlé ses convictions. Il
aimait à s'entretenir avec les Jésuites, et le Père Marchand,
Provincial des Franciscains de Belgique, avait, en 1642, à Gand,
presque décidé sa conversion. Lorsqu'à trois ans de date, il eut
perdu l'oreille, Rantzaw, persuadé que cette dernière blessure
était un avertissement du Ciel, appelle deux Jésuites dans sa
tente. Le 9 août 1645, la ville de Bourbourg tombait en son
pouvoir, et, le 15, ayant abjuré le Luthéranisme entre les
mains d'un des Pères, il fit acte de Catholique. A peine a-t-il
reçu la communion que, plein de sa nouvelle ferveur, Raptzaw
accourt chez le maréchal de Gassion : Gassion est Calviniste ;
son compagnon d'armes fait auprès de lui office de missionnaire. Il était loyalement revenu à la religion de ses pères, il
persévéra jusqu'à la mort.

C'était l'ère des grandes créations, précédant en France l'ère
des grands hommes. Dans leurs colléges, les Jésuites préparaient le siècle de Louis XIV ; dans la chaire et dans le monde,
ils s'associaient aux œuvres de prévoyance nationale dont la
Religion couvrait le royaume. Au fond des prisons, où ils descendaient consoler les coupables, ils obtenaient que les condamnés à mort pussent recevoir la sainte Eucharistie, afin de
leur prouver que, abandonnés du monde entier, ils trouveraient
dans leur repentir un père moins inflexible que la justice des
hommes. Bernard le Pauvre-Prêtre fécondait la bienfaisance ;
saint François de Sales, le cardinal de Bérulle [1], Jean-Jacques

---

[1] Le cardinal de Bérulle était si étroitement uni aux Jésuites que, dans sa *Vie*,
par Habert de Chérisy, on ne lit pas sans étonnement que, pour témoigner à un si
vertueux ami l'entière confiance qu'ils avaient en lui, les Jésuites lui envoyèrent
un pouvoir d'examiner et de recevoir ceux qui se présenteraient pour être de leur
Compagnie, sans qu'ils fussent sujets à d'autre examen. L'historien du fondateur
de l'Oratoire rapporte sur cette estime réciproque, qui honore les disciples de saint
Ignace et le cardinal oratorien, une anecdote précieuse. Il dit : « Le Révérend

Olier, Pierre Fourier et Jean Eudes, cinq élèves des Jésuites de
Paris, de Pont-à-Mousson, de Lyon et de Rouen, se livraient à
l'ardeur d'un zèle que tempéraient la sagesse et la science.
François de Sales et la baronne de Chantal établissaient l'Ordre
de la Visitation, Bérulle créait l'Oratoire, Fourier réformait les
Chanoines de la Congrégation de Saint-Augustin, Olier instituait
les Sulpiciens; Eudes, le frère de Mézerai l'historien, donnait
naissance aux Eudistes. Le Père Bagot, à peine échappé de la
cour de Saint-Germain, rassemblait autour de lui des jeunes
gens qu'il façonnait à la vertu et au martyre. On comptait parmi
eux François de Montmorency-Laval, premier évêque de Québec; de Meurs, premier Supérieur des Missions étrangères à
Paris; Pallu, Evêque d'Héliopolis; Jogues, l'un des apôtres du
Canada; le célèbre Archidiacre d'Evreux, Henri Boudon, Che-
vreuil et Fermanel. « Cette réunion de jeunes gens, dit Boudon [1],
a été comme une petite source qui est devenue un grand fleuve
par le nombre des Evêques et Vicaires apostoliques que l'on a
choisis parmi eux pour l'Orient et pour l'Occident. C'est de ce
nombre que l'on a pris des Evêques pour Siam, pour la Chine
et pour le Canada pour en être les Pères. C'est ce qui a donné
l'origine au séminaire des Missions-Etrangères à Paris, qui répand l'odeur de la doctrine de l'Evangile, et qui est la bonne
odeur de Jésus-Christ. »

Pendant ce temps Vincent de Paul, dont le nom est à lui

Père dom Jean de Saint-Malachie, religieux Feuillant et Prieur autrefois du couvent de Paris, rapporte qu'étant à Rome, il fut prié, par le R. P. Claude Aquaviva, Général de leur Ordre, de voir M. de Bérulle lorsqu'il seroit à Paris, et de
communiquer avec lui de quelques affaires importantes à la Société. Ce bon religieux ne connoissoit pas encore bien tout son mérite; il ne savoit pas que ces ora-
cles de la justice, messieurs les Séguier, ses oncles, le consultoient lui-même comme
un oracle pour la justice du Ciel et les affaires de l'éternité... Il ne put s'empêcher
de trouver étrange que le chef d'une Compagnie si judicieuse et si vénérable eut
fait choix, s'il faut dire ainsi, d'un enfant (M. de Bérulle n'avoit alors que vingt
ans), pour prendre avis en cette grande ville, où il pourroit trouver tant de personnes d'un âge mûr et d'une prudence consommée. Mais l'étonnement du R. P.
dom Jean de Saint-Malachie cessa dès qu'il eut vu M. de Bérulle. Il nous l'apprend
lui-même dans une lettre dont on nous a conservé, entre autres paroles, les mots
suivants : « Je ne m'étonnai plus si ces vénérables et grands religieux avoient tant
de confiance en lui, quoiqu'il fût si jeune. » (*Vie du Cardinal de Bérulle*, liv. I,
chap. VI, p. 99-103). Plus tard, il est vrai, quelques différends s'élevèrent entre le
cardinal de Bérulle et les Jésuites; mais peut-on s'en étonner lorsqu'on en voit
surgir entre un saint Cyprien et un saint Corneille, entre saint Augustin et saint
Jérôme, entre Bossuet et Fénelon ?

[1] *Chrétien inconnu*, liv. II, chap. I.

seul un hymne à la gloire de l'Eglise catholique et de l'humanité, faisait naître les Lazaristes; il fondait l'Ordre des Sœurs
de la Charité, il ouvrait des asiles aux enfants trouvés. Les
Jésuites, placés depuis longtemps sur la brèche de tous les
dévouements, encourageaient d'aussi glorieuses entreprises, ils
les secondaient, ils se faisaient les amis, les collaborateurs de
ces hommes que le monde vénère. Ils combattaient avec eux
la licence des mœurs, que popularisaient l'athéisme de Vanini
et les poésies de Théophile. François de Sales mourait entre les
bras du Père Jean Fourier [1], et Vincent de Paul proclamait, dit
l'historien de sa vie [2], « qu'il avait toujours eu une vénération
toute particulière pour la sainte Compagnie de Jésus. »

Au moment où tant de grandes choses s'accomplissaient dans
l'Eglise et dans le monde, l'Ordre de Jésus se vit en butte aux
traits d'un apostat. Il y a parmi les Sociétés religieuses, comme
au sein des partis, de ces hommes inquiets, toujours mécontents de leur position et toujours prêts à estimer leurs talents
ou leurs services beaucoup plus haut qu'ils ne valent. Se
croyant dédaignés, ils essaient d'abord de se faire craindre,
enfin ils passent dans le camp ennemi avec la calomnie pour
tout bagage. Les adversaires exploitent ces révélations tout en
en méprisant la source. Ils achètent cet opprobre, ils le reven-

---

[1] Au témoignage du chanoine italien Gallizia (*Vie de saint François de Sales*,
IIIe édit. 1729, liv. III, chap. III, p. 471), le saint Evêque de Genève disait :
« La science est le huitième sacrement de la Hiérarchie ecclésiastique, à laquelle
sont arrivées les plus grandes disgrâces, quand l'arche s'est trouvée dans d'autres
mains que dans celles des Lévites. Notre malheureuse Genève a séduit les peuples
lorsqu'elle s'est aperçue que nous étions dans l'oisiveté, qu'on ne veillait plus en
sentinelle, et que, se contentant du Bréviaire, on ne s'appliquait plus à l'étude.
Alors les Hérésiarques trompèrent la simplicité de nos Pères, en leur donnant à
croire que l'Eglise n'avait pas la vraie intelligence des Ecritures. Ainsi, pendant que
nous étions livrés au sommeil, l'ennemi sema la zizanie dans le champ de l'Eglise,
fit entrer en cachette les erreurs qui nous ont divisés, et mit le feu dans toutes ces
contrées. Ce feu nous aurait consumés, si la bonté du Seigneur n'avait suscité les
Pères de la Compagnie de Jésus qui, en s'opposant avec valeur aux hérétiques,
nous donnent raison de chanter dans ce siècle : « *Misericordia Domini, quia non
sumus consumpti.* » Ces Pères, en la vertu du Seigneur tout-puissant, dont ils
portent le nom, triomphent de l'erreur par un zèle infatigable, par la charité, la
doctrine et l'exemple. Semblables à de vrais affamés, ils digèrent le fer des plus
noires calomnies, en même temps qu'ils dévorent les livres par une étude continuelle; et, en supportant les injures et les outrages, ils établissent les mystères de
notre foi et remplissent le monde d'hommes savants, capables de s'opposer à
l'hérésie. »

[2] Collet, *Vie de saint Vincent de Paul*, t. II, p. 88.

dent sans faire réflexion que la vérité même, venue à la suite
d'une honteuse transaction, ne peut plus être acceptée comme
la vérité. La Compagnie de Jésus avait déjà vu sortir de son
sein quelques apostats : Hasenmuller, Reihing, Daniel Peyrol
et cinq ou six autres que le Protestantisme avait accueillis, et
qu'il s'était empressé de créer ministres de son culte. Un Jésuite français, le Père Jarrige, né à Tulle en 1605, renouvela
ce scandale. « Jarrige, dit Bayle [1], conçut un si vif ressentiment de n'obtenir pas dans son Ordre les emplois dont ils se
crut digne qu'il résolut de se faire protestant. » Le 25 décembre 1647, le Consistoire calviniste de La Rochelle lui ouvrit
ses bras; et, comme alors l'apostasie était un crime puni de
mort, Jarrige se réfugia en Hollande. Il fallait bénéficier de
cette ignominie que les Dévoyés pensionnaient. Jarrige expliqua dans la chaire de Leyde les motifs qui l'avaient porté à se
séparer de l'Eglise romaine et de la Compagnie; puis il développa ces motifs dans un ouvrage intitulé : *Les Jésuites mis
sur l'échafaud pour plusieurs crimes capitaux.* A la lecture de ce livre, dont le titre seul était une honte, les âmes
consciencieuses s'indignèrent, même dans le Protestantisme.
Mais les partis, en tant que partis, ne se croient pas tenus à la
probité que les individus réclament, qu'ils professent dans la
vie privée. Jarrige était une arme contre les Jésuites; il venait
d'être pendu et brûlé en effigie à La Rochelle. On offrit son
pamphlet comme l'expression la plus vraie des sentiments et
des actes de la Société de Jésus.

Ce livre, exalté par l'esprit de secte, obtenait un succès de
scandale. Le Jésuite Ponthelier, alors à La Haye, eut occasion
d'entretenir Jarrige. A force de dextérité et de prudence, il
l'amena à confesser son crime; l'apostat, répudiant ses nouvelles amitiés et la fortune que les Etats-Généraux de Hollande
lui faisaient, se retira, en 1650, chez les Jésuites d'Anvers. Il
publia de cette ville une rétractation aussi ample, aussi complète que possible. On y lit [2] : « Destitué doncques de raison
et saisi d'esprit de vengeance, j'écrivis un livre venimeux et

[1] Bayle, *Dictionnaire historique et critique*, article *Jarrige*.
[2] *Rétractation de Jarrige*, p. 77 et 79.

cruel contre la province de Guienne. Si j'ai rencontré quelque
légère occasion de gloser, je n'ai pas manqué de faire passer
mes conjectures pour des preuves ; et, s'il est arrivé que,
quelques-uns ayant été soupçonnés, ou à vrai ou à faux, des
domestiques ou des étrangers, j'ai pris ces soupçons pour des
vérités, et ai tâché de faire passer ordinairement pour de
grands criminels des honnêtes gens qui, dans une sérieuse
perquisition, seroient seulement coupables de quelque simplicité ou, pour le plus, d'une faute légère. Qui examinera sérieusement et avec un esprit désintéressé mon discours, trouvera que j'ai fait des préludes spécieux et artificieux tout
ensemble pour faire glisser agréablement et avec beaucoup
d'apparences mes fourbes. J'en ai trop dit pour être cru, et les
hérétiques mêmes, quoique à l'avenir ils fassent bouclier de
mes diffamations, les ont improuvées dans le Synode de Mid-
delbourg ; et il faut avoir l'esprit aussi passionné qu'étoit le
mien quand j'écrivois ce livre, pour donner ce consentement et
ajouter foi à mes contumélies. Certes, si quelque chose s'est
passé, les coupables ont été renvoyés de la Compagnie, qui,
pour avoir les qualités du grand Océan, ne peut retenir dans
son sein les cadavres. Mes accusations donc sont injustes d'a-
voir chargé une illustre Religion des fautes de ceux qu'elle a
vomis comme indignes de vivre parmi les Saints et nourri un
esprit de démon parmi les Anges.

» Ma fureur m'a fait dire le mal et cacher les remèdes. J'ai
bien dit en quelques endroits ce que quelques-uns avoient
commis, mais je n'ai pas ajouté qu'ils avoient été chassés sou-
dain et sans délai comme pestes. Qui connoît les Jésuites jugera que les crimes de régicide, d'infanticide et tels autres
forfaits abominables sont controuvés. Combien de fois me suis-
je servi, contre ce principe de tout bon raisonnement, de réflexions captieuses pour du particulier conclure contre le général, et attribuer à toute la société ce que je n'eusse pu vérifier
d'un seul, si on m'eût réduit à une preuve juridique ! »

Ces aveux, toujours pénibles à l'amour-propre, portent avec
eux un caractère de justice et une connaissance des faiblesses
humaines qui devaient inspirer confiance. Les Protestants rou-

girent du rôle qu'ils avaient joué, ils se turent; mais les Jansénistes intervinrent, et ils déclarèrent peu concluante la rétractation de Jarrige. A un pareil langage Bayle répondit [1] : « Je laisse à juger à mon lecteur si messieurs de Port-Royal sont bien fondés à soutenir que Pierre Jarrige publia une rétractation insuffisante, et qu'il s'accuse bien lui-même d'avoir apporté trop de chaleur dans son livre contre les Jésuites, mais qu'il ne désavoue en particulier aucune des histoires scandaleuses qu'il avoit rapportées. »

Jarrige, repentant, se soumit : il vint se mettre à la discrétion du Saint-Siège et de la Compagnie ; puis, retiré à Tulle, il vécut dans les remords et dans l'exercice des vertus sacerdotales. Il se condamnait volontairement à l'obscurité. Les Protestants et les Jansénistes publièrent qu'il avait disparu, et que les Jésuites l'avaient fait mourir dans un cachot souterrain. Le savant Etienne Baluze, bibliothécaire de Colbert et compatriote de Jarrige, a, dans son *Histoire de la ville de Tulle*, démenti par les faits cette imputation [2]. Elle a survécu pourtant même aux preuves matérielles ; car elle flattait des haines et permettait à la calomnie de se cacher derrière un supplice imaginaire. Jarrige avait placé les Jésuites sur l'échafaud ; un autre apostat, Jules-Clément Scotti, lança, en 1652, *la Monarchie des Solipses* : c'est une satire qui, comme tous les pamphlets, ne prouve que la virulence de son auteur. Elle n'a plus qu'une célébrité de philologue et de bibliographe [3].

[1] Bayle, *ibidem*.

[2] On lit dans Etienne Baluze, *Historia urbis Tutelensis*, lib. III, c. XXX, p. 290 et 291 : « Pierre Jarrige publia, en 1651, à Anvers, un livre qui contenait son abjuration et son repentir. Il demeura six mois dans la Maison-Professe de Paris, où il fut reçu et traité avec bienveillance et charité. Pendant ce temps, les Jésuites obtinrent du Pape la permission à Pierre Jarrige de rester dans le monde en habit de prêtre séculier, sans être néanmoins relevé des vœux de religieux. Il retourna à Tulle, où il vécut, honoré et estimé même des Jésuites, jusqu'en 1670 qu'il mourut sur la paroisse de Saint-Pierre, le 26 septembre, et, le surlendemain, il fut enterré dans le sanctuaire de la même église. Il était âgé de soixante-quatre ans, et il en avait passé vingt-quatre dans la Compagnie avant son apostasie. »

[3] Les uns ont attribué cet ouvrage au Père Melchior Inchofer, mort en 1648, et qui, par conséquent, ne pouvait pas démentir cette assertion ; les autres, comme Otthon Gabor, jurisconsulte allemand, l'imputent à Scioppius. Deckheer, dans son ouvrage *De scriptis adespotis*, p. 95, croit que Gabriel Bariacus Lermœus, gentilhomme du Languedoc, est l'auteur de *la Monarchie des Solipses* ; Antoine Arnauld et Bayle en accusent Inchofer. Weiss ne partage pas leur avis. Le Père Oudin (voir les *Mémoires de Nicéron*) et Barbier, dans son *Dictionnaire des Anonymes et*

Par les démêlés qui surgirent entre le cardinal de Richelieu et les Jésuites confesseurs du roi très-Chrétien ; par la confiance que Henri IV et les Empereurs témoignèrent aux Pères Coton, Bécan et Lamormaini, nous avons vu quel était, en France et en Allemagne, le pouvoir de la Société créée par saint Ignace. Ce pouvoir s'exerçait sans contrôle, d'une manière secrète. Il était d'autant plus grand que le prince, arbitre de la vie et de la fortune de tous, habitué aux hommages et aux adulations, ne rencontrait de censeur que dans le prêtre aux genoux duquel il humiliait son orgueil. Le Jésuite sondait les misères, les passions, les ambitieux désirs du monarque. Il les consolait ou il les calmait. Il devenait, par la force même des choses, l'intermédiaire entre le Roi du ciel et les souverains de la terre. Il les dirigeait dans leurs actes ; il approuvait ou il blâmait les mesures gouvernementales. La vie publique, la vie privée, les pensées les plus intimes du prince, tout était de son ressort, tout passait par le creuset du confessionnal pour aller s'abriter sous le diadème. Cette position exceptionnelle engendrait à côté de la puissance une infinité de mécontents et d'ennemis. Elle donnait aux Jésuites une prééminence dont il était bien difficile de ne pas abuser, soit en faveur de leur Ordre, soit au détriment de l'État. Jusqu'à ce jour les Pères avaient si heureusement dirigé le choix des princes que, au milieu même des agitations politiques, des conflits religieux et militaires, il ne s'élève aucune plainte historiquement fondée contre les directeurs spirituels des rois. Dans ce même temps néanmoins un Jésuite, confesseur d'une tête couronnée, ne savait pas rester dans les bornes de la modération. Ce Jésuite favorisait de tristes scandales : les scandales appelèrent sur sa tête une punition sévère.

La maison de Lorraine, dont les Guise formaient la branche cadette, s'était, dès l'origine de la Société, déclarée sa plus ardente protectrice. Les Jésuites de la Province de Champagne comptaient de nombreux établissements dans ce duché. Charles

des *Pseudonymes*, n° 12,090, croient que Soutti a composé ce livre, qui, en 1812, à l'occasion des fêtes anniversaires du collège de Zeitz, a eu les honneurs d'une dissertation de J. Gottl. Koschke, intitulée *De auctoritate libelli de Monarchia Solipsorum*.

de Lorraine, Evêque de Verdun, ne se contenta pas de prendre
modèle sur sa famille. Au lieu d'appuyer l'Ordre de Loyola par
son influence, il abdiqua les dignités ecclésiastiques pour se
vouer tout entier à l'Institut. De prince, le prélat se fit Jésuite ;
il vécut, il mourut dans l'exercice des plus modestes fonctions.
Le spectacle de ses vertus avait été si saintement contagieux
que, peu d'années après sa mort, le Noviciat de Nancy recevait
les héritiers des plus illustres familles. En 1641, on comptait
parmi eux Charles d'Harcourt et François de Gournay. Le père
de François de Gournay avait tué en duel celui de Charles
d'Harcourt ; ce sang versé alimentait la haine entre les deux
maisons. Charles d'Harcourt était à peine introduit au Noviciat,
que François de Gournay s'y présente. Ils aspirent tous les
deux, et par les mêmes motifs peut-être, à étouffer sous l'habit
de Jésuite l'aversion que leurs familles ont conçue l'une pour
l'autre. D'Harcourt sollicite la faveur de servir Gournay pendant
les jours de la première épreuve ; il l'obtient. Il se jette dans ses
bras, il le couvre de ses larmes ; il lui déclare qu'il est son frère,
qu'il a tout oublié au pied de la croix, et, selon l'usage des premiers chrétiens, il lui lave les pieds.
   Ce pardon des injures, si fraternellement accordé sous l'inspiration des Jésuites, n'était pas en Lorraine le plus beau triomphe
de la Compagnie. Depuis vingt ans la guerre avait ravagé les
campagnes de cet Etat ; la disette s'y montrait si horrible, que la
charité de Vincent de Paul put seule la conjurer. Vincent de Paul
y envoya des Sœurs et des Lazaristes. Les Jésuites de Pont-à-
Mousson et de Langres avaient épuisé leurs ressources, afin de
nourrir les pauvres ; leur collége, leur maison étaient devenus une
ambulance. Vincent de Paul faisait passer des secours ; les ambassadeurs de sa bienfaisance se réunirent à ceux qui les avaient
précédés dans cette voie. Les enfants de Loyola et ceux de Vincent
se coalisèrent dans la même pensée ; ils mirent leur plan en
commun ; peu à peu ils réparèrent les calamités que la famine
avait produites.
   Tandis que les Jésuites acquittaient par la charité la dette de
gratitude qu'ils avaient contractée envers la maison de Lorraine,
le Père Didier Cheminot, par une condescendance coupable,

trahissait ses devoirs et exposait sa Compagnie aux plus tristes soupçons. Cheminot était appelé, le 25 mars 1637, à diriger la conscience de Charles IV, duc de Lorraine. Ce prince, jeune encore, avait un esprit presque aussi brillant que son courage ; mais, capricieux et inquiet, toujours disposé à donner sa main avec son cœur, et se faisant de la sainteté du mariage la plus bizarre des idées, il se montrait aussi volage en amour qu'infidèle à ses alliances politiques. Le Père Cheminot était son sujet ; il le choisit pour confesseur. Huit jours après, le 2 avril, il épousait, du vivant de Nicolle de Lorraine, sa première femme, la princesse Béatrix de Cusance, veuve du comte de Cantecroix. Les prières de son frère, François de Lorraine, celles de sa sœur Henriette, duchesse de Phalsbourg, et de la duchesse d'Orléans ne purent rien obtenir. Il restait indifférent au blâme de sa famille ; le Père Cheminot accepta la même position en face de son Ordre. On le vit, après avoir conseillé ou tout au moins approuvé la bigamie, publier un mémoire pour soutenir la validité de cette seconde union. Il avait pu être faible ou trop complaisant dans le principe ; il chercha plus tard à étayer son opiniâtreté sous des arguments coupables ; et, dédaignant les conseils des uns, bravant les injonctions des autres, il arriva à se faire une morale à lui.

Avec les ressentiments dont la Société de Jésus était l'objet, avec les jalousies et les craintes que provoquait sa position auprès des rois, ce scandale ne pouvait passer inaperçu. Un casuiste aussi commode, un confesseur aussi tolérant, sorti de la Compagnie, devait susciter contre elle des récriminations de toute espèce. Le Père Cheminot ne fut pas épargné, et l'orage ne fondit pas seulement sur lui. Tous les Jésuites sont solidaires du mal qu'un de leurs frères commet, mais cette solidarité ne s'étend pas jusqu'au bien. On accusa la Compagnie d'avoir honteusement servi les passions d'un prince et de s'être prêtée à ses caprices pour ne pas perdre son utile protection. On affirma que quatorze théologiens de l'Institut avaient pris en main la défense du duc de Lorraine et trouvé des raisons pour disculper leur collègue. Plusieurs écrivains ont partagé cette opinion ; mais après avoir étudié dans les archives du Gesù les lettres autographes des Péres Florent de Montmorency, Claude Maillard, Jean Bruanus, Barthélemy Jacquinot et Jean Tollenare, qui tous furent activement mêlés à cette affaire, nous croyons qu'il est impossible de persévérer dans une telle idée.

Ces lettres, au nombre de plus de cent cinquante, embrassent un espace de près de cinq ans; elles contiennent le récit des tentatives faites auprès du duc de Lorraine et de Cheminot pour les amener à résipiscence; elles démontrent qu'au lieu d'être bien venus de Charles IV, les Jésuites alors n'avaient pas de plus cruel ennemi. Le duc éprouvait une résistance qui, à la longue, devait ébranler son confesseur et le laisser seul en butte aux reproches de sa famille. Les Jésuites ne consentaient à aucun pacte; il crut qu'en dévastant leurs maisons d'Alsace et qu'en commettant en quelques jours plus de ravages que les Suédois n'en avaient fait en dix années de guerre, il les convaincrait par la terreur de la légitimité de son union adultère. Les excès de son armée furent aussi impuissants que ses prières. Les Provinciaux voisins de la Lorraine, ceux du Haut-Rhin, le Général lui-même, enjoignaient à Cheminot de se retirer de la cour : Cheminot résistait, et Charles IV écrivait de Bruxelles à Vitelleschi, le 4 juin 1639 : « Le Père Maillard me vint dire de la part des Jésuites de ce lieu qu'ils ne recevroient le Père Cheminot dans leur maison, estant résolus de lui faire cest affront et à moi, poussés par quelque personne ou raison assez peu considérable; ce qui m'obligea d'envoyer à la porte de ceste ville pour aviser le Père Cheminot. »

Cheminot se mettait en rébellion ouverte; les conseils de ses supérieurs l'avaient trouvé sourd ou indifférent, leur proscription patente fit naître quelque incertitude dans son esprit. Pour cacher ses futurs remords sous une violence princière, il imagina, le 24 mars 1642, de se faire adresser de Worms l'ordre suivant : « Mon Révérend Père, lui mandait le duc de Lorraine, considérant que vous m'avez adverti que vostre R. P. Général vous pressoit de vous retirer de ma cour et de m'en demander la permission, je vous advertis que je ne peux le permettre pour de justes raisons, et que vous n'aïez à l'entreprendre; autrement vous encourrez mon indignation et m'obligerez de vous mettre en arrȩst, si bien que l'on apprendra à ne pas désobéir en chose que je commande. »

Croyant sa responsabilité à couvert en face de pareilles menaces dont l'efficacité s'était déjà révélée aux Jésuites, Cheminot espérait que les choses ne seraient pas poussées plus avant, et que la complicité de Charles IV deviendrait une sauve-garde pour lui. Il n'en fut pas ainsi. Le scandale était public; le Saint-Siége et le Général de la Compagnie avaient épuisé les moyens de persuasion, ils eurent recours aux voies de rigueur : Cheminot fut excommunié. Aucun officier public n'osant lui signifier l'acte pontifical, car la colère du duc de Lorraine était terrible, le Père Toccius Gérard fut chargé de cette mission. Voici en quels termes il en rend compte au Général Mutio Vittelleschi :

« Le 27 avril, écrit-il de Worms, à la date du 2 mai 1643, je reçus de notre R. P. Provincial avis d'intimer l'excommunication au Père Didier Cheminot, d'après les ordres de Votre Paternité. Je fus dans la stupeur, mes cheveux se hérissèrent. J'ai vu, j'ai lu et j'ai éprouvé la vérité de ces paroles : L'esprit est prompt, mais la chair est infirme. Je pensais aussi à la fureur du duc et de sa concubine. Je me suis cependant reproché ma lâcheté et je me suis dit : Mieux vaut qu'un seul périsse que l'honneur de toute la Compagnie, au grand scandale des âmes. Le Père étant venu un instant au collége, le 28 avril, je l'ai appelé dans ma chambre. Il ne pensait plus à l'exécution des menaces tant de fois réitérées. Je lui ai lu clairement et distinctement, en présence de deux des nôtres, la formule de son excommunication; il l'a entendue jusqu'au bout, puis il est sorti du collége triste et abattu. »

Cheminot, retranché du sein de l'Eglise, était un objet de répulsion pour ses frères, un scandale vivant aux yeux des Chrétiens. Le duc de Lorraine et le Jésuite sentirent qu'ils ne pouvaient plus tenir tête au Saint-Siége. Le 14 septembre 1643, l'excommunié fit sa soumission au Général; il manifesta le repentir de ses erreurs et se mit à la disposition de Vitelleschi. Les Jésuites lui pardonnèrent le mal qu'il avait fait à leur Ordre et les outrages qu'il attirait sur eux. Entraînés par le

SAINT JEAN - FRANÇOIS RÉCIS,

Missionnaire de la Compagnie de Jésus.

mouvement des esprits, ou répugnant peut-être à porter au
tribunal de l'opinion publique une affaire dans laquelle la confession se voyait si tristement mêlée ; ils condamnèrent à l'oubli
les documents que nous venons d'évoquer. Ces documents, au
lieu de présenter une Société religieuse tout entière coupable,
ne laissent à l'histoire que le droit d'accuser un prêtre.

CHAPITRE VIII.

Position que prend le Général de la Compagnie de Jésus à Rome. — Les Jésuites
en Italie. — Le Père Gonfalonieri évangélise la Corse. — Son système pour réprimer le vol. — Nouveau Collégés. — Mort de Paul V et de Bellarmin. — Le
Père Mazarini et Jeanne d'Autriche. — Insurrection de la Valteline. — On y demande des Jésuites. — Refus du Général. — Urbain VIII, pape. — Canonisa-
tion de saint Ignace de Loyola et de saint François Xavier. — Ambition du Père
Verni. — Il devient Évêque. — Il est interdit. — Missions en Sicile. — Le Père
Pepe et les haines siciliennes. — Peste à Palerme. — Le Père Piccolomini, visiteur. — Année séculaire. — Fêtes des Jésuites. — L'Imago primi sæculi. —
Mort de Vitelleschi. — La Congrégation Générale. — Le Père Caraffa est nommé
Général. — Mort de Caraffa. — Election de Piccolomini. — Mort de Piccolomini.
— Nouvelle Congrégation. — Le Cardinal de Lugo. — Election du Père Gottifredi. — Il meurt. — Le Père Goswin Nickel est nommé Général. — Les Jésuites
en Angleterre sous le règne de Charles Ier. — Le Père Fischer convertit la comtesse de Buckingham. — Réaction puritaine. — On force le roi à sévir contre
les Catholiques. — Lois pénales portées. — Caractère de Charles Ier. — Ferments
de révolution. — Les Jésuites persécutés par les Puritains. — Les Jésuites se
rangent du parti de Charles. — Impôts sur les Catholiques. — Le Parlement et
les Jésuites. — Exécutions des Pères Holland et Corby. — L'ambassadeur de
France et la duchesse de Guise dans son cachot. — Le Père Mors, la veille de
plice. — Le Parlement condamne les Jésuites, parce qu'ils sont prêtres
dues. — Mort de Charles Ier. — Les Jésuites accusés d'avoir provoqué au
de. — Le ministre Pierre Jurieu et les Jésuites. — La République anglaise
et Cromwell. — Les Têtes-Rondes en Irlande. — La peste et le dévouement des
Pères Dillon, Walsh et Dowdal. — La dixième Congrégation générale rend
un décret pour que chaque province de l'Ordre se charge de former un Jésuite
irlandais. — Les Catholiques persécutés. — La Fronde et les Jésuites. — Missions
de saint François Régis dans le Vivarais et dans le Velay. — Ses vertus, son
amour des pauvres. — Sa mort. — Le Père Maunoir en Bretagne. — Le Père
Macédo à la cour de Suède. — Christine et le Jésuite. — Macédo lui enseigne
secrètement les principes de la Foi. — Descartes et les Pères Casati et Malinio
achèvent sa conversion. — Elle abdique et se fait Catholique. — La Compagnie
de Jésus est rétablie à Venise. — Sa situation dans l'Europe et au Nouveau-
Monde. — Les grands noms qu'elle reçoit dans son sein. — M. Guizot et les Jésuites. — Les injustices du Calvinisme.

L'influence exercée par les Jésuites en Europe est un fait incontestable, leur action n'a plus besoin d'être démontrée ; par
ce qu'ils avaient réussi à mener à bien au milieu d'insurmonta-

bles obstacles, on peut se faire une idée des œuvres que, dans
le même espace de temps, ils ont dû réaliser en Italie. Le généralat de Vitelleschi fut pour l'Ordre de Jésus une ère de prospérité; mais, par une étrange coïncidence d'événements, c'est
à Vitelleschi que semble s'arrêter la puissance extérieure du
Général. Jusqu'à ce jour, Ignace de Loyola, Laynès, François
de Borgia et Aqua viva ont été le centre où tout aboutissait; ils
ont ostensiblement dirigé l'Institut par leur sainteté, par leurs
vertus, par leurs talents, par leur inflexibilité. A partir de
Vitelleschi, les chefs de l'Ordre de Jésus s'effacent; ils gou-
verneront encore avec le même prestige d'autorité que leurs
prédécesseurs; ils correspondront avec les souverains et les
grands hommes de leurs temps; ils rencontreront partout des
obéissances actives, des cœurs se faisant une joie d'aller au-
devant du joug, des intelligences supérieures s'y soumettant
sans murmure. Ces intelligences, qui grandiront dans tous
les hémisphères, qui accompliront des choses merveilleuses
dans les lettres, dans les sciences ou dans la civilisation,
sont destinées à vivre au-delà du tombeau; le nom du chef qui
les a préparées au combat et à la gloire ne sera presque
connu que des Jésuites. •Les Généraux de la Compagnie disparaissent : on dirait qu'ils se réservent un rôle passif dans
l'histoire au moment où la Société de Jésus, à son apogée,
remplit les annales du monde de la multiplicité de ses travaux.

Ces réflexions trouvent même sous Mutio Vitelleschi un commencement d'application : cet homme, que sa douceur et l'innocence de sa vie avaient fait surnommer *l'Ange* par le Souverain-Pontife Urbain VIII, n'exerça aucune action ostensiblement
déterminante sur les Jésuites; il se créa un emploi de conseil, de
guide intérieur; il se cacha, pour ainsi dire, dans l'enceinte du
Gesù afin d'animer tous ses frères par cette retraite volontaire.
De là, il excita les courages, il apaisa les effervescences de zèle,
il donna l'essor aux talents, il développa les vertus, mais c'est
à peine si son nom surnage dans cet océan de faits qu'il a soulevés; c'est à peine si, au milieu de toutes les illustrations du
martyre, de l'apostolat, de la science ou de la gloire littéraire
qu'il va évoquer, on le voit prendre l'initiative publique d'une

mesure importante. Vitelleschi a tracé à ses successeurs le rôle qu'il a adopté : il s'est contenté d'être un ami, un modérateur pour les Jésuites combattant au soleil et dans l'ombre. L'Europe n'a pas entendu retentir son nom comme ceux de Loyola, de Laynès, de Borgia et d'Aquaviva ; c'est à peine si Rome elle-même a senti le contre-coup de son pouvoir, et cependant les Jésuites n'étaient pas moins ardents à l'œuvre en Italie que dans le reste du monde.

A Naples [1], le Père Pietro Ferragut, secondé par le duc d'Ossuna, vice-roi de Sicile, se prenait d'une sainte pitié pour les prisonniers, et, en 1617, il établissait en leur faveur la Confrérie de la Miséricorde. A Mantoue, l'année suivante, un décret du Sénat mettait la ville sous le patronage de Louis de Gonzague. A Lucques, le Père Constanzio, qui vient d'accompagner Alexandre Petrucci dans la visite de son diocèse de Sienne, est choisi pour médiateur entre l'Evêque Alexandre Guidiccioni et les habitants. L'autorité ecclésiastique était en conflit avec le pouvoir civil ; Constanzio calme les esprits et termine le différend. En 1619, le Père Gonfalonieri évangélisait la Corse ; dans cette île, dont la Religion seule pouvait dompter les mœurs presque sauvages, le vol était devenu une seconde nature ; les lois étaient impuissantes, le Jésuite y suppléa par une industrieuse combinaison. Il obtint de tous ceux qui avaient été voleurs et volés, c'est-à-dire de la masse, que chacun se ferait donation, et qu'un pardon réciproque de tous les torts serait accordé. Les Pères qui travaillaient de concert avec Gonfalonieri décident le peuple des campagnes à accepter la transaction ; mais, afin d'éviter le renouvellement de pareils délits, qui engendraient tant de haines de familles, le Jésuite prit ses précautions. Il imposa une convention mutuelle qui fut insérée dans les registres publics, cette convention portait qu'en cas de vol, outre la restitution de l'objet à la personne lésée, le cou-

[1] Dans la même ville, en 1611, le Père Pavone érigeait la Congrégation des Prêtres, dont le but était de former les nouveaux prêtres aux vertus sacerdotales et aux fonctions du saint ministère. Cette Congrégation vit en peu de temps sortir de son sein un Souverain-Pontife, quinze Evêques, cent quatre-vingts Prélats et grand nombre de Prêtres pieux et savants. Avant de mourir, le Père Pavone eut la consolation de voir quatre-vingts réunions semblables, établies dans le seul royaume de Naples. Après plus de deux siècles cette association est encore florissante.

pable serait tenu de payer une amende au fisc, et à l'Eglise une somme d'argent proportionnée à la valeur du larcin. Les Corses, par la même loi, s'obligeaient à dénoncer aux magistrats les auteurs de tous les vols qu'ils découvriraient. C'était la police faite par les intéressés ; en peu de jours elle produisit de si heureux résultats, que la sécurité des propriétaires ne fut plus troublée. Des Collèges s'élevaient sur tous les points, à Syracuse, à Tarente, à Monteleone. Isabelle Feltria, princesse de Bisiniano, bâtissait à Naples avec Roberta Caraffa une Maison-Professe ; Catherine de Lacerda, comtesse de Lemos et vice-reine de Sicile, y faisait construire un Collège pour la Compagnie ; Julien Bucconio, marchand de Savone, et Marc-Antoine Doria en fondaient un dans cette ville ; Jérôme Portelli, riche négociant de Rome, dotait la ville de Spolète, sa patrie, d'un semblable établissement. Rainucci, duc de Parme ; Capponi, archevêque de Ravenne ; le Cardinal Valenti à Faënza, favorisaient l'extension de l'Institut : pour ces princes de l'Eglise ou de la terre, les Jésuites étaient des auxiliaires indispensables.

Paul V allait mourir, et, afin de récompenser dans le Général un Ordre qui avait rendu tant de services à la Catholicité pendant son Pontificat, il désira d'offrir à Vitelleschi un gage de sa reconnaissante estime : il voulut le créer cardinal. A cette nouvelle, Vitelleschi réunit ses Assistants, il les supplie de détourner le coup qui le menace, et il prend la fuite. Christophe Balthasar, Assistant de France, est chargé de porter aux pieds du Souverain-Pontife les inquiétudes de la Compagnie et les terreurs du Général. Paul V meurt, et Grégoire XV (de la famille Ludovisio) lui succède le 9 février 1621. Le 17 septembre de la même année, Bellarmin terminait par la plus sainte des morts une vie de soixante-dix-neuf ans, tout entière consacrée à d'immenses travaux [1]. L'Eglise catholique pleura le grand homme

---

[1] En 1612, le cardinal Bellarmin était, par ordre du Pape, intervenu dans les démêlés de Galilée avec l'Inquisition. Au dire de l'historien Guicciardini, à cette époque ministre de Toscane à Rome, Galilée « demandait que le Pape et le Saint-Office déclarassent le système de Copernic fondé sur la Bible. » La cour de Rome nomma une commission de cardinaux et de savants, que présida Bellarmin. Bellarmin estimait les talents de Galilée ; mais il n'applaudissait pas à toutes ses théories. Il fut chargé de lui dire que le Saint-Siège verrait avec peine qu'il continuât à les soutenir ; et on renvoya Galilée libre comme il était venu. En 1620, sur

qu'elle perdait ; la Compagnie de Jésus plaça au rang de ses gloires les plus pures le cardinal qu'elle avait formé, et qui était resté Jésuite sous la pourpre comme dans sa cellule. Un mois auparavant, Jean Berchmans, qui marchait sur les traces de Louis de Gonzague et de Stanislas Kostka, expirait comme eux à la fleur de l'âge.

Le 5 novembre, était mort subitement à Bologne un Père dont le nom est devenu célèbre en France : c'était Jules Mazarini, oncle du cardinal-ministre pendant la Fronde ; mais comme son neveu et comme presque tous les Jésuites, Jules Mazarini ne possédait pas cette souplesse du caractère italien qui, avec un fond de grâce française, de fermeté espagnole et de bonhomie allemande, est le cachet distinctif de l'Ordre de Jésus. Dur et inflexible, cet homme avait commencé sa carrière de prédicateur par outrager saint Charles Borromée ; il la termina en faisant de Jeanne d'Autriche, petite-fille de Charles-Quint, une irréconciliable ennemie de la Société. A Gênes, on l'avait vu

la proposition de Bellarmin, le savant fut autorisé à enseigner son système comme une hypothèse astronomique ; mais, en 1632, après la mort du Cardinal-Jésuite, Galilée, emporté par la force de ses démonstrations, revint à son point de départ, et, le 21 juin 1633, il se vit condamné à trois ans de prison par une commission de sept cardinaux. Cette sévérité n'était que pour la forme ; Galilée ne resta que huit jours à la Minerve, dans l'appartement d'un des chefs de l'Inquisition, son ami ; puis, ce temps écoulé, il retourna au palais du ministre de Toscane, son plus chaud partisan. Cette détention a suffi pour soulever les hérétiques et les sophistes contre l'intolérance de la cour de Rome. Selon eux, Galilée fut chargé de fers, torturé et condamné aux douleurs de l'isolement. Cela a toujours été regardé comme article de foi par les incrédules, mais, dans le *Mercure de France*, du 17 juillet 1784, Mallet-Dupan, que son calvinisme genevois n'empêchait pas d'être un critique impartial, publia une lettre autographe de Galilée qui démentait cette fantasmagorie de persécution. La lettre existe, elle est aussi authentique, aussi claire que possible ; elle convainquit de mensonge les historiens, les professeurs et les poètes ; mais elle ne modifia point l'opinion du vulgaire.

« Le Pape, écrit Galilée au Père Receneri, son disciple, me traita comme un homme digne de son estime. J'eus pour prison le délicieux palais della Trinità del Monte. Quand j'arrivai au Saint-Office, le Père-commissaire me présenta poliment à l'assesseur Vittrici. Deux Dominicains m'intimèrent avec égard de produire mes raisons. Elles firent hausser les épaules à mes juges, ce qui est le recours des esprits préoccupés. J'ai été forcé de rétracter mon opinion. Pour me punir, on m'a défendu les dialogues ; et l'on m'a congédié après cinq mois de séjour à Rome. Comme la peste régnait à Florence, on m'a désigné pour demeure le palais de mon meilleur ami, l'archevêque de Sienne, et j'y ai joui de la plus douce tranquillité. Aujourd'hui, je suis à ma campagne d'Arcetra, où je respire un air pur dans le sein de ma chère patrie. »

Si les lettres des hommes que la liberté, que la philanthropie ou les révolutions ont condamnés à la captivité, étaient mises en parallèle avec l'écrit de Galilée, ce ne serait pas, à coup sûr, l'Inquisition romaine que les prisonniers accuseraient de fanatisme et de cruauté.

trente ans auparavant résister aux prières et aux menaces de
toute la ville, et exiger sans délai le départ du Père Loarte, que
les habitants souhaitaient de conserver parmi eux. L'âge et les
disgrâces n'ont pu rien changer à cette volonté de fer ; les Constitutions d'Ignace de Loyola furent aussi vaines. A travers ces
emportements, si extraordinaires chez un Jésuite, Mazarini était
doué d'un grand talent oratoire ; il avait des vertus, mais la
roideur de ses formes devait partout et toujours compromettre
la Compagnie. En cette même année 1621, il est nommé supérieur de la Maison-Professe de Palerme. Jeanne d'Autriche lui
témoigne le désir d'avoir un Jésuite pour prédicateur de sa
maison ; Mazarini répond : « Notre église est ouverte à tous, et
les officiers de la princesse ne doivent pas trouver au-dessous
d'eux de venir dans un temple fréquenté par les personnes du
plus haut rang. » Après cette sortie, le Père Jules comprit qu'un
troisième ordre de rappel allait encore l'atteindre : il se retira
de son propre mouvement, léguant aux Jésuites des inimitiés
dont les causes étaient si opposées à leur caractère.

En 1612, les hérétiques avaient chassé les Pères de la Valteline ; en 1621, Jacques Robustello, secrètement aidé par le duc
de Féria, gouverneur du Milanais, poussa les habitants de ces vallées catholiques à secouer le joug des Grisons. Peu de jours avant
de faire éclater la révolte, le duc de Féria prévient le Père
Ménochius, Provincial de Milan, et lui demande des Jésuites
afin de fortifier le courage des insurgés. La Religion n'était qu'un
prétexte à la prise d'armes : Ménochius le comprend, et il répond
que les Pères de l'Institut ne doivent pas se mêler par la parole
ou par l'action aux intérêts politiques mis en cause. L'entreprise
des Catholiques réussit ; à peine maîtres de leur liberté, ils réclament les Jésuites, que l'hérésie a expulsés de leur territoire.
L'Evêque de Como, qui étend sa juridiction sur la Valteline, est
consulté par Ménochius. Pendant ce temps, les Grisons ouvrent
les hostilités ; et le général Pimentel, à la tête de la cavalerie
espagnole, s'avance pour leur tenir tête. Pimentel est accompagné de deux Pères, Horace Torelly et François Rayna, nés au
fond de ces vallées, alors le théâtre de la guerre. Vitelleschi
leur ordonne de se retirer, mais les citoyens de Ponte intervien-

nent : Antoine Quadrio a fondé dans leurs murs un Collège de
la Compagnie ; ils déclarent « qu'il faut rétablir par tous les
moyens possibles la très-illustre Société de Jésus, afin que l'U-
niversité de Ponte et les villes voisines puissent jouir des fruits
abondants et salutaires que ce saint Institut n'a cessé de produire
par l'éducation. »

Les Jésuites s'étaient laissé forcer la main : ils se rendirent à
un vœu que manifestait toute une population.

Cependant les monarques de l'Europe, l'Empereur Ferdinand, Louis XIII, Philippe d'Espagne, Sigismond de Pologne,
Maximilien de Bavière et les princes d'Italie avaient suivi
l'exemple donné par Henri IV. Ils sollicitaient la canonisation
d'Ignace de Loyola et de François Xavier ; l'Orient, à qui l'a-
pôtre des Indes annonça le Christianisme, s'unissait à cette
prière de la Catholicité. Paul V avait béatifié ces deux hommes,
qui honoraient l'Eglise autant par leurs vertus créatrices que
par leurs miracles ; Grégoire XV, élevé dès l'enfance au Collége Germanique, ne crut pas devoir différer plus longtemps
un hommage solennel. Dans le Consistoire du 12 février 1622,
il prononça l'éloge de saint Ignace de Loyola et de saint François Xavier ; il célébra le 12 mars la fête de leur canonisation [1],
mais, prévenu par la mort [2], il laissa à Urbain VIII le soin
d'achever son œuvre. Ce fut ce Pontife qui, le jour même de
son exaltation, publia les bulles apostoliques par lesquelles l'E-
glise réunissait sur le même autel, confondait par les mêmes
hommages et celui qui avait fondé la Compagnie de Jésus et le
sublime disciple qui avait porté la Foi du Christ aux confins du
monde. Le Pape parlait au nom de la Catholicité, et, en résumant la vie de saint Ignace, il résumait la vie de ses enfants et

---

[1] Grégoire XV appliqua dans ces éloges deux textes de l'Ecriture à Ignace de
Loyola et à Xavier. Pour Ignace : « Fuit magnus secundum nomen, maximus in
salutem electorum, expugnare insurgentes hostes ut consequeretur hæreditatem
Israel. » (*Eccl.*, XLVI, 2.) A François Xavier : « Ecce dedi te in lucem gentium, ut
sis salus mea usque ad extremum terræ. » (*Is*, c. LXIX, v. 6.)

[2] Les Pères devaient beaucoup à Grégoire XV et au cardinal Ludovisio, son
neveu, qui avait fait construire la belle église de Saint-Ignace du Collège Romain.
Les restes mortels de ce Pape furent transportés, quelques années après sa mort,
dans cette église, où est le tombeau de la famille Ludovisio. Les Jésuites élevèrent
à l'oncle et au neveu deux mausolées magnifiques ; et, afin de rappeler le bienfait
et la reconnaissance, ils gravèrent sur le marbre cette inscription, modèle de style
lapidaire : *Alter Ignatium aris, alter aras Ignatio.*

le but de la Société. « C'était, disait-il, l'homme que Dieu avait choisi lui-même pour être le chef de ceux qui devaient porter son très-saint nom devant les nations et les peuples, ramener les infidèles à la connaissance de la vraie Foi, et les hérétiques à l'Unité, et défendre l'autorité de son Vicaire sur la terre. »

Le cardinal Maffeo Barberini monta sur le trône pontifical le 6 août 1623. Homme de mœurs douces, si profond helléniste que l'Europe savante le surnommait *l'Abeille attique*, esprit judicieux quoique poète, souverain qui unissait la fermeté à la modération, l'amour des arts à la piété, Urbain VIII ouvrait son règne par la canonisation de deux Jésuites; il le continua en les soutenant à travers les crises que le Jansénisme préparait à l'Eglise. Ce fut dans les premiers jours de son pontificat qu'un sentiment d'ambition personnelle fut signalé dans la Compagnie de Jésus. Le Père Onufrio de Vermi s'était à Naples insinué dans la faveur des grands; confesseur du comte d'Elda, général des galères de Sicile; admis dans l'intimité du cardinal Doria, du vice-roi François de Castro et de Philibert de Savoie, Vermi fit, malgré les ordres de son Provincial, un voyage à la cour de Madrid. La reine d'Espagne demande un évêché pour ce Jésuite. A peine le vœu de la Reine est-il connu à Rome que Vitelleschi adresse au Père Onufrio ses lettres de démission : Onufrio les accepte; il est promu à l'épiscopat. Mais, comme si une pensée ambitieuse dans un Jésuite portait malheur à celui qui l'a conçue, Onufrio de Vermi, Evêque de Scala, tombe d'erreur en erreur, de crime en crime ; puis il meurt bientôt, malheureux, exilé et interdit par le Saint-Siége.

L'ascendant des Jésuites était incontestable : ils avaient dans l'esprit, dans les mœurs, dans la politique de leur Institut peut-être, quelque chose qui saisissait les masses et qui les entraînait partout où les Pères voulaient les conduire. On ne niait plus, on ne combattait même plus leur influence; ils avaient su si bien capter ce peuple d'Italie, dont les passions sont aussi morcelées que les principautés, que, par des voies inconnues aux ministres de ces petits Etats, ils gouvernaient, ils dirigeaient, et que plus d'une fois on vit les souverains avoir recours à leur impulsion. A Girgenti, en 1624, ils organisaient des missions dans la ville,

des missions dans les campagnes. A Castro-Nuovo, des haines
siciliennes venaient d'éclater, elles s'envenimèrent. Le cardinal
Octavio Rodolphi, le vice-roi Philibert de Savoie veulent inter-
poser leur autorité; ils échouent. Sur ces entrefaites les Pères
Côme Pépé et Alphonse Bucconio arrivent à Castro-Nuovo :
Pépé est Jésuite, les deux partis le choisissent pour arbitre. Il
convoque le Clergé, les magistrats, la noblesse et le peuple; il
se jette aux genoux de ces ennemis irréconciliables, il leur
baise les pieds, il les émeut par son humilité, il les attendrit
par ses discours. Le lendemain, tous, réunis à la table sainte,
recevaient, en signe de réconciliation, de la main du Père, le
Christ mort en prêchant le pardon des injures et l'oubli des
offenses. A Palerme, la peste sévit en 1624; Philibert de Savoie est impuissant à conjurer tant de désastres : à sa prière,
les Jésuites se précipitent dans la mort. Pierre Curtio, Jérôme
Calderario, Joseph Zafarana, le Scolastique Cagliano, les Coadjuteurs Jacques Amato, Mario Scaglia et Plangio meurent en
secourant les pestiférés. Le Père Merulla a déserté la Compagnie, il demande à rentrer dans l'Ordre : cette faveur lui est
accordée par le Général; mais, afin de la mériter, il doit aller
partager le martyre de ces héros de la charité chrétienne. Merulla débarque à Palerme, et il meurt victime de sa compassion née du repentir. Les Pères Vincent Galetti, Buongiorno et
Platamonio périrent de la même manière en 1630.

Le danger était partout en Sicile. A peine quelques mois se
sont-ils écoulés depuis que tant de trépas successifs ont frappé
la Société, que, pour fortifier les survivants, François Piccolomini et Paul Oliva entreprennent la visite de cette province. Ces
Pères seront tous deux revêtus du généralat, ils commanderont
tous deux; en attendant cette dignité ils apprennent à obéir.
Les Jésuites avaient déployé tant de fermeté et de bienfaisance
que Béatrix d'Aragon, Charles de Vintimille et le prince de
Rocca-Florita leur fondent à Palerme le Collège de Saint-François Xavier.

Ce fut au milieu de ces événements qui, dans l'Ancien
comme dans le Nouveau-Monde, plaçaient les Jésuites en évidence et attiraient sur la Compagnie tous les regards, que Vi-

telleschî ordonna, par une lettre adressée en 1636 à chaque Province de l'Institut, de célébrer l'année séculaire de sa fondation. Les Pères, disséminés dans l'univers, honorèrent par des réjouissances publiques cette année de 1640, qui fermait le premier siècle de leur Société. Mais ces fêtes de la reconnaissance et de l'émulation n'auraient, comme la plupart des fêtes religieuses et civiles, laissé après elles aucune trace historique, si la Province de Flandre ne s'était imaginé de les consacrer par un souvenir durable. En nous reportant à l'époque de cette solennité, en nous identifiant avec ce sentiment admiratif que chaque corporation entretient dans son sein pour exalter les âmes et produire de nouveaux dévouements, nous croyons que certaines exagérations littéraires étaient aussi bien permises aux Jésuites qu'à toutes les Académies, plus ou moins célèbres escomptant leur gloire à huis-clos et se décernant des brevets d'immortalité.

Les Jésuites flamands firent moduler à leurs Scolastiques sur tous les tons et dans toutes les langues un dithyrambe en l'honneur de la Compagnie. C'était leur patrie, leur mère adoptive, qu'ils chérissaient dans la solitude, et dont la Catholicité leur apprenait à vénérer le nom ; ils devaient la glorifier par leurs talents ou par leur zèle, par une vie sainte et laborieuse ou par le martyre. Ces jeunes gens trouvèrent dans les élans de leurs cœurs des inspirations poétiques, des accents d'amour, des paroles enthousiastes ; ils ne faisaient pas de l'histoire froide et impartiale, ils composaient un panégyrique ; il admiraient en vers grecs et latins. Ils chantaient en prose le passé de leur Institut ; ils chantaient dans un style figuré l'avenir qui s'ouvrait devant lui. Ce livre, qu'enrichirent le luxe de la typographie et l'art de la gravure, était pour les uns un emblème de la vie éternelle, pour les autres une touchante, une heureuse fiction. Les pompes de l'esprit et la reconnaissance en firent seules les frais, et il fut intitulé : *Imago primi*

Mais ainsi qu'il arrive souvent, l'enthousiasme des uns devint pour les autres un sujet de raillerie. On pouvait ne pas prendre au sérieux ce bonheur littéraire in-folio. Les puritains du Jansénisme jugèrent plus favorable à leur cause de le présenter comme une espèce de manifeste politique où l'orgueil et la pensée intime de la Société de Jésus se cachaient sous des symboles poétiques. Ces jeux d'imagination, auxquels viennent se mêler des sentiments exaltés et une ardeur de néophyte, n'étaient justiciables que de la critique. On les traduisit devant un tribunal; et, en tronquant les citations, en acceptant chaque allégorie pour une vérité mathématique, on arriva à donner à cet ouvrage laudatif une importance historique qu'il n'a jamais méritée. On oublia que dans les bibliothèques de chaque Ordre religieux il existait de semblables panégyriques. On ne voulut pas se souvenir des extravagances, des impiétés même que contenait le livre *Des conformités de la vie de saint François à la vie de Jésus-Christ*, par Frère Barthélemy de Pise. L'*Origo seraphica Familiæ franciscanæ*, du Frère Capucin Gonzague; *les Entrailles de la Sainte Vierge pour l'Ordre des Frères-Prêcheurs*, par le Dominicain Chouques, ne furent pas consultées. On expliquait tout naturellement les extases littéraires, les admirations d'un Franciscain, d'un Capucin et d'un enfant de saint Dominique pour son couvent; on n'accorda pas le même privilège au Jésuite. On lisait en tête de l'ouvrage flamand que ce n'était qu'un jeu séculaire [1], un exercice oratoire; on l'offrit comme le résumé mystérieux de la Société de Jésus.

Tandis que ces accusations se produisaient, elle se voyait, même à Rome, en butte à d'autres attaques et pour des faits d'une aussi minime importance, mais que l'envie prenait plaisir à grossir. Un événement bien simple servit de prétexte à une nouvelle calomnie, et cette calomnie s'est perpétuée par l'histoire.

[1] Nous avons ce livre sous les yeux, et nous y trouvons : *Exercitatio oratoria.* Cet exercice oratoire commence ainsi : *In ludis hisce sæcularibus, si ludere libeat.* Antoine Arnauld, dans sa *Morale pratique*, dit que, d'après l'*Imago primi sæculi*, tous les Jésuites naissent le casque en tête. La pensée est dénaturée comme l'expression. Il y a qu'ils devraient naître couverts d'un casque, *galeatos nasci oportere.* Arnauld a vu pareillement dans le texte « que tous les Jésuites sont parfaits, qu'ils ont tous la pureté des anges ; que la sagesse habite dans la Société, qu'elle en dirige tous les membres. »
Au milieu des hyperboles que renferme l'*Imago*, hyperboles que les licences de la poésie et de l'éloquence n'autorisent pas aux yeux de l'historien, nous devons à la vérité de dire que celles citées par le grand écrivain janséniste ne se rencontrent nulle part.

Peu de temps après que l'Ordre des Ecoles-Pies fut établi, il plut à quelques religieux de cet Ordre de fomenter des troubles contre l'autorité de Joseph Calasanzio, leur saint fondateur. Les Pères Mario Sozzi et Stefano Cherubini degli Angeli se mirent à la tête des révoltés. A force de ruses et d'impostures, ils ameutèrent l'opinion publique ; ils parvinrent à la tromper. Leur intrigue fut si habilement nouée que Calasanzio se vit traduit au Saint-Office, dépouillé du titre de Général, et qu'on lui fit défense d'ouvrir de nouvelles maisons. Un religieux Somasque, nommé Augustin Ubaldini, fut désigné comme visiteur de l'Ordre dans lequel la guerre civile éclatait. Ubaldini se rendit compte de la situation : il proclama l'innocence du fondateur, il incrimina les rebelles ; puis, après avoir fait justice, il se retira, fatigué des hostilités qu'il provoquait autour de lui.

La cause était toujours pendante : par un bref en date du 9 mai 1643, Urbain VIII substitua à Ubaldini le Père Sylvestre Pietra-Santa, de la Compagnie de Jésus. Pietra-Santa jouissait alors à Rome d'une réputation méritée par ses vertus et par sa science. Il se mit à l'œuvre ; mais Mario Sozzi, qui avait usurpé les fonctions de Supérieur des Ecoles-Pies, s'était arrangé pour empêcher la manifestation de la vérité. Il avait exilé tous les religieux restés fidèles à leur véritable chef ; ceux qui se contentaient de désapprouver les actes de l'usurpateur avaient subi le même sort. Pietra-Santa ne se découragea pas devant tant d'obstacles. Il lui était facile de juger de quel côté se trouvait le bon droit. Sa conscience était éclairée, il voulut éclairer celle du Pontife et des consulteurs du Saint-Office. Il rédigea trois rapports. Dans tous les trois il s'attacha à démontrer que saint Joseph Calasanzio n'avait aucun reproche à s'adresser, qu'il fallait le réintégrer dans ses fonctions et conserver ainsi à l'Eglise un Ordre utile et pieux.

Ces faits et ces déclarations étaient et sont encore notoires à Rome. En 1753, lorsque les premiers symptômes de la destruction des Jésuites commencèrent à se faire sentir, le Père Urbain Tosetti, des Ecoles-Pies, ne craignit pas, en publiant un abrégé de la vie de saint Joseph Calasanzio, de représenter Pietra-Santa comme l'artisan des persécutions que le fondateur des Ecoles-Pies avait endurées de la part de ses frères. Tosetti n'avait aucune preuve à offrir, il en inventa. Il mit donc ses calomnies sous l'égide du procès de la canonisation du saint, afin de mieux abuser les hommes qui n'ont ni le temps, ni les moyens de remonter aux sources originales. L'écrivain avait menti sciemment, son mensonge fut accepté par la crédulité, par l'ignorance et par la mauvaise foi. Tosetti appuie ses imputations sur des documents; nous avons consulté ces mêmes documents qu'il invoque, nous avons étudié les passages qu'il indique, et, de cette comparaison, il est résulté la plus éclatante justification du Jésuite [1].

[1] Il serait trop long d'énumérer ici toutes les fraudes que s'est permises l'auteur de l'*Abrégé de la vie de saint Joseph Calasanzio*. (Edition de 1753, imprimée à Rome, par Jean Zempel). Quelques exemples suffiront et au-delà pour convaincre les esprits les plus prévenus.

Au livre IV, chapitre III, page 156, de son œuvre, Tosetti assure que le Père Pietra-Santa, faisant cause commune avec les perturbateurs, s'efforça d'opprimer le saint fondateur et d'amener l'abolition des Ecoles-Pies. Un peu plus loin, Tosetti affirme que les rapports écrits de la main de Pietra-Santa témoignent de ses tentatives [à ce sujet.

Le sommaire de l'année 1714 est sous nos yeux. A la page 24, on y trouve la relation authentique du Père Pietra-Santa, divisée en quinze paragraphes. C'est l'éloge de l'Ordre des Ecoles-Pies et le vœu le plus formel du Jésuite, pour que les cardinaux réintègrent Joseph Calasanzio dans son titre de Général. A la page 36, on lit une lettre de Pietra-Santa, par laquelle il déclare que « Calasanzio est un excellent religieux, que ses intentions sont très-saintes et ses mœurs très-dignes de louanges. » Le Jésuite ne s'arrête pas là. Il dit « qu'il a rédigé un mémoire pour obtenir le rétablissement du fondateur, et qu'il a supplié les cardinaux formant la Congrégation chargée de l'affaire des Ecoles-Pies, d'agir dans le même sens. »

A la page 47 du sommaire de 1719, sont classés les actes des Congrégations cardinalices, et partout on trouve que Pietra-Santa insiste fortement : « pour que l'on ne détruise pas l'Ordre et que l'on remette le Général dans ses fonctions. »

En suivant pas à pas les mensonges de Tosetti, on arrive à se convaincre que les postulateurs de la cause de saint Joseph Calasanzio, se servent des paroles de Pietra-Santa pour prouver l'héroïcité des vertus de celui dont le Jésuite serait accusé d'avoir calomnié la vie. C'est sur les rapports de ce même Jésuite que l'on se fonde pour réfuter le promoteur de la foi.

Au livre IV, chapitre VI, page 176, Tosetti prétend que le Père Pietra-Santa proposa de réduire à l'état de congrégation l'Ordre des Ecoles-Pies, et l'annaliste indique les procès où se conserve cet écrit. C'est, dit-il, à la page 25 du sommaire de 1719. Cet écrit existe réellement; mais on y lit à la première page qu'il fut composé par le Père Etienne Chérubini, religieux des Ecoles-Pies. La démonstration a quelque chose de plus péremptoire encore. L'écrit en question est réfuté à la marge et la réfutation est extraite des Rapports ou Mémoires de Pietra-Santa sur cette affaire.

Selon le texte même du procès de canonisation, Mario Sozzi, Chérubini et d'autres membres des Ecoles-Pies, furent les seuls persécuteurs de Joseph Calasanzio. Ces actes sont aussi officiels que l'histoire. Cela n'a point empêché Tosetti et ses continuateurs de mettre à la charge d'un Jésuite des faits que ce Jésuite fut le premier à réprouver et à dénoncer.

Le Pape, Urbain VIII et le Général Mutio Vitelleschi, qui avaient conduit l'Institut de saint Ignace à ce degré de prospérité, mouraient tous deux à quelques mois d'intervalle. Le 29 juillet 1644, l'Eglise perdait son Pontife; le 9 février 1645, la Compagnie n'avait plus de chef; et le Père Sangrius, nommé Vicaire-Général par Vitelleschi, convoquait la huitième Congrégation pour le 21 novembre de la même année. Elle se réunit au jour indiqué. Quatre-vingt-huit Profès y assistèrent. On y remarquait Florent de Montmorency, Etienne Charlet, Barthélemy Jacquinot, Gonzalez de Mendoza, Thomas Reyna, Juan de Mattos, Nuñez d'Acunha, Etienne Ménochius, François Piccolomini, Goswin Nickel, Valentin Mangioni, Odoard Knott, François Aguado, Pierre de Avalès, Jérôme Vogado, François Pimentel et Claude de Lingendes.

Vincent Caraffa, fils du duc d'Andria et homme véritablement selon le cœur et l'esprit de la Compagnie de Jésus, fut élu Général, le 7 janvier 1646, à la majorité de cinquante-deux voix. Il était né le 9 mai 1585 : il avait soixante ans. Mais le nouveau Pape que le Conclave donnait à l'Eglise catholique était plus vieux que lui, et la Société de Jésus attendait autant de la verte vieillesse de Caraffa que le Saint-Siége de celle du cardinal Pamphili, qui prenait le nom d'Innocent X. Le Souverain Pontife avait, le 1er janvier, publié une Constitution par laquelle il enjoignait aux Jésuites d'assembler la Congrégation Générale tous les neuf ans. Aux termes du bref : *Prospero felicique statu*, ils ne pouvaient la différer sous aucun prétexte; la triennalité pour les charges de Provinciaux, de Visiteurs, de recteurs et de supérieurs était établie [1]. Les Profès acceptèrent ce bref sans discussion; et, après avoir rendu soixante décrets, ils se séparèrent le 14 avril 1646.

Dans un nombreux Chapitre de l'Ordre de Saint-Dominique, François Turco, Général des Frères-Prêcheurs, avait publiquement donné des témoignages d'affectueuse fraternité à la Compagnie de Jésus. Le douzième décret de la Congrégation fut une

---

[1] Alexandre VII abrogea cette dernière disposition, le 1er janvier 1663. Le 30 septembre 1668, Clément IX suspendit l'exécution du Bref d'Innocent X sur la convocation des assemblées générales tous les neuf ans; et, le 17 novembre 1746, Benoît XIV l'abrogea définitivement.

réponse à ces amicales avances. Il prescrit à tous les membres de l'Institut de ne parler qu'avec éloge de l'Ordre vénérable des Frères-Prêcheurs et de leur rendre les devoirs de la charité et de l'hospitalité mutuelles. Ces deux puissantes Compagnies, qui, chacune dans sa sphère, travaillaient au maintien de la Foi en Europe, à sa propagation dans le Nouveau-Monde, avaient compris qu'il valait mieux se réunir contre un ennemi commun que d'éterniser des querelles scolastiques. Les prééminences d'école, les discussions de théologie entretenaient dans quelques cœurs une irritation et des rivalités auxquelles les deux Ordres ne s'étaient jamais associés. Mais ces débats, où l'érudition pouvait tôt ou tard faire place à des sentiments plus humains, devaient être circonscrits dans d'étroites limites, afin d'étouffer les passions en germe ou de les appeler sur un autre terrain. Les enfants de saint Dominique avaient pris l'initiative, ceux de saint Ignace s'empressèrent de suivre la même marche. Les Dominicains et les Jésuites se rencontraient sur tous les continents ; l'émulation dégénérait quelquefois en jalousie. Le douzième décret eut pour objet d'amener les Théologiens et les Missionnaires des deux Instituts à une même pensée de labeur et de concorde.

Vincent Caraffa n'était pas destiné à gouverner longtemps la Société de Jésus. Le 8 juin 1649 il expira. Il avait choisi pour Vicaire-général le Père Florent de Montmorency, Assistant d'Allemagne. Le 13 décembre de la même année, la Congrégation des Profès s'assembla pour l'élection d'un nouveau chef. Les suffrages se partagèrent entre Piccolomini et Montmorency ; mais, le 21 décembre, Piccolomini, ayant obtenu cinquante-neuf voix sur quatre-vingts, fut proclamé Général. On nomma pour Assistants d'Italie Fabricio Banfo ; d'Allemagne, Goswin Nickel ; de France, Annat, qui avait déjà exercé ces fonctions sous Caraffa ; d'Espagne, Monte-Mayor ; et de Portugal, Brandano. Etienne Ménochius fut continué dans la charge d'Admoniteur.

Piccolomini, comme Caraffa, ne fit que passer sur ce trône d'humilité et de travail, où la mort du chef électif n'apportait aucune secousse et ne pouvait rien modifier ; car tout était si parfaitement prévu que l'action du Général disparaissait plus que jamais sous l'intelligente obéissance des Pères. Piccolomini mourut le 17 juin 1651, et la dixième Congrégation des Profès, assemblée par le Vicaire-Général Goswin Nickel le 7 janvier 1652, élut, le 21 du même mois, Alexandre Gottifredi.

Le cardinal Jean de Lugo, que l'éclat de ses talents, que l'excellence de ses vertus ont tiré de l'Ordre de Jésus pour le placer au rang des princes de l'Eglise, et qui était l'ami d'Urbain VIII et le père des pauvres, fit le discours d'ouverture. Par un heureux à-propos il développa ce texte de Landulphe, cité par le cardinal Hugon [1] : « Au Ciel nous serons tous appelés Jésuites par Jésus lui-même. »

Cette Congrégation ne s'était pas encore dissoute lorsque la mort frappa Gottifredi. Le 12 mars il rendit son âme à Dieu, et le 17 Goswin Nickel réunit cinquante-cinq suffrages sur soixante-dix-sept. Le lendemain il adressait à tous ses frères une lettre pour annoncer sa nomination. « Les jours de l'homme, y lit-on, sont courts et ses projets incertains. Bien convaincante est la leçon que nous donne de cette vérité la mort du Père Gottifredi, Général de notre Compagnie, que Dieu, à deux mois révolus depuis l'imposition de sa charge, vient d'appeler à lui et de réunir, nous l'espérons, à la Congrégation des Justes. »

La perte successive de trois Généraux, les assemblées de Profès si rapprochées les unes des autres ne furent senties que dans l'intérieur même de la Société. Ces quelques années qui, à Rome, s'écoulaient pour les Jésuites en funérailles et en élections, furent pour les autres enfants de saint Ignace une suite non interrompue de succès et de martyres.

Henri VIII, Elisabeth et Jacques Ier avaient préparé à leurs successeurs sur le trône d'Angleterre de fatales dissensions et des calamités sans fin. Avec le Protestantisme organisé, lorsque le prince ne savait pas être tyran ou corrupteur, il se résignait

---

[1] *In gloria cœlesti omnes ab ipso dicemur Jesuitæ*. D'après ces paroles, empruntées à Landulphe, historien religieux du quatorzième siècle, par le Cardinal Hugon, dans ses *Commentaires sur l'Apocalypse*, ce serait à cet écrivain, surnommé *Sagax*, qu'il faudrait attribuer l'invention du nom de Jésuites, deux siècles avant la fondation de l'Ordre de Jésus.

au rôle d'esclave couronné. Charles Iᵉʳ n'eut en partage ni les violences de Henri VIII, ni les sanglantes et glorieuses passions de la reine-vierge, ni l'amour de la dispute dogmatique et le pédantisme puritain de Jacques Stuart. Les dernières années du roi théologien furent, ainsi que les premières, une longue suite de persécutions et de controverses. Il faisait emprisonner et tuer les Jésuites, ou, comme avec le Père John Percy, il discutait de vive voix et par écrit sur des questions ecclésiastiques. Si ses arguments ne produisaient pas la conviction dans les esprits, Jacques ordonnait à ses geôliers ou à ses bourreaux de les appuyer ; et, pour dérober aux tortures les Pères et les Catholiques de la Grande-Bretagne, l'intervention de la France ou de l'Espagne fut souvent nécessaire. Jacques trouvait dans ces sollicitations une preuve de sa force ; et, au risque de déplaire à la cruauté des Puritains, le roi accordait grâce. Ces faveurs exceptionnelles devenaient impuissantes pour arrêter les fureurs de l'Anglicanisme. La lutte était inégale. Les Jésuites savaient qu'en vivant sur le sol de leur patrie ils se condamnaient à toutes les douleurs de l'esprit, à toutes les souffrances du corps ; mais il importait de conserver le dernier germe du Catholicisme dans le royaume-uni : ils se dévouèrent au supplice. Les Pères Thomas Everard, Henri Mors, Richard Holtbey, Francis Walsingham, Thomas Strang, William Bath, Georges Dillon, James Walsh, Worthington, Edouard de Nevil, Scott, Haywood et Jungh commencent, dans les fers ou sur le chevalet, dans les angoisses de la faim ou dans les misères d'une vie errante, l'apprentissage des tourments auxquels la révolution d'Angleterre va les livrer.

Les Jésuites ont fait le sacrifice de leur existence ; dans les collèges de Pont-à-Mousson, de Douai, de Saint-Omer et de Salamanque, dans les noviciats de Rome et de Paris, ceux que la Religion engraissait pour le martyre, selon l'expression du cardinal Baronius, n'aspiraient qu'à verser leur sang pour la Foi ; mais il fallait utiliser cette ardeur et créer aux Catholiques des trois-royaumes une chance d'avenir. Le duc de Buckingham avait tout pouvoir sur l'esprit de Jacques, il était le favori de son fils Charles Stuart. John Percy, plus connu en

Angleterre sous le nom du Jésuite Fischer, à peine sorti de la
Tour de Londres, entreprend de convertir au Catholicisme
la mère même du brillant Buckingham. Elle avait le cœur droit
et l'intelligence du juste et du vrai. Elle abjure l'Anglicanisme ;
puis, de concert avec la France et l'Espagne, elle travaille à
rendre moins cruelles les lois de proscription. Mais Jacques
était débordé. Les succès de l'empereur Ferdinand II et des
armées catholiques contre les Protestants d'Allemagne fournirent aux Anglicans un nouveau prétexte de colère. L'Electeur
Palatin, que les sectaires du nord avaient créé souverain de
Bohême, était le gendre du roi de la Grande-Bretagne. Les
Anglicans crurent devoir venger les défaites que le Palatin es-
suyait, en persécutant dans leur île les coreligionnaires de ceux
qui triomphaient de lui sur la Moldau. Le 30 janvier 1621,
« le premier soin des Communes, dit le docteur Lingard [1], fut
de se rendre à l'appel des animosités religieuses et de punir les
Catholiques du dedans des succès qui accompagnaient les armes
des Catholiques du dehors. Elles se réunirent aux Lords pour
engager le roi à bannir tous les réfractaires à la distance de
dix-milles de Londres, à les réduire à entendre la messe dans
leurs maisons ou dans les chapelles particulières des ambassadeurs, et à mettre à exécution les lois pénales portées contre
eux. »

Ces lois pénales invoquées par l'Anglicanisme couvrirent d'un
vernis de légalité tous les attentats à la fortune et à la vie des
individus. Elles furent appliquées avec une rigueur révolutionnaire ; mais les Jésuites s'étaient, pour la plupart, soustraits aux
mesures inquisitoriales. Cachés dans des asiles impénétrables,
ils défiaient les recherches, et ne s'occupaient qu'à maintenir
le troupeau dans la Foi. Il n'y avait plus qu'une conspiration
en Angleterre, c'était celle du Puritanisme contre le trône. On
ne pouvait désormais les impliquer dans les complots ; on ne
s'en acharna pas moins sur eux. En 1624 parut une proclamation qui leur enjoignait de sortir du royaume sous peine de
mort. Ils n'eurent garde d'obtempérer à une semblable menace.

[1] Lingard, Histoire d'Angleterre, t. IX, p. 284.

La mort pour eux n'était que l'accomplissement d'un devoir, et lorsque, le 27 mars 1625, Jacques Iᵉʳ expira, il avait si bien secondé les projets de l'hérésie que son fils se trouva sans autorité au milieu des enthousiasmes et des colères d'indépendance.

Charles Iᵉʳ était doué des qualités de l'honnête homme, mais il en avait aussi les faiblesses. Plutôt formé pour la vie privée que pour dominer les passions du haut de son trône, il ne savait que céder à la violence morale, sous prétexte qu'à force de concessions il parviendrait à calmer l'effervescence religieuse et politique. Son équité naturelle le portait à la conciliation; les Tories et les Whigs, ces deux partis que l'année 1621 avait enfantés, et qui allaient se voir momentanément effacés par des excès plus en rapport avec la turbulence des masses, se disputaient le pouvoir, mais chacun d'eux se proclamait l'ennemi des Catholiques. La prise de La Rochelle servit d'aliment à leur exaspération; ce fut contre les Jésuites qu'elle se tourna.

Les doctrines de liberté indéfinie étaient prêchées par les Puritains. Edmond Arowsmith, de la Compagnie de Jésus, sort de sa retraite, et en 1628 il défie au combat théologique l'E. vêque de Chester. L'Anglican fut vaincu. La logique lui faisait défaut : il charge le bourreau de venir en aide à son érudition confondue, et le 7 septembre de la même année le Père Edmond expia dans les supplices le triomphe que sa foi avait remporté. Les Puritains se montraient insatiables de sang et de liberté. Leurs murmures, qui déjà se transformaient en menaces bibliques et en prédications farouches, arrachèrent au roi des édits pour remettre en vigueur l'intolérance de Henri VIII et d'Elisabeth. On persécutait les Catholiques au nom de Charles Iᵉʳ. Les Catholiques jugèrent que, dans la situation que son caractère et les événements développaient, il lui était impossible d'agir autrement. Ils avaient à prouver que la Conspiration des Poudres était l'acte de quelques individus; ils se rangèrent sous la bannière royale. Ils comptaient des ennemis dans le camp du monarque, ainsi qu'il en naissait pour eux parmi les indépendants; mais ils n'écoutèrent ni le sentiment

de la vengeance ni celui de l'égoïsme. Ils n'ignoraient pas que
Charles Ier les abandonnerait comme il abandonnait au Parlement la tête de Strafford, son ami et son ministre. Ils ne se
laissèrent point abattre par des prévisions qui devaient toutes
se justifier.

Dans la lutte engagée entre la royauté et la révolution, les
Jésuites croyaient qu'il était impossible de rester neutres. Ils
conseillèrent l'action ; eux-mêmes voulurent donner à leur
pays une preuve de fidélité avec laquelle ils tenaient leurs
serments. Cette fidélité était un crime aux yeux des Têtes-
Rondes. Henriette de France, reine de la Grande-Bretagne,
avait inspiré à son époux des pensées de modération que la
violence rendait souvent inutiles. On savait gré à cette fille de
Henri IV, dont le courage a été plus grand même que les
malheurs, de son intervention, qui plus d'une fois avait excité
contre elle les passions puritaines. Les Catholiques et les Jésuites souffraient et mouraient en silence comme pour conjurer
les désastres. La révolution acculait la royauté, elle s'avouait
plus forte que le principe monarchique représenté par Charles
Stuart. Elle l'isola afin de le trouver sans énergie morale, sans
défenseurs, lorsqu'elle se déciderait à briser le trône. Elle
exigea du roi tous les décrets qui autorisaient ses convoitises.

Le Parlement refusait des subsides à Charles Ier. Il l'affamait
légalement pour l'entraîner à des mesures de rigueur. Le ministère était sans ressources : il frappait des impôts sur les
Catholiques. Le nombre des *récusants convaincus* en vingt-
neuf comtés s'élevait, selon Butler, au chiffre de onze mille
neuf cent soixante-dix. Les conseillers de Charles imaginèrent
de prélever sur eux l'argent nécessaire au gouvernement :
chaque Catholique fut passible d'une amende de vingt livres
sterling par mois. On leur interdit le droit de suivre un procès, de tester, d'hériter, d'avoir des armes et de s'éloigner à
une distance de cinq milles de leur domicile. Si ces lois, arra-
chées à Charles Ier, ne se lisaient pas encore dans les vieilles
archives de l'Angleterre, on serait tenté de mettre en doute
leur authenticité. Elles accusent si haut l'Anglicanisme, elles le
flétrissent avec tant de justice, que le docteur Richard Chalon-

ner a pu dire [1] : « Telle était l'iniquité de l'époque et l'impor-
tunité des Parlements, toujours se plaignant des progrès du
Papisme et pressant l'exécution des édits, que le prince donna
cours à toutes sortes de vexations contre ses sujets catholiques. »

Les Puritains ne se croyaient pas assez forts pour renverser
la monarchie : ils négociaient avec elle, ils l'avilissaient par
leurs transactions. Au mois de juin 1642, le Parlement présente
à Charles Ier, alors à York, un traité qui servira de base à leur
réconciliation, et le sixième article porte : « Les édits en vigueur
contre les Jésuites, les prêtres et les papistes récusants seront
rigoureusement exécutés sans aucune tolérance ou dispense. »

Afin de cimenter cette paix impossible, il fallait du sang de
Jésuite. Le Père Thomas Holland fut arrêté et traduit devant
un jury. On l'accusait du crime de haute trahison, c'est-à-dire
d'être Père de la Compagnie. Il n'y avait aucune preuve, aucun
témoin à sa charge. L'attorney-général le somme d'affirmer
par serment qu'il n'est pas Jésuite. Holland répond : « Dans
notre jurisprudence, il n'est pas d'usage que le prévenu se
disculpe par serment, puisque les lois du pays n'accordent aucune valeur à ses serments et à ses paroles. C'est à vous à
me convaincre de ce que vous appelez mon crime. Si vous ne le
pouvez pas, il faut que je sois absous. » Les jurés déclarèrent
que Holland était Jésuite ; le 22 décembre, il fut traîné sur la
claie, pendu et coupé par morceaux.

L'ère des persécutions sanglantes se rouvrait ; les disciples
de Loyola se montrèrent dignes de leurs devanciers. Un Jésuite
irlandais, Rodolphe Corby, dont le père et les deux frères faisaient partie de l'Institut, est amené devant les magistrats avec
Ducket, ecclésiastique anglais. Corby ne veut pas, comme
Holland, laisser à l'iniquité du jury le droit d'hésitation ; il
proclame qu'il est Jésuite, et sa sentence est ainsi conçue :
« Le coupable sera suspendu à la potence, d'où on le fera descendre vivant pour lui arracher les entrailles et l'écarteler ; ses
membres seront offerts au roi, puis exposés dans un lieu public. » L'ambassadeur d'Allemagne propose un échange entre

[1] *Mémoires pour servir à l'histoire de ceux qui ont souffert en Angleterre
pour la Religion* (Londres, 1741).

le Jésuite et un général écossais, prisonnier de Ferdinand III.
Corby ne consent pas à être ainsi dépouillé de la gloire du
martyre. Le 17 septembre 1644 est fixé pour son supplice; le
Père Rodolphe l'attend dans les joies de la captivité; mais, la
nuit qui précéda sa mort, le cachot du Jésuite se transforma
en chapelle. Le président de Bellièvre, ambassadeur de France
à Londres, la duchesse de Guise et la marquise de Brossay
voulurent recevoir sa dernière bénédiction. Le Père célébra la
sainte messe, il confessa, il communia de sa main les Français
qui couvraient ses chaînes de larmes pieuses. Après avoir passé
la nuit en prières avec eux, il marcha à la mort.

Ce ne sera pas la dernière protestation que les plénipotentiaires catholiques feront entendre. Dès ce temps-là, les rois
de l'Europe abandonnaient à la merci des révolutions leurs
frères couronnés, et, au lieu de s'armer pour écraser l'ennemi
commun, ils ne laissaient à leurs envoyés que le soin de rendre
un stérile hommage à la vertu. Le cachot de Rodolphe Corby a
vu le président de Bellièvre saluer avec respect le Jésuite qui
allait mourir de la main du bourreau; celui du Père Henri
Mors reçoit, la veille de l'exécution du condamné, les ministres
d'Allemagne, de France, d'Espagne, de Portugal, et le comte
d'Egmont. Le Jésuite avait un frère qui suivait le drapeau du
Parlement. Ce frère offre une partie de sa fortune pour racheter
a vie de Henri. Le Parlement rejette sa proposition, et, le
1er février 1645, Mors arrive au pied de l'échafaud. Il est accompagné du président de Bellièvre; il meurt en héros après
avoir vécu en saint.

Elisabeth n'avait jamais osé avouer qu'elle faisait périr les
Jésuites par la seule raison qu'ils étaient Jésuites. Le Parlement, maître des affaires, car déjà Charles Ier avait commencé
son odyssée de fatales batailles et de négociations encore plus
fatales, le Parlement se crut assez audacieux pour n'avoir pas
besoin de cette dissimulation. Il n'inventa point de complots,
il ne chercha point de subterfuges; il proclama qu'en tuant les
Jésuites, c'était le Catholicisme qu'il attaquait. « Pendant ces
années de troubles, l'excès du ridicule, dit Voltaire [1], se mêle

_____

[1] *Essai sur les Mœurs*. OEuvres de Voltaire, t. x, p. 346 (édit. de *Genève*).

aux excès de la fureur. Ce ridicule, que les réformateurs
avaient tant reproché à la Communion romaine, devint le
partage des Presbytériens. Les Évêques se conduisirent en
lâches, ils devaient mourir pour défendre une cause qu'ils
croyaient juste ; mais les Presbytériens se conduisirent en insensés. Leurs habillements, leurs discours, leurs basses allusions
aux passages de l'Évangile, leurs contorsions, leurs sermons,
leurs prédications, tout en eux aurait mérité, dans des temps plus
tranquilles, d'être joué à la foire de Londres, si cette farce n'a-
vait pas été trop dégoûtante. Mais malheureusement l'absurdité
de ces fanatiques se joignait à la fureur. Les mêmes hommes
dont les enfants se seraient moqués imprimaient la terreur en se
baignant dans le sang, et ils étaient à la fois les plus fous de tous
les hommes et les plus redoutables. »

Lâches ou insensés ! tel est le baptême donné par Voltaire à
la révolution de la Grande-Bretagne. Ce baptême lui est acquis, comme il sera la marque distinctive de toutes les insurrections qui, sous prétexte d'affranchir l'espèce humaine du
joug des rois et des prêtres, viendront les mains ensanglantées
prêcher la liberté politique et l'émancipation religieuse. Au
milieu de ces lâchetés épiscopales et de ces folies puritaines,
dont la France, dans d'autres jours d'horreur, a subi toutes les
hontes, les Jésuites ne suivirent pas l'exemple de désertion que
l'Anglicanisme leur offrait. Ils étaient Catholiques ; ils osèrent
apprendre aux fidèles à mourir Catholiques. Le Parlement en
faisait monter sur l'échafaud ; il en réservait pour ses prisons.
Les Pères Richard Bradley et John Grose sont plongés dans les
cachots de Manchester et de Lincoln. On les charge de fers ;
on les accable de coups ; on les soumet à toutes les privations ;
on ne leur accorde ni air, ni nourriture, ni mouvement.
Bradley expire le 30 janvier 1645 ; vingt-huit jours après,
Grose succombe, comme deux années auparavant le Père Caus-
field est mort, dans d'inénarrables tourments. Le 20 février 1647,
Cuthbert Prescott, coadjuteur temporel, l'homme qui avait la
charge de faire passer les jeunes Anglais au collége de Saint-
Omer, expirait sous les tortures. Dix mois plus tard, le Père
Edmond Névil, âgé de quatre-vingt-sept ans, était jeté sur

un ponton. Il fut exposé nu aux rigueurs de l'hiver; on le
condamna à la faim et à la soif, aux outrages des Têtes-Rondes
et à la fureur sanguinaire des Prédicants. Quand on eut épuisé
le reste de ses forces sans pouvoir faire chanceler sa persévérance, on abandonna ce vieillard à la liberté. Huit jours s'étaient
à peine écoulés qu'il rendait le dernier soupir, expiant ainsi le
dernier crime de son sacerdoce.

De même que toutes les assemblées politiques, le Parlement
était plus impitoyable au nom de l'égalité que le plus cruel
despote au nom de ses caprices. Il y a mille moyens d'adoucir
la férocité d'un tyran, il n'en existe aucun pour se dégager des
étreintes d'un de ces corps législatifs où chaque membre, s'en-
ivrant de la colère commune, la reçoit et la redouble dans les
autres, et se porte sans crainte à tous les excès, parce que
personne n'est solidaire pour un corps entier, qui échappe
même à la responsabilité morale. Le Parlement était vainqueur; la bataille de Naseby avait tranché la question entre
lui et la royauté : il ne restait plus à Charles Iᵉʳ qu'à être jugé
et qu'à mourir. Ce prince n'avait commis que des fautes; il
mit dans sa mort toutes les magnificences de courage qu'il aurait dû porter sur le trône; mais cette résignation qui, dans
un homme isolé, a quelque chose d'héroïque, ne suffit pas à un
souverain.

Ce n'est pas assez pour lui d'envisager d'un regard placide
les funèbres apprêts de son supplice, il n'a pas été créé roi
pour si peu. Il a d'autres devoirs à remplir; il faut qu'il les
accomplisse, sous peine d'entendre la voix de la postérité blâmer sa mansuétude et condamner des vertus timides qui ont
exposé le royaume à des calamités sans fin. Dieu n'a point fait
les monarques pour que leurs têtes roulent sur un échafaud;
ils doivent tomber sur les marches de leur trône, ou couvrir
de leur sang le dernier champ de bataille accordé à leurs sujets
fidèles. Charles Iᵉʳ ne comprit pas que c'était le seul rôle réservé à son honneur : il se drapa dans sa longanimité; il se
laissa toucher par le bourreau, quand il aurait dû, pour la défense des principes monarchiques, livrer à la vengeance des
lois indignées tous les coupables de lèse-majesté. Il avait été

craintif et irrésolu dans la prospérité, il fut sublime, le 30 janvier 1649, sur l'échafaud de White-Hall. Pour la gloire d'un homme c'est assez; pour un roi cette mort même ne rachète pas le crime de sa faiblesse.

Les Catholiques, guidés par les Pères de l'Institut, avaient fait avec les Cavaliers de la Grande-Bretagne tous les sacrifices imaginables pour préserver leur patrie de cette tache sanglante, qu'à chaque anniversaire le peuple anglais déplore par un deuil public et par des remords solennels. L'attitude prise dans cette révolution par les Jésuites était la seule rationnelle, la seule morale. Les Protestants de France et de Hollande cherchèrent à leur infliger un rôle moins beau. Les Jésuites étaient victimes de tous ces Indépendants que Cromwell façonnait à la victoire et à la servitude. On les accusa d'avoir soufflé le désordre, d'avoir poussé les passions républicaines jusqu'à leur paroxysme dans le but de provoquer la confusion et d'arriver ainsi à la restauration de la Foi. On alla plus loin : on inventa des circonstances impossibles; on imagina qu'ils s'étaient créés les chefs occultes des Têtes-Rondes pour faire mourir le roi et donner à la révolution d'Angleterre ce cachet de cruauté qu'elle n'aurait peut-être pas eu sans les manœuvres secrètes des Jésuites. Pierre Jurieu, ce fameux ministre calviniste que la logique de Bossuet a immortalisé en l'écrasant, se constitua l'écho de ces rumeurs, et il raconte dans sa *Politique du Clergé de France* [1] :

« Un ecclésiastique qui avoit été chapelain du roi Charles, qui a eu la teste tranchée, se fit Catholique quelque temps avant la mort de son maître, et il entra si avant dans la confidence des Jésuites anglois qu'ils lui firent part d'une pièce terrible : c'étoit une consultation répondue par le Pape sur les moyens de répandre la Religion catholique en Angleterre. Les Catholiques anglois, voyant que le Roi étoit prisonnier entre les mains des Indépendants, formèrent la résolution de profiter de cette occasion pour abattre la Religion Protestante et rétablir la Religion catholique. Ils conclurent que l'unique moyen de

---

1 *Politique du clergé de France, ou Entretiens curieux; deuxième Entretien*, par Pierre Jurieu (*La Haye*, 1682).

rétablir la Religion catholique et de casser toutes les lois qui avoient été faites contre elle en Angleterre étoit de se défaire du Roi et d'abattre la monarchie. Afin d'être autorisés et soutenus dans cette grande entreprise, ils députèrent dix-huit Pères Jésuites à Rome, conduits par un des grands du royaume, pour demander au Pape son avis. La matière fut agitée dans des assemblées secrètes, et il fut conclu qu'il étoit permis et juste de faire mourir le roi. Les députés, en passant par Paris, avoient consulté la Sorbonne, qui, sans attendre l'avis de Rome, avoit jugé que cette entreprise étoit juste et légitime ; et, au retour, les Jésuites qui avoient fait le voyage de Rome communiquèrent aux Sorbonistes la réponse du Pape, dont on tira plusieurs copies. Les députés qui avoient été envoyés à Rome, étant de retour à Londres, confirmèrent les Catholiques dans leur dessein. Pour en venir à bout, les zélés se fourrèrent entre les Indépendants en dissimulant leur religion. Ils persuadèrent à ces gens qu'il fallait faire mourir le roi, et il en coûta la vie à ce pauvre prince quelques mois après. Mais, cette mort du roi Charles n'ayant pas toutes les suites qu'on en espéroit, et toute l'Europe s'étant récriée sur le parricide commis en la personne de ce pauvre prince, l'on voulut retirer toutes les copies qui s'étoient faites de la consultation du Pape et de celle de la Sorbonne ; mais ce chapelain anglois qui s'étoit fait Catholique ne voulut jamais rendre la sienne, et il l'a communiquée, depuis le retour de la famille des Stuarts à la couronne d'Angleterre, à plusieurs personnes qui vivent encore aujourd'hui, et qui sont témoins oculaires de ce que je viens de vous dire. »

Cette manière d'arranger l'histoire, dont Etienne Pasquier et les antagonistes de la Compagnie de Jésus ont donné l'exemple, rend impossible toute discussion. Le narrateur ne l'appuie en effet sur aucune autorité, il ne cite aucun nom propre. Il se contente de laisser sa calomnie errer dans le vague, bien persuadé que cette calomnie rencontrera des oreilles assez dociles pour l'adopter, des bouches assez perfides pour la mettre en circulation. Les hommes sensés repoussèrent avec mépris une imposture qui ne s'étayait que sur des rêves. Le calviniste Isaac Larrey, dans son *Histoire d'Angleterre*, écrite du vivant même de Ju-

rieu, n'eut pas le courage de soutenir cette fable. Mais, comme
si les hommes étaient condamnés à rouler toujours dans le
même cercle d'idées, l'imputation de Jurieu trouva des imitateurs. Il avait accusé les Jésuites anglais d'exciter jusqu'au délire les passions des Indépendants et d'attiser les fureurs dont ils
savaient qu'ils seraient les premières victimes. Les apologistes
de la révolution française suivirent la même méthode ; et, pour
ne pas souiller de trop de sang les mains des septembriseurs et des
égorgeurs de 1793, on ressuscita contre les amis de l'ordre, de
la monarchie et de la paix le thème que Jurieu vient de développer. Les Pères sont coupables d'avoir, avec le Pape et la Sorbonne, formé Cromwell, Harrisson et Bradshaw ; ce sont eux
peut-être qui inspirèrent à Milton sa farouche *Défense du peuple anglais,* eux qui enseignèrent aux Indépendants à massacrer
les Catholiques et à torturer les Jésuites. Jurieu ne va pas jusqu'à
l'absurde ; il laisse ce soin à ses héritiers.

Charles Ier n'était plus ; l'Angleterre se proclamait république ;
la liberté fit sortir de ses entrailles un enfant du peuple que la
victoire, le génie et le crime investirent d'un autorité illimitée.
Olivier Cromwell allait régner sous le titre de Protecteur. Il devait, comme tous les hommes prenant d'assaut le pouvoir par
une révolution contre les monarques, se jouer des lois qu'il avait
sanctionnées, des droits qu'il avait consacrés et du peuple pour
lequel il avait combattu. Cromwell n'était pas encore à l'apogée
de sa coupable gloire. Les Catholiques étaient abattus, on lui
donna l'Irlande à broyer. Il porte la désolation au sein des villes
comme dans le fond des campagnes ; il égorge ces populations
catholiques. Il veut les contraindre à l'apostasie ; il ne trouve
que des martyrs et pas un parjure.

Deux années auparavant, le 13 septembre 1647, les Têtes-
Rondes de Cromwell avaient inauguré leur domination dans le
sang de sept mille Catholiques irlandais. Le Jésuite William
Boyton avait fait de la ville de Cashel un temple pour la vertu,
un asile pour le malheur. Un grand nombre de familles, fuyant
devant les armes anglaises, se réfugient dans une église nommée
la Roche-de-Saint-Patrice. William Boyton sait que la mort y
attend cette foule éperdue ; mais elle a besoin d'un consolateur :

il s'enferme avec elle, il meurt, comme elle, sous l'épée des Indépendants le 15 juin 1649. Cromwell n'égorge plus, il proscrit. Par ordre du Parlement tous les Catholiques sont chassés de Dublin et de Cork ; peine de mort est décrétée contre quiconque abritera sous son toit, pendant quelques minutes seulement, un Prêtre de la Compagnie de Jésus. Les Pères Robert Nétervil, Henri Cavel et John Bath succombent sous les cruautés révolutionnaires. Le Père Vorthington, Provincial d'Angleterre, éprouve le même sort. La liberté était proclamée par la *sainte République d'Angleterre :* elle persécutait. On l'entendait déclarer dans ses chaires et dans son Parlement que chaque homme avait le droit de servir Dieu suivant l'impulsion de sa conscience, et le 26 février 1650 l'hypocrisie des législateurs puritains commentait cette tolérance. Par acte officiel on offrait à ceux qui découvriraient quelques Jésuites cachés ou leurs receleurs les mêmes récompenses accordées par la loi aux agents de la force publique qui arrêtaient les voleurs de grands chemins. L'espionnage était élevé au rang des vertus civiques. On poussa si loin l'abus de la servitude dans la liberté que la propriété ne fut plus qu'un mot dérisoire [1]. On saisit, on incarcéra tous les Jésuites. Le 29 mai 1651 le Père Peters Wright fut exécuté. Cromwell n'était sanguinaire que par ambition. Sa puissance s'affermissait par l'avilissement parlementaire ; il voulut se décharger de l'odieux de ces supplices, et il fit déporter les prisonniers sur le continent. « Mais, raconte Lingard [2], si les Indépendants furent moins cruels que les Presbytériens, ils les égalèrent en rapacité. On appliqua avec la sévérité la plus active et la plus opiniâtre les ordonnances de séquestre et de confiscation. Il est difficile de dire qui souffrit le plus ou des familles fortunées qui furent réduites à un état de misère, ou des cultivateurs, domestiques et ouvriers qui, sur le refus de faire le serment d'abjuration, se virent privés des deux tiers de ce qu'ils

---

[1] Il y eut un édit qui permit aux Protestants de s'emparer arbitrairement des chevaux appartenant aux familles catholiques. Elles ne pouvaient pas en posséder au-delà d'une valeur de cinq livres sterling, et, en donnant cette modique somme, chaque Protestant avait le droit écrit de prendre le cheval du Catholique partout où il le rencontrait.

[2] Lingard, *Histoire d'Angleterre,* t. 11, p. 208 et suiv.

avaient gagné avec peine, et même de leurs meubles et de leurs vêtements. »

La loi révolutionnaire proclamait que chaque Anglais était libre de servir Dieu selon sa conscience ; on pouvait se livrer à toutes les turpitudes religieuses que la folie humaine invente dans ses jours d'enthousiaste ignorance : il n'y eut d'exception que pour les Catholiques. En Angleterre, on les dépouilla de leurs propriétés, on les fit les esclaves du droit commun ; en Irlande, ce système s'étendit sur une plus vaste échelle. Dès l'année 1651, il n'y restait plus que dix-huit Jésuites : les uns avaient disparu dans les massacres ; les autres venaient de mourir en ensevelissant les morts, comme le Père Patrice Lée à Kilkenny, ou en se dévouant pour les pestiférés, comme à Waterford les Pères James Walsh et Georges Dillon, comme à Ross le Père Dowdal et le Frère Brien.

Témoin de ces désastres, la dixième Congrégation générale n'abandonne pas l'Irlande au sort que les Anglais lui réservent. Les Puritains ont senti que le martyre était une récompense pour les Jésuites, une éternelle prédication pour les Irlandais. Ils ne tuent plus, ils exilent, afin que, privés de prêtres, les Irlandais soient forcés d'oublier, dans la misère qui leur est faite, et le Dieu qu'ils adorent et la Religion qu'ils confessent. C'était un habile calcul : la Congrégation générale le déjoua. Elle fit un décret qui enjoignait à chaque Province de la Société d'élever un Père irlandais et de le tenir prêt à passer dans sa patrie. Les édits de Cromwell avaient quelque chose de sauvage ; ils proscrivaient les Jésuites, ils tendaient à abrutir les Catholiques. Les Jésuites qui purent se dérober à l'exil, ceux à qui il fut possible de rentrer sur cette terre de désolation, se réfugièrent dans les montagnes, se jetèrent dans les forêts ; là, au milieu de privations de toute nature, ils apprirent à leurs concitoyens à être courageux et patients.

Les uns expiraient de faim, comme le Père John Carolan ; les autres mouraient de froid. On en remarqua un qui, pendant une année entière, à l'exemple de saint Athanase, se fit un refuge du tombeau de son père. La plupart erraient dans des marais insalubres ou vivaient au fond des cavernes. Les

Catholiques connaissaient leurs retraites : ils savaient que ces prêtres veillaient sur leur vertu, qu'ils étaient là pour les soutenir dans la lutte, et les Irlandais combattaient par la persévérance. On leur avait arraché toutes les autres armes ; les troupes du Parlement campaient dans leurs villes et ravageaient leurs campagnes ; il était impossible d'avoir recours à la force contre l'oppression : ils résistèrent par la Foi. Cromwell tout-puissant voyait échouer ses projets, il avait tout mis en œuvre pour interdire aux Jésuites l'accès de cette île désolée ; les Jésuites y reparaissaient, ils y entretenaient le feu sacré.

Cromwell ne réussit point à priver les Catholiques de ces prêtres qui bravent les tourments pour les fortifier, il va enlever aux Jésuites leur troupeau. Les Jésuites osent encore poser le pied en Irlande ; Cromwell en chasse la génération naissante, il fait un désert de ce pays. On vend à vil prix les enfants, on les entasse dans des navires, on les déporte sur les terres que la Grande-Bretagne a conquises dans le Nouveau-Monde ; puis, afin de repeupler ce royaume, il jette des Anabaptistes au sein des principales cités. Cromwell et ses Parlements avaient tout employé, tout usé, pour détruire la Foi au cœur de l'Irlande : la Foi, que les Jésuites cimentaient de leur sang, et que, dans une communauté de douleurs, ils léguaient comme une consolation et une espérance, la Foi triompha de Cromwell lui-même.

Tandis que les Catholiques d'Angleterre et d'Irlande expiaient leur crime de fidélité religieuse, la France, à peine échappée aux convulsions de la Ligue, se partageait en camps rivaux, et, sous la bannière de deux princes de l'Église, elle essayait en riant de marcher vers de nouvelles révolutions. La Fronde naissait, et Mazarin contre Paul de Gondi, cardinal de Retz, et princes du sang divisés entre eux, tout cela, dans une guerre de petites choses et de grands hommes, se livrait sérieusement à de ridicules débats. On courait aux armes pour un ruban ou pour un pamphlet, on les déposait pour un quatrain ou pour une intrigue de boudoir ; on les reprenait sans conviction et sans gloire pour des causes aussi futiles. On dépensait dans ses complots plus d'esprit que de poudre à canon : l'épigramme y tenait la place de l'épée, et la chanson moqueuse y succédait aux inspirations passionnées des prédicateurs de la Ligue. Les rôles étaient intervertis : l'on voyait les généraux les plus renommés, les hommes les plus graves, des Condé, des Turenne et des La Rochefoucauld soupirer de galantes élégies et abandonner aux femmes la direction des affaires et des combats. C'était une agitation sans motifs, des ambitions sans but déterminé, des événements sans caractère et sans portée. Les Jésuites ne s'y mêlèrent en aucune façon, ils restèrent neutres entre les courtoises astuces de Mazarin et les turbulences ingénieuses du coadjuteur. Il ne s'agissait plus d'une question de principes, mais d'un conflit de vanités : ils se contentèrent d'être fidèles au roi mineur et de poursuivre dans le fond des provinces les missions qui devaient raviver l'esprit chrétien.

Le Père Jean-François Régis, né le 31 janvier 1597 à Foncouverte, dans le diocèse de Narbonne, s'était senti appelé dès sa jeunesse à cet apostolat de régénération. Allié aux familles de Ségur et de Plas, il pouvait aspirer aux honneurs ; il ne voulut que se former à la piété sous la direction du Père Lacase, et, lorsque son noviciat fut achevé, Régis commença à évangéliser les campagnes et à se faire l'ami des pauvres. Saint Ignace de Loyola et ses successeurs avaient senti que, pour restaurer le Catholicisme et rendre aux mœurs leur ancienne pureté, il fallait parler au cœur et à l'imagination des masses ; ils organisèrent des Missions en Italie et en Espagne. Henri IV approuva le plan que le Père Coton lui soumit ; bientôt les Jésuites français purent sous son règne ainsi que sous le ministère de Richelieu instruire le peuple et rétablir dans les provinces, parmi les classes moyennes, cette foi si resplendissante de pudeur et de probité contre laquelle les dépravations de la régence de Philippe d'Orléans et les saturnales de la Révolution de 1793 ont presque été impuissantes. Les Jésuites avaient pris l'initiative ; au commencement du dix-septième siècle ils trouvèrent de glorieux imitateurs dans des hommes animés de la pensée catholique. Pierre de Bérulle et Vincent de Paul, François de Sales et Eudes, Condren et Abelly, Fourier et le Pauvre-Prêtre, Le Nobletz et Olier, plus tard Bossuet et Fénelon, firent descendre leur éloquence sur les campagnes. Les Pères Gonthéri, Séguiran, Jean de Bordes, Guillaume Bailly, Jean Rigoleu et Pierre Médaille [1] donnaient et recevaient l'exemple. Mais celui qui, à cette époque, réalisa le plus de grandes choses dans les Missions fut sans contredit le Père François Régis, que l'Eglise reconnaissante a placé au nombre des saints.

Régis savait que, pour faire pénétrer l'Evangile dans les masses et déraciner les préjugés et les vices, l'art de l'orateur devait se borner à une vie exemplaire, à une charité de toutes les heures, à une simplicité où la science se cache sous d'humbles dehors. Il se destinait aux pauvres et aux ignorants : il sut rabaisser son intelligence pour relever devant Dieu ses grossiers auditeurs. Lorsque, dans la retraite, il se fut préparé à ces travaux obscurs, on le vit, à la fin de l'année 1631, entrer dans la carrière apostolique. Homme du midi, il avait dévoué sa vie à ses compatriotes; la petite cité de Sommières, dans le Gard, entendit ses premières paroles. Il n'avait pas seulement à vaincre des passions : l'hérésie dominait au milieu de ces riches contrées ; le Père François désirait la vaincre en réchauffant le zèle des Catholiques. Il se créa une arme de son humilité : il se résigna à toutes les misères, à tous les affronts ; il fut le serviteur de l'indigent, le trésorier du pauvre, le médecin du malade, le frère de ceux qui souffraient. Ce dévouement continu, cette éloquence pleine d'entraînement dut produire une vive impression sur le cœur si chaud des Méridionaux. Il avait soumis à la Religion les contrées qui avoisinent Nîmes et Montpellier ; Louis de La Baume de Suze, évêque de Viviers, l'appela dans son diocèse : il n'y restait presque plus trace de Catholicisme ; les guerres civiles avaient détruit les églises, l'hérésie ou la débauche avaient corrompu les âmes.

[1] Le Père Médaille, connu dans le monde religieux par ses missions au fond des campagnes du Velay, de l'Auvergne, de l'Aveyron et du Dauphiné, avait conçu le projet avec Henri de Maupas, évêque du Puy, de fonder une Congrégation de veuves et de filles vouées à l'instruction, sous le nom de Filles de Saint-Joseph. Ce projet était exécuté en partie, lorsque Lucrèce de La Planche, dame de Joux, fit venir au Puy les femmes que le Père Médaille destinait à ce genre de vie. Elle leur donna un asile et consolida leur établissement.

En 1633, le Père François se rend à la prière du prélat, et, de mission en mission, de bourgade en bourgade, il parcourt ce pays dévasté.

Il a de rudes combats, de terribles épreuves à soutenir ; on l'outrage dans la chaire, on le calomnie dans le monde, on cherche par tous les moyens à entraver son action. Régis demeure inébranlable. Les fatigues, les dangers de ce pèlerinage oratoire, les soins de la charité, les vices qu'il doit vaincre, les obstacles qu'il rencontre, rien ne l'effraie, rien ne peut abattre son courage. Il a renouvelé le Vivarais ; il passe dans le Velay. Ce n'est plus un homme qui s'adresse aux autres hommes. Les populations, témoins de ses prodiges, le révèrent déjà comme un saint; elles s'attachent à ses pas; elles l'écoutent avec recueillement, elles acceptent avec joie ses leçons et ses conseils. Le Clergé lui-même s'ébranle aux accents de cette voix à qui toutes les vertus prêtent une autorité surnaturelle. Il n'y a que neuf ans qu'il a entrepris sa tâche, et déjà deux provinces sont régénérées. Il court à de nouveaux succès, lorsque, le 23 décembre 1640, le Jésuite tombe épuisé. Il allait ouvrir une mission à la Louvesc ; mais, lit-on dans les actes juridiques relatifs à sa canonisation, « les chemins étoient si effroyables, que le saint homme fut obligé de rompre la glace en plusieurs endroits pour s'ouvrir une route, et de se traîner sur les mains, tantôt en grimpant à des rochers escarpés, tantôt en montant par des sentiers étroits, glissants et bordés de précipices, avec un continuel danger de rouler en de profonds abîmes. »

Huit jours après l'ouverture de la mission, François Régis expirait sur cette montagne glacée. Les peuples du Vivarais et du Velay devancèrent l'Eglise dans le culte que la reconnaissance voulait rendre à la mémoire du Jésuite. Il avait été saint durant sa vie ; les peuples se pressèrent autour de son tombeau, et, soixante-quatre ans après sa mort, les Archevêques et Evêques du Languedoc, témoins des merveilles opérées par son intercession, en parlaient ainsi au pape Clément XI. Ils lui écrivaient, le 12 janvier 1704 : « Nous nous félicitons nous-mêmes de ce que Dieu a fait naître parmi nous un homme apostolique doué de la grâce des miracles ; de sorte que nous pouvons nous écrier avec le Prophète : « Le désert se réjouira et fleurira comme le lys , parce que les yeux des aveugles seront ouverts aussi bien que les oreilles des sourds. Le boiteux courra comme le cerf sur les collines , et la langue des muets sera déliée. » Car nous voyons de nos yeux les mêmes prodiges se renouveler sans cesse sur les montagnes désertes de la Louvesc. Nous sommes témoins que , devant le tombeau du Père Jean-François Régis, les aveugles voient , les boiteux marchent, les sourds entendent, les muets parlent, et que le bruit de ces surprenantes merveilles s'est répandu dans toutes les nations. Plaise au Ciel, Très-Saint-Père, que, par le suprême jugement de Votre Sainteté, cet homme de Dieu augmente le nombre de ceux à qui l'Eglise accorde son culte. »

François Régis mourait en 1640; la même année, le Père Julien Maunoir entreprenait pour la Bretagne, sa patrie, ce que Régis accomplissait en faveur de la sienne. Maunoir était né, le 1er octobre 1606, à Saint-Georges-de-Raintambaut. Il avait vu les efforts tentés par Le Nobletz et par d'autres Missionnaires pour tirer la Bretagne de la corruption et de l'ignorance dans laquelle les guerres civiles l'avaient plongée. Avec cet amour du sol natal qui ne s'efface jamais dans les cœurs, surtout dans les cœurs bretons, Maunoir laisse à d'autres les périls inconnus, les travaux littéraires, les négociations terrestres et la gloire de l'orateur. Il fait vœu de se consacrer à son pays ; pendant quarante-trois ans, il n'y eut pas un village de la Basse-Bretagne, pas un rocher de l'Océan, pas une lande de cette province qui ne recueillit les enseignements du Jésuite. Dans les cités comme dans les iles à peu près sauvages, on l'entendit exciter à la vertu et à la piété. Sa voix devint une puissance. Elle rappela les populations aux mœurs primitives, aux saintes croyances ; et ces populations, que tant de calamités politiques ont désolées, conservent encore dans la simplicité de leurs traditions le souvenir du Jésuite qui avait enseigné à leurs ancêtres à vivre et à mourir en servant Dieu.

La Compagnie de Jésus formait des hommes pour toutes les luttes. Elle comptait des Pères sur chaque continent ; elle en avait en Irlande, en Angleterre et dans les Provinces-Unies, qui combattaient comme à la Chine ou au Japon. Dans le même temps le Père François Véron, l'indomptable athlète des controverses religieuses, réduisait au silence les ministres de Genève; Gonthéri et de Langeron faisaient rentrer au bercail de l'Église Huet, père du savant Évêque d'Avranches, et La Grange, le chef d'une des plus nobles familles du Vivarais. D'autres Jésuites amenaient à l'abjuration le prince Édouard et Louise-Marie Hollandine, les deux enfants de l'Électeur palatin, gendre de Jacques Stuart, qui avait été l'une des causes déterminantes de la guerre de Trente-Ans. Les Jésuites tiraient vengeance du Père en convertissant le fils et la fille; mais une satisfaction encore plus éclatante leur était réservée. Christine de Suède, l'héritière du grand capitaine luthérien, allait, sous leur inspiration et sous celle de René Descartes, leur élève de La Flèche, embrasser le Catholicisme, que le roi Gustave-Adolphe avait combattu avec tant de gloire militaire.

Christine régnait sur un peuple guerrier, et ses goûts studieux, sa passion pour les sciences, pour les arts et pour la liberté rendaient lourde à sa tête la couronne de Suède. Elle se consolait des ennuis de la grandeur dans les entretiens de Grotius, de Descartes et de Pierre Chanut, ministre de France à sa cour. Elle n'était femme que le moins possible; mais, esprit mobile, qui se sentait déplacé sur le trône, cœur ardent et toujours prêt à céder à un caprice d'amour ou à une vérité démontrée, elle aimait à provoquer les combats intellectuels et à y prendre part. Le traité de Westphalie la plaçait au premier rang de l'Europe. Ce rang, elle le devait à l'hérésie; mais l'hérésie ne disait rien à son âme, elle ne satisfaisait même pas sa raison. Sur ces entrefaites, arrive à Stockholm le Père Antoine Macédo, de Coïmbre[1]. Ce Jésuite, qui a porté la Foi sur les côtes d'Afrique, est maintenant attaché, avec le Père Juan d'Au-

---

[1] Antoine Macédo est le frère du fameux Cordelier François de Macédo, qui prit tant de part à la révolution de Portugal et qui a laissé cent neuf ouvrages publiés et trente en manuscrit. Ce Cordelier avait été d'abord Jésuite; mais son caractère impétueux et fier n'allait pas à la Compagnie. Il s'en sépara à l'amiable et resta l'ami des Jésuites, dans toutes les phases de sa longue et savante carrière qu'agitèrent des travaux, des ennemis et des discussions de toute sorte.

drada, à l'ambassade de Joseph Pinto Pereira. Il a le titre de secrétaire de légation, et, pour ne pas effaroucher les susceptibilités luthériennes, il s'est, comme jadis le Père Possevin, revêtu d'habits séculiers. A la modestie de son maintien, à sa vie retirée, à la profondeur de ses connaissances dans les matières religieuses, Christine soupçonne que le secrétaire d'ambassade cache un Jésuite ; elle veut l'entretenir. Macédo, qui épiait ce moment, découvre à la reine le mystère dont il s'est enveloppé, et il devient Missionnaire à la cour de Suède comme parmi les nègres de l'Afrique. Christine avait l'esprit juste : elle reconnut facilement les impossibilités du culte réformé; elle promit de se séparer de l'erreur, son abjuration dût-elle entraîner le sacrifice de sa couronne.

Mais elle demandait à Macédo, partant de Stockholm, deux autres Jésuites pour l'éclairer [1]. Le Père arrive à Rome; peu de jours après, le Vicaire-Général Goswin Nikel chargeait Paul Casati et François Molinio, tous deux versés dans les mathématiques et dans la théologie, d'achever l'œuvre de Macédo. Ces Jésuites, déguisés en marchands, s'embarquèrent à Venise; ils arrivèrent en Suède, et le génie si catholique de Descartes aidant au zèle des Pères et à la bonne foi de la reine, la fille de Gustave-Adolphe se décide à renoncer à l'hérésie [2]. Elle abdique le pouvoir royal, afin de suivre sans contrainte les inspirations de sa conscience; puis, le 5 novembre 1655, Christine déclare à Inspruck qu'elle revient à l'unité. C'était un grand spectacle et un plus grand exemple encore offert au monde. Les Jésuites et Descartes en furent les promoteurs ; Christine de Suède persévéra dans sa foi. Sa foi ne lui donna point toutes les vertus en partage ; et Catholique de conviction, elle ne se montra pas toujours Chrétienne dans la pratique. Elle eut de sanglants retours de despotisme, des passions pour ainsi dire vagabondes ; mais au milieu de sa vie agitée, à travers tous les projets d'ambition, de gloire, de voyage, de solitude et de travail qu'elle réalisa, elle ne fut fidèle qu'à l'Eglise.

Nous avons dit à la suite de quels événements moitié reli

---

[1] Bayle, *Dictionnaire historique et critique*, article *Macédo*.
[2] *Vie de Descartes*, par Baillet, liv. VII, chap. XXIII.

gieux, moitié politiques, les Jésuites furent expulsés de la République de Venise. Cinquante ans s'étaient écoulés depuis l'époque où Fra-Paolo, allié des Calvinistes de Genève et des Presbytériens anglais, avait entraîné le Doge et une partie du Prégadi dans son idée de Protestantisme, dont l'expulsion des Jésuites était la principale condition. Malgré Henri IV et le Souverain-Pontife, les Pères subirent un exil que des décrets arrachés par l'hérésie cherchaient à rendre éternel. En 1656, les Vénitiens refusèrent de s'associer plus longtemps à un complot dont les fauteurs étaient descendus dans la tombe. Alexandre VII (de la famille Chigi) sollicita la réintégration de la Compagnie; il l'obtint sans difficulté, car alors le Luthéranisme commençait à s'affaisser sur lui-même, et il ne lui était plus donné de tenter de nouvelles conquêtes. Les Jésuites revinrent sur les terres de la République; on oublia les colères et les édits d'une génération passée, pour ne se souvenir que des services que la Société de Jésus avait rendus sur l'Adriatique et de ceux qu'elle pouvait y rendre encore. Le 27 janvier 1657, le Souverain-Pontife put féliciter en ces termes le Doge et la République :

« Nos très-chers fils et nobles personnages, salut et bénédiction apostolique. Vos Noblesses ont rempli d'une joie très-vive mon cœur et mon esprit par les lettres où vous m'apprenez que vous avez reçu les Religieux de la Compagnie de Jésus dans votre ville et dans tous vos domaines. Cette affaire, hérissée de tant de difficultés et tentée jusqu'ici plusieurs fois, mais en vain, vous l'avez entreprise et terminée avec un zèle et une allégresse filiale, seulement à notre persuasion et à notre prière, de telle sorte que vous avez inondé notre âme de joie, et que de notre côté, nous vous avons embrassés dans l'esprit et dans les sentiments d'affection du Père le plus tendre. Car, non-seulement nous ayons recueilli un fruit très-précieux de votre respect et de votre attachement envers le Saint-Siége, mais nous espérons que votre ville en recueillera de très-abondants et de très-durables de ces Religieux. Ce sont en effet de bons, de vrais, de fidèles serviteurs de Jésus-Christ; et, votre bienveillance aidant, ils ne se montreront pas indignes de leur sainte origine; ils environneront cette ville très-florissante d'une nouvelle défense et comme d'un rempart, en instruisant la jeunesse dans les lettres et en travaillant à la gloire de Dieu. »

Le même jour où le Pape adressait aux Vénitiens ce bref, réparation d'une longue injustice due à des prévisions calvinistes, le Général de l'ordre, Goswin Nickel, écrivait à toutes les Provinces de la Société pour leur faire part de cet événement : « Ce retour, leur mande-t-il, nous est accordé sans aucune condition fâcheuse [1] avec la restitution de tous les biens nobles que nous possédions autrefois dans cette république. » Les Jésuites avaient su attendre ; ils s'étaient sacrifiés pour la Catholicité : le Saint-Siége et Venise elle-même leur tenaient compte des outrages protestants ; ils les vengeaient de l'hérésie en leur offrant tout ce que l'Ordre avait perdu.

Le généralat de trente ans de Vitelleschi, ceux de Caraffa, de Piccolomini et de Goswin Nickel ont produit de grandes choses. Ils servirent surtout à attacher à la Compagnie de Jésus les noms les plus distingués. Jusqu'alors elle avait rencontré dans les nobles maisons des protecteurs, mais peu d'hommes assez dévoués pour se résigner à vivre de cette vie de privations, de dangers et d'abnégation. On comptait les Borgia, les Kostka, les Gordoue, les Gonzague, les Aquaviva rompant avec le monde pour se soumettre à une existence dont le seul terme de repos était une tombe ignorée dans quelque coin de l'Europe ou au fond des déserts de l'Amérique. A partir du généralat de Vitelleschi, il n'en est plus ainsi. De chaque famille qui a déjà une illustration dans sa patrie il sort un Père pour la Compagnie ; à ce nom, célèbre par les exploits militaires ou par les services civils, le Jésuite ajoutera une nouvelle gloire, et ce n'est pas sans étonnement qu'en parcourant les archives de la Compagnie nous trouvons tant de personnages qui tous, à dif-

[1] Antoine Arnauld, dans ses *Mémoires*, t. xxxiv, ii° série, p. 235 (édit. Petitot), explique ainsi la réintégration de la Compagnie : « Les Jésuites, dit-il, ont profité des besoins pressants de la République pour être rétablis à Venise moyennant des sommes considérables. » Cette assertion n'est point justifiée par Arnauld, et il ne s'en trouve aucune trace, soit dans les archives de la République, soit dans celles de la Société de Jésus. Ce qui peut y avoir donné naissance, c'est la promesse de secours contre le Turc, que le Pape fit aux Vénitiens. Mais, dans cette promesse si naturelle d'un Pontife et où la Religion et la politique avaient un intérêt égal, il est difficile de voir un acte de vénalité.

férents titres , dans les missions ou dans l'enseignement, dans
la charité ou dans la science, se signalèrent par leurs bienfaits
envers l'humanité.

L'Italie, la France, l'Allemagne, l'Espagne, la Pologne et
l'Angleterre ont fourni ce contingent de célébrités, qui n'embrasse qu'une période de quarante-cinq ans. Ici, c'est Charles de
Lorraine renonçant à l'évêché de Verdun et aux honneurs de la
pourpre qui l'attendent, pour entrer au noviciat des Jésuites, où
il rencontre Fabio Albergatti, Orsini et Jacques Sertorio ; là,
Alexandre des Ursins, duc de Bracciano, l'allié des Médicis et
cardinal à vingt-deux ans, qui veut abandonner les dignités ecclésiastiques pour embrasser l'Institut.

François de Beauvau et trois Walpole, Justiniani et deux Suf-
fren , deux Pimentel et Chiaramonte, Jean de la Bretesche et
Gonfalonieri, Guillaume de Metternich et François de Boufflers,
Borghèse et Antoine de Moncada, Truschez et deux Piccolomini,
Jacques de la Vallière et Pierre Gottrau de Fribourg, trois Spi-
nola et deux princes de Méan, Gordon de Huntley et de' Nobili ,
Brienne et Grégorio , Herman Hugo et Max de Wurtemberg ,
Everhard de Mérode et d'Ossat, Charles Arundell et de Sabran ,
Hay et Lesley, Gage et Pierre de Sesmaisons, Antoine de Padilla
et Gilles de Sainte-Aldegonde , cinq Gaëtano et Visconti, Paul
Farnèse et deux Doria, Trevisani et de Carné, Marini et César
de la Trémouille , François de Machault et Philippe Contarini ,
Marc Garzoni et Marc Gussoni , Adrien et Charles de Noyelles et
Malaspina, Montalte et Terranova, Altieri et Patrizzi, Rubem-
pré et Conrad de Gaure, Albuquerque et Tavora, Menezès et
Cabral, Lobo et Sylva, Rodriguez de Villaverde et deux d'Areos,
Louis de Velasco et Pierre Manrique, Gabriel de Lerme et François de Porto-Carrero, Pierre de Verthamon et Scipion Coscia,
Colloredo et Robert Southwell, Elzéar d'Oraison et Adorno,
Christophe de Wratislaw et Tempest, Pierre Spinelli et de Re-
quesens, Henri et Thomas Morus et Nuñez d'Acunha, Trans-
manstorff et d'Herbestein, Nicolas Lanciski et Wilhem de Cam-
penberg, Ferdinand Palfi et Bernard de Tanhansen, Nicolas
Radkai et Gottfield de Kuesten, deux Gleispach et deux Lem-
berg, Frédéric de Tiebrichssem et Jacques de Fugger, Bobola et

Micinski, Kriswski et Vilcanowski, Tisckiewitz et trois Walsh,
Louis de Gourgues et Joseph de Galiffet, Ventadour et Noronha,
Edouard de Courtenay et Santarem, Jean Phélyppeaux et cinq
Mendoza, Tolgsdorff et Maupeou, Andrada et de Pins, Charles
d'Harcourt et François de Gournay, de Libersaert et Spinelli, de
Britto et d'Aubigny, de Koninck et Antoine de Médicis, Albizzi et
Zéa, Soto-Mayor et deux Chifflet, Gilbert Talbot de Shrewsbury
et deux Montmorency, Aguado et François de l'Angle, Ximenez
et John Méagh, Jean Pfiffer de Lucerne et Guillaume Quatre-
barbes de la Rongère, Rodriguez de Mello et de Voisins, Vincent
de Galetti et John Cornelius O'Mahoni, Jacques de Fuentès,
Brébeuf, Gusman de Médina-Sidonia et de Canillac, Fernand de
l'Infantado et de Fabiis, Grimaldi et d'Aranda, Antoine de Bri-
gnole et Gamaches, Pierre de Mascarenhas et Charles de Vintimille, Alessandri et de Crux, Fabricio Pignatelli et Georges Dillon, Francis de Walsingham et Charles de Nevil, Pallavicini et
Sandoval, Vasconcellos et Gordon de Lesmoir, Pierre Talbot de
Tyrconnel et Caccia, de Lugo et d'Almazan, Langeron et Ca-
prara, Beaumont et Cardenas, Loffredi Durazzo et de Léon,
Creiton et de Bergues, deux Kollowrat et Radzowszi, Albert Cha-
nowski et Georges Giedroycz de la famille des princes de Lithuanie, Rougemont et Conti, Casimir de Pologne et Lélio Gracchus
désertent le monde. Ils fuient les plaisirs et les honneurs ; ils se
consacrent à cette existence qui n'a pour eux que l'attrait d'un
péril sans cesse renaissant.

Les uns, comme le Père Guillaume de Metternich, évangélisent
leur patrie ; les autres, comme François de Boufflers, mourront
en servant dans les hôpitaux les soldats, que leurs frères ou
leurs parents conduisirent à la victoire. Il y en a parmi ces illustrations historiques qui, sur les pas du Père Jacques de la Vallière, s'élanceront vers l'Orient pour prêcher la Foi à des peuples
assis à l'ombre de la mort, et qui, à peine âgés de trente ans,
succomberont, ainsi que lui, dans les ardeurs de la charité ;
d'autres vivront dans la solitude, formant les novices, comme
Florent de Montmorency, s'ensevelissant au fond des bibliothèques et se condamnant à l'obscurité pour racheter devant Dieu
les gloires mondaines dont leur nom est l'écho.

Tous ces favoris de la naissance, de la fortune et des grandeurs n'ont eu qu'un pas à faire, qu'un sourire à adresser, qu'un désir à exprimer pour voir leur ambition satisfaite. Ils étaient riches, ils se sont constitués pauvres. Ils avaient la puissance de la famille, les splendeurs du talent, le prestige d'une bravoure héréditaire, ils ont foulé aux pieds tout cet éclat qui éblouit ; et, s'arrachant aux caresses maternelles, aux rêves ambitieux d'un père, ils ont couru la carrière que les Constitutions de l'Ordre de Jésus tracent à leurs disciples, ils se sont voués à tous les genres de martyres, ici affrontant sur les champs de bataille la mort, qu'ils ne peuvent que recevoir ; là bravant au milieu des déserts la morsure des serpents et la dent des lions, les tourments de la faim et de la soif, la flèche empoisonnée de l'Indien ou la farouche stupidité du sauvage.

Dans un temps où les grands noms exerçaient sur l'esprit des peuples un salutaire empire, une pareille foule, accourue de tous les points de l'Europe pour grossir les rangs de la Compagnie de Jésus, dut nécessairement faire rejaillir sur elle un reflet de toutes les gloires nationales. Chaque royaume voyait ses premières familles consacrer à l'Institut quelques-uns de ses membres : chaque royaume apprit à aimer les Jésuites, parce que dans leur Société ils comptaient des enfants dont le pays avait adopté les grandeurs. Il les suivit au-delà des mers et sur les continents, il s'intéressa à leurs dangers, il applaudit à leurs travaux, il honora leurs talents, il les salua dans leur vie, il les vénéra dans leur mort. Ce fut une vaste agrégation de vœux et de sacrifices, qui, sans tenir compte des rivalités de peuple à peuple, les confondit tous dans un même sentiment. L'Ordre de Jésus était cosmopolite, on le laissa marcher dans sa force ; il s'adressait à toutes les nations, toutes les nations lui répondirent.

Lorsque, dans son *Histoire de la Civilisation en Europe*, M. Guizot arrive à cette première période de la Société de saint Ignace, l'historien et le philosophe disparaissent tout-à-coup pour faire place au Calviniste, et il dit en parlant de la Réforme protestante mise en parallèle avec la Compagnie [1] :

---

[1] *Histoire générale de la civilisation en Europe*, par M. Guizot, p. 368 et suiv.

« Personne n'ignore que la principale puissance instituée pour lutter contre elle a été l'Ordre des Jésuites. Jetez un coup d'œil sur leur histoire : ils ont échoué partout ; partout où ils sont intervenus avec quelque étendue, ils ont porté malheur à la cause dont ils se sont mêlés. En Angleterre ils ont perdu des rois ; en Espagne, des peuples. Le cours général des événements, le développement de la civilisation moderne, la liberté de l'esprit humain, toutes les forces contre lesquelles les Jésuites étaient appelés à lutter se sont dressées contre eux et les ont vaincus. Et non-seulement ils ont échoué, mais rappelez-vous quels moyens ils ont été contraints d'employer : point d'éclat, point de grandeur ; ils n'ont pas fait de brillants événements, ils n'ont pas mis en mouvement de puissantes masses d'hommes ; ils ont agi par des voies souterraines, obscures, subalternes, par des voies qui n'étaient nullement propres à frapper l'imagination, à leur concilier cet intérêt public qui s'attache aux grandes choses, quels qu'en soient le principe et le but. Le parti contre lequel ils luttaient, au contraire, non-seulement a vaincu, mais il a vaincu avec éclat, il a fait de grandes choses, et par de grands moyens : il a soulevé les peuples, il a semé en Europe de grands hommes ; il a changé, à la face du soleil, le sort et la forme des Etats ; tout, en un mot, a été contre les Jésuites, et la fortune et les apparences. Ni le bon sens, qui veut le succès, ni l'imagination, qui a besoin d'éclat, n'ont été satisfaits par leur destinée. Et pourtant, rien n'est plus certain, ils ont eu de la grandeur ; une grande idée s'attache à leur nom, à leur influence, à leur histoire. C'est qu'ils ont su ce qu'ils faisaient, ce qu'ils voulaient ; c'est qu'ils ont eu pleine et claire connaissance des principes d'après lesquels ils agissaient, du but auquel ils tendaient ; c'est-à-dire qu'ils ont eu la grandeur de la pensée, la grandeur de la volonté ; et elle les a sauvés du ridicule qui s'attache à des revers obstinés et à de misérables moyens. Là, au contraire, où l'événement a été plus grand que la pensée, là où paraît manquer la connaissance des premiers principes et des derniers résultats de l'action, il est resté quelque chose d'incomplet, d'inconséquent, d'étroit, qui a placé les vainqueurs mêmes dans une sorte d'infériorité rationnelle, philosophique.

dont l'influence s'est quelquefois fait sentir dans les événements. »

Il n'appartient point à l'histoire d'entrer en discussion avec des théories plus ou moins fondées. L'historien ne peut pas, comme un rhéteur ou comme un sectaire, forcer les inductions et tirer d'un principe vrai ou d'un fait avéré de fallacieuses conséquences. Nous avons exposé sans passion les événements qui remplissent le premier siècle de la Compagnie de Jésus ; et, sans nous occuper des contradictions que la vérité, aux prises avec l'esprit de parti, arrache à l'éminent publiciste, nous devons exprimer ici une pensée que la réflexion fera naître dans toutes les âmes.

Il sera toujours beaucoup plus facile de déchaîner les passions que de les comprimer. Les Protestants, comme toutes les hérésies jalouses de faire triompher leur système, venaient, la flatterie sur les lèvres et la corruption au cœur, jeter dans les masses des idées d'affranchissement et de pillage. Ils appelaient en même temps à la liberté pour eux, à l'esclavage pour les autres. Ils s'attribuaient tous les droits, le droit de croire ou de nier, le droit d'usurpation et de sacrilége, le droit de confiscation et d'immoralité. En présence de pareilles doctrines, qui trouveront dans tous les temps des cœurs pour les adopter, des voix pour les prêcher, des bras pour les défendre, ceux qui s'avançaient résolument contre tant de passions portées à leur paroxysme par l'espérance de la fortune, ceux-là ont dû mille fois succomber dans la lutte avant d'avoir rêvé un seul triomphe. Le Protestantisme brisait tout, les traditions de l'Eglise et les souvenirs monarchiques ; il rompait la marche des siècles afin d'inoculer ses enseignements ; il calomniait le Catholicisme pour le tuer ; il se servait des vices de quelques membres du Clergé pour faire de l'Eglise universelle une prostituée ; il caressait les penchants mauvais pour s'en créer un bouclier. Sa position paraissait inexpugnable ; de la chaumière du pauvre, de l'atelier de l'artisan, il planait sur les trônes ; rois ou peuples, hommes de science ou ignorants, crimes ou vertus, il entraînait tout dans son action.

C'était un torrent qu'il fallait arrêter, ou une société ancienne qu'on laissait mourir dans les étreintes de celle qui aspirait à lui succéder. Les Jésuites ne reculèrent pas. Ils n'avaient à leur disposition que le conseil et la parole ; le conseil, que les rois n'écoutaient habituellement que d'une oreille distraite ; la parole, qui était condamnée à une impuissance relative sur les masses ; car les masses, amantes du nouveau et de l'imprévu, ne demandent pas mieux que de trouver dans leurs maîtres ou dans leurs docteurs des panégyristes du désordre, des voix toujours prêtes à encenser leurs vices. Après une lutte de cent vingt années, lutte que nous sortons de retracer, les Jésuites ont-ils partout échoué ?

N'ont-ils pas arraché à l'hérésie la Pologne, la Hongrie, la Bohême, la Moravie, la Silésie, la Bavière, l'Autriche, une partie des cantons suisses et les provinces rhénanes ? n'ont-ils pas repoussé de la France et de l'Italie le Calvinisme, qui déjà mordait au cœur ces deux empires catholiques ? n'ont-ils pas appris au Clergé la régularité et la discipline ? n'ont-ils pas conservé en Angleterre le germe qui se développe avec tant de vigueur et qui, en Irlande, après trois cents ans de martyre, devient une révolution légitime ? n'ont-ils pas porté la civilisation et l'Evangile à tous les coins du monde ? n'ont-ils pas enseigné, combattu, souffert et donné leur vie pour le principe chrétien ? Et, depuis le jour de leur fondation, n'est-il pas justifié ce bel éloge d'un voyageur impartial [1] : « La croix de bois de quelques pauvres religieux avait conquis plus de provinces à l'Espagne et à la France que l'épée de leurs plus grands capitaines. »

Si tout cela s'est accompli ; si, par la force seule de la persuasion, ils ont pu réaliser tant de choses ; si, sans autre levier que la croix, sans autre appui que le Saint-Siége et le Clergé, ils ont tenu en échec l'hérésie triomphante ; si maintenant le Protestantisme divisé ne renferme plus dans ses temples que des cœurs sans unité, que des esprits s'immobilisant dans une révolte intellectuelle, faudra-t-il diviniser le Luthéranisme et le Calvinisme, parce qu'ils soulevèrent les masses et posèrent comme un besoin de tous les temps la rébellion contre l'autorité ?

---

[1] *Exploration de l'Oregon et des Californies*, par M. de Mofras (2e vol., p. 355).

Jusqu'à présent pousser la multitude à l'insurrection a pu quelquefois être un crime absous par le temps; mais ce crime fut encore plus facile qu'heureux. On a vu des hommes sans vertu, sans énergie, accomplir par une bassesse ce qui semble devenir un titre d'honneur pour le Protestantisme. Il n'y aura jamais véritable gloire à remuer la lie populaire, à flatter la mobilité de ses caprices, à exciter ses ardentes convoitises afin de se faire un piédestal de toutes les ignominies, qu'on méprise ou qu'on réprime lorsqu'elles vous ont traîné au pouvoir. Provoquer les misérables au pillage, les indigents à la richesse, le vice solitaire à la luxure publique, le peuple à une liberté effrénée, ne sera jamais l'œuvre d'un être qui pense; mais il est beau, quand les tempêtes sont déchaînées, de se jeter à leur traverse, de les conjurer par des prières ou de se laisser emporter sur leurs ailes sanglantes. Il est plus beau encore de lutter contre elles, d'apprivoiser les multitudes, de partager leurs infortunes, de vaincre leur ignorance, de leur enseigner le bonheur avec l'obéissance due aux lois et de dompter leurs passions, tout en les préparant graduellement à l'émancipation chrétienne.

Les Jésuites ont gravi ce sentier escarpé, et quelle qu'en fût l'aspérité, ils ont appris aux nations à le suivre. En comparant les moyens d'influence employés par les deux antagonistes, le Protestantisme reste dans son iniquité réfléchie quand il nie la lumière qui éclate; mais au-dessus des outrages de parti pris il y a une justice qui doit réduire à leur valeur les ambitions et les intérêts contraires. Cette justice, c'est dans l'histoire qu'elle se réfugie.

Sans doute les annales des Jésuites sont exceptionnelles. Elles procèdent du cloître, elles tiennent au monde; elles s'appuient d'un côté sur l'école, de l'autre sur la chaire. La Compagnie marche dans l'ombre quelquefois; elle a recours à des voies peu connues; elle se sert même, quand il le faut, de moyens terrestres pour arriver à une fin religieuse; mais on la rencontre encore plus souvent les pieds dans le sang. Ce sang, c'est toujours elle qui l'offre, c'est toujours de ses veines qu'on le tire sans pouvoir jamais le tarir.

Le Protestantisme a eu, pour asseoir ses doctrines sur une base solide, tout ce qui fait la force des nouveaux cultes, tout, excepté la vérité. Il a compté dans ses rangs des héros et des génies, des princes au cœur sans pitié et des enthousiastes que la mort à donner n'effrayait pas plus que la mort à recevoir. Il a milité ici par l'audace, là par l'intrigue; on l'a vu menacer et soutenir les trônes, flatter les peuples et calomnier ses adversaires. Il a été ardent et flexible, persécuteur et persécuté, victime et bourreau. Où tout cela l'a-t-il conduit?

Les Jésuites, malgré les coalitions de la force brutale et des haines sourdes, ont fait surnager le principe catholique; et, si les révolutions ont arraché de leurs trônes les rois qui s'étaient constitués tour à tour leurs amis ou leurs adversaires, si ces mêmes révolutions ont englouti dans le naufrage des monarchies l'Ordre de Jésus trahi par ces mêmes rois, certes le Protestantisme, à lui tout seul, n'osera pas revendiquer une gloire aussi néfaste.

Ce n'est donc pas au point de vue du succès matériel, mais à celui du triomphe moral, qu'il faut envisager cette question. Les Jésuites ne cherchaient pas à créer le bruit pour se parer d'une gloire coupable; ils n'avaient point soif de la renommée, ils n'ambitionnaient pas de la conquérir à tout prix. Ils n'aspiraient point *à se concilier cet intérêt public qui*, selon l'écrivain calviniste, *s'attache aux grandes choses, quels qu'en soient le principe et le but*. Fatales paroles, qu'un rhéteur peut jeter à la foule pour s'attirer des applaudissements complices d'une corruption sociale, mais que l'homme d'Etat doit maudire comme une source de forfaits, comme un appât tendu à de grossiers instincts.

Les Jésuites ne se sont point laissé éblouir par cet éclat imposteur; et, dans une Société bien organisée, cette sagesse serait-elle un crime? mais ils ont obtenu plus qu'ils n'espéraient, plus qu'ils n'auraient humainement songé à demander. Ils léguèrent à l'Eglise catholique beaucoup plus de peuples que l'hérésie de Luther et de Calvin ne lui en ravissait. Dans les archipels, sur les continents de l'Asie, de l'Afrique et de l'Amérique, ils fondèrent des Chrétientés nouvelles, qui encore aujourd'hui saluent la Chaire de saint Pierre comme la règle de leur Foi ; ils fécondèrent en Europe l'amour de la vertu et des belles-lettres ; ils s'associèrent à toutes les pensées de charité, à toutes les œuvres ayant pour but d'améliorer la condition des hommes. Si on ne voit ni éclat ni grandeur dans cet ensemble d'actions, dans cette lutte qui a affaissé l'hérésie en vivifiant l'unité catholique, nous croyons du moins que le Calvinisme y trouvera un courage de toutes les heures, une abnégation constante et un dévouement à la Foi évangélique, dont les ambitieux peuvent méconnaître le principe, mais dont les Chrétiens, à quelque secte qu'ils appartiennent, doivent bénir les conséquences.

FIN DU TROISIÈME VOLUME.

TABLE DES CHAPITRES.

CHAPITRE I. — Les Jésuites en Europe sous Aquaviva.   1
    —   II. — Dernières années d'Aquaviva.   60
    —   III. — Missions du Japon et de la Chine.   146
    —   IV. — Diverses missions des Jésuites.   185
    —   V. — Les Jésuites au Paraguay, au Maryland.   226
    —   VI. — Généralat de Vitelleschi.   282
    —   VII. — Les Jésuites en France sous Louis XIII.   333
    —   VIII. — Les Généraux Caraffa, Piccolomini, Gottifredi
                  et Nickel; travaux en Europe.   371

FIN DE LA TABLE DU TROISIÈME VOLUME.

cert ornᵒ

XXVI. aug

admodũ Rᵈᵃ

Admodũ R. P.
Leonardo Less
log

-per, vt
-n eam, ver-
-antisper i-
-w via —————
-dum ——————
-us. eßom-
-iciffin
femper —————
-rietem,
-uam pæh-
-ar qua=
-rnitas,
-Semun-
-enedictionib

ur d'Henri IV,
...ie de Jesus.

Parlamento propositi
nibis et abipsis subscribendi

si Deo et suo Ensi Regnum debere.

gnosrere in regno suo nisi Deum, Solum.

diss sine Regem sint
luoer subditus à juramentis
umquer de causa uel occasione

n potestatem, ner dicestam

per Immediatam, ner Coactinum
usa se occasione.

rorundem spateum

m.

rissione Curiam oramus
, si non aliam doctrinam
scribemus, circa hos quatuor
scribent, r quam sequuntur
lui religiosi Ordines nobis antiquiores.

is alta r constanti uoce

Parlamento proposi
mius et ab ipso subscriben

Sept 1646.

filius et servus in =
us de Montmorsig

pagnie de Jésus. (Le P.

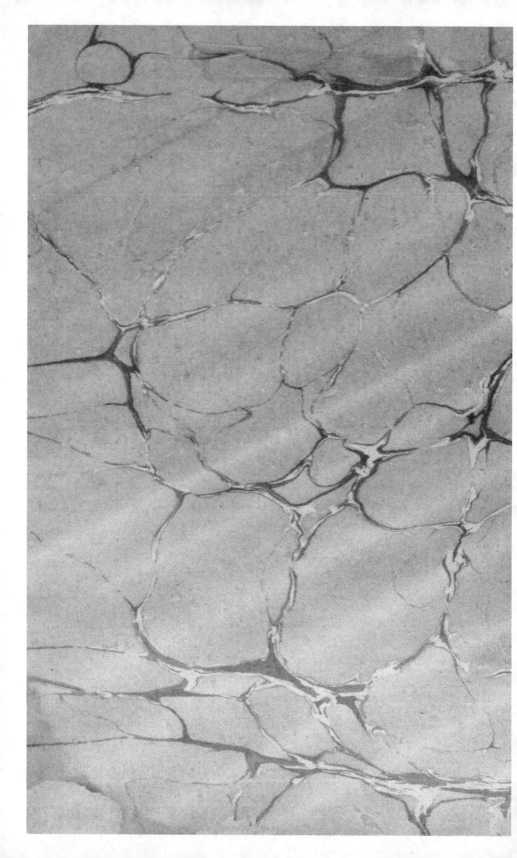

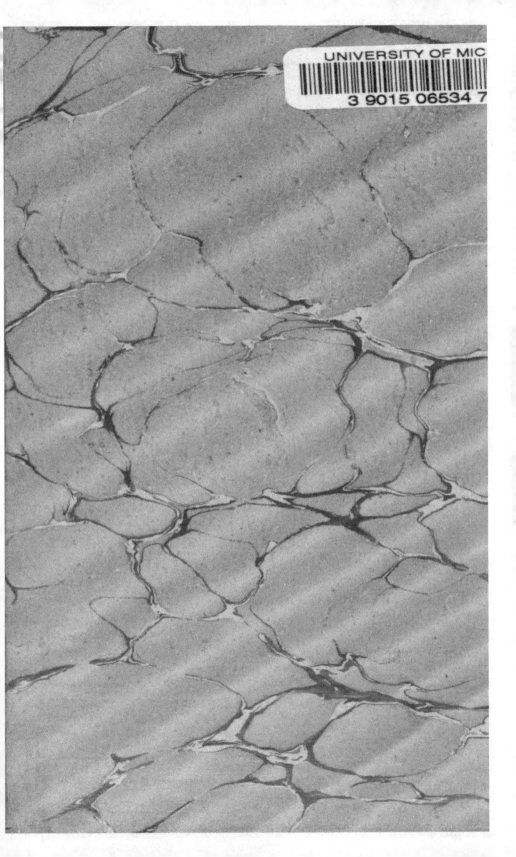

CPSIA information can be obtained
at www.ICGtesting.com
Printed in the USA
BVHW061344160819
556068BV00021B/2099/P

9 781318 682867